Wissenschaftliche Untersuchungen
zum Neuen Testament · 2. Reihe

Begründet von Joachim Jeremias und Otto Michel
Herausgegeben von
Martin Hengel und Otfried Hofius

57

Vergebung der Sünden

Jesu Praxis der Sündenvergebung
nach den Synoptikern und ihre Voraussetzungen
im Alten Testament und frühen Judentum

von

Chong-Hyon Sung

J. C. B. Mohr (Paul Siebeck) Tübingen

Die Deutsche Bibliothek – CIP-Einheitsaufnahme

Sung, Chong-Hyon:
Vergebung der Sünden: Jesu Praxis der Sündenvergebung nach den Synoptikern und
ihre Voraussetzungen im Alten Testament und frühen Judentum /
von Chong-Hyon Sung. – Tübingen: Mohr, 1993
  (Wissenschaftliche Untersuchungen zum Neuen Testament: Reihe 2; 57)
  ISBN 3-16-146182-7
NE: Wissenschaftliche Untersuchungen zum Neuen Testament / 02

© 1993 J. C. B. Mohr (Paul Siebeck) Tübingen.

Das Buch wurde von Gulde-Druck in Tübingen reproduziert, auf alterungsbeständiges Werk-
druckpapier der Papierfabrik Niefern gedruckt und von der Großbuchbinderei Heinr. Koch in
Tübingen gebunden.

ISSN 0340-9570

Meiner Frau

Vorwort

Die vorliegende Arbeit wurde im Sommersemester 1984 von der Evangelisch-theologischen Fakultät der Eberhard-Karls-Universität in Tübingen als Dissertation über „Sündenvergebung Jesu". Bei den Synoptikern und ihre Voraussetzungen im Alten Testament und frühen Judentum" angenommen; im Sommer 1992 habe ich sie im Maße des zeitlich Möglichen für den Druck überarbeitet, neuere Literatur nachgetragen und den letzten Paragraphen neu geschrieben.

Mein Dank gilt in erster Linie meinem Doktorvater, Prof. Dr. Dr.h.c. Peter Stuhlmacher, der mein Studium in Tübingen von Anfang an in vielfältiger Weise wissenschaftlich gefördert und mit persönlicher Anteilnahme begleitet hat. Sein Sohn, Konrad Stuhlmacher, hat die Mühe auf sich genommen, die Computervorlage für den Druck herzustellen. Auch ihm möchte ich an dieser Stelle meinen Dank aussprechen.

Prof. Dr. Otto Betz hat die Entstehung der Arbeit begleitet und das Korreferat geschrieben. Ihm verdanke ich zahlreiche Hinweise und Anregungen, die in die Überarbeitung eingegangen sind. Er und Prof. Stuhlmacher haben die Arbeit mehrfach durchgesehen und stilistische Besserungen vorgenommen. Für diese Hilfestellung danke ich ihnen herzlich.

Danken möchte ich auch dem Deutschen Akademischen Austauschdienst (DAAD), welcher mir ein Forschungsstipendium von 8 Wochen gewährte, so daß ich in der Lage war, im Sommer 1992 nach Tübingen zu kommen und meine Dissertation für den Druck zu überarbeiten. Ebenso gilt mein Dank Prof. Dr. Drs.h.c. Martin Hengel und Prof. Dr. Ottfried Hofius für die Aufnahme meiner Arbeit in die Reihe WUNT.

Ich widme dieses Buch meiner Frau, die mein Studium in Deutschland mit Liebe und Hingabe begleitet und mir durch alle Höhen und Tiefen meines langjährigen Ausbildungsweges hindurch zur Seite gestanden hat.

Tübingen, August 1992   Chong-Hyon Sung

Inhaltsverzeichnis:

Teil B
Sündenvergebung im frühen Judentum

Teil C
Jesu Sündenvergebung nach den synoptischen Evangelien

Zu diesem Buch

Das vorliegende Buch ist in mehrfacher Hinsicht bemerkenswert. Es füllt zunächst und vor allem eine wissenschaftliche Lücke. Die biblisch-theologisch gewichtige Frage nach der Vergebung der Sünden in der Verkündigung Jesu ist erstaunlicherweise seit langem nicht mehr monographisch behandelt worden. Nunmehr hat sich der Koreaner Chong-Hyon *Sung* des Problems neu angenommen und eine Lösung gefunden, die Aufmerksamkeit verdient: Vom Alten Testament herkommend und in der frühjüdischen Glaubenstradition stehend, hat Jesus von Nazareth aus göttlicher Vollmacht heraus nicht nur gelegentlich Sünde vergeben (vgl. Mk 2,5 Par), sondern er hat insgesamt für die Vergebung gelebt und sein Leben stellvertretend für die Vielen hingegeben (Mk 10,45 Par; 14,24 Par); er hat damit in der Glaubensgeschichte Israels ein entscheidend neues Datum gesetzt. Die nachösterliche Glaubensgewißheit von Juden und Heiden, daß Gott Jesus „wegen unserer Vergehen preisgegeben und wegen unserer Rechtfertigung auferweckt hat" (Röm 4,25 vgl. mit Jes 53,5.12) und daß den an Jesus Christus Glaubenden in seinem Namen die Sünden vergeben sind und werden (vgl. Apg 2,38), ist schon durch den irdischen Jesus begründet und durch die Begegnung mit dem Auferstandenen bestätigt worden. Die Vergebung der Sünden durch Jesus und um seinetwillen ist also kein bloßes Nebenthema, sondern ein Hauptthema der Christologie und des biblischen Evangeliums.

Sung lehrt gegenwärtig als Associate Professor für Neues Testament am Presbyterian College and Seminary in Seoul. Um sein Buch schreiben zu können, hat er einen langen Weg zurücklegen müssen: An die Universitätsausbildung in Korea hat er ein volles Magisterstudium der Evangelischen Theologie in Deutschland angehängt und sich dann noch vier Jahre lang unter Anleitung von O.Betz und mir auf die vorliegende Arbeit konzentriert; sie ist 1984 von der Evangelisch-theologischen Fakultät der Universität Tübingen als Dissertation angenommen worden.

Daß Sung sein Buch erst jetzt zum Druck bringen konnte, liegt an der immensen Arbeit, die ihn gleich nach der Promotion in Seoul erwartete: Die Lehrtätigkeit am Seminary mit z.T. über 20 Wochenstunden, nebenher (!) drei Jahre lang voller Pfarrdienst, dann Entwurf und Veröffentlichung eines dringend benötigten koreanischen Lehrbuchs für Theologiestudenten und theologisch interessierte Laien „Gesamtdarstellung des Neuen Testaments" (Seoul, PCTS-Verlag, [2]1992) und schließlich die noch immer weiter anwachsende Aufgabe, den Predigt- und Vortragsbedürf-

nissen in seiner rapide anwachsenden Kirche gerechtzuwerden (die
großen presbyterianischen Kirchen in Seoul haben sonntags nicht selten
mit vier- bis fünftausend Gottesdienstbesuchern zu rechnen!). Erst ein
kurzes DAAD-Stipendium im Sommer 1992 hat es Sung ermöglicht, an
den Druck seiner Dissertation zu denken. Daß er in den sieben Wochen,
die er in Seoul abkömmlich war, nur einen Teil der seit 1984 neu
erschienenen Literatur hat einsehen und einarbeiten können, wird ihm
niemand verdenken.

Daß wir das Buch eines Koreaners vor uns haben, zeigen nicht nur die
teilweise ungewohnten (aber auch treffenden) Wortbildungen. Es wird
auch inhaltlich deutlich, und zwar an der immer aufs neue ansetzenden
Gedankenführung und vor allem an Sungs Methodik. Er handhabt die
(westliche) Evangelienkritik, die er während seines Studiums in Neuen-
dettelsau, Berlin und Tübingen erlernt hat, mit Maß und Verstand. Aber
es ist ihm exegetisch wichtiger, dem Wortlaut und Zusammenhang der
biblischen Texte auf den Grund zu kommen, als prinzipielle Überliefe-
rungskritik zu betreiben. Deshalb legt Sung immer wieder tabellarische
Übersichten über den biblischen Wortgebrauch vor, deckt Strukturver-
wandtschaften von frühjüdischen und biblischen Texten auf und verfolgt
mit seiner Auslegung von Anfang an ein theologisches Ziel: Es soll deutlich werden, wie das Alte Testament und Frühjudentum von der Sündenvergebung reden, welche Bedeutung sie für die Verkündigung Jesu hat,
und welcher Glaubensgewinn für die Kirche aus den biblischen Vorgaben
erwächst. Auf Sungs Arbeitsweg verbinden sich Intuition, philologische
Sorgfalt, kritische historische Hinsicht und vertrauensvolle Akzeptanz der
biblischen Texte in reizvoller Weise.

Ehe man dieses Vorgehen als „konservativ" abtut, sollte man sich fragen, ob die Arbeitsweise des Autors seinem Gegenstand nicht durchaus
angemessen ist. Im Zeitalter der Ökumene haben Westeuropäer kein
Recht, den sich in Konsequenz ihrer Geistesgeschichte ergebenden Me-
thodenweg der Bibelwissenschaft als den der Hl.Schrift allein angemes-
senen zu betrachten. Es tut ihnen vielmehr gut, ihn in der Begegnung mit
fachkundigen Exegeten, die einer anderen Geisteswelt entstammen und in
ihr arbeiten, zu überprüfen und zu modifizieren, wo es erforderlich ist.

Der thematisch wichtigen und sorgsamen Untersuchung von Chong-
Hyon Sung sind also aufmerksame Leser zu wünschen.

Tübingen, im August 1992   Peter Stuhlmacher

Teil A:
Sündenvergebung im Alten Testament

Die Botschaft und die Praxis der Sündenvergebung Jesu mit ihren Folgen sowie die Reaktion und die Gegenmaßnahme seiner Gegner sind ohne Kenntnis der alttestamentlichen und frühjüdischen Auffassung von Sündenvergebung schwer nachzuvollziehen.

Wieso lästert er Gott, wenn er einem Kranken und einer Sünderin die Vergebung zuspricht (Mk 2,1-12par; Lk 7,36-50)? Anderseits: Woher hat der Menschensohn die Vollmacht, auf Erden Sünden zu vergeben (Mk 2,10par)?

Warum ist Jesus ein Gotteslästerer, wenn er mit den Sündern und Zöllnern ißt und mit ihnen verkehrt (Mk 2,16par: Lk 15,2)? Wie erklärt es sich, daß der Menschensohn gekommen ist, nicht um die gesetzestreuen Gerechten zu rufen, sondern die gesetzlosen Sünder (Mk 2,15par)?

Um diese und viele andere in unserem Zusammenhang wichtige Sachverhalte zu klären, scheint es mir sinnvoll zu sein, die Arbeit mit der Untersuchung der alttestamentlich-jüdischen Auffassung von Sündenvergebung zu beginnen.

In diesem Teil A geht es darum, den Aussagen von der Sündenvergebung *Gottes* im AT nachzugehen. Wir wissen, daß die alttestamentlichen Schriften nicht selten von dem sündenvergebenden Gott sprechen. Das heißt: Israels Glaube weiß, daß sein Bundes-Gott Jahwe nicht nur der fordernde und der richtende, sondern auch der vergebende Gott ist. Meine Aufgabe sehe ich in erster Linie darin, auf die folgenden Fragen Antworten zu finden:

- Wie und auf welche Weise vergibt Jahwe die Sünde(n) des Volkes Israel und des Einzelnen? Kennt das AT auch eine andere sündenvergebende Autorität? Wie alt ist der Glaube Israels an den sündenvergebenden Gott? Wie groß ist der Einfluß der babylonischen Exilserfahrung innerhalb der alttestamentlichen Vergebungsaussagen?
- Was ist nach den alttestamentlichen Aussagen der Grund für die göttliche Sündenvergebung? Was veranlaßt Gott, die menschlichen Sünden und Schulden zu vergeben? Kennt das AT auch die unvergebbare Sünde?
- Kennt das AT schon die „Rechtfertigung des Sünders" im Sinne von Paulus? Wie ist das Verhältnis von sündenvergebendem Handeln Jahwes zu seiner eschatologischen Verkündigung eines neuen Bundes?

und Schulden zu vergeben? Kennt das AT auch die unvergebbare
Sünde?

- Kennt das AT schon die „Rechtfertigung des Sünders" im Sinne von
Paulus? Wie ist das Verhältnis von sündenvergebendem Handeln Jahwes
zu seiner eschatologischen Verkündigung eines neuen Bundes?

Auf diese und ähnliche Fragen will ich in diesem Teil A eingehen und
versuchen, eine aus der Schrift heraus begründete Antwort zu finden. Ich
kann dabei zunächst keine exegetischen Einzelheiten behandeln, sondern
konzentriere mich darauf, die für unser Thema bedeutsamen biblisch-
theologischen Sachverhalte herauszustellen.

Zu Beginn muß ein kurzer Überblick über den alttestamentlichen Forschungsstand zu unserem Thema stehen.

§ 1
Der Forschungsstand

1.1 Sündenvergebung in den „Theologien des Alten Testaments"

Da verschiedene moderne Exegeten über unser Thema unterschiedliche
Meinungen vertreten haben, ist ein kurzer Blick auf den gegenwärtigen
Forschungsstand zu werfen.

Wir fragen zuerst: Wie wird das Thema Sündenvergebung in den
Theologien des Alten Testaments behandelt? Hier wollen wir uns nur
einige Positionen kurz vor Augen führen.

a) Als erste ist die Theologie L.Köhlers[1] zu nennen. Trotz seiner vielen positiven Äußerungen zu unserem Thema, ist seine Aussage, daß die
alttestamentliche Offenbarung nur gelegentlich von der Vergebung Gottes
spreche, und daß die Vergebung bei den älteren Propheten überhaupt
keine Rolle spiele, revisionsbedürftig.[2]

---

[1] L.KÖHLER, Theologie des AT, [4]1966, S.209. Manche theologisch gewichtige
Aussagen über den Problemkreis ‚Sünde'- ‚Sühne'- ‚Versöhnung' finden wir in den AT-
Theologien des ausgehenden 19. und beginnenden 20. Jahrhunderts, zu denen u.a. die
Werke von G. F. OEHLER, (Theologie des AT, [3]1891, hrsg. v. T. Oehler: Würdigung
und Kritik an Oehler, s. A. Dillmann, Theologie, S.23), H. SCHULTZ (Atl. Theologie,
[3]1885: Zur Würdigung und Kritik dieses mehr aus dem historisch - literarkritischen
Standpunkt geschriebenen Buches s. ebenfalls A. Dillmann, aaO., S. 22), A. DILLMANN
(Handbuch der alttestamentlichen Theologie, 1895, hrsg. v. R. Kittel), und E. KÖNIG
(Theologie des AT, kritisch und vergleichend dargestellt, [4]1923) gehören.

[2] L. KÖHLER, aaO., S. 209.

„vorübergehen an" (Am 7,8; 8,2), „heilen" (von der Krankheit) (Hos 14,5; Jes 1,6; Jer 8,22; Ps 103.3) u.a. Diese Wendungen drücken zwar nicht direkt Sündenvergebung durch Gott aus, bezeichnen aber, wie auch Eichrodt bemerkt, „einen zeitlich begrenzten und wiederholbaren Einzelakt der Vergebung Gottes" (Theologie, III[4], 318). Unhaltbar ist auch Köhlers Formulierung: „Denn Sühne leistet der Mensch"[3]. Der eigentliche Sinn von Sühne wurde hier verkannt. Es gibt viele Texte, die gerade das Gegenteil besagen (so z.B. Dt 21,8 כַּפֵּר לְעַמְּךָ ; Ps 65,4 אַתָּה תְכַפְּרֵם ; Ps 78,38 יְכַפֵּר עָוֹן; Ez 16,63 בְּכַפְּרִי לָךְ). Subjekt der Aussagen ist stets Gott, nicht der Mensch. Das Verhältnis von Gott und Mensch bei Sühne und Sündenvergebung ist also anders zu bestimmen als Köhler meint.

b) Bei W. Eichrodt[4] wird die Sache denn auch anders beurteilt. Sühne und Sündenvergebung werden bei ihm in engster Beziehung gesehen. Eichrodt wendet sich gegen ein rein „juristisches Verständnis von Schuld und Strafe" oder dagegen, „Vergebung nur als Strafnachlaß oder -erlaß" zu verstehen.[5] Neben den kultisch-priesterlichen Sühnehandlungen, die Eichrodt als „Mittel der Vergebung"[6] bezeichnet, nennt er vor allem die prophetische Fürbitte für das sündige Volk, die vor Gott Vergebung erwirkt. Als Beispiele nennt er die Fürbitte Abrahams (Gen 18,23 ff), Moses (Ex 32,11-14 und 34,8f) und Samuels (1. Sam 7,8f; 12,19.23), welche „...eine völlige Hinwendung des Menschen zu Gott, ein Einswerden mit Gottes Willen bis zur Selbstaufgabe (ist), dem eben deshalb von Gott der Wert sühnen der Wegnahme der Schuld zuerkannt wird"[7]. Nachdem er Jes 53 ins Blickfeld gerückt hat, wo er die beiden Gedanken von kultischen Sühneopfern und der prophetischen Fürbitte zusammengeschlossen sieht,[8] weist er auf die eschatologische Perspektive der Vergebung Gottes hin. Bemerkenswert ist auch seine Äußerung über das Verhältnis von Vergebung und Umkehr:[9] „Es war für das israelitische Ver-

---

[3] L. KÖHLER, aaO., S. 205.

[4] W. EICHRODT, Theologie des AT, II/III[4], 1961.

[5] W. EICHRODT, aaO., S.315.

[6] W. EICHRODT, aaO., S. 309. Vgl. auch A. BÜCHLER, Studies in Sin and Atonement in the Rabbinic Literature of the First Century, 1928, S.375 ff.

[7] W. EICHRODT, aaO., S. 313. Eichrodt weist S.312 auch darauf hin, daß die Propheten, wenn sie von Gottes Vergebung reden, sich sehr unbedenklich kultischer Ausdrücke bedienen.

[8] W. EICHRODT, aaO., S. 314.

[9] Im AT wird ‚Umkehr'/umkehren' meistens mit bWv in Verbindung mit den Präpositionen ˆmi Δ la, Δ l" ausgedrückt.

Zum Thema ‚Umkehr', s. E. WÜRTHWEIN, ThW IV, 982; ferner J.A. SOGGIN, Art. bWv THAT, II, Sp. 884-891.

ständnis der Umkehr grundlegend, daß die prophetische Verkündigung sie einerseits von dem zuvorkommenden Gnadenwirken Gottes abhängig machte und damit auch nach dieser Seite hin die Vergebung als das freie Handeln göttlicher Majestät verstehen lehrte, daß sie aber gleichzeitig die menschliche Aktivität in der Umkehr nicht preisgab, sondern die das ganze Wesen umfassende Totalität der Hinwendung zu Gott in bewußter Entscheidung hervorhob und damit die Vergebung als Befreiung zu persönlicher Gemeinschaft bestimmte, die über die sachliche Entsündigung wie über den juristischen Straferlaß weit hinausgreift"[10]. Als Motive und Beweggründe der göttlichen Vergebung nennt Eichrodt neben der Güte Gottes, welche er als „das dem geschlossenen Bunde entsprechende Verhalten der Hilfsbereitschaft" Gottes bezeichnet,[11] vor allem Gottes Ehre und Gottes Liebe: „Indem der in der Bundesstiftung sich offenbarende Gemeinschaftswille Gottes gerade in seiner Ausschließlichkeit als das schlechthin unableitbare und unbegreifliche Wunder seiner Liebe erkannt wird, offenbart sich das Festhalten Gottes an dem schuldig gewordenen Volk der Erwählung als der Triumph dieser Liebe"[12].

W. Eichrodt hat damit die Heilsbedeutung der Sündenvergebung Gottes für den Glauben Israels deutlich zur Sprache gebracht.

c) In der „Theologie des Alten Testaments" von G. v. Rad finden wir zwar einen Abschnitt über das Thema „Sünde und Sühne", aber keine spezielle Äußerung zur Sündenvergebung[13]. Andererseits kann v.Rad schon in der jahwistischen Darstellung der Urgeschichte den über menschliches Versagen und menschliche Schuld hinaus sich offenbarenden Heilswillen Gottes betonen: „Wir sehen also, wie (schon in der Urgeschichte!) jedesmal in und hinter dem Gericht ein bewahrender, vergebender Heilswille Gottes offenbar wird, wie mit dem Mächtigwerden der Sünde die Gnade noch viel mächtiger wird (Röm 5,20). Das ist alles freilich nicht begrifflich theologisch formuliert; Begriffe wie ‚Heil‘, ‚Gnade‘, ‚Vergebung‘ suchen wir vergeblich."[14]

In der Geschichte von der Fürsprache Abrahams für Sodom (Gen 18,16ff) sieht v. Rad eine theologisch reflektierte Fassung von צְדָקָה Jahwes vorliegen, die darin besteht, daß Gott um der wenigen Gerechten willen der ganzen Stadt Sodom vergeben will.[15] Diesen Gedanken be-

---

[10] W. EICHRODT, aaO. S.327. Über die Fülle der Begriffe, die das Tun des Umkehrens ausdrücken, s.S.324.

[11] W. EICHRODT, aaO., S.330.

[12] W. EICHRODT, aaO., S.335.

[13] G. v. RAD, Theologie des AT, Bd. I-II, darin Bd. I, S. 275-285.

[14] v. RAD, ATD, Genesis, S.117.

[15] v. RAD, aaO., S.407 f.

zeichnet v. Rad „als einen einsamen Durchstoß, der an die Stelle des alten Kollektivdenkens ein neues gesetzt hat, das von der stellvertretend bewahrenden Funktion der צְדָקָה ausging"[16]. Mit Recht weist er von hier aus auf eine Verbindungslinie zu Jes 53 hin.[17]

Sühne, deren alttestamentliche Vorstellungswelt nach v. Rad noch immer nicht befriedigend geklärt ist,[18] war „kein Strafakt, sondern ein Heilsgeschehen" (I, 284). Sühne geschieht auch im Regelfalle „durch den stellvertretenden Tod eines Tieres" (I, 283).

Wichtig für v. Rad ist vor allem, „daß Jahwe dazu aufgerufen wird, selbst aktiv die Sühne zu vollziehen", was nur heißen kann, daß Jahwe nicht „der Empfänger der Sühne", sondern „der Handelnde" ist, „indem er den Unheilsbann von der belasteten Gemeinschaft abwendet" (I, 283). Während v. Rad sich verhältnismäßig intensiv mit dem Problem der alttestamentlichen „Sünde" beschäftigt, wird von ihm der theologischen Bedeutung der Vergebung Gottes zu wenig Aufmerksamkeit gewidmet.

d) Erstaunlicherweise tauchen die Worte „Vergebung", „vergeben" auch im Grundriß von W. Zimmerli nur sehr selten auf.[19] Selbst im Zusammenhang mit dem Großen Versöhnungstag wird nur von der „Vergebungswilligkeit" Gottes gesprochen: „Das starke Heraustreten dieser Feier (= Großer Versöhnungstag) hängt mit der gesteigerten Empfindung der Sühnebedürftigkeit des Volkes nach dem Exil zusammen. Im Ritual des Großen Versöhnungstages erfährt Israel im priesterlich-gottesdienstlichen Bereich die auch über dem sündigen Volk stehende Vergebungswilligkeit seines Gottes am nachdrücklichsten" (S. 112).

---

[16] v. RAD, aaO., S.408.

[17] v. RAD, aaO., S.408. Vgl. dazu Jer 5,1; Ez 22,30.

[18] S. aber jetzt B. JANOWSKI, Sühne als Heilsgeschehen. Studien zur Sühnetheologie der Priesterschrift und zur Wurzel KPR im Alten Orient und im Alten Testament, Neukirchen, 1982.

[19] W. ZIMMERLI, Grundriß der alttestamentlichen Theologie, [2]1975. Im ganzen Buch kommt das Wort ‚Vergebung' bzw. ‚vergeben' nur dreimal vor, einmal im Zusammenhang mit ‚Feste', das andere Mal im Zusammenhang mit den ‚rituellen Ordnungen', s.S. 112 und 113.

Im Zusammenhang mit dem rituellen Reinheitsbrauchtum Israels (Ps 51,9) bemerkt Zimmerli etwas Wichtiges: nämlich, daß das rituelle Verhalten im Zusammenhang mit Sündenvergebung durch die großen Schriftpropheten radikal in die Sphäre zwischenmenschlicher persönlicher Verantwortung hereingerissen wird. Als Beispiel nennt er Jes 1,15-17 (S.113). Im genannten Text fordert Gott von seinem sündigen Volk ‚Gerechtigkeit‘ (צְדָקָה). „Waschet und reinigt euch!" (V. 16), dann in V. 17: „Lernet Gutes tun, und trachtet nach Gerechtigkeit! Helft den Bedrückten, schafft Recht den Waisen, und seid ein Anwalt der Witwen!" Wie wir später sehen werden, hat das Thema Sündenvergebung in den beiden Testamenten in der Tat eminent mit der צְדָקָה (sowohl Gottes als auch des Menschen) zu tun. Es ist wichtig, daß Zimmerli uns auf diesen Zusammenhang (Gerechtigkeit-Sündenvergebung) hinweist: „Das Jahwevolk bleibt in alledem unter dem Worte des ATs nicht nur ein Volk, das auf heilvolle Führung und Befreiung von äußeren Feinden wartet, sondern ein Volk, das in tiefstem Sinne auf seine ‚Gerechtigkeit‘, die letztgültige Aufhebung des göttlichen Zornes über seine Sünde und das damit verbundene Heil und die Erlösung wartet."[20] Zimmerli gibt aber keine klare Antwort darauf, was die Voraussetzung für die göttliche Vergebung und das Heil ist.

e) Bei C. Westermann[21] werden „Sünde" und „Vergebung" in einen größeren Zusammenhang hineingestellt und neu zur Sprache gebracht. Der von Zimmerli, aber vor ihm auch schon durch v. Rad, herausgestellte Zusammenhang „Gerechtigkeit-Sündenvergebung" und dessen eschatologische Perspektive, taucht bei Westermann zwar als solcher nicht auf, jedoch tritt die Sache der Sündenvergebung im Zusammenhang mit einem anderen Stichwort deutlicher hervor: Nämlich „Gottes Erbarmen (רַחֲמִים)", welches wiederum in Wechselbeziehung zu „Gottes Gericht" steht.[22]

In der Exilsprophetie Ezechiels und Deuterojesajas sieht Westermann die neue Zuwendung des sich seines sündigen Volkes erbarmenden Gottes. Und diese neue Zuwendung ist „nur möglich mit und aufgrund der Vergebung" (S.125). Es heißt: „Die Vergebung der Schuld, die sich in der Zeit seit der Gerichtsankündigung angehäuft hatte, muß ausgesprochen, die Vergebung muß dem Volke Gottes unmittelbar zugesprochen werden. Erbarmen ohne Vergeben hätte in dieser Situation keinen Sinn, es könnte keinen wirklichen Wandel herbeiführen. Einen Wandel kann es nur ge-

---

[20] W. ZIMMERLI, aaO., S.213; Vgl. v. Rad, aaO., I. S.407 f.
[21] C. WESTERMANN, Theologie des AT in Grundzügen, 1978.
[22] WESTERMANN, aaO., besonders S.102-133.

ben, wenn das Verhältnis zwischen Gott und seinem Volk wieder heil wird, was nur durch Vergebung möglich ist"[23]. Westermann weist ausdrücklich darauf hin, daß zwischen dem Exodusereignis am Anfang der Geschichte Israels und dem babylonischen Exil eine Entsprechung im Handeln Jahwes bestehe: „Wie in Ex 3,7f die Verheißung der Rettung mit der des Segens verbunden ist, so fügt sich in der Botschaft Deuterojesajas die Verheißung des Segens nach der Rückkehr in Kap.54-55 an die Verheißung der Rettung. Jedoch geht es nicht einfach um eine Wiederholung, die dazwischenliegende lange Geschichte, in der sich eine schwere Verschuldung Israels angesammelt hat, erfordert die Verbindung der Rettung mit der Vergebung"[24]. In seinem kurzen Abschnitt über „Sünde und Vergebung", wo er neben Klagepsalmen und der Josephgeschichte auch die kultischen Sühnehandlungen miteinbezieht, unterstreicht er im Blick auf Ps 103 und 51 die lebendige Wechselbeziehung zwischen der kultischen Sühnehandlung und der personalen Erfahrung der Vergebung (S.108). Am Ende des Abschnitts bemerkt Westermann, daß der Sühnevorgang in nachexilischer Zeit stark institutionalisiert wurde, und daß die Gefahr dabei war, „daß das Sühneritual von der Geschichte abgelöst wurde und ohne die kultische Institution sowie ohne Priester Vergebung nicht mehr möglich war"[25].

Zusammenfassend können wir sagen, daß die große Bedeutung der Sündenvergebung Gottes für den alttestamentlichen Glauben und im religiösen Leben des Einzelnen und des Volkes Israel in der vor-, aber vor allem in der nachexilischen Zeit nur bei Eichrodt und Westermann deutlich zur Sprache kommt. In anderen „Theologien des ATs" bleibt die Sache unbeachtet. Der Grund dafür, warum dieses theologisch gewichtige Thema innerhalb des alttestamentlichen Forschungsbereiches so unbeachtet geblieben ist, ist in Folgendem zu suchen: Die Sache der Sündenvergebung wird im allgemeinen zu sehr als ein exilisch-nachexilisches Phänomen betrachtet und daraus die Schlußfolgerung gezogen, daß die Sündenvergebung in der vorexilischen Zeit für den Glauben Israels *keine* Rolle spielte (besonders Köhler und Koch). Außerdem wird oft übersehen, daß von Sündenvergebung vor allem in den vorexilischen Schriften meist nur in verschiedenen sinnbildlich gebrauchten Ausdrucksformen und meta-

---

[23] WESTERMANN, aaO., S.125.
[24] WESTERMANN, aaO, S.127. Nach Westermann ist die Rettung aus Ägypten mit ‚Segen' und Rettung aus Babylon mit der ‚Vergebung' fest verbunden. Vgl. S.127f.
[25] WESTERMANN, aaO., S.109. Es ist aber darauf hinzuweisen, daß auch das nachexilische Israel die von den Sühneriten unabhängige Vergebung Gottes kennt. S. dazu die Tabellen 2 und 3.

phorischen Begriffen die Rede ist. Meines Erachtens darf man aber in der Sache der Vergebung nicht bloß nach den Begriffen und Buchstaben fragen. Der Israelit, der an den Exodus-Gott (der sicherlich älter ist als das babylonische Exil) glaubt, weiß, daß es Jahwe ist, der sein Leben stiftet und durchwaltet. Er hört und spürt das sanfte Wehen des Schöpferhauches, der das Leben spendet (Gen 2,7), das Leben aus der äußeren und inneren Not befreit (Ex 3; Ps 103,4), und er bezeugt diese erfahrene Gottesnähe in verschiedenen metaphorischen Bildern und Ausdrücken (Ps 103,13; ferner s. §5).

1.2 Wissenschaftliche Einzeluntersuchungen zum Themenkreis Sündenvergebung im AT

Eine wissenschaftliche Einzeluntersuchung über das Thema *Sündenvergebung* im AT gibt es noch nicht. Bis jetzt ist unser Thema nur im Zusammenhang mit anderen Themen wie z.B. „Sünde", „Sühne", „Erlösen" mitbehandelt worden und dies auch nur von wenigen Alttestamentlern.[26] Wir wollen uns im folgenden die einzelnen Beiträge zu unserem Themenkomplex kurz vor Augen führen.

a) Zuerst sei *J. Herrmann* genannt und sein Artikel „Sühne und Sühneformen im AT" in ThW III, 302-311, in welchem er seine 1905 veröffentlichte Arbeit „Die Idee der Sühne im AT" verkürzt, aber unverändert wiedergibt. Dabei konzentriert er sich auf das Verb כִּפֶּר und auf seinen Gebrauch sowie auf die theologische Bedeutung innerhalb der Priesterschrift und ihr verwandten Schriften des ATs.

Die wesentlichen Aspekte der alttestamentlichen Sühneauffassung werden hier kurz und bündig zur Sprache gebracht. Alles mit Sünde und Unreinheit Behaftete ist nach ihm der Sühne bedürftig. Die Sühnung wird vor allem mit dem Blut der Sühneopfer חַטָּאת und אָשָׁם gewirkt[27]. Er weist nachdrücklich darauf hin, daß es Jahwe selbst ist, der durch „kultische Gebote die Möglichkeit gegeben, geschenkt (hat), alles der Sühne Bedürftige zu sühnen"[28]. Bemerkenswert ist seine Auffassung, nach der er aufgrund des Befundes von כִּפֶּר sowie des kultischen und außer-

---

[26] Zurecht klagt K. KOCH über diesen Forschungsstand: „Wir stoßen auf ein schändlich vernachlässigtes Gebiet unserer sonst so aktiven und produktiven Disziplin"; in Sühne u. Sündenvergebung. aaO., S.218.

[27] J. HERRMANN, ThW III, S.310f.

[28] HERRMANN, aaO., S.310.

kultischen כִּפֶּר folgert, daß in der Sühneauffassung Israels der Gedanke einer Substitution vorhanden gewesen ist: „Hat der Stoff mehrfach gezeigt, daß das Leben des Menschen bedroht ist, wenn die Sühne nicht gewirkt wird, und daß mit der durch die Sühne gewirkten Vergebung das Leben des Menschen erhalten wird, so hat unabweislich der Gedanke existiert, daß das in den Sühnebräuchen verwendete Opfertierblut kraft des in ihm enthaltenen Tierlebens die Erhaltung des sonst verfallenen Menschenlebens wirkt"[29].

b) S. Herner[30] hat zwar schon 1942 das Thema „Sühne und Vergebung in Israel" behandelt, aber, wie er auch am Anfang seiner Darstellung klarstellt (S.47), will er weder eine begriffsgeschichtliche noch eine exegetisch eingehendere Untersuchung, sondern eher einen Überblick zum Problem geben. Dementsprechend hat er die einschlägigen Stellen zusammengestellt und erläutert. In seiner in drei Abschnitte gegliederten Untersuchung (die ältere Anschauung; die Schriftpropheten; der Einfluß des Gesetzes) versucht Herner, die Darstellung von Sühne und Vergebung im Verhältnis zwischen Gott und den Menschen zu beleuchten. Nach seiner Auffassung sind nämlich Sühne und Vergebung „Hauptbegriffe in der Religion Israels"[31]. Aber über J. Herrmann hinausgehende, neue Beobachtungen finden wir bei ihm nicht. Zu würdigen ist, daß er sich nicht an einigen bestimmten Fachbegriffen für Sühne und Vergebung festklammert, sondern auch die Stellen heranzieht, die vom Inhalt, von der Sache her davon zeugen. So führt er z.B. auch die Stellen 1 Sam 15,11; 25,35; Hi 42,7ff u.a. auf.[32]

c) Eine ausführliche, begriffsgeschichtliche Untersuchung zum Thema findet man bei *J. J. Stamm*. In seiner Dissertation „Erlösen und Vergeben im Alten Testament", Basel 1940, behandelt er ausführlich den Vergebungsterminus סָלַח, wobei er als gelegentlichen Ausdruck für „vergeben" auch das Verbum כִּפֶּר als Anhang mitbehandelt. Er zieht auch in seiner Untersuchung neben dem Terminus technicus סָלַח mehrere andere Begriffe und bildliche Wendungen heran. So werden u.a. עָוֹן נָשָׂא (die Sünde bzw. Schuld wegnehmen), עָוֹן הֶעֱבִיר (die Sünde vorbeigehen lassen), מָחָה פֶּשַׁע (עָוֹן) (die Sünde abwischen), רָפָא (heilen) begriffsgeschichtlich untersucht. Stamm weist aber darauf hin, daß sich im AT kein bestimmter Terminus zur Wiedergabe des Begriffes der Vergebung

---

[29] HERRMANN, aaO., S.311.
[30] S. HERNER, Sühne und Vergebung in Israel, 1942, Lund.
[31] HERNER, aaO., S.1.
[32] HERNER, aaO., S.3.

durchgesetzt hat.[33] Das Herkunftsgebiet der Verben סָלַח und כִּפֶּר sowie
der anderen bildlichen Wendungen für „vergeben" sieht er fast ausschließlich im Kultus.[34] Nach seiner Auffassung sind sie alle „aus alten
Riten kultischer Reinigung" herausgewachsen.[35] Stamm macht uns ferner
darauf aufmerksam, daß „die Vergebung stets, sei es als innerweltliches
oder eschatologisches Geschehen, mit einer äußeren Bestätigung verbunden (ist)"[36]. Diese kann nach ihm „in Strafminderung", „in Aufhebung
einer Strafe", „in Rettung aus Krankheit" oder „im Heraufführen des
Heiles der Endzeit" bestehen.[37] Positiv zu bewerten ist, daß auch Stamm
in seiner Untersuchung nicht an einem oder zwei Fachbegriffen für
„vergeben" festhält, sondern den Sachhorizont erweitert, indem er mehrere bildliche Wendungen und Umschreibungen für die Sache der Vergebung heranzieht und nach ihren Zusammenhängen fragt. Allerdings
scheint es mir, daß bei ihm die enorme theologische Bedeutung des Verbums כִּפֶּר für die Sache der Vergebung und der enge Zusammenhang
von Sühne und Vergebung zu wenig beachtet wurden.

d) Nach seiner Habilitationsschrift „Die israelitische Sühneanschauung
und ihre historischen Wandlungen", Erlangen 1956, sind die beiden folgenden Aufsätze der wichtigste Beitrag von K.Koch zu unserem Thema:
„Sühne und Sündenvergebung um die Wende von der exilischen zur nachexilischen Zeit", erschienen in EvTh 26, 1966, S.217-239. Der zweite ist:
„Messias und Sündenvergebung in Jesaja 53 - Targum." Ein Beitrag zu
der Praxis der aramäischen Bibelübersetzung, JSJ 3, 1972, S.117-148.[38]
Hier geht es vor allem um den erstgenannten Aufsatz.[39] Von den drei
Thesen, die er in diesem Aufsatz vertritt, ist die erste These (trotz seines

---

[33] J. J. STAMM. Erlösen und Vergeben im AT. Eine begriffsgeschichtliche Untersuchung (Erschienen 1940 in Bern mit dem gleichen Titel wie seine Dissertationsschrift),
S.85.

[34] STAMM, aaO., S.85.

[35] STAMM, aaO., S.86.

[36] STAMM, aaO., S.147.

[37] Stamm, aaO., S.147. Vgl. auch seinen Artikel über סלח in THAT, II. Sp.150-
160. „Wie im weiteren noch zu betonen sein wird, kennt das AT Vergebung nicht im
modernen Sinn als geistiges Geschehen; es kennt sie vielmehr nur als einen konkreten,
umfassenden, auch im Äußeren des Einzelnen oder der Gemeinschaft sich auswirkenden
Vorgang".

[38] Vgl. dazu Art. חטא von K.Koch, in ThWAT, Bd. II, Sp.857-870 und Art. צדק
in: THAT, Sp.507-530.

[39] Zu KOCHs Aufsatz ‚Messias und Sündenvergebung in Jes.53 - Targum' s. jetzt den
Beitrag von O. HOFIUS, „Kennt der Targum zu Jes 53 einen sündenvergebenden Messias?", in: Freundesgabe zum 50.Geburtstag von P. Stuhlmacher (unveröffentlicht). Hier
setzt Hofius sich ausführlich mit Koch auseinander.

Hinweises, es gehe nicht um „das Bewußtsein von Sünde ... sondern um die Beseitigung von Sünde", S.219) doch mißverständlich und zu überspitzt. Sie lautet: „Die göttliche Vergebung der Sünden spielt im vorexilischen Israel keine Rolle"[40]. In der folgenden Erläuterung heißt es dann: „Die normale Reaktion Jahwes ist ... die bedingungslose Vernichtung des sündigen Täters" (S.219). Läge der Sachverhalt so, daß Jahwe in der vorexilischen Zeit jeden sündigen Täter bedingungslos vernichtete - wie lassen sich dann Texte, die nicht isoliert stehen, wie Hos 1-3 (die hoseanische Ehe); 11,7-9 („wie könnte ich dich preisgeben, Israel?"); 14,5 („ich will ihren Abfall heilen, ihnen meine Liebe schenken"); Gen 4,15 (J) (Kains Leben wird von Jahwe geschützt), Ex 34,6f (J) („Jahwe, Jahwe, ein gnädiger und barmherziger Gott ..., der Gnade bewahrt den Tausenden, Schuld, Frevel und Sünde vergibt ..."), Num 14,19f („Ich vergebe, wie du gebeten hast" V.20) und viele andere verstehen? Dennoch ist Koch Recht zu geben, wenn er herausstellt, daß „der Hinweis auf den sündentilgenden Gott der größte Fortschritt in der Gotteserkenntnis (ist), welcher der exilisch-nachexilischen Zeit über die Propheten hinaus zuteil wurde"[41].

Israel, das schon längst vor dem Exil die Erfahrung gemacht hat, nur aus der befreienden, helfend-zugreifenden Gnadenmacht Jahwes und seiner väterlich-königlichen Führung in der Geschichte existieren zu können, hat auch schon sehr früh die nachsichtig-vergebende Barmherzigkeit Jahwes erfahren und erlebt.

Die schon erfahrene und durch verschiedene Metaphern und sinnbildliche Ausdrücke bezeugte, aber noch nicht zum festen Begriff geformte Sache der Vergebung, wird durch das Exil verstärkt erlebt und nahm so konkrete Gestalt in Begriffen wie סָלַח und כִּפֶּר an.

Die zweite These von K. Koch lautet: „In der Perserzeit wird die Vergebung der Sünden von kultischen Sühneriten erwartet, in denen Gott als alleinhandelndes Subjekt die Menschen von ihrer Sünde-Unheil-Sphäre befreit und ihre Schuld auf ein todgeweihtes Tier überträgt"[42]. Er unterstreicht vor allem den kultischen Charakter von Vergebung und Sühne und bestreitet, „daß כִּפֶּר jemals unkultisch gemeint sei"[43]. Vergebung der Sünden ist nach Koch „der Schlußpunkt einer kultischen Begehung"[44], welche mit Reinigung und Blutbesprengung eng zusammenhängt. Wie J. J. Stamm weist auch K. Koch noch darauf hin, daß Vergebung kein

---

[40] KOCH, Sühne und Sündenvergebung, S.219.
[41] KOCH, aaO., S.223.
[42] KOCH, aaO., S.225.
[43] KOCH, aaO., S.226.
[44] KOCH, aaO., S.227.

Wortgeschehen, sondern „zunächst äußere Handlung, kultische Realität"
ist.[45] Die heilsgeschichtliche Verankerung des Sühneritus sieht Koch in
der am Sinai aufgerichteten Stiftshütte, da die Sünde vergebende Heiligkeit Gottes nach P erst seit der Aufrichtung dieser Hütte unter den Israeliten gegenwärtig ist.[46] Kochs Interpretation des rituellen Gestus der Handauflegung (שְׁמִכָה) im Rahmen der Sühnehandlung am Heiligtum ist aber
unbefriedigend, da er in diesem Zusammenhang nur von Schuldübertra-
gung („Übertragbarkeit der Schuld"[47]) bzw. von „Abwälzen der Sündensphäre auf ein Tier"[48] spricht. Es geht bei diesem Ritus weder um einfache Beladung mit Schuld noch um Abwälzung der Sündensphäre, sondern es geht um „*Subjekt*übertragung"[49], um eine den Opferer einschlies-
sende, stellvertretende Lebenshingabe.[50] Bemerkenswert ist die 3. These
in Kochs Aufsatz. Sie lautet: „Deuterojesaja blickt über die Sünden Israels
hinaus auf die Sünden der Völker, für die eine Sühne durch tierischen
Tod nicht genügt. Jahwe überträgt die Sündensphäre auf den einen
Knecht"[51]. In seiner Interpretation des vierten Ebedliedes heißt es dann
weiter: „Der Zusammenhang mit der oben herausgestellten priesterlichen
Sühneauffassung ist unverkennbar. Gott nimmt den Vielen die Sünde-
Unheil-Last ab und lädt sie dem Menschen auf, der für alle anderen in
Verachtung, Krankheit und Tod geht und damit ihre Schuld davon-
trägt"[52]. Hier ist aber schwierig festzumachen, ob Deuterojesaja wirklich
„einen gewaltigen eschatologischen Sühneritus" schildert, wie Koch
meint,[53] oder ob es sich hier (vgl. אָשָׁם = Schuldopfer in V.10) um die
Hingabe Israels „als Bußleistung für die Heiden" handelt.[54] Interessant ist

---

[45] KOCH, aaO., S.227, vgl. dazu J. J. STAMM, aaO., S.85f.
[46] KOCH, aaO., S.232.
[47] KOCH, aaO., S.229.
[48] KOCH, aaO., S.229.
[49] H. GESE, Die Sühne, in ‚Zur biblischen Theologie', 1977, S.95f:
„Was bringt der rituelle Gestus der Handauflegung (sᵉmîka—) im Rahmen der Sühnehandlung zum Ausdruck? Diese für das Sühneverständnis geradezu entscheidende Detail-
frage wird leider sehr gegensätzlich beantwortet.Die einen sehen in der Handauflegung
das Beladen des Opfertieres mit Sünden ausgedrückt, die anderen ein Beteiligtsein der
Opfernden an der mit dem Opfer vollzogenen Sühne". Von Num 27,18.23; Dt 34,9 und
Num 8,10 her sieht Gese in der Handauflegung „eine Identifizierung im Sinne einer delegierenden Sukzession, ... eine Stellvertretung zum Ausdruck" kommen (aaO., S.97).
[50] H. GESE, aaO., S.97. Vgl. auch B. JANOWSKI, Sühne als Heilsgeschehen,
S.359f.
[51] KOCH, aaO., S.233.
[52] KOCH, aaO., S.235.
[53] KOCH, aaO., S.235.
[54] GESE, aaO., S.104, Anm. 14.

der Hinweis K. Kochs, daß Israel auch in der nachexilischen Zeit „Vergebung als Rechtfertigung der Gottlosen" nicht kennt.[55]

e) Nach Th. C. Vriezen[56] ist der Gott Israels seinem Wesen nach ein gern vergebender Gott (Ps 86,5; Jer 5,1; Gen 18,22ff; Jes 55,7), obwohl er Vergebung auch verweigern kann (2 Kön 24,4; vgl. 1 Sam 3,14; Jes 22,14). Die meisten Vergebungstermini sind nach Vriezen aus der Kultsprache übernommen (so auch סָלַח und כִּפֶּר). Die anderen Ausdrücke haben ihren Ursprung entweder im profanen Leben (so z.B. נָשָׂא עָוֹן) oder im Rechtsbereich (so z.B. loskaufen, Ps 130,8 vgl. 34,23).[57] Unbedingte Voraussetzung der Sündenvergebung ist nach Vriezen ein aufrichtiges Schuldbekenntnis (Ps 32,3-5). Gebete, Bekenntnisse sowie die Buß- und Klagepsalmen wurden nach Vriezen sehr wahrscheinlich am Kultort (vielleicht begleitet von Opfern) gebetet.[58] Wichtig ist sein Hinweis, daß der Vergebungswille Gottes „durch das im Bund mit Israel gegebene Gemeinschaftsverhältnis" bestimmt ist.[59]

f) Den jüngsten Beitrag zum Themenkomplex bietet B. Janowski: „Sühne als Heilsgeschehen. Studien zur Sühnetheologie der Priesterschrift und zur Wurzel KPR im Alten Orient und im Alten Testament", Neukirchen 1982. Hier entfaltet er im wesentlichen die These seines Lehrers H. Gese.[60] Gese hat in seinem Aufsatz „Die Sühne" die alttestamentlichen Aussagen über diesen Sachkomplex neu dargestellt. Wie schon Gese herausgestellt hat, ist auch nach Janowski zweierlei für die kultische Sühnehandlung konstitutiv, nämlich die Handauflegung und der Blutritus.[61] Durch die Handauflegung beim Opfer geschieht die Identifizierung des Opfernden mit dem Opfertier, und durch den nachfolgenden Blutritus wird „eine zeichenhaft-reale Lebenshingabe des Opfernden an das Heiligtum Gottes vollzogen"[62]. Das kultische Sühnegeschehen wird dementsprechend bei Janowski „primär als ein Akt der Weihe"[63] verstanden. Die letzte Steigerung dieses Weiheaktes an Gott ist nach Janowski die im Allerheiligsten, am Ort der Begegnung Gottes mit den Menschen vollzogene Blutzeremonie am Großen Versöhnungstag: „So wird dem in tiefste Schuld verstrickten exilisch-nachexilischen Israel im kultischen Sühnege-

---

[55] KOCH, aaO., S.232.
[56] Th. C. VRIEZEN, Art. Sündenvergebung im AT, in RGG³, VI, 507-511.
[57] VRIEZEN, aaO., S.508.
[58] VRIEZEN, aaO., S.509.
[59] VRIEZEN, aaO., S.508.
[60] S. hier vor allem sein Aufsatz „Die Sühne", S.85-106.
[61] B. JANOWSKI, Sühne als Heilsgeschehen, S.199f. Vor ihm GESE, aaO., S.95.
[62] JANOWSKI, aaO., S.360.
[63] JANOWSKI, aaO., S.360f.

schehen des Großen Versöhnungstages die mit dem Sinaigeschehen (Ex 24, 15[b]ff) inaugurierte Wirklichkeit der Selbstoffenbarung Gottes an ein personales Gegenüber und damit die tröstliche Nähe seines Gottes wieder gnädig gewährt"[64]. In seinen umfangreichen Studien zum Sachproblem „Sühne" geht Janowski auch auf die Problematik der Sündenvergebung ein. Nach Janowski ist כִּפֶּר (Gott als Subjekt) insgesamt 13 (bzw. 14) mal im AT im Sinne von (Sünde) „vergeben" gebraucht: Dtn 21,8[a]; 32,43; 1 Sam 3, 14; Jes 6,7; 22,14; 27,9; (28,18); Jer 18,23; Ez 16,63; Ps 65,4; 78,38; 79,9; Dan 9,24; 2 Chr 30,18.[65] Zum Subjekt - Objekt - Verhältnis der כִּפֶּר - Stellen schreibt Janowski: „Wie an keiner dieser Stellen von einer Versöhnung, Beschwichtigung oder einem Gnädigstimmen Gottes durch den Menschen die Rede ist, so wird auch nirgends davon gesprochen, daß Gott vom Menschen Sühne fordert: Gott gewährt, ermöglicht Sühne (Dtn 32,43), d.h., er ‚vergibt' (Jes 6,7; 27,9; Ez 16,63; Ps 65,4; 78,38; Dan 9,24), während der Mensch um Vergebung bittet (Dtn 21,8[a]; Ps 79,9; 2 Chr 30,18)"[66]. In seinem zusammenfassenden Abschnitt hebt er die tiefgreifende biblische Bedeutung der Sündenvergebung hervor: „Diesen Bezug des göttlichen כִּפֶּר-Handelns zur Situation des Menschen zwischen Leben und Tod lassen die einzelnen Belege in verschiedener Hinsicht (terminologisch/sachlich) erkennen: So wird Vergebung - sofern sie nicht abgelehnt wird (Jes 22,14; 1 Sam 3,14) - erfahren/erbeten als Errettung vom Tode (Jes 6,7), als Wiedererlangung der Gottesnähe (Ps 65,2-5), als Lebenserrettung des barmherzigen Gottes (Ps 78,38; 79,8f), als ‚Heilung' durch Gott (2 Chr 30; 18-20), als ‚Rache' Gottes an dem lebensbedrohlichen Tun der Feinde (Dtn 32,43; Ps 79,6-12; vgl. Jer 18,1923) oder erwartet als Verwirklichung des endzeitlichen Heilszustandes (Jes 27,9; Ez 16,23; Dan 9,24). Die Vergebung Gottes ist Erweis seines Heilshandelns am Menschen, aber Preisgabe an den Tod, wo sie abgelehnt wird"[67]. Wie kein anderer zuvor hat Janowski damit die enge Verbindung zwischen כִּפֶּר und סָלַח einerseits und die theologische Bedeutung der alttestamentlichen (besonders piesterschriftlichen) Sühneaussagen im Hinblick auf unser Thema herausgestellt.

g) *H. Thyen* hat in seinem Buch „Studien zur Sündenvergebung im Neuen Testament und seinen alttestamentlichen und jüdischen Voraussetzungen", Göttingen 1970, das Problem der alttestamentlichen Sündenvergebung als Voraussetzung für seine stark auf Teilaspekte der nachösterli-

---

[64] JANOWSKI, aaO., S.362.
[65] JANOWSKI, aaO., S.133/4.
[66] JANOWSKI, aaO., S.134.
[67] JANOWSKI, aaO., S.135.

chen Entwicklung hin orientierte Untersuchung behandelt. Seine Untersuchung beschränkt sich auf „einige Einzelakte" im AT, „in denen die Spendung der Sündenvergebung ihren ‚Sitz im Leben' hat, oder die im Laufe der Geschichte diesen Sinn erhielten", nämlich „die Bundeserneuerung, die Kultzulassung und die sakrale Gerichtsbarkeit"[68]. Sein Bundesverständnis ist aber problematisch, da er (gestützt auf Baltzers[69] Untersuchung) davon ausgeht, daß „Israels Gottesverhältnis vertraglichen Rechtscharakter"[70] hat. Hat Jahwe, wie Thyen es meint, sein Volk Israel zu seinem „Vertragspartner"[71] (also mit gleichen Rechten und Pflichten) gemacht? Besteht gerade darin „die wahre Größe des Geschenkes an Berith?" (S.31). Ist es so, daß der alttestamentliche Glaube „auch Gottes Vergebung aus solcher wechselseitigen Partnerschaft" heraus denkt?[72] Ist Jahwe nicht mehr als nur ein „Vertragspartner"? Ist er nicht eher im Glauben Israels Schöpfer, König, Herr und Hirt? Hier ist Kutsch Recht zu geben, wenn er sagt: „Das Gegenüber Gott/Mensch ist für israelitischen Glauben ... das Verhältnis des Herrn zu dem seiner Macht Unterworfenen"[73]. Nach Kutsch ist aber dieses Verhältnis zugleich bestimmt „durch den Heilswillen, den dieser Herr dem Menschen entgegenbringt"[74] Das צְדָקָ(ה) - Verständnis Thyens ist einseitig forensisch geprägt. Nach seiner Auffassung ist der Jahweglaube von Anfang an forensisch bestimmt"[75]. Fiedlers kritische Rückfrage an ihn ist berechtigt, nämlich, ob dieser forensische Aspekt der göttlichen Gerechtigkeit allein „*die* maßgebende Verständniskategorie"[76] sei.[77] Es ist zweifellos so, daß Jahwes Gerechtigkeit sein richterlich-strafendes Handeln nicht ausschließt. Sie ist aber primär von seinem treuen, sich erbarmenden und vergebenden Heilswirken für Israel bestimmt.

---

[68] H. THYEN, Studien zur Sündenvergebung, S.31.
[69] K. BALTZER, Das Bundesformular, WMANT 4, 1960.
[70] THYEN, aaO., S.31.
[71] So THYEN, aaO., S.31.
[72] THYEN, aaO., S.61 Anm.2. Mit Recht kritisiert P. FIEDLER dieses problematische Bundesverständnis Thyens, S.25f.
[73] E. KUTSCH, BZAW 131, S.152; vgl. S.95-101.
[74] KUTSCH, aaO, S.152. Vgl. auch FIEDLER, S.26f.
[75] THYEN, aaO., S.23 Anm.2. Vgl. S.25f.
[76] P. FIEDLER, Jesus und die Sünder, BET Bd.3, 1976, S.29. Vgl. auch S.291 Anm. 26.
[77] Vgl. P. STUHLMACHER, Gerechtigkeit Gottes bei Paulus, S.117:
„Die Konkordanzen zeigen eindeutig, daß es sich bei צדק(ה) um ein den ganzen Wirklichkeitsbereich umspannendes und nicht juristisch eingeschränktes Phänomen handelt".

h) H. Leroy hat sich in seiner Habilitationsschrift „Vergebung und Gemeinde nach dem Zeugnis der Evangelien" und in seiner Veröffentlichung „Zur Vergebung der Sünden. Die Botschaft der Evangelien" ausführlich mit unserem Thema beschäftigt.[78] Im ersten Teil seiner Habilitationsschrift geht er auf das Problem der alttestamentlichen Vergebungsaussagen ein, wobei er sich hauptsächlich auf die Texte 2 Sam 12,1-15 („prophetische Vergebungszusage"); Jes 6 („kultische Vergebungszusage") und Lev 4-5 („Chattat-" u. „Aschamopfer") konzentriert. Zum Schluß seines alttestamentlichen Teils, wo er die Sache der Sündenvergebung aus dem Kontext der alttestamentlichen Verheißung, der Prophetie, des Kultes und der Eschatologie heraus zusammenfaßt, betont er: „Stand also - wie Sam 12 zeigte - die Vergebungszusage an David im Dienst der Aufrechterhaltung der Verheißung an den König und sein Haus um des Heils des Bundesvolkes willen und nach Jes 6 im Dienst der Legitimation der prophetischen Gerichtsverkündigung und dann wohl auch der Ankündigung des Restes, so steht die breite kultische Tradition im Dienst der Bewahrung des Volkes vor dem Gericht. Es ist soviel deutlich geworden, daß festgestellt werden kann: Vergebungszusage wird immer in einem größeren Zusammenhang gesehen, Vergebung wird zugesprochen, wenn die göttliche Verheißung, der prophetische Auftrag, letztlich also Heil und Bestand des Volkes sowohl wie der Plan zur Erreichung dieses Zieles durch menschliche Sünde in Frage gestellt sind. Vergebung weist also nach den Texten des Alten Testament stets über sich hinaus und stellt sich nie als eigenes Ziel dar"[79]. Auffallend ist dabei, daß er sich von einem personalistischen Vergebungsverhältnis distanziert und Sündenvergebung eng an die Verheißung und Stiftung des Bundes und so an das Volk bzw. an die Gemeinde bindet: „Wer von Vergebung spricht, muß also auch von der Verheißung Gottes und der Stiftung des Bundes sprechen, auf den hin die Vergebung dem Menschen geschenkt wird. Damit ist ein personalistisches Vergebungsverhältnis sehr fraglich. Es kommt entscheidend auf die theologische Komponente der Vergebungswirklichkeit an. Und dann wird man bedenken müssen, wie die Bundesverheißung ekklesiologisch zu fassen ist und welche aktuellen Formen sich finden lassen, um solches Verständis heute in der Gemeinde zu eröffnen"[80]. Diese Tendenz wird in sei-

---

[78] H. LEROY, Vergebung und Gemeinde nach dem Zeugnis der Evangelien, Hab./Kath. Theol. Fakultät Tübingen 1972; DERS., Zur Vergebung der Sünden. Die Botschaft der Evangelien, Stuttgarter Bibelstudien 1974, S.73. Vgl. dazu seinen Artikel ἀφίημι, ἄφεσις, in EWNT I, S.436-441.
[79] H. LEROY, Vergebung und Gemeinde, S.92. Vgl. auch S.83-95.
[80] H. LEROY, Zur Vergebung der Sünden, S.27. Dazu noch S.22 und 37.

nem neutestamentlichen Teil noch deutlicher und kommt bei der Interpretation der neutestamentlichen Texte unverkennbar zum Ausdruck.[81]

i) P. Fiedler hat sich in seinem Buch „Jesus und die Sünder", BET 3, Frankfurt 1976, seiner überarbeiteten Habilitationsschrift (Freiburg 1975) gründlich mit H. Thyen auseinandergesetzt. In seinem alttestamentlichen Teil konzentriert er sich dabei auf drei alttestamentliche Leitbegriffe, nämlich Berit, Sädäq/Sedaqa und Tora. Dabei versucht er hauptsächlich solche alttestamentlichen Texte heranzuziehen, „die Gottes gnädiges Handeln am Sünder in den Blick rücken"[82]. Am Anfang seiner Darstellung schickt er aber, in Anlehnung an F. Bennewitz,[83] folgende Bemerkung voraus: „Dabei ist durchaus festzuhalten ... , daß Sündenvergebung nicht die zentrale Stellung im Glauben des alten Israel einnahm, wie wir das vielleicht erwarteten" (S.21). Obwohl er in seiner Interpretation von Berit die Fehldeutung („Vertragspartner") Thyens erkennt und korrigiert, indem er Bund primär „als gnädige Zusage Jahwes und als Verpflichtung des Menschen durch ihn"[84] definiert und dabei unterstreicht, daß „die von Jahwe ergehende Forderung, sein ‚Anspruch' an Israel, selbst Ausdruck und Zeichen seiner Zuwendung, seiner Gnade (ist)"[85], und obwohl er mit Recht auf die Unhaltbarkeit eines rein forensischen (ה)צדק Verständnisses hinweist,[86] scheint es mir, daß er in seiner Interpretation über Sünde(r) und Vergebung im AT etwas versäumt: Er unterschätzt die Bedeutung des Kultes im religiösen Leben und Glauben Israels und läßt die engen Zusammenhänge zwischen Sünde(r) und Vergebung durch Sühnepraxis im kultischen Leben Israels ganz außer Acht. Aber gehören die vielen alttestamentlichen Texte über kultische Sühnehandlungen nicht auch zu den Texten, „die Gottes gnädiges Handeln am Sünder in den Blick rücken"?

Nach Fiedler[87] und Thyen[88] - anders aber Koch[89] und Lohse[90] - kennt weder das AT noch das vorchristliche Judentum einen sündenvergebenden Messias. Auch für die endzeitliche Sündenvergebung ist nach Fiedlers

---

[81] Vgl. LEROY, aaO., S.53ff.
[82] P. FIEDLER, aaO., S.21.
[83] Vgl. H. LEROY, Vergebung und Gemeinde nach dem Zeugnis der Evangelien, S.3f.
[84] FIEDLER, aaO., S.27.
[85] FIEDLER, aaO.,S.27.
[86] FIEDLER, aaO., S.29f.
[87] FIEDLER, aaO., S.95.
[88] THYEN, aaO., S.49.
[89] KOCH, Messias und Sündenvergebung in Jes 53 - Targum, S.135ff.
[90] E. LOHSE, Märtyrer, S.175.

Auffassung Gott allein zuständig: „Sünden zu vergeben, in die heilvolle Gemeinschaft mit Gott zu versetzen ist also für den Israeliten, der seine Existenz vor Gott von der Befreiertat des Exodusgeschehens herleitet, in Gegenwart - wenn er umkehrt - und endgültiger Zukunft Reservat der Hoheit Jahwes, wie es in Ps 130 mahnend und tröstend unübertrefflich ausgedrückt ist: ‚Er selber wird Israel erlösen von allen seinen Sünden‘"[91]. Damit gibt er die alttestamentlichen Aussagen über Vergeben der Sünden trefflich wieder.

1.3 Gang der Untersuchung

Die wichtigsten Termini für Sündenvergebung im AT sind סָלַח und כִּפֶּר. Daher wollen wir zuerst mit einer terminologischen Untersuchung über diese beiden Verben beginnen (§ 2). Nach der Priesterschrift spielt vor allem die Sinaioffenbarung Jahwes die zentrale Rolle für das sünden- vergebende Handeln Gottes für Israel. Sowohl die wortstatistischen Tabel- len über סָלַח und כִּפֶּר, aber auch die Sache der Vergebung selbst spre- chen dafür, daß wir uns im nächsten Paragraphen (§ 3) mit dem Sinaier- eignis beschäftigen. Die alttestamentlichen Aussagen von der Vergebung der Sünden bzw. der Vergebungswilligkeit Jahwes sind außerdem von der Gotteserfahrung Israels in der Geschichte her bedingt. Darum soll es im vierten Paragraph um die Frage gehen, welche Bedeutung der Gotteser- fahrung Israels für seine Aussage vom sündenvergebenden Handeln Got- tes zukommt. (§ 4). Von Bedeutung ist die Tatsache, daß die Sache der Vergebung bzw. der Vergebungswille Jahwes im AT nicht nur durch bestimmte Termini wie סָלַח und כִּפֶּר, sondern vor allem in der Früh- phase auch durch verschiedene metaphorische Ausdrücke und sinnbildlich gebrauchte Wendungen zur Sprache gebracht wird. In Paragraph 5 wol- len wir unsere Aufmerksamkeit diesem Sachverhalt schenken (§ 5).

Selbstverständnis Israels als erwähltes Volk ist maßgebend von seiner Gotteserfahrung her bedingt. In vielen alttestamentlichen Sündenbe- kenntnissen kommt dieses Selbstverständnis vor Jahwe am besten zum Ausdruck (§ 6).

Außer den priesterlichen Sühnetexten sind die Vergebungsaussagen im AT vor allem in der prophetischen Fürbitte-Tradition verankert, weshalb wir auch nach diesem Sachverhalt fragen müssen (§ 7).

---

[91] FIEDLER, aaO., S.95.

Besondere Bedeutung kommt in unserem Zusammenhang den eschatologischen Vergebungsaussagen innerhalb der davidisch-messianischen
Überlieferung zu, die oft mit der Rede von der Bundeserneuerung verknüpft sind (§ 8).

Eine entscheidende Wende in der Auffasssung von der Sündenvergebung Gottes in Israel wird durch die Erfahrung des babylonischen Exils
herbeigeführt. Welche Bedeutung hat diese Exilserfahrung für die Ver-
gebungsaussage im AT? Welche Bedeutung kommt der kultischen Sühnepraxis der nachexilischen Gemeinde Israels für ihr Vergebungsverständ-
nis zu? Im Paragraph 9 soll versucht werden, auf diese und ähnliche
Fragen Antworten zu finden.

In den folgenden Paragraphen 10 und 11 gehe ich jeweils kurz auf das
Problem der Sündenvergebung in der Weisheitsliteratur und im Rechtsdenken Israels ein. Der letzte Paragraph dient dann als Zusammenfassung
des alttestamentlichen Teils (§ 12).

§ 2
Die terminologische Untersuchung
2.1 סָלַח und כִּפֶּר im AT

a) סָלַח ist ein gemeinsemitisches Verbum und bedeutet im Akkadi-
schen „besprengen"[92]. Im Hebräischen bedeutet es „verzeihen", „vergeben" und ist neben כִּפֶּר der wichtigste Begriff für die Sache der Sündenvergebung.

Im AT begegnet סלח im Qal insgesamt 33 mal und im Ni. 13 mal.
Neben dem Verb sind das Gewohnheitsadjektiv סַלָּח „bereit zu vergeben"
(Ps 86,5) und das abstrakte Substantiv סְלִיחָה „Verzeihung/Vergebung"
(Ps 130,4; Dan 9,9; Neh 9,17; Sir 5,5) zu belegen.

Von insgesamt 46 jls - Belegen kommt das Verbum in Lev 10 mal (alle
Ni.) in Num 8 mal (davon 3 mal Ni.), in Jer und 2 Chr je 6 mal (Qal.), in
2 Kön 3 mal (Qal.), in Ps 2 mal (Qal.) und in Ex., Dtn, Dtjes, Am, Klgl,
Dan je 1 mal (Qal.) vor.

Wie Eichrodt und Stamm hervorheben, ist סלח mit seinen 46 Belegen
kein häufiges Verbum und es begegnet „viel seltener, als es der Bedeutung der Vergebungsbotschaft im AT entspricht"[93]. Dies ist ein Hinweis

---

[92] Vgl. dazu J. J. STAMM, Erlösen und Vergeben im AT, 1940, S.57 und Th. C.
VRIEZEN, Sündenvergebung, RGG[3], VI, S.507-511.

[93] STAMM, Art. סלח in THAT II, S.152. Vgl. dazu EICHRODT, Theologie III,
S.308A.

darauf, daß die Sache der Sündenvergebung nicht allein an סלח („im AT der einzige eigentliche Terminus für ‚vergeben' ", Stamm THAT II, S.151) gebunden ist.

סלח hat neben sich mehrere, im weiteren Sinne gleichbedeutende Ausdrücke.[94]

b) Das Verbum כפר („sühnen") kommt im AT insgesamt 101 mal vor (92 mal pi., 7 mal pu. und je 1 mal hitp. und nitp.).[95] Seine Herkunft und ursprüngliche Bedeutung sind umstritten.[96] Die meisten Belege stehen in Lev (49 mal pi.) und in Num (15 mal pi. und einmal pu.).

P hat insgesamt 72 כפר - Belege (70 mal pi und 2 mal pu.). Außerhalb der P stehen die Belege 6 mal in Ez, 5 mal in Jes, je 3 mal in Dtn und Ps, je 2 mal in 2 Chr und Spr, und je 1 mal in Gen, Ex, 1 Sam, 2 Sam, 1 Chr, Jr, Dan und in Neh.

Die folgende Tabelle soll das Vorkommen der beiden Verben jls und rpk im AT veranschaulichen. *(Siehe Tabelle, S.21)*

Wie die Tabelle auf Seite 22 (*2.2 Die Analyse der* סלח *- Texte*) zeigt, ist das Subjekt von סלח ausschließlich Gott. Das Objekt ist 24 mal ל + Person und 12 mal ל + Sünde (5 mal חַטָּאת, 4 mal עָוֹן, 3 mal עָוֹן und חַטָּאת). 10 mal wird das Verb absolut gebraucht.

Gattungsmäßig kommt das Verb 16 mal in (Fürbitte-)Gebet, 13 mal in Opfervorschriften, 6 mal in (prophet.) Gerichtsankündigung, 5 mal in (prophet.) Heilsankündigung, 3 mal in Gelübdevorschriften und 2 mal in Heilungsgeschichten und 1 mal im Klagelied vor.

סלח hat seinen Sitz im Leben meistens in der Bundesverheißung und Erneuerung, im Sühnekult und in der sakralen Gerichtsbarkeit. Das Verb stammt meistens aus der exilisch-nachexilischen Zeit. Aus der Tabelle geht aber auch eindeutig hervor, daß auch die vorexilische Zeit das Verbum סלח kennt und es im Sinne von „vergeben" gebraucht.

---

[94] Vgl. STAMM, aaO., S.152.

[95] Zu כֹּפֶר (13 mal), כְּפֻרִים (8 mal) und כַּפֹּרֶת (27 mal) s. JANOWSKI, Sühne, S.105f.

[96] Vgl. dazu F. MAASS, Art. כפר in THAT I, S. 842-857. Zur Wurzel KPR in den semitischen Sprachen s. JANOWSKI, aaO., S.27ff und S.100f.

Tabelle 1: Wortstatistik über סָלַח und כִּפֶּר

	סלח	כפר	Zusammen
Gen	-	1	1
Ex	1	8	9
Lev	10 (alle Ni.)	49	59
Num	8 (3 Ni.)	16	24
Dtn	1	3	4
Jos	-	-	-
Ri	-	-	-
1 Sam	-	1	1
2 Sam	-	1	1
1 Kön	5	-	5
2 Kön	3	-	3
Jes	1	5	6
Jer	6	1	7
Ez	-	6	6
Hos	-	-	-
Jo	-	-	-
Am	1	-	1
Ob	-	-	-
Jon	-	-	-
Mi	-	-	-
Nah	-	-	-
Hab	-	-	-
Zeph	-	-	-
Hag	-	-	-
Sach	-	-	-
Mal	-	-	-
Ps	2	3	5
Th	1	-	1
Hi	-	-	-
Spr	-	2	2
Ruth	-	-	-
Hhld	-	-	-
Pred	-	-	-
Klgl	-	-	-
Est	-	-	-
Dan	1	1	2
Esr	-	-	-
Neh	-	1	1
1 Chr	-	1	1
2 Chr	6	2	8
Total	46	101	147

Vgl.　　adj. סַלָּח　　: 1 (Ps 86,5)　　　　　כפר Qal: 1 (Gen 6,14)

Nomen: סְלִיחָה : 3 (Neh 9,17; Ps 130,4; Dan 9,9; Sir 5,5)

Tabelle 2: 2.2 Die Analyse der סלח - Texte im AT

Belege		Kombination (Subj.-Obj.)	Inhalt	Gattung	Zeit	Rahmen	LXX-Wiedergabe
Ex 34,9	Qal	ל+ עון u.חטאה	Bitte um SV (Mose)	Fürbittegebet	n.ex.	Bu.	ἀφελεῖς τὰς ἁμαρτίας ἀνομίας
Lev 4,20	Ni.	ל+ Person (Pl.)	Sühneerwirkung-SV	Kultvorschrift	Ku.		ἀφεθήσεται
4,26	"	" Person (Sg.)	"	"	"	"	"
4,31	"	" Person (Sg.)	"	"	"	"	"
4,35	"	" Person (Sg.)	"	"	"	"	"
5,10	"	" Person (Sg.)	"	"	"	"	"
5,13	"	" Person (Sg.)	"	"	"	"	"
5,16	"	" Person (Sg.)	"	"	"	"	"
5,18	"	" Person (Sg.)	"	"	"	"	"
5,26	"	" Person (Sg.)	"	"	"	"	"
19,22	"	" Person (Sg.)	"	"	"	"	"
Num 14,19	Qal	ל+ עון	Bitte um SV (Mose)	Fürbittegebet	"	Bu.	ἄφες τὴν ἁμαρτίαν αὐτοῖς
14,20	"	absolut	Gewährung der SV	Heilszusage	"	"	ἵλεως αὐτοῖς εἰμι
15,25	Ni.	ל + Person (Pl.)	Sühneerwirkung-SV	Kultvorschrift	"	Ku.	ἀφεθήσεται (αὐτοῖς)
15,26	"	" d.ganze Gem.	"	"	"	"	ἀφεθήσεται
15,28	"	" Person (Sg.)	"	"	"	"	ἐξιλάσασθαι (περὶ αὐτοῦ)
30,6	Qal	ל+ Person (Sg.)	Gelübde-Vergebung	Gelübdevorschr.	"	Re.	καθαριεῖ (αὐτήν)
30,9	"	" Person (Sg.)	"	"	"	"	"
30,13	"	" Person (Sg.)	"	"	"	"	"

Tabelle 2: Fortsetzung

Belege	Kombination (Subj.-Obj.)	Inhalt	Gattung	Zeit	Rahmen	LXX-Wiedergabe
Dtn 29,19	Qal. " absolut	Negation d.Vergeb.	Gerichtsankünd.	n.ex.	Re.	εὐιλατεῦσαι (αὐτῷ)
1Kg 8,30	" ל+ חטאת	Bitte um SV (Salomo)	Fürbittegebet	"	(Bu.)	ἵλεως ἔση
8,34	" "	"	"	"	"	/ταῖς ἁμαρτίαις
8,36	" absolut	"	"	"	"	"
8,39	" ל+das Volk	"	"	"	"	ἵλεως ἔση
8,50	" Person(Sg.)	Bitte um Vergebung	Heilungsgesch.	v.ex.	-	"
2Kg.5,18	" "	"	"	"	-	ἱλάσεται
5,18	" absolut	Negation d. Vergeb.	Gerichtskünd.	"	Re.	
24,4	" absolut	Umkehr-Vergebung	pro.Heilsankünd.	n.ex.	Bu.	(οὐκ) ἱλασθῆναι
Jes 55,7	" ל+Person(Sg.)	Gerechtigkeit - SV	pro. Gerichtsank.	v.ex.	Bu.	ἀφήσει
Jer 5,1	" "	Negation d. Vergeb.	"	"	Bu.	ἵλεως ἔσομαι
5,7	" עון u.(חטאת)	Ankündigung d.SV	pro.Heilsankünd.	n.ex.	*	ἵλεως γένωμαι
31,34	" עון	"	"	"	*	ἵλεως ἔσομαι (LXX 38,34)
33,8	" עון u.חטאת	Umkehr-Vergebung	pro.Gerichtsank.	"	*	οὐ μὴ μνησθήσομαι (LXX 40,8)
36,3	" Person(Pl.)	Arkündigung d. SV	pro.Heilsankünd.	"	(*)	ἵλεως ἔσομαι (LXX 43,3)
50,20	" absolut	Fürbitte-Vergebung	pro.Gerichtsank.	"	"	ἵλεως ἔσομαι (LXX 27,20)
Am 7,2	" ל+עון	Bitte um Vergebung	Gebet	v.ex.		ἵλεως γένου
Ps 25,11	" "	Vergebung-Heilung	"	n.ex.	(*)	ἱλάση, ἁμαρτία
103,3	" absolut	Negation d. Vergeb.	Klagelied	"	(*)	εὐιλατεύοντα, ἀνομίαις
Th 3,42					(*)	οὐχ ἱλάσθης

Tabelle 2: Fortsetzung

Belege	Kombination (Subj. - Obj.)	Inhalt	Gattung	Zeit	Rahmen	LXX-Wiedergabe
Dan 9,19	Qal. absolut	Fürbitte - SV	Gebet	n.ex.	(Bu.)	ἱλάτευσον / ἱλάσθητι
2 Chr 6,21	" "	Bitte um SV (Salomo)	Gebet	"	(")	ἵλεως ἔση
6,25	" ל+ חטאה	"	"	"	(")	ἵλεως ἔση (ἁμαρτίαι)
6,27	" ל+ "	"	"	"	(")	" "
6,30	" absolut	"	"	"	(")	ἱλάση
6,39	" ל+das Volk	"	"	"	(")	ἵλεως ἔση
7,14	" חטאה	Ankünd.d.SV(Heilung)	"	"	(")	ἵλεως ἔσομαι (ἁμαρτίαις)

Qal. 33 x
Ni. 13 x
_____
total 46 x

12 x ל+ Sünde
4 x עון
4 x חטאה
3 x עון + חטאה
24 x ל+ Person
10 x absolut
_____
Subj.= immer Gott

Gattungen:

16 x (Fürbitte-)Gebet
13 x Opfervorschrift
6 x (pro-)Gerichtsank.
5 x (pro-)Heilsankünd.
3 x Gelübdevorschrift
2 x Heilungsgeschichte
1 x Klagelied

Rahmen:

Bu. = Bund
Ku. = Kult
Re. = Recht

insgesamt: 46

Tabelle 3: 2.3. Analyse der כפר - Texte im AT[97]

Belege		Subj.-Obj. Verhältnis	Inhalt/Gattung	Sitz im Leben	Zeit	Mittel zur Sühne, Wiedergutmachung
Gn 32,21	Pi.	Jakob-Person (על)	zw.menschl.Versöhnung	S.Re.	n.e.	Gabe
Ex 29,33	Pu.	Pri.- בְּ+Person	Sühne-heiliges Mahl	Ku.Z	"	(Sündopfer)
29,36	Pi.	Mose- על+Sache	Sühne-Altarweihe	"	"	Sündopfer
29,37	"	"	"	"	"	"
30,10	"	Aaron	"	"	"	Blut des Sündopfers
30,10	"	"	"	"	"	"
30,15	"	(Mose) על+וּבְעַד	Lösegeld-Sühneerwirkung.	s.Re.	"	Lösegeld
30,16	"	(") "	"	"	'	"
32,30	"	(") בַעַד+הַחַטָּאת	Fürbitte-Vergebung	Bu.	'	Fürbitte
Lev 1,4	"	(Gott) על+Person	Opfer-Sühne-SV	Ku.Z.	'	Brandopfer
4,20	"	Pri. על+Person	"	"	■	Blut des Sündopfers
4,26	"	" על (מִן+הַחַטָּאת)	"	"	'	"
4,31	"	" על+Person	"	"	'	"
4,35	"	"	"	"	'	"
5,6	"	"	"	"	'	Sündopfer (Buße)
5,10	"	"	"	"	"	"
5,13	"	"	"	"	"	"
5,18	"	"	"	"	"	Schuldopfer (Buße)
5,26	"	"	"	"	"	Schuldopfer (Buße)

97 Vgl. hierzu Janowski, aaO., S.103ff und S.185ff.

Tabelle 3: Fortsetzung

Belege		Subj.-Obj. Verhältnis	Inhalt/Gattung	Sitz im Leben	Zeit	Mittel zur Sühne, Wiedergutmachung
Lev 5,16	Pi.	Pri.-עַל +Person	Opfer-Sühne-SV	Ku.-Z.	n.e.	Schuldopfer (Buße)
6,23	"	(Pri.) בְּ +Sache	Opferfleischvorschr.	"	"	(Sündopfer)
7,7	"	Pri.- בְּ +Person	"	"	"	(")
8,15	"	Mose-עַל+ Sache	Sühne-Altarweihe	"	"	Blut des Sühneopfers
8,34	"	Aaron-עַל+ Person	Sühne-Priesterweihe	"	"	"
9,7	"	עֲלֵיהֶ+Person	"	"	"	Sünd - u. Brandopfer
9,7	"	"	"	"	"	Opfergabe
10,17	"	עַל+Person	"	"	"	(Sündopfer)
12,7	"	Pri.- עַל +Person	Opferfleischvorschr.	"	"	Brand - u. Sündopfer
12,8	"	"	Reinigung(Wöchnerin)	"	"	"
14,18	"	"	(Aussatz)	"	"	Öl
14,19	"	"	"	"	"	Sündopfer
14,20	"	"	"	"	"	Brand - u. Speiseopfer
14,21	"	"	"	"	"	Schuldopfer
14,29	"	"	"	"	"	Öl
14,31	"	"	"	"	"	Sündopfer
14,53	"	עַל+Sache	"	"	"	Blut, Wasser u. a.
15,15	"	עַל+Person	(geschlechtl.)	"	"	Sünd -u. Brandopfer
15,30	"	"	"	"	"	"

Tabelle 3: Fortsetzung

Belege		Subj.-Obj. Verhältnis	Inhalt / Gattung	Sitz im Leben	Zeit	Mittel zur Sühne, Wiedergutmachung
Lev 16,6	Pi.	Aaron-כפר+Person	Sühne für Priester	Ku.Z.	n.e.	Sündopfer
16,10	"	"	Asaselritus	"	"	Asaselbock
16,11	"	כפר+Person	Sühne für Priester	"	"	Sündopfer
16,17	"	"	Sühne für Pri. u. Gem.	"	"	Blut des Sündopfers
16,16	"	על+Sache	Sühne-Heiligtum	"	"	"
16,17	"	ב+Sühnort	Sühne-Heiligtum-Volk	"	"	
16,18	"	על+Sache	Sühne-Altarweihe	"	"	
16,20	"	-nota acc+Sache	Sühne-Heiligtum	▪	"	
16,24	"	כפר+Person	Heiligtum-Opfer-Sühne	"	"	Brandopfer
16,27	"	(") ב+Sühnort	Heiligtum-Sühne	'	"	Blut des Sündopfer
16,30	"	(Pri.) -על+Person	Sühne-Reinigung	"	"	-
16,32	"	Pri.-absolut	Pri.dienstvorschrift	"	"	-
16,33	"	-nota acc+Sache	Sühne für Heiligtum	"	"	-
16,33	"	"	"	"	"	-
16,33	"	על+Person	Sühne für Priester+Volk	"	"	-
16,34	"	"	Kultvorschrift	"	"	-
17,11	"	Blut - על+נפש	Blut (Leben) - Sühne	"	"	Blut (Leben)
17,11	"	ב+Sühnmittel	"	"	"	"
19,22	"	Pri. -על+Person	Sünde-Sühne-Vergebung	"	"	Schuldopfer

Tabelle 3: Fortsetzung

Belege		Subj.-Obj. Verhältnis	Inhalt / Gattung	Sitz im Leben	Zeit	Mittel zur Sühne, Wiedergutmachung
Lev 23,28	Pi.	Pri. -עַל+Person	Versöhnungstag	Ku.Z.	n.e.	-
Nu 5,8	"	עַל+"	Wiedergutmachung	"	"	Sühnewidder
6,11	"	עַל+"	Nasiräat-Heiligkeit	"	"	Sünd- u. Brandopfer
8,12	"	Leviten-עַל+Person	Levitenweihe (Stellv.)	"	"	"
8,19	"	"	"	"	"	(" ")
8,21	"	Aaron - עַל+Person	"	"	"	(" ")
15,25	"	Pri. -עַל+Gemeinde	unwissentl.Sünde (Volk's)	"	"	Feuer- u. Sündenopfer
15,28	"	עַל+נֶפֶשׁ	(Einzel)	"	"	Sündopfer
15,28	"	עַל+Person	"	"	"	"
17,11	"	Aaron- עַל+Person	Vollmacht Aarons	(")	"	Räucherpfanne
17,12	"	עַל+Volk	"	(")	"	"
25,13	"	Pinchas-עַל+Volk	Pinchas	s.Ge.	"	Blut d. Sünders
28,22	"	(Pri.)- עַל+Person	Opfer-Sühne	Ku.Z.	"	Sündopfer
28,30	"	"	"	"	"	"
29,5	"	"	"	"	"	"
31,5	"	עַל+נֶפֶשׁ	Opfergaben-Sühne	s.Re.	"	Opfergaben
35,33	Pu.	(Gott)-לְ+Land	Land-Blut-Sühne (SV)	s.Ge.	"	Blut d. Mörders
Dtn 21,8	Pi.	Gott לְ+Volk	Bitte um Sühnewirken	"	v.e.	Kuh
21,8	Ni.	(Gott)- לְ+Person	"	"	"	"

Tabelle 3: Fortsetzung

Belege		Subj.-Obj. Verhältnis	Inhalt / Gattung	Sitz im Leben	Zeit	Mittel zur Sühne, Wiedergutmachung
Dtn 32,43	Pi.	Gott-Land	Entsühnung des Landes	s.Ge.	n.e.	Blut der Feinde
1 Sm 3,14	Hit.	Gott-עון	Negation der Vergebung	Ku.Z.	v.e.	-
2 Sm 21,3	Pi.	David-Abs.m.בּ	Wiedergutmachung von Blutschuld	s.Ge.	v.e.	sieben Sauliden
Js 6,7	Pu.	Gott-חַטָּאת	Heiligkeit-SV	Ku.Z.	"	Glühkohle
22,14	"	Gott-עון	Negation der Vergebung	p.Ge.	"	-
27,9	"	Gott-עון	Gewährung der SV	f.He.	n.e.	-
28,18	"	Gott-בְּרִית	Aufhebung des Bundes	f.Ge.	v.e.	-
47,11	Pi.	(Mensch)-חֵמָה	Negation der Vergebung	"	n.e.	-
Jr 18,23	"	Gott-עֲוֹן+על	Bitte, nicht zu vergeben	Klgl.	n.e.	-
Ez 16,63	"	Gott-ל+Person	Ankündigung der SV	Ku.Z.	"	-
43,20	"	Ezechiel-Sache	Altarweihe	Ku.Z.	n.e.	Blut der Sündopfer
43,26	"	Pri-nota acc +Sache	"	"	"	"
45,15	"	Fürst-ל+Pers	Opfergaben-Sühne für Israel	"	"	Sündopfer u.a.
45,17	"	עַם+Israel	"	"	"	"
45,20	"	Pri.-nota acc.+Ort	Weihe des Tempels	"	"	Blut der Sündopfer
Ps 65,40	"	Gott-פֶּשַׁע	Gebetserhörung (SV)	Hymn.	v.e.	Bußgebet
78,38	"	עון	Gottes Barmherzigkeit-SV	(Eu.)	n.e.	(sola gratia)
79,9	"	חַטָּאת	Namen Gottes-SV	K.gl.	"	(Gottes Namen)
Spr 16,6	"	Mensch-עֲוֹן	Wiedergutmachung von Schuld	s.Re.	v.e.	Güte u. Treue

Tabelle 3: Fortsetzung

Belege		Subj.-Obj. Verhältnis	Inhalt / Gattung	Sitz im Leben	Zeit	Mittel zur Sühne, Wiedergutmachung
Spr 16,14	Pi.	Mensch-Königszorn	zw. menschl Vergebung	s.Re.	v.e.	Weisheit
Dan 9,24	"	Gott-עון	Ankündigung d. SV (eschat. Sühne)	Gebet	n.e.	Bußgebet
Neh 10,34	"	(Pri.)-על+Israel	Opfergaben	Ku.Z.	"	Sündopfer
1 Chr 6,34	"	Aaron-על+Israel	Priesterdienstvorschr.	"	"	-
2 " 29,24	"	Pri.-על+Israel	Sühnevorschrift	"	"	Blut der Sündopfer
30,18	"	Gott-ב+עד	Fürbitte-SV	Gebet	"	(Gebet)

92 x Pi.
7 x Pu.
1 x Hit.
1 x Ni.
___
101

gramm Subjekte
45 x Priester
20 x Aaron
17 x Gott
6 x Mose
3 x Mensch
2 x Leviten
2 x Fürst
2 x Blut
1 x Jakob
1 x David
1 x Ezechiel
___
101

Objekte
63 x Person (m.pron.Suff. einzeln + נפש, עד kollek-tiv - Volk etc.)
21 x Sache (Altar, Heiligtum, Land, Haus etc.)
12 x Sünde (7 x עון; 4 x חטאת; 1 x פשע)
2 x absolut
1 x Unheil
1 x Zorn d. Menschen
1 x Bund
___
101

Sitz im Leben
77 x *Kultzulassung* / gemeins.
6 x sozial. *Rechtsbereich*
6 x sakral. *Gerichtsbarkeit*
3 x *Bundeserneuerung*
3 x *pro. Gerichtsankündigung*
1 x *pro. Heilsankündigung*
2 x Bußgebet
2 x Klagelied
1 x Hymnus
___
101

v.e. = vorexilisch   n.e. = nachexilisch

Wie man in der Tabelle auf S.25 (*2.3 Analyse der* כפר *- Texte im AT*) sehen kann, sind das grammatische Subjekt des כִּפֶּר 45 mal Priester, 20 mal Aaron, 17 mal Gott, 6 mal Mose, 3 mal einfach Menschen, je 2 mal Leviten, Fürst und Blut, je 1 mal Jakob, David, Ezechiel und Pinchas.

Das inhaltliche Subjekt des Verbums ist aber immer Gott (Ausnahme ist Gen 32,21, Spr 16,6.14, wo es sich um zwischenmenschliche Vergebung handelt).

Das Objekt von כִּפֶּר ist 63 mal eine Person (m.pron. Suff und Präp.), 21 mal eine Sache (Altar, Heiligtum, Land, Haus etc.), 12 mal Sünde (7 mal עָוֹן, 4 mal חַטָּאת, 1 mal פֶּשַׁע) und je 1 mal Unheil, Zorn des Menschen und der Bund. 2 mal wird es absolut gebraucht.

Als Sühnemittel werden meistens das Blut des Opfertiers oder das Blut des schuldigen Menschen (Sünder, Mörder, Feind u.a.), aber auch die Fürbitte des Mittlers (Ex 32,30), die Gabe (Gen 32,21), die Bußgebete (Ps 65,4; Dan 9,24; 2 Chr 30,18), Gottes freie Gnade (Ps 78,38; 79,9), das sittlich-weisheitliche Verhalten (Spr 16,6.14) u.a. angegeben.

Der Sitz im Leben der כִּפֶּר -Aussagen ist meistens die Kultzulassung bzw. Kultaufnahme (77 mal). Er kann aber auch im sozialen Rechtsbereich (6 mal), in der sakralen Gerichtsbarkeit (6 mal), in der Bundeserneuerung (3 mal), in der prophetischen Gerichts- (3 mal) bzw. Heilsankündigung (1 mal), im (Buß-)Gebet (2 mal), im Klagelied (2 mal) und im Hymnus (1 mal) liegen.

Es gibt nicht wenige vorexilische כִּפֶּר -Belege (Gen 32,21; Ex 32,30; Dtn 21,8; 1 Sam 3,14; 2 Sam 21,3; Jes 6,7; 22,14; Ps 65,4; u.a.), die meisten stammen aber aus der exilisch-nachexilischen Zeit.[98] Hier wird die große theologische Bedeutung des Exils, auch im Hinblick auf unser Thema sichtbar; P mit ihrer Sühnekonzeption spielt hier die entscheidende Rolle.

§ 3
Sinaigeschehen als Rahmen

Die alttestamentlichen Aussagen vom sündenvergebenden Wirken Gottes durch sein Handeln und Reden setzen Gottes *Offenbarung* in der Geschichte einerseits und die *Erfahrung* Gottes durch Israel in der Geschichte andererseits voraus. Im Glauben der Israeliten war der Berg Sinai der

---

[98] S. dazu JANOWSKI, aaO., S.107.

Ort, wo Gott sich Israel zuwandte, wo Israel seinem Gott begegnete. Nach alttestamentlichen Aussagen offenbart sich der Gott Israels hier am überwältigendsten. Hier offenbart er seinen *Namen* (Ex 3,14; 6,2), beruft er Mose als Mittler zwischen sich und seinem Volk (Ex 3-4), gibt er seine Gebote kund (Ex 20), schließt er den Bund mit Israel (Ex 24,3-8), stiftet er den Kult und gewährt Israel so die lebensnotwendige Gottesgemeinschaft (Ex 29,42-46), wodurch Israel auch die sündenvergebende Barmherzigkeit seines Gottes erfährt.

Sinai, der Schauplatz der Heilsereignisse, ist zugleich der Geburtsort der Traditionsbildung Israels[99]. Das mächtige Schöpferwort Jahwes und sein Heilswille für Israel nehmen durch das Sinaigeschehen konkrete Gestalt an und zwar in den *Heilsworten* der Gebote Jahwes und in der Stiftung vom *Bund* und *Kult*, die Israel zum *Leben* und zur *Heiligkeit* verhelfen sollen. Das sündenvergebende Wirken Gottes im AT hat also seinen Ursprung im Exodusereignis und (nach P und Exilspropheten wie Ezechiel und Deuterojesaja) seinen Rahmen im Sinaigeschehen am Anfang der Volksgeschichte Israels.

3.1 Der Name Gottes und die Sündenvergebung

Das Zentrale des Sinaigeschehens und der Kern alttestamentlicher Tradition ist die Offenbarung des Jahwenamens: אָנֹכִי יְהֹוָה [100]. Gottes

---

[99]Vgl. H.GESE, Bemerkung zur Sinaitradition, S.35. „Die Sinaiüberlieferung enthält die Begründung des Verhältnisses Jahwe-Israel".

[100] Vgl. ZIMMERLI, Theologie, S.12ff; DERS.: Ich bin Jahwe. Gottes Offenbarung, ThB 19,1969² S.11-40; DERS.: Offenbarung, im AT, EvTh 22, 1962, S.15-31. K.ELLIGER, Kleine Schriften zum AT, 1966, S.211ff. Elliger bezeichnet die Selbstaussage Gottes, „Ich bin Jahwe" als „Heiligkeits-" bzw. „Hoheitsformel" und unterscheidet sie von der anderen Aussage Gottes: „Ich bin Jahwe, euer Gott", welche er als „Heilsgeschichts-" bzw. „Huldformel" nennt. Nach ihm haben die beiden Formeln einen verschiedenen Sitz im Leben. S. dazu ‚Ich bin der Herr - euer Gott', aaO., S.211f.

Vgl. außerdem H.GESE, Der Name Gottes im Alten Testament, in: H. V. STIETENCRON (Hrsg.), Der Name Gottes, 1975, S.75-89. Zum Problem des religionsgeschichtlichen Hintergrunds des Jahwe-Namens vgl. H. GESE - M. HÖFNER - K. RUDOLPH, Die Religionen Altsyriens, Altarabiens, und der Mandäer, 1970, S.55f. Zur theologischen Bedeutung der Namensoffenbarung Gottes für den Glauben Israels vgl. u.a. V. RAD, Theologie I, S.193-200. Übersichtliche Darstellungen zum Problemkreis findet man auch bei H. D. PREUSS, Jahweglaube und Zukunftserwartung, 1968, S.14-28 und - mehr systematisch-theologisch akzentuiert - bei H. W. WOLFF, Wegweisung, 1965, S.59-71.

sündenvergebendes Handeln für Israel hat entscheidend mit dieser Namensoffenbarung Gottes zu tun. Das Urisrael,[101] dem Gott seinen Namen יהוה offenbart hat, ist in ein Sonder-Verhältnis mit dem Träger dieses Namens hineingezogen worden. Zuerst ist Urisrael als „Jahwe-Gruppe", dann Gesamtisrael als „Jahwe-Volk" zum Mitträger und Repräsentanten dieses Namens geworden, und sein Stehen und Fallen vollzieht sich unter diesem Namen. Den Dekalog (Ex 20,2f; Dtn 5,6f) eröffnet Gott mit der Kundgabe seines Namens, und die erste Bitte des Vaterunsers (Mt 6,9; Lk 11,2) kreist um den Namen Gottes. Um seines Namens willen (לְמַעַן שְׁמִי) hält Jahwe trotz der Widerspenstigkeit (Ez 20,8.13.21) und der Treuebrüche (Ps 78,37; Ez 20,16.24; 16,59-63; Lev 26,40-42) Israels seinen Zorn (אַף) zurück (Jes 48,9; Ps 78,38[102]; Ez 20,9.14.22.44[103]; 36,22f).

Um des Namens Gottes willen fleht Israel um die Vergebung der Sünden. Im Volksklagelied bittet Israel Jahwe.

„Um der Ehre deines Namens willen rette uns, Gott, unser Heil! Vergib uns (וְכַפֵּר), Jahwe, unsere Sünden (חַטֹאתֵינוּ), rette uns um deines Namens willen." (Ps 79,9)[104]

Um der Ehre seines Namens willen hat Gott Israel verschont und nicht ausgerottet:

Zur Etymologie s. W.M. Schmidt, Alttestamentlicher Glaube und seine Umwelt, 1968, S.57-61; einen Überblick mit ausführlichen Literaturangaben bietet G.FOHRER, Geschichte der israelischen Religion, 1969, S.63f.
Über Ex 3,14 vgl. ferner W. VON SODEN, WdO III/3, 1966, S.177-187; S. HERRMANN, Israels Aufenthalt in Ägypten, 1970, S.76-80.
[101] Gemeint ist hier in erster Linie das aus den Leastämmen bestehende Urisrael. Zum Verhältnis der Leastämme zu den Rachelstämmen (=Exodusgruppe) s. GESE, aaO., S.20f.
[102] Hier in Verbindung mit עָוֹן+כפר „Er aber in seiner Gnade und seinem Erbarmen, er vergab ihre Schuld (יְכַפֵּר עָוֹן) und vertilgte sie nicht, ließ nicht aufwachen seinen ganzen Grimm". V.38.
[103] Fast formelhafte Wiederholungen: „Aber um meines Namens willen handele ich so, daß er nicht entweiht würde vor den Augen der Heidenvölker ... ". Entweihung des Gottesnamens vor den Heidenvölkern, die ihre eigenen Götter haben, ist noch schwerwiegender. Im Namen ‚Jahwe' schwingt immer der Gedanke an Jahwes Macht (1 Kön 8,42) und Ruhm (Jes 48,9; Jer 14,21) mit. Vgl. A.S. VAN DER WOUDE, THAT, II, Sp.959.
[104] Vgl. auch Ps 115,1: „Nicht uns, Jahwe, nicht uns, Ehre verleih deinem Namen, um deiner Gnade willen und deiner Treue".Vgl. aber Ex 23,21: Der Engel Jahwes wird die Übertretungen Israels nicht vergeben (לֹא יִשָּׂא לְפִשְׁעֲכֶם), weil Jahwes Namen in ihm ist.

„Um meines Namens willen halte ich meinen Zorn zurück, um meiner Ehre willen habe ich mich bezähmt, daß ich dich nicht vertilgte." (Jes 48,9)[105]

Diesen heiligen Namen Gottes, den Israel unter den Völkern entweiht hat, will Jahwe wieder heiligen (Ez 36,23), indem er Israel aus den Völkern herausnimmt, es in sein Land zurückbringt (Ez 36,24) und von all seiner Unreinheit befreit (Ez 36,29).

Hier wird deutlich, daß die Unreinheit und die Sünde Israels als lebensbedrohende Unheilssphäre ernstgenommen werden, weil Israel in einem Sonderverhältnis zu Jahwe steht. Sünde und Unreinheit des „Jahwe-Volkes" *entehren* und *entweihen* den Namen Jahwes, und insofern wird die Befreiung Israels von dieser Sünden-Unheils-Sphäre nicht nur/mehr Sache Israels, sondern *Sache Gottes*. Wo und wie diese Sache Gottes im geschichtlichen Leben Israels sich vollzieht, und wie Israel sie erlebt, wird die weitere Untersuchung zeigen. Der Exilsprophet Ezechiel nimmt diese Sinaitradtion, verknüpft mit der davidisch-messianischen Tradition, wieder auf und bringt sie in einem theologisch umfassenderen Zusammenhang zur Sprache (vgl. vor allem Ez 34; 36,16ff und c.37).

3.2 Gottes Heiligkeit und die Reinheitsvorschriften

In vielen Texten (vor allem aus P) finden wir einen engen Zusammenhang zwischen der Herrlichkeit bzw. der Heiligkeit Jahwes und der Sühne bzw. den Reinheitsvorschriften. Jahwe will durch seine Herrlichkeit (כְּבוֹד יְהוָה)[106] die Israeliten heiligen (קדש Ex 29,43)[107], und das Of-

---

[105]Vgl. die verschiedenen häufig bezeugten Wendungen: לְמַעַן שְׁמִי „um meines Namens willen", in: Jes 48,9; 66,5; Jer 14,7.21 und die oben genannten Stellen Ez 20,9.14.22.24

לְמַעַן שִׁמְךָ „um deines Namen willen", in: Ps 25,11; 31,4; 79,9; 109,21; 143,11; 2 Chr 6,32

לְמַעַן שְׁמוֹ „um seines Namens willen" in: Ps 23,2; 106,8

Vgl. auch die ebenfalls auf den Namen Gottes bezogenen Ausdrücke: „um meinetwillen" 2 Kön 19,34; 20,6; Jes 37,35; 43,25; 48,11 und „um deinetwillen" Dan 9,19.

[106] Während P die Erscheinung der göttlichen Gegenwart mit ‚Herrlichkeit Jahwes' ausdrückt, kommt sie bei J und E jeweils als ‚Wolkensäule und Feuersäule', ‚dunkle Wolke' und ‚die Wolke' (E) zum Ausdruck.

[107] Hier ist das Wort ‚heiligen' fast synonym zu ‚reinigen', ‚entsündigen' und ‚sühnen' gebraucht. Daß man aber Jahwes Heiligkeit nicht nur als reinigend-heiligende, sondern auch als vernichtende Macht Gottes verstanden hat, zeigt eine der ältesten Stellen, wo von Jahwe als קָדוֹשׁ gesprochen wird, nämlich 1 Sam 6,20 (Tötung von 70 Männern).

fenbarungszelt (Stiftshütte) ist der Ort, wo Israel Gott begegnet und
durch seine Herrlichkeit geheiligt wird (Ex 29,42; 24,16; 40,34-35).

„... am Eingang des Offenbarungszeltes,wo ich dir begegne, um dort mit dir zu reden.
Dort werde ich den Israeliten begegnen, durch meine Herrlichkeit (בִּכְבֹדִי) soll es geheiligt werden. ... Ich will mitten unter den Israeliten wohnen und ihr Gott sein." (Ez
29,42b.43.45)

Bei P ist die Vergebung der Sünden erst möglich, seitdem das Offenba-
rungszelt aufgerichtet ist.[108] Mit anderen Worten: Sündenvergebung
Gottes ist nur möglich, seit Jahwe durch seinen heiligenden כָּבוֹד mitten
unter den Israeliten gegenwärtig ist. Die כַּפֹּרֶת als Ort der Gegenwart
Gottes wird bei P zugleich zum Ort der Sühne (Lev 16,14f), und dies besonders am Großen Versöhnungstag:

„Denn an diesem Tage wird euch Sühne erwirkt, um euch zu reinigen, damit ihr von allen
euren Sünden vor Jahwe rein werdet." (Lev 16,30)

Der enge Zusammenhang zwischen Offenbarungszelt-Reinigung-Sühne-
Stellvertretung wird vor allem aus Num 8,5ff deutlich (besonders V.19).
Alle Reinheitsvorschriften (Lev 11-15) sind aufgrund ihrer Beziehung
zum Kult fundamental mit der Vorstellung von der Heiligkeit Gottes verbunden (Lev 17-23; Jes 6,3).

„Denn ich bin Jahwe, euer Gott. So erweist euch denn als heilig und seid heilig, weil ich
heilig bin. Verunreinigt euch nicht ..." (Lev 11,44)[109].

Im AT finden wir aber nicht nur die Aussagen über rituelle Reinheit,
sondern auch von der Reinheit/Reinigung des Herzens (Jes 1,16; Jer 33,8;
Ps 51,12). Jesaja fordert die Reinheit vor Gott durch die *Lebenspraxis*
und verbindet die Reinheitsvorstellung Israels mit der *Praxis der Gerechtigkeit* (1,17).[110] Von hier aus können wir eine Linie verfolgen, die sich
von der alttestamentlichen Prophetie bis zur Lebenspraxis der Gerechtigkeit Jesu durchzieht.

---

[108] Vgl. KOCH, Sühne und Sündenvergebung, aaO.,S.232. Der wichtigste Text in
diesem Zusammenhang ist Ex 29,42b-46. Die Stelle ist sozusagen die Mitte der priesterlichen Sinaierzählung. Vgl. dazu JANOWSKI, aaO., S.317ff und S.324ff.
[109] Vgl. die formelhafte Wiederholung in V.45:
וִהְיִיתֶם קְדֹשִׁים כִּי קָדוֹשׁ אָנִי
[110] Vgl. Jesu Verhalten gegenüber der Reinheitspraxis der Pharisäer (Mk 7,1-23par;
Mt 23,23-24).

3.3 Gebot/Tora

Zwischen der Namensoffenbarung Jahwes und der Schließung des Bundes wird von der Willensoffenbarung Jahwes auf dem Berg Sinai berichtet. Der Dekalog als Willensoffenbarung Jahwes und als Summe des Gesetzes ist zum Heil und Leben Israels eingesetzt. „Genau den Weg, welchen Jahwe, euer Gott, euch gebot, sollt ihr wandeln, damit ihr am Leben bleibt und es euch wohl ergehe" (Dt 5,33). Nach dem Deuteronomium ist das Wesen des Gesetzes die Liebe zu Jahwe (Dt 6,5), welche die Furcht Gottes einschließt (Dt 10,12), und sie ist begründet in der Liebe Gottes zu Israel (Dt 4,37; 7,8; 10,15). Verbunden mit dem Bundesgedanken, kommt der Tora ein verpflichtender Charakter zu. Der Gott Israels, der sich in seinem Namen (=Wesen) und Willen offenbart,[111] ist ein eifernder Gott (Ex 20,5; Dt 4,24), „der Gnade bewahrt den Tausenden, Schuld, Frevel und Sünde vergibt, aber nicht ganz ungestraft läßt, sondern die Schuld der Väter heimsucht an den Söhnen und Enkeln bis in das dritte und vierte Geschlecht." (Ex 34,7)

Hier wird schon die innere Spannung spürbar, die sich aus der Offenbarung Gottes selbst ergibt. Der Gott der Heiligkeit, der Israel Heil und Leben schaffen will, ist zugleich „der unerbittliche Richter"[112]. Hier geht es aber nicht um den Gegensatz von Gnade und Vergeltung, sondern hier liegt offensichtlich eine innere Zusammengehörigkeit von Gnade und Verpflichtung vor,[113] deren innerer Zusammenhang durch den Heilswillen Jahwes bestimmt ist. Der Exilsprophet Ezechiel, der der priesterlichen Tradition besonders nahe steht, sieht das eigentliche Ziel der Tora in der „Heiligkeit, die sich zeichenhaft im Kult verwirklichen läßt"[114]. So ist die enge Beziehung Tora-Heiligkeit-Sühne-Sündenvergebung deutlich zu erkennen. Nach Ps 19 offenbart sich die Herrlichkeit Jahwes (כָּבוֹד) in seinen Schöpfungswerken (V.2) und vor allem in seiner Tora, in der vollkommenen Weisung Jahwes (V.8a), die die Seele labt und den Toren weise macht (V.8b). In seiner Tora erweist sich Gott als „Sonne der Gerechtigkeit" (V.6f). Die Torafrömmigkeit weiß aber nicht nur „vom reichen Lohn" (V.12), der durch Halten der Tora zu erzielen ist, sondern

---

111 Nach israelitischer Auffassung ist gerade in der Tora beides zusammengefaßt: Wesens- und Willensoffenbarung Gottes. Vgl. dazu GESE, Das Gesetz, in: ‚Zur biblischen Theologie‘, S.60. Zum Thema ‚Gesetz‘ vgl. auch H. J. BOEKER, Altes Testament, 1983, S.206-222. Dort weitere Literatur.

112 W. ZIMMERLI, Das Gesetz und die Propheten, KVR 166-168, Göttingen ²1969, S.91.

113 Vgl. Fiedler, aaO., S.23.

114 GESE, Gesetz, S.67.

auch von der Vergebungsbedürftigkeit der menschlichen Existenz: „Wer
aber wird seiner Fehler gewahr; von allen, die mir verborgen, mache
mich rein!" (V.13). Nach Ps 119 versteht sich der Fromme Israels, der
die Sünde haßt und die Gebote Gottes liebt und bewahrt (V.163f), dennoch als ein verirrtes Lamm, das auch auf die suchende Liebe des Jahwe-
Hirten angewiesen ist:

„Ich bin verirrt wie ein Lamm, das verloren ging: suche heim deinen Knecht, denn nicht
vergessen habe ich deine Gebote" (V176).

Durch Sünden- und vor allem durch die Exilserfahrung Israels motiviert,
wird in der Prophetie Israels auch der Tora ein gewisser Zeichen-
Charakter zugemessen. Schon der vorexilische Jesaja spricht von einer
neuen Zionstora (Jes 2,3; vgl. auch Mich 4,2), später Jeremia von einer
neuen Tora, die ins Herz geschrieben wird (Jer 31,33) und Ezechiel vom
Geist Gottes, der gegeben wird, um die Tora zu erfüllen (Ez 36,27;
37,24). Durch Ezechiel schließt sich die Toratradition enger mit der davidisch-messianischen Tradtion zusammen.[115]

3.4 Der Bund

Charakteristisch für den Glauben Israels ist sein Erwählungs- und Bundesgedanke. Israels Glaube richtet sich an einen Gott, der aus freier
Gnade heraus Israel erwählt, ihm seine Gebote zum heilsamen Zusam-
menleben kundtut und sich in die heilige Gemeinschaft mit diesem Volk
einläßt. An diesem Gnadenbund Gottes und der sich darin offenbarenden
Heilszusage Jahwes zugunsten Israels will Israel bis zum Letzten festhalten. Die Sonderstellung Israels und seine Zugehörigkeit zu Jahwe sind
aber gewissermaßen bereits durch die Wesens- und Willensoffenbarung
Jahwes auf dem Sinai gegeben. Die Rede von der Bundesschließung Israels auf dem Berg Sinai ist fest in der Sinai-Überlieferung verankert
(alte Berichte von J und E in Ex 24 und J-Bericht in Ex 34 trotz der späteren deuteronomistischen Übermalungen). Man kann deshalb davon ausgehen, daß das Verhältnis Jahwe-Israel auf dem Sinai auf die Worte der
göttlichen Gebote hin bindenden Charakter erhalten hat[116]. Im Deutero-

---

[115] Vgl. V. RAD, Theologie II, S.229ff., besonders S.246.
[116] Vgl zum Ganzen V. RAD, Theologie I, S.143-149 u. II, S.275ff; W. ZIMMERLI,
Theologie, S.39ff; Gesetz, S.62ff; L. PERLITT, der die Ursprünge der Bundestheologie

nomium wird dann anknüpfend an der Väterverheißung, dem Erwählungsgedanken und den älteren Sinaiberichten (Ex 24 u.34) das Sonderverhältnis „Jahwe-Israel" mit dem Begriff „בְּרִית" theologisch zum Ausdruck gebracht. Als Grund der Väterverheißung und Erwählung wird allein die Liebe Gottes zu Israel genannt (Dt 7,7f; 4,37).

Eines wird deutlich: Bund bedeutet keine gegenseitig verpflichtende Partnerschaft. Gott bleibt, auch vom Bundesverhältnis des AT her, ein freier, souveräner *Herr*, der sich durch Menschen nicht verpflichten läßt, aber sich selbst Israel gegenüber verpflichtet! Das Ziel des Bundes liegt im *Schalom* Israels, das als Jahwe-Volk den heiligen *Namen* Gottes unter den Völkern trägt. Der Bund im Sinne der Zugehörigkeitsbestimmung ist durch die Selbstverpflichtung Jahwes und die Verpflichtung Israels durch ihn *Ausdruck der gnädigen Zuwendung* Gottes zu Israel, der durch den *Schalom* seines Volkes unter den Völkern verherrlicht werden will. Nur so wird verständlich, daß im AT im Zusammenhang mit dem Bund auch von der sündenvergebenden Barmherzigkeit Gottes gesprochen wird (Ex 34f; Dt 4,31). Angehäufte Sünde als Unheilssphäre stört das „Jahwe-Israel"-Verhältnis und macht so das göttliche Eingreifen notwendig. Sündenvergebung ist also auch im Kontext der Bundestheologie nicht als etwas aus dem gegenseitig verpflichtenden, partnerschaftlichen Verhältnis her Verdienstliches zu verstehen. Sie ist vielmehr Ausdruck und Zeichen der sich erbarmenden und gnädigen Zuwendung Jahwes, der nicht am Verderben Israels Gefallen hat, sondern will, daß Israel vor Gott und mit Gott *lebt*. Durch die Exilserfahrung motiviert, gewinnt der Bundesbegriff bei den Exilspropheten, bei P und im deuteronomistischen Geschichtswerk (Dtr G) wieder an Bedeutung. Im Gegenüber zur alten בְּרִית ist jetzt von einem neuen Bund (Jer 31,31f; Ez 36,25-27), von einem Friedensbund die Rede (Jes 54,10; Ez 34,25; 37,26). Es ist bedeutsam, daß der Bundesbegriff in diesen exilisch-nachexilischen Schriften mit Heiligkeit, Tora, Sühne und Sündenvergebung in engstem Zusammenhang auftaucht. Als Beispiel sind vor allem Jer 31,31-34 zu nennen, welches unter dem Einfluß der deuteronomistischen Tradition steht,[117] und Ez 36,25-

---

in der deuteronomischen Schule liegen sieht, in: ‚Bundestheologie im AT', S.162ff, 1969. E. KUTSCH, im Anschluß an Perlitt, ‚Verpflichtung', THAT I, Sp. 339-352, ferner ‚Verheißung und Gesetz', 1973, S.95f und S.149f. P. FIEDLER, im Anschluß an Perlitt und Kutsch, aaO., S.23f. Zum Thema ‚Bund' s.jetzt H. J. HERMISSON, Altes Testament, Neukirchen, 1983, S.222-233. Zum Verhältnis ‚Bund' und ‚Erwählung', ders., aaO., S.222-243.

117 Die literarische Herkunft und der traditionsgeschichtliche Ort dieses Textes sind vor allem bei SMEND und DUHM höchst umstritten. Während CORNILL u.a. den Text als „den Abschluß und die Krone der Prophetie" bezeichnet (Das Buch Jeremia, S.348), be-

27, wiederum unter dem Einfluß, die zur Priesterschrift führt, stehend.[118] Diese Zusammengehörigkeit wird meines Erachtens durch Ez 37,23-28 am eindrucksvollsten bezeugt: V.23a Befreiung von der Sünde durch Reinigung; V.23b Bundes- bzw. Zugehörigkeitsformel; V.24a Verheißung des neuen Davids und Hirten; V.24b Verheißung der Toraerfüllung; V.25 ewiger Fürst; V.26a Verheißung eines ewigen Friedenbundes; V.26b neues Heiligtum; V.27 neue Wohnung/ Bundesformel; V.28 Jahwe will Israel heiligen. Hier handelt es sich offensichtlich um ein eschatologisches Heilsgeschehen, um die Offenbarung und Erfüllung der Tora, des Heilswillen Gottes, und um eine letzte endgültige Bundesschließung. Dadurch wird der Mensch von der ihn aus der Gemeinschaft mit Gott ausschließenden Sünde befreit und zur neuen Existenz in der Heiligkeit Gottes befähigt.

§ 4
Die Gottes-Erfahrung Israels

4.1 Jahwe - der Befreier

Der Gott Israels, der sich am Sinai offenbart hat, ist kein anderer als der Gott des Exodus, der Israel (in Form einer zusammengehörigen Gruppe von Rahelstämmen[119]) aus Ägypten herausgeführt hat. Israel begegnet seinem Gott somit schon von seinen Anfängen her als Helfer aus der Not, als Befreier von der Knechtschaft und als Sympathisant mit den Notleidenden:

---

urteilen HERRMANN (Heilserwartung, S.179-185 u. S.195-204), THIEL (Die deuteronomistische Redaktion des Buches Jeremias, S.496-506), PERLITT, aaO., S.146ff, KUTSCH, THAT, Sp.339ff u.a. den Text als dtr. Redaktion. Daran schließt die neuere Untersuchung von S. BÖHMER, Heimkehr und neuer Bund, Studien zu Jer 30-31, [1]1976, S.76ff an. Er sieht im deuteronomistischen Nebeneinander von Jer 31,30 und 31,34 „die Einheit von Gottes Zorn und Gnade", welche „das Kreuz Jesu Christi" offenbaren wird, S.79.

[118] Neuere, eingehendere Untersuchung zum Text bietet: H. SIMIAN, Die theologische Nachgeschichte der Prophetie Ezechiels, Form- und traditionskritische Untersuchung zu Ez 6; 35; 36, Würzburg 1974, S.88ff, F. HOSSFELD, Untersuchungen zu Komposition und Theologie des Ezechielbuches, 1977, S.287ff. Für ihn ist das zentrale Thema dieses Textes die „innere Erneuerung", S.338. Vgl. dazu auch GESE, Gesetz, S.74.

[119] Vgl. R. SMEND, Jahwekrieg und Stämmebund, 1963, S.81ff; GESE, Sinaitradition, S.36; ZIMMERLI, Theologie, S.16f.
Zum Thema ‚Exodus' und ‚Die Rede von Gott' im AT s.J. H. SCHMIDT, Altes Testament, 1983, S.263-288, bes. S.267,271, 282 u.a.

„Ich habe das Elend meines Volkes, das in Ägypten ist, wohl gesehen (רָאִיתִי), und ihr Schreien über ihre Treiber habe ich gehört (שָׁמַעְתִּי): Ja, ich kenne seine Leiden. Darum bin ich herabgestiegen, um es aus der Gewalt der Ägypter zu befreien" (Ex 3,7-8a).

Jahwe ist im Glauben Israels von Anbeginn an ein Befreier-Gott, der das Elend der Geknechteten und Unterdrückten sieht, ihre Hilfeschreie hört und ihnen aus seiner erbarmenden Liebe zum Leben verhilft. So wird die Exoduserfahrung Israels die erste Begegnung mit der Heilsgerechtigkeit Jahwes. Die alttestamentlichen Vergebungsaussagen sind stets von diesem Kontext her zu verstehen. Durch den heilvollen Zuspruch Jahwes an Mose: „Ich werde mit dir sein" אֶהְיֶה עִמָּךְ Ex 3,12a) erfährt Israel seine Existenz in der Weltgeschichte von Anfang an als „Immanuel-Existenz", die allein durch Gottes rettende Gnadentaten und sein Erbarmen bestehen kann. Diese geschichtliche Erfahrung in der Anfangszeit erhielt für den Glauben Israels fundamentale Bedeutung,[120] und das Volk Israel wurde durch Höhen und Tiefen seiner Lebensgeschichte hindurch von dieser hoffnungsvollen Gotteserfahrung getragen (vgl. die Trostbotschaft der Exilspropheten!). Jahwe *sieht* unsere Not. Die Hilferufe der Notleidenden dringen zu ihm (1 Sam 9,16). Er ruft Propheten und Könige hervor, die sein Volk aus der Not befreien sollen (Ex 3,7ff; 1 Sam 9,15ff; Hos 12,14). Diese Gotteserfahrung wird für Israel neben anderen auch zum Erkenntnisgrund für das sündenvergebende Wirken Gottes in seiner Geschichte (vgl. Jer 16,14-15; Jes 40,1-5; 46,3-4; besonders aber Jer 31,1-14.31-43! und Jes 63,7-16!). Hier werden Grundzüge des rettenden Wirkens Gottes (in beiden Testamenten) erkennbar, das von seiner sehenden und hörenden Barmherzigkeit ausgeht und von Wundern und Zeichen begleitet wird (Jes 29,18f; 35,5f; 61,1f; Mt 11,2-6; Lk 4,18f).

4.2 Jahwe - der Schöpfer

Der Gott des Exodus wird vom alttestamentlichen Glauben schon früh als der das Leben schaffende (Gen 1,26f; 2,7), sich gütig dem Leben zuwendende, für das Wohl der Lebenden sorgende Schöpfergott erfahren und bezeugt (Gen 1,28ff; 2,18ff). Es ist der Glaube an die Schöpfermacht Jahwes, der Israel durch das finstere Todestal hindurch begleitet und ihm Hoffnung auf einen neuen Anfang, auf neues Leben schenkt (Jes 42,9).

---

[120] Vgl. die Aussagen vom „neuen Exodus" bei den Exilspropheten und die Bedeutung der Exilserfahrung in der Passahtradition.

Von dieser Hoffnung ist auch die jahwistische Erzählung von der Urgeschichte durchzogen. Diese Urgeschichte ist, wie von Rad bemerkt, menschlicherseits „gekennzeichnet durch ein lawinenartiges Anwachsen der Sünde"[121]. Aber sie wird zugleich als Geschichte *mit Gott* und darum als Geschichte Gottes erfahren. Mit v. Rad sehen wir also hier, „wie (schon in der Urgeschichte!) jedesmal in und hinter dem Gericht ein bewahrender, vergebender Heilswille Gottes offenbar wird, wie mit dem Mächtigwerden der Sünde die Gnade noch viel mächtiger wird (Röm 5,20)."[122].

Wir können daher davon ausgehen, daß Israel schon sehr früh die Erfahrung gemacht hat, nur aus der lebensermöglichenden Vergebung Gottes vor Gott und mit Gott leben zu können. Die Begriffe und die durchdachte theologische Reflexion fehlen noch, die Sache der Vergebung Gottes wird aber schon früh *erlebt*.

In der Verkündigung des Exilspropheten Deuterojesaja kommt diesem Schöpfer-Sein Jahwes besondere Bedeutung zu. Jahwe, der Schöpfer der Welt, ist im Glauben Israels zugleich der Gott der Gerechtigkeit und des Heils (Jes 51,4-8), der Tröster und Befreier Israels (Jes 51,12.14), der Helfer (Jes 43,3) und Erbarmer: „Wahrlich, die Berge mögen weichen, und die Hügel mögen wanken, meine Liebe wird nimmer weichen, und mein Friedensbund wird nimmer wanken, spricht Jahwe, dein Erbarmer" (Jes 54,10). Der Schöpfer des Himmels und der Erde ist zugleich der Lebensspender für Israel (Jes 42,5). Er liebt sein Volk Israel wie ein treuer Gemahl, der seine Geliebte Israel über alles und trotz aller Treuebrüche liebt:

„Dein Gemahl ist ja dein Schöpfer - Jahwe Zebaot ist sein Name -, und dein Erlöser ist der Heilige Israels ... Nur eine kleine Weile verließ ich dich, und mit großer Liebe hole ich dich wieder heim. Als sich mein Zorn ergoß, verbarg ich auf kurze Zeit mein Angesicht vor dir; doch mit ewiger Huld erbarme ich mich deiner, spricht Jahwe, dein Erlöser" (Jes 54,5-8).

In dieser großen Liebe Jahwes des Schöpfers ist die göttliche Vergebung der Sünden begründet. Der *liebende Gott* ist kein anderer als der *vergebende Gott*! Die Liebe schließt die Vergebung mit ein, und allein der Lie-

---

[121] v. RAD, Genesis, ATD 2/4, S.116.

[122] v. RAD, aaO., S. 117; vgl. zum Ganzen A. ANGERSTORFER, Der Schöpfergott des AT, Tegensburger Studien zur Theologie 20. Zum Verbum ברא: W. H. SCHMIDT, Die Schöpfungsgeschichte der Priesterschrift, ²1967, S.164f; C. WESTERMANN, BK I, S.136-139; zum ganzen Problemkreis ‚Schöpfung' s. L. SCHMIDT, Altes Testament, 1983, S.243-263. Dort weitere Literatur.

bende hat Kraft zu vergeben und eine neue Liebesbeziehung, eine neue Gemeinschaft der Liebe herzustellen. Bedeutend in unserem Zusammen- hang ist, daß der alttestamentliche Glaube im Schöpfergott Jahwe einen liebenden Gott sieht, der Israel über alles liebt (Jes 43,1-5). Diese Liebe des Schöpfergottes ist eine schaffende Liebe, die selbst aus den verdorrten Totengebeinen neues Leben hervorruft (Ez 37,1ff). Der Glaube an den Sünden vergebenden Gott wurzelt in diesem Glauben an die Schöpfer- macht Gottes, die durch die Liebe zu Israel gekennzeichnet ist.

4.3 Metaphern für Gott

Im Alten Testament geht es um Sündenvergebung *Gottes*. Gott ist durchweg Subjekt der Verben סָלַח und כִּפֶּר. Auch wo ohne die beiden Verben sachlich von der Sündenvergebung die Rede ist, ist stets Gott ihr Subjekt. Das ist der Grund, warum wir, wenn wir die Vergebungsaussa- gen im AT verstehen wollen, zuerst ein klares Bild von den Gottesaussa- gen im AT haben müssen.

Im AT wird von Gott in verschiedenen Bildern gesprochen. Hier seien nur drei von diesen Bildern, die für unsere Untersuchung von Bedeutung sind, aufgeführt.

4.3.1 Gott als Vater (אָב)

Zuerst begegnen wir diesem Bild in der Exodusüberlieferung, wo Jahwe Israel zu seinem erstgeborenen Sohn erklärt:

„So spricht Jahwe: Israel ist mein erstgeborener Sohn. Ich habe dir befohlen: Entlasse meinen Sohn, daß er mir diene!" (Ex 4,22)[123]

Dann heißt es im Dt 1,31, Jahwe habe Israel in der Wüste getragen 'wie einer sein Kind trägt':

„Jahwe, euer Gott, der vor euch herzieht, er wird für euch streiten, ganz so, wie er schon in Ägypten vor euren Augen an Euch getan hat und dann in der Wüste, die du kennenge-

---

[123] Vgl. Hos 11,1: „Aus Ägypten rief ich meinen Sohn". Zur Vater-Sohn-Beziehung Israels, ZIMMERLI, aaO., S.20.

lernt hast und in der dich Jahwe, dein Gott, getragen hat, wie einer sein Kind trägt, auf dem ganzen Wege, welchen ihr gezogen seid, bis ihr an diesen Ort kamet"[124]

Israel wird wegen seiner Treuebrüche und Sündenverfallenheit angeklagt:

„Söhne habe ich aufgezogen und groß gemacht; sie aber sind mir untreu geworden" (Jes 1,2).
„Kehrt zurück, abtrünnige Kinder, ich will euch heilen von eurem Abfall" (Jer 3,22).[125]

Dann heißt es in einem großen Psalm bei Tritojesaja, wo um Hilfe Jahwes gefleht wird:

„Verschließe dich nicht dem Erbarmen, denn du bist unser Vater (אָבִינוּ)! Abraham weiß ja nicht um uns, und Israel kennt uns nicht. Du bist unser Vater.,Unser Erlöser' ist von alters her dein Name" (Jes 63,15b-16).

Jahwe ist auch Erzieher Israels, der mit väterlicher Liebe sein Volk großzieht (Dt 8,5; Spr 3,12). Er erbarmt sich aller, die ihn fürchten, gleich wie ein Vater sich der Kinder erbarmt (Ps 103,13). Am eindrucksvollsten wird aber im Trostbuch Jeremias die Vatergüte Gottes besungen, die die Zerstreuten Israels, die Blinden und Lahmen, Schwangeren wie Wöchnerinnen zur Heimkehr nach Zion begleitet.

„In Tränen zogen sie aus, mit Tröstung geleite ich sie heim. Ich führe sie zu Wasserbächen auf ebener Straße, auf der sie nicht straucheln. Denn ich bin ein Vater (אָב) für Israel, und Ephraim ist mein Erstgeborener". (Jer 31,7-9)

Die aufgeführten Texte zeigen, daß das Gottesbild Israels schon seit früher Zeit (s. die Urgeschichte von J!) von den väterlichen Zügen Jahwes geprägt ist. Während im Vatersein-Wollen Jahwes Gottes Vergebungswille für Israel zum Ausdruck kommt, wird im Kindersein-Wollen Israels die Vergebungsbedürftigkeit des Jahwe-Volkes eindrucksvoll zur

---

[124] Vgl. das *Vaterbild Gottes* im Moselied: „Ist das euer Dank an den Herrn, du dummes, verblendetes Volk? Ist er nicht dein Vater (אָבִיךָ), dein Schöpfer (קָנֶךָ)? Hat er dich nicht geformt und hingestellt?" Dt 32,6. Ferner Tob 13,4, wo Jahwe als Herr und zugleich als Vater (אָב) ausgerufen wird. „Dort verkündet seine Majestät, erhebet ihn vor allen Lebewesen! Denn er ist unser Herr und unser Gott, er selbst ist unser Vater (אָב), und er ist Gott in alle Ewigkeit".

[125] Im Zusammenhang mit diesem Bekehrungsmotiv vgl Jer 3,4 „mein Vater" (אָבִי) und 3, 19-20: „Ich hatte gedacht: Wie will ich dich setzen an Sohnes statt und dir ein liebliches Land geben, das allerherrlichste Erbe unter den Völkern! Und ich meinte, du würdest mich ‚mein Vater' (אָבִי) nennen, von mir dich nicht abwenden. Aber fürwahr, wie ein Weib seinem Ehegefährten die Treue bricht, so hat das Haus Israel mir die Treue gebrochen, spricht Jahwe".

Sprache gebracht. Dieses im Jahweglauben verankerte „Vater-Kind-Bild"
ist trotz der Tendenz zur Transzendenz in späterer Zeit und trotz der
Weiterentwicklung der Torafrömmigkeit im Judentum aus dem Glauben
Israels nicht völlig verschwunden.

4.3.2 Gott als Hirt (רֹעֶה)[126]

Es ist auffällig, daß die alttestamentlichen Aussagen über Jahwe als Hirt
vor allem in den davidisch-messianischen Texten auftauchen und zwar
eng verknüpft mit dem Thema hq;d:x]. Das Versagen der Gerechtigkeitspraxis der Hirten Israels (in erster Linie sind dies die Könige) wird von
den Propheten hart angeklagt (Jer 2,8; 10,21; 12,10; 23,1-3; 25,34f; 50,6;
Jes 56,11; Ez 34,2.10; Sach 10,3; 11,3.5.8.17; 13,7), dann wird proklamiert, daß Jahwe selbst das Hirtenamt über Israel übernehmen wird (Jes
40,11; Jer 31,10; Ez 34,11-16), und dieses Hirtenamt wird auch von Israel wahrgenommen und erfahren (Ps 23; 80,2; Sir 18,14). Jahwe selbst
bricht auf, Irrende und Verlorene zu suchen, Zerstreute zu sammeln, Gebrochene zu verbinden, Kranke zu stärken und zu schützen und zu weiden, wie es recht ist (Ez 34,11ff). Es ist dann von Hirten nach dem Herzen Jahwes die Rede (Jer 3,15; 23,4), vor allem aber von *einem* Hirt,
einem Fürst (Ez 34,24), einem neuen David (Ez 34,23), der die Gerechtigkeit Jahwes verkörpern wird (Jer 23,5-6). Mit ihm bricht die neue
Herrschaft Gottes in Gerechtigkeit und Frieden an (Jes 11,1-9; Ez 34,25f
„Friedensbund"), und die Hauptaufgabe des neuen Hirten, des mit dem
Geist Gottes Gesalbten (Jes 11,2), wird es sein, Gottes Recht auf Israel
durchzusetzen. So wird die traditionelle Königsideologie weit überbo-
ten.[127] In diesem Heilshandeln Jahwes geht es letztlich (nach Ezechiel) um
die Ehre Jahwes (Ez 34,27.30). Es geht um die Heiligung des Namens
Jahwes durch den Schalomzustand Israels, welche durch die Erfüllung der
neuen ins Herz geschriebenen Tora zustandekommen wird. Die Erfüllung
der neuen Tora wird aber erst durch die Erneuerung des Inneren möglich, welche wiederum erst durch Gottes Vergebung der Sünden in der
Endzeit zustandekommen wird (Ez 36,25-27; Jer 31,33-34). In der Pro-

---

[126] Vgl. hierzu V. HAMP, Das Hirtenmotiv im AT, FS Faulhaber 1949, S.7-20; J. G.
BOTTERWECK, Hirte und Herde im AT und im alten Orient, FS Frings 1960, S.339-352;
I. EICHRODT, S.354; V. Maag, Der Hirte Israels, SThU 28, 1958, S.2-28; K.-H.
BERNHARDT, Das Problem der altorientalischen Königsideologie im AT, 1961, S.68; J.
A. SOGGIN, Art. h[r THAT II, Sp.791-794; J. JEREMIAS, Art.poimhvn ThW VI, S.484-
501.
[127] Vgl. V. RAD, Theol. II, S.176; EICHRODT, aaO., S.354.

klamation Jahwes, selbst das Hirtenamt über Israel zu übernehmen, und in der Verheißung eines neuen David, kommt der Erlöserwille Jahwes, vereint mit der Gerechtigkeit Jahwes, metaphorisch zur Sprache.

4.3.3 Arzt (רֹפֵא)

Schon in der verhältnismäßig frühen Überlieferung finden wir das sinnbildlich gebrauchte Wort: Jahwe als „Arzt" Israels, der über die Krankheiten gebietet.[128] Er kann Krankheit sowohl über Israel verhängen, als auch von Israel fernhalten, wenn es die Gebote und Satzungen Jahwes befolgt (Ex 15,26). Sowohl Heil als auch Unheil, Gesundheit und Wohlergehen, Krankheit und Zerschlagenheit werden im Glauben Israels letztlich auf Jahwe zurückgeführt. Er ist Herr über Tod und Leben jedes Menschen in jeder Lage: „Seht jetzt, daß ich es bin, nur ich, und kein Gott sonst bei mir! Ich töte und mache lebendig, ich schlug und ich bin's, der heilt" (Dt 32,29; vgl Hi 5,18f). Die Verfügungsgewalt Jahwes über Israel kann nicht noch deutlicher ausgedrückt werden. Mit einer wahrscheinlich vom Bußgottesdienst übernommenen liturgischen Formel fordert Hosea das Jahwevolk zur Umkehr auf: „Auf! Laßt uns zu Jahwe zurückkehren! Denn er hat zerrissen, er wird uns auch heilen, er hat geschlagen, er wird uns auch verbinden" (Hos 6,1). Und schon bei Hosea wird der Heilungswille Jahwes laut: „Ich will ihren Abfall heilen, ihnen meine Liebe schenken, denn mein Zorn hat sich von ihnen gewandt" (Hos 14,5). Hier wird deutlich, daß der Heilungswille Jahwes als Arzt mit dem Vergebungswillen Jahwes als Richter identisch ist. Dieser Jahwewille wird auch erfahren und besungen, denn es heißt in Ps 103,3: „Er vergibt dir all deine Schuld, alle Gebrechen will er dir heilen" (vgl. Ps 147,2-3).

In späteren Texten begegnen wir häufiger den Aussagen über das Arzt-Handeln Jahwes, besonders in den Bußgebeten (Ps 6,3; 2 Kön 20,1ff, Ps 60,4 u.a.), vor allem aber im Kontext der Heilsverheißungen (Jes 30,26; 33,24; 57,18f; Jer 30,17; 33,6 u.a.). Hier wird oft der Heilungswille des Jahwe-Arztes selbst zum Inhalt der Heilsverheißungen. Im „Arztsein-Wollen" Jahwes ist nicht nur sein Heilungswille für den äußeren Notzustand seines Volkes, sondern vor allem auch sein Vergebungswille (=Erneuerungswille) für den inneren Sündenzustand Israels inbegriffen:

---

[128] Ex 15,22-27. Wahrscheinlich deuteronomistisch beeinflußte, gemischte Überlieferung aus J und E. Zum Arztbild Gottes vgl. J. HEMPEL, Ich bin der Herr, dein Arzt, ThLZ 1957, Sp.809-826; STAMM, aaO., S.78-84; V. RAD, Theol. I, S.287.

„Das Licht des Mondes wird dem Sonnenlichte gleichen und das Licht von sieben Tagen, am Tage, da Jahwe die Wunde seines Volkes verbindet und die Striemen seiner Schläge heilt" (Jes 30,26).

Später heißt es dann bei Tritojesaja:

„Ich throne in der Höhe, im Heiligtum. Dennoch bin ich bei den Zerknirschten und De-mütigen, um den Mut der Gebeugten zu beleben, zu beleben das Herz der Zerschlagenen. Denn nicht auf ewig will ich hadern, und nicht endlos will ich zürnen, weil sonst der Geist vor mir verschmachtet und die Seelen, die ich doch erschaffen habe. Ob seiner frevlen Gier zürnte ich dem Volk und schlug es, verhüllte mich und grollte. Es ging in die Irre auf dem Wege seines eigenen Herzens. Ich sah seine Wege. Doch will ich es heilen und Trost verschaffen ihm und den trauernden Seinen. Ich schaffe der Lippen Frucht: Friede, ja Friede den Fernen und den Nahen, spricht Jahwe; ich heile es" (Jes 57,15b-19).

In diesem verheißenen Frieden Gottes sind zweifelsohne Vergebung wie Heilung mitinbegriffen.

§ 5
Metaphern für Sündenvergebung

Im Alten Testament wird nicht nur von Gott, sondern auch von seinem Vergebungshandeln bzw. von seinem Willen zu vergeben, oft metapho-risch gesprochen. Hier seien nur einige Beispiele aufgeführt.

5.1 Heilen (רפא)

Im AT wir das Leiden an einer Krankheit als Folge bzw. als Strafe für menschliche Sünden angesehen (vgl. Ps 38,4; 107,17 und die Hiobsge-schichte!). Die Bitte um Heilung wird darum im AT meistens vom Be-kenntnis der Sünden begleitet: „Ich rufe: Jahwe, erbarme dich meiner: heile mich, denn ich habe gesündigt vor dir" (Ps 41,5; Vgl. Ps 6,3; Jer 17,14).[129] Der auf den Tod erkrankte König Hiskija betete zu Jahwe und

---

[129] Das Leiden an einer Krankheit wird auch auf Dämoneneinfluß zurückgeführt, so daß neben Entsühnung durch Priester, die auch medizinische Kenntnisse hatten (Lev 13), auch rituelle Dämonenabwehr notwendig war. Zum Problem „Krankheit - Heilung" vgl. J. HEMPEL, Heilung als Symbol und Wirklichkeit, NAWG 1958, S.237-314; STAMM,

weinte dabei bitterlich. Jahwe spricht durch Jesaja: „Ich habe dein Beten gehört, deine Tränen habe ich gesehen. Siehe, ich will dich heilen" (2 Kön 20,5). Der um *Heilung* Flehende ist im AT kein anderer als der um *Vergebung* Bittende! Der Beter von Ps 103 vergegenwärtigt die Liebe Gottes, die er als Sündenvergebung und Heilung erfahren hat: „Preise meine Seele, Jahwe, und vergiß nicht, was er dir Gutes getan hat: Er vergibt dir all deine Schuld, alle Gebrechen will er dir heilen" (Ps 103,2-3). Sündenvergebung und Heilung fallen im Glauben Israels letztlich zusammen! Krankheit ist Zeichen und Sinnbild für die menschliche Sünde, die die Heiligkeit Gottes verletzt und den Menschen von der Gemeinschaft Gottes trennt. Heilung ist wiederum Zeichen und Folge der göttlichen Vergebung, die die Wiederaufnahme in die heilige Gemeinschaft mit Gott ermöglicht (vgl. die Reinheitsvorschriften Lev 13-14). Von der Heilung wird im AT auch im umfassenderen Zusammenhang gesprochen: Jahwe will Israels Sünde *vergeben* und sein Land *heilen*, wenn Israel demütig *betet* und *umkehrt*, weil dieses Volk nach seinem *Namen* genannt ist (2 Chr 7,14). Dann wird auch von der wundersamen Heilung durch das *Wort*, das Gott *sendet*, gesprochen (Ps 107,20). In der Heilsverheißung der Exilszeit hören wir vom Freisein von aller Krankheit in der Zukunft, denn es heißt dort, daß das Volk in der Zukunft von aller Schuld befreit sein wird (Jes 33,24). Jahwe will ihnen Gesundung und Heilung schaffen (Jer 33,6) und sie von all ihrer Schuld reinigen (Jer 33,8). Werden Krankheit und Sünde im AT zusammen gesehen, so erwartet man auch das Heil ganzheitlich, nämlich als Heilung bzw. Wiederherstellung des ganzen Menschen durch Befreiung von Krankheit und Sünde. Bei Maleachi wird dann die eschatologische Heilung mit der Gerechtigkeit (צְדָקָה) in Verbindung gebracht: „Euch aber, die ihr meinen *Namen* fürchtet, wird die *Sonne der Gerechtigkeit* aufgehen, die *Heilung* birgt unter ihren Flügeln" (Mal 3,20). Die wichtigste Aussage in diesem Zusammenhang aber finden wir im vierten Lied vom leidenden Gottesknecht bei Deuterojesaja. Hier wird die Heilung bzw. Sündenvergebung, die durch das stellvertretende Leiden des Gottesknechtes erwirkt wird, besungen. Die geheimnisvolle Knechtsgestalt wird die Krankheit und Sünden der Vielen auf sich nehmen und für die Vielen Heilung und Vergebung durch sein gehorsames Leiden bis zum Tod erwirken (Jes 52,13-53,12). Im NT wird nach C. Westermann dieser deuterojesaianische Got-

---

aaO., S.78ff; H. J. STOEBE, THAT II, Sp.803-809. Vgl. Hi 5,18, wo davon die Rede ist, daß sowohl Verwundung als auch Heilung von Jahwe kommt; ferner Weis 16,12 „Denn weder Kraut noch Pflaster machte sie gesund, sondern dein Wort, o Herr, das alles heilt". Vgl. Ps 107,20; Jes 55,10f.

tesknecht „auch nach unserem heutigen wissenschaftlichen Verständnis dieser Texte" mit Recht auf Christus gedeutet: „Die Entsprechung zwischen dem Wirken des Gottesknechtes allein durch das Wort, seinem Leiden bis in den Tod und seiner Bestätigung durch Gott trotz des Todes oder durch den Tod hindurch und dem Leiden, Sterben und Auferstehen Jesu ist die eindeutigste Berührung der Darstellung Jesu im Neuen mit dem Alten Testament".[130]

5.2 Die Mahlgemeinschaft

Essen und Trinken als „Grundfunktionen natürlich-menschlicher Selbsterhaltung"[131] sind auch im AT verständlicherweise häufig bezeugt. In unserem Zusammenhang aber sind drei Aspekte der alttestamentlichen Aussagen von Essen und Trinken in Form einer Mahlgemeinschaft bedeutsam.

Erstens: Essen und Trinken haben mit Erhaltung der Gemeinschaft zu tun. Sie sind der menschliche Willensausdruck des friedlichen „Koexistieren-Wollens" einerseits (Gen 26,30; 31,46.54) und das symbolische Bild der Heilsgemeinschaft Israels mit dem Heil stiftenden Gott andererseits (Ex 24,11 J; 1 Chr 29,22).[132]

Zweitens: Essen und Trinken sind der bildliche Ausdruck der Lebensfreude (Dt 14,26; 1 Sam 30,16; Prd 9,7). Sie können auch das zukünftige Freudenmahl der Heilszeit symbolisch ausdrücken (Jes 25,6; 55,1f; 7,22; Sach 3,10).[133]

Drittens: Essen und Trinken in Form der Mahlgemeinschaft drücken in der zwischenmenschlichen Beziehung Vergebung (bzw. Versöhnung) und Rehabilitierung (2 Sam 9,7f; 2 Kön 25,27f; Dan 1,5) aus.

Neben diesen drei Aspekten ist noch das Opferfleisch-Essen der Priester im Zusammenhang mit der Sühnepraxis von Bedeutung (Lev 6,19; 10,17).[134]

---

130 WESTERMANN, aaO., S.197.
131 Vgl. BEHM, ThW II, S.686.
132 Vgl. die Analogie ‚Bund - Essen und Trinken' im AT mit den Abendmahlsberichten im NT.
133 Vgl. dazu äth Hen 62,14; slav Hen 42,5 und die synoptischen Stellen Mk 2,15f par; Lk 7,34; Mt 11,19.
134 Vgl. dazu die Aussage über Verzehren von Gemeinschaftsopfer bzw. Heilsopfer (זֶבַח), bei dem ein Teil des Opfers von den Israeliten verzehrt und der andere (Blut und Fett) Gott gegeben wird (Lev 3,1-17). Hier kommt die heilige Lebensgemeinschaft zwi-

Festzuhalten ist, daß es im alttestamentlichen Reden vom Essen und Trinken vor allem um das *Leben* des Menschen geht, während in den Aussagen von der Mahlgemeinschaft (sowohl in der zwischen-menschlichen als auch in der Beziehung Gott-Mensch) der Wille zur Erhaltung der Lebensgemeinschaft sinnbildlich zum Ausdruck gebracht wird. In diesem Kontext hat auch die lebensermöglichende Vergebung ihren Platz.

5.3 Das Prophetenleben als Zeichen

Gottes Vergebungswille für Israel wird im AT nicht nur durch die Wortverkündigung der Propheten, sondern auch durch das Leben der Propheten selbst zeichenhaft zum Ausdruck gebracht.[135] Hier ist in erster Linie die metaphorische Bedeutung der hoseanischen Ehe zu nennen. Durch sein zeichenhaftes Leben (Hos 1-3) verkündet Hosea die Liebe (חֶסֶד) Jahwes, die größer als die Treuebrüche Israels ist, und den Heilswillen Jahwes, der stärker als die Sündenmacht über Israel ist.

Nach der Prophetie Hoseas ist also der Bund Israels mit Jahwe am Sinai ein „Ehebund" und damit ein *„Bund der Liebe"*, der sich durch die Treue der Liebe bewähren soll. Angesichts der Erkenntnis, daß Israel mehrmals die Treue gebrochen hat und tief in Sünde verfallen, wird dieser Bund vom Glauben Israels nur durch die vergebende, heimholende und neue Liebe stiftende Gerechtigkeit Gottes als wiederherstellbar erfahren:

„Aber ich will meines Bundes gedenken, den ich mit dir in den Tagen deiner Jugend geschlossen habe, und will einen ewigen Bund mit dir aufrichten, und du sollst erkennen, daß ich Jahwe bin, auf daß du dich erinnerst und beschämt werdest und den Mund nicht mehr auftust vor lauter Beschämung, wenn ich dir alles verzeihe, was du getan hast, spricht der Herr Jahwe" (Ez 16,60.62-63; vgl. Hos 2,16ff; Jer 3,1.12ff; Jes 54,5ff u.a.).

Durch die sinnbildliche Ehe Hoseas mit einem treulosen Dirnenweib wird der Vergebungswille Jahwes gegenüber seinem Volk in den persönlich-innerlichsten Lebensbereich des Propheten eingezeichnet, und so wird das Leben des Propheten selbst zum Zeichen der vergebenden Liebe Jahwes

---

schen Jahwe und Israel in der Zeichenhandlung einer kultischen Mahlgemeinschaft zum Ausdruck. Strenge Kultvorschriften (auch im Zusammenhang vom Opfer-Essen) sind von der Heiligkeitsvorstellung Israels her verständlich.

[135] Vgl. V. RAD, Theologie II, S.429ff.

gegenüber seinem Volk.[136] Wenn die Propheten Israels wegen Sünde und Abfall des erwählten Volkes leiden müssen, hat dieses Leiden mit dem von Gott verliehenen Prophetenamt zu tun und es kommt diesem Leiden ein stellvertretender Charakter zu. Der Vergebungswille Gottes kommt im AT (besonders in der Prophetie der exilisch-nachexilischen Zeit) also nicht nur durch Worte und Bildersprache, sondern auch durch prophetische Zeichenhandlungen, durch das Zeichenleben und auch durch das stellvertretende Leiden des Propheten eindrucksvoll zum Ausdruck.

5.4 Andere bildliche Wendungen

Da sich das alte Israel Sünde als etwas Dingliches und zugleich als Verunreinigung bzw. als abzuwaschende Befleckung vorstellte, werden auch dementsprechend vielfältige Ausdrücke für „vergeben" verwendet. Die unten genannten Ausdrucksweisen stammen vermutlich überwiegend aus dem Gebiet des Kultes.[137]

5.4.1 „Wegnehmen / Wegtragen der Sünde"

נשׂא + Sündenterminus: Ex 23,21; 32,32; 34,7; Lev 16,22; Num 14,18; Jos 24,19; Jes 33,24; 53,12; Hos 14,3; Mi 7,18; Hi 7,21; Ps 14,3; 25,18; 32,1.5; 85,3 (absolut gebraucht: Gen 18,24.26; Num 14,19; Hos 1,6; Ps 99,8) u.a.. Die häufigsten und auch bedeutsamsten Wendungen hierfür sind נָשָׂא עָוֹן und נָשָׂא חֵטְא.[138] נָשָׂא עָוֹן ist schon in der vorexilischen Erzählungsliteratur bezeugt (Ex 32,32; 34,7; Num 14,18; Jos 24,19), läßt sich aber auch in den nachexilischen Schriften belegen (Ps 25,18; 32,1.5; 85,3; Jes 33,24 u.a.). Die Wendung ist auch in der prophetischen Bitte um Vergebung (Hos 14,3 = Bußliturgie, vgl. Knierim S.203) bezeugt. Bemerkenswert ist der Sachverhalt, daß diese Wendung in Lev 16,22 in Verbindung mit dem Stellvertretungsgedanken gebraucht wird. Wie Gese (Sühne, S.96f) herausstellt, handelt es sich hier jedoch nicht um den Ritus der Sündenbeladung, sondern um die Subjektübertragung. Diese Subjekt-

---

136 Neben der Ehe Hoseas vgl. z.B. Zeichenhandlung Ezechiels, Ez 4,4ff, s. dazu V. RAD, aaO., S.285f.

137 Zum folgenden vgl. STAMM, aaO., S.66f.

138 Vgl. auch die Wortverbindung נָשָׂא פֶּשַׁע (Gen 50,17; 1 Sam 25,28), die in profan-rechtlichen Zusammenhängen und durchaus im Sinne ‚vergeben' (Bitte um Vergebung) gebraucht wird. Vgl. dazu R. KNIERIM, Die Hauptbegriffe für Sünde im AT, ²1967, S.114f.

übertragung vollzieht sich durch die kultische Geste der Handauflegung auf das Tier durch den Priester (Lev 16,21). Der Priester ist überall das grammatische Subjekt dieser Sühne- bzw. Vergebungshandlung, dennoch ist Jahwe deutlich das inhaltliche Subjekt der Handlung, da unterstrichen wird, daß sich die Sühnehandlung *vor* Jahwe vollzieht (Lev 16,10). Dieser alte kultische Brauch von der Entfernung der Sünden durch ein stellvertretendes Lebewesen wurde wahrscheinlich von Deuterojesaja später theologisch vertieft und weiterentwickelt. Die dabei gebrauchte Wendung נָשָׂא חֵטְא (17 mal im AT) bezieht sich nach Knierim auf den Grundvorgang, wonach eine Verfehlung unbedingt *getragen* werden muß, sei es durch Vergeben oder Bestrafen des Sünders.[139] Während חֵטְא im deuteronomistisch-priesterlichen Bereich „eine die einzelnen Taten übergreifende, unvergebbare Sündenlast bezeichnet, die aufgrund des Tun - Ergehen - Zusammenhangs unweigerlich zum Tode führt", rechnet Deuterojesaja, wie Koch feststellt, noch mit der Möglichkeit, „daß ein anderer Mensch stellvertretend für Übeltäter חַ trägt."[140]

5.4.2 „Vorübergehen lassen der Sünde"

עבר hif. + Sündenterminus: 2 Sam 12,13; 24,10 = 1 Chr 21,8; Hi 7,21; Sach 3,4; Sir 47,11.

Jahwe kann auch die Sünde des bereuenden Menschen vorübergehen lassen (הֶעֱבִיר עָוֹן). David bekennt Jahwe seine Sünde (2 Sam 12,13a חָטָאתִי לַיהוָה) und Nathan spricht die Vergebung Gottes zu: „so hat dir auch Jahwe deine Sünde vorübergehen lassen (הֶעֱבִיר חַטָּאתְךָ), du wirst nicht sterben" (V. 13b; vgl. 2 Sam 24,10). Hieraus wird deutlich, daß הֶעֱבִיר als bildliche Ausdrucksweise für Vergebung gleichbedeutend mit ‚Rettung aus dem Tod‘ ist. Bedeutsam ist die sinnbildliche Aussage von Sach 3,4, wo das Ausziehen der schmutzigen Kleider parallel zu הֶעֱבִיר עָוֹן gebraucht wird. Hier wird die Vergebung Gottes im Sinne der kultischen Reinigung (Entfernung der schmutzigen Kleider) mit Hilfe der bildlichen Wendung von הֶעֱבִיר עָוֹן zum Ausdruck gebracht.[141]

---

[139] KNIERIM, THAT I, Sp.544.
[140] Koch, ThWAT II, Sp.864f. Vgl. dazu Knierims zusammenfassende Aussage über (נָשָׂא חֵטְא) חַטָּאת, die Hauptbegriffe für Sünde, S.53-54.
[141] Vgl. auch Am 7,8; 8,2 und Mi 7,18.

5.4.3 Abwischen / Reinigen von Sünde

מחה + Sündenterminus: Jes 43,25; 44,22; Jer 18,23; 33,8; Ez 36,33; Neh 3,37; Sach 3,9; Ps 51,2.11; 109,14.

Hier ist vor allem die hebräische Wendung מָחָה פֶּשַׁע (Jes 43,25; 44,22; Jer 18,23; Neh 3,37; Ps 51,3-4.11; 109,14) zu nennen, welche nach J. J. Stamm ursprünglich aus zwei verschiedenen Gedanken- und Vorstellungskreisen stammt: „Die beiden für מָחָה פֶּשַׁע anzunehmenden konkreten Vorgänge sind sonach: das ins Gebiet des Rechtlichen gehörende Ausstreichen der Schuld aus Jahwes Schuldbuch, und der kultische Akt der Lustration"[142]. Den schönsten Beleg für diese bildliche Wendung finden wir in Ps 51,3-4.9.11. Hier liegen offensichtlich kultische Reinigungsrituale zugrunde. Hier sind neben מָחָה פֶּשַׁע auch kultische Ausdrücke wie כִּבֶּס (waschen) und טִהַר als bildliche Ausdrücke für Vergeben gebraucht. מָחָה kann auch, verbunden mit עָוֹן dieselbe Sache, nämlich Reinigung als Vergebung, ausdrücken (Jer 33,8; Ez 36,33).

Das AT kennt neben diesen noch mehrere bildliche Wendungen und Umschreibungen (das Verb + Sündenterminus), die in den Umkreis der genannten Ausdrücke gehören:[143]

ר ח ק   hif: (die Sünden) fern sein lassen: Ps 103,12.

ש ל ך   hif: (die Sünde in die Meerestiefe) werfen: Mi 7,19 oder (die Sünden hinter den Rücken) werfen: Jes 38,17.

ט ה ר   pi: (die Sünde) reinigen: Jer 33,8; Ez 36,33 (vgl. 36,25; 37,23); Ps 51,4.

כ ס ה   pi: (die Sünde) bedecken: Ps 32,1; 85,3; Neh 3,37.

ח נ ן   :   gnädig sein, sich gnädig erweisen: Ps 41,5; 51,3.11; 59,6.

לא זכר   :   (der Sünde) nicht mehr gedenken: Jes 43,25; 64,84; Jer 31,34; Ez 18,22; 33,16; Ps 25,7; 79,8.

לא חשב   :   (die Sünde) nicht anrechnen: Ps 32,2 u.a..

Hier ist aber noch darauf hinzuweisen, daß es bei manchen bildlichen Wendungen und Umschreibungen nicht um völlige Aufhebung oder Erlaß der Sünden geht. Denn dafür war das Denken des alten Israels zu stark von der Auffassung des Tun-Ergehen-Zusammenhangs bestimmt.

---

[142] STAMM, aaO., S.75.
[143] Vgl. hierzu LICHTENBERGER-JANOWSKI, Enderwartung, S.45f.

§ 6
Erkenntnis und Bekenntnis der Sünden

Vor dem sich verheißend und gebietend, erwählend und fordernd offenbarenden Gott und seinem heiligen Willen (Tora) erkennt der alttestamentliche Mensch seine Sündhaftigkeit und seine Verlorenheit, und diese Selbsterkenntnis führt ihn zum Bekenntnis seiner Sünden vor Jahwe. Wie viele alttestamentliche Sündenbekenntnisse des Einzelnen zeigen (חָטָאתִי: Num 22,34; 1 Sam 15,24.30; 26,21; 2 Sam 12,13; 24,10.17; 1 Chr 21,8. 17; Ps 41,5; 51,6; Mi 7,9 u.a. / ca. 30 mal im AT vor allem im Geständnis nach der sakral-gerichtlichen Überführung: Jos 7,20; 1 Sam 15,24; 2 Sam 12,13; Ex 9,27; 10,16 u.a.),[144] wie auch die Sündenbekenntnisse des Volkes (חָטָאנוּ: Num 12,11; 14,40; 21,7; Ri 10,10.15; Klg 5,16; Ps 106, 6 u.a.: 24 mal im AT, vor allem im Bußbegängnis oder Bußgebet)[145] und die Klagelieder des Einzelnen (besonders Ps 6; 32; 38; 51; 102; 130 und 143) und des Volkes (Ps 79; 106 u.a.), weiß der alttestamentliche Mensch, daß er mit seinem So-Sein als Sünder vor Gott nicht bestehen kann. Darum appelliert er an ihn um seiner Heilszusage in den Verheißungen, um der Erwählung und des Bundes willen, in denen sich seine Barmherzigkeit und Güte offenbart hat.

„Ich rufe, Jahwe, erbarme dich meiner: Heile mich, denn ich habe gesündigt vor dir (חָטָאתִי)" (Ps 41,5).

Israels Erfahrung mit der Barmherzigkeit und Treue Gottes und sein Wissen darum sind der eigentliche Grund aller alttestamentlichen Sündenbekenntnisse, Bußgebete und der daran anschließenden Bitten um das sündenvergebende Eingreifen Jahwes.

„Erbarme dich meiner, o Gott, der du barmherzig und gnädig bist; nach dem Übermaß deiner Gnade lösche aus meine Schuld (פְּשָׁעַי)! Bis auf den Grund wasche ab meine Missetat (מֵעֲוֹנִי), von meiner Sünde (מֵחַטָּאתִי) mache mich rein! Denn meine Bosheit (פְּשָׁעַי) erkenne ich wohl, immer steht mir vor Augen die Sünde (חַטָּאתִי) an dir allein; was böse (וְהָרַע) vor dir ist, ich hab' es getan. Nun erweisest du dich in deinem Urteil gerecht (תִּצְדַּק), und recht behalten hast du in deinem Gerichte" (Ps 51,3-6).

---

[144] Weitere Belege bei KNIERIM, aaO., S.20ff.
[145] Num 12,11; 14,40; 21,7; 1 Sam 7,6; 12,10; Jer 3,25; 14,7.20. Weitere Belege bei KNIERIM, aaO., S. 28ff. Vgl. H. LEROY, Vergebung und Gemeinde, S.14; C. BARTH, Die Errettung vom Tod in den individuellen Klage- und Dankliedern des Alten Testaments, hrsg. v.B. Janowski, Zürich 1987.

In diesem der Prophetie Jesajas und Ezechiels sehr nahestehenden Buß-
psalm sind fast alle wesentlichen Elemente der alttestamentlichen Aussagen über Sünde und Vergebung in ihrem weiten theologischen Zusammenhang zu einem einzigen Bußgebet vereinigt und zusammengefaßt
worden: Die Barmherzigkeit Gottes als Grund für die Bitte um Vergebung (Sola-gratia-Konzeption der Vergebung) in V.3 (V.11); der kultische Haftpunkt des Vergebungsvorganges (Reinigungsrituale) in V.4.9;
Erkenntnis und Bekenntnis der Sünde in·V.5-6a.7 mit Bitte um gerechtes
Richten (Appell an die Gerechtigkeit Gottes) in V.6b.16 und dann die
Bitte um innere Erneuerung (reines Herz und neuer Geist) in V.12 (vgl.
Ez 11,19; 36,26!, Jer 31,33!). Mit ברא in V.12a wird das schöpferische
Eingreifen Jahwes ausgedrückt. Wenn Jahwe ein reines Herz erschafft
und einen festen Geist erweckt, werden sich die Sünder zu Gott bekehren
(V.15). Die Verse 18-19 verinnerlichen das äußere Opfer zum Opferlei-
den des Betenden. In V.20 wird die Zionstradition wieder lebendig: „In
deiner Güte, o Herr, erweise dich gnädig an Zion, laß neu erstehn Jerusalems Mauern!" In diesem Klagelied des Einzelnen ist die Vorstellung von
Sünde und Vergebung im höchsten Maße spiritualisiert worden.[146] Es
wird hier keine äußere, sondern die innere Bedrängnis des Menschen
durch die das persönliche Verhältnis zu Gott zerstörende Sünde beklagt.
Der Sinn des kultischen Opfers wird als „Erkenntnis der Gottesferne"[147]
umgedeutet und „das äußere Opfer der *Toda* zum Opferleiden des eigenen
Lebens"[148] verinnerlicht, und so vollzieht sich im ganzen „ein Vorstoßen
der alttestamentlichen Tradition in neue Wirklichkeitsformen"[149]. Neben
חָטָאתִי und חָטָאנוּ ist hier in diesem Zusammenhang noch ידה hi. u.
hitp. preisen/bekennen) von Bedeutung.[150] ידה wird im AT nicht selten
in der Bedeutung von „(die Sünde) bekennen" gebraucht, so z.B. יָדָה hi.
in Ps.32,5; Spr 28,13. ידה war im Hitp. „offensichtlich ein gottesdienstli-
cher Terminus"[151]. Die ידה hi. und hitp.-Stellen zeigen auf jeden Fall,
daß das Sündenbekenntnis im Gottesdienst der nachexilischen Gemeinde

---

[146] Vgl. GESE, Erwägungen zur Einheit der biblischen Theologie in ‚vom Sinai zum
Zion',1974, S.23f. Ferner THYEN, Studien, S.48; im Anschluß an ihn auch FIEDLER,
aaO., S.39.
[147] GESE, aaO., S.24. Vgl. seinen Hinweis über die Verbindungslinie zur neuen
תּוֹדָה im NT: „An die Stelle des zæbäh tritt in Ps 51 das Leiden des Beters, an die Stelle
des zæbäh im Herrenmahl tritt der Gekreuzigte selbst". Psalm 22 und das NT, aaO.,
S.199.
[148] GESE, Die Herkunft des Herrenmahls, in ‚Zur biblischen Theologie',S.120.
[149] GESE, Erwägungen, S.24.
[150] Zum Verb ידה s. C. WESTERMANN, THAT I, S.674-682.
[151] WESTERMANN, aaO., S.681f.

eine große Bedeutung hatte. Auch der Große Versöhnungstag war für das ganze Volk Israel der Tag des Sündenbekenntnisses (Lev 16,29ff; 23,27ff). Besonders in der Bußgebetstradition der spätnachexilischen Zeit kommt die Hoffnung der demütigen Beter auf die sündenvergebende Barmherzigkeit Gottes in reiner Form zur Sprache. Der Beter ruft „aus der Tiefe" (Ps 130,1), d.h. aus einer Situation der Hoffnungslosigkeit und der Verlorenheit zu Gott und bittet ihn, auf sein flehendes Rufen zu hören (Ps 130,2; 143,1). Bußgebete sind meistens mit Fasten und anderen Bußübungen verbunden und werden durch das Sündenbekenntnis begleitet (Dan 9,3ff; Neh 9,11ff; Esr 9,3ff u.a.).[152] Nach dem Flehen um Erhörung folgt das Sündenbekenntnis: „Höre, Herr, und erbarme dich! Ja, wir haben wider dich gesündigt" (Bar 3,2; vgl. Dan 9,5.15), „mein Gott, zu sehr schäme ich mich und scheue ich mich, als daß ich mein Antlitz zu dir erheben könnte, mein Gott. Denn unsere Sünden sind uns über den Kopf gestiegen, und unsere Verschuldungen reichen bis zum Himmel" (Esr 9,6; vgl. Lk 18,13). Dann appelliert der Beter an die Bundestreue, an das Erbarmen und an die helfende Gerechtigkeit Gottes:

„In deiner Treue erhöre mich, in deiner Gerechtigkeit. Geh mit deinem Knecht nicht ins Gericht, ist doch keiner der Lebenden vor dir gerecht" (Ps 143,1b-2).

In seinem bußfertigen Herzen weiß der Beter, daß er nur von der Vergebung Gottes her leben kann, und setzt seine ganze Hoffnung auf den Gott der Barmherzigkeit:

„Doch bei dir ist Vergebung der Sünden" (Ps 130,4a),
„du bist Gott voller Vergebung!" (Neh 9,17b, vgl. Dan 9,9).

Gerade in den Sündenbekenntnissen und Bußgebeten dieser Zeit, in denen Sünde als eigentlicher Grund der menschlichen Not und des Unheils erfahren wird, kommt das Angewiesensein der menschlichen Existenz auf die sündenvergebende Gnade Gottes eindrucksvoll zur Sprache.

---

[152] Zur Buß- und Trauerliturgie, s.Joel 1-2.

§ 7
Fürbitte / Stellvertretung

Von besonderer Bedeutung ist in unserem Zusammenhang die alttestamentliche Fürbitte- und Stellvertretungstradition. Schon in der Abrahamsüberlieferung (Gen 18,16ff J) ist im Zusammenhang mit der Fürsprache Abrahams im Ansatz der Gedanke der Sündenvergebung, um der Gerechten willen' (בַּעֲבוּרָם ...) vorhanden. Wenn man daran denkt, wie stark im alten Israel der Sinn der kollektiven Verantwortlichkeit war, wird hier „höchst revolutionär" (v. Rad, Theol. I, S.407) die Frage gestellt, ob sich die צְדָקָה Jahwes nicht darin erweisen könnte, daß er um der wenigen Gerechten willen die Schuld der Vielen (hier der ganzen Stadt Sodom) vergibt.[153] Ist hier von „zehn Gerechten" die Rede (V.32), um derentwillen Jahwe der ganzen Stadt vergeben will וְנָשָׂאתִי לְכָל) הַמָּקוֹם), wird bei Jeremia (5,1) und Ezechiel (22,30) von einem einzigen Gerechten (אִישׁ) gesprochen, um dessentwillen Jahwe die Schuld Jerusalems vergeben will, wenn es überhaupt diesen einen Gerechten gibt.

„Durchstreift die Gassen Jerusalems, seht euch um, überzeugt euch selbst, sucht nach auf seinen Plätzen, ob ihr *einen* findet, der Recht tut, der Treue sucht, dann will ich ihnen vergeben (סָלַח) spricht Jahwe" (Jer 5,1).[154]

Der große Fürbitter und Interzessor Israels aber ist *Mose*, der durch seine fürbittende Totalhingabe für Ermöglichung einer neuen Existenz des versagenden Jahwe-Volkes eintritt. Mose spricht zum Volk: „Ihr habt eine große Sünde begangen. Nun will ich zu Jahwe hinaufsteigen. Vielleicht kann ich Vergebung für eure Sünden erwirken (אֲכַפְּרָה = sühnen)" (Ex 32,30 E). Mose spricht dann vor Jahwe: „Laß ab von deinem glühenden Zorn und lasse dich das Unheil gereuen, das du über dein Volk verhängen willst" (Ex 32,12). „Es ist zwar ein halsstarriges Volk. Aber vergib unsere Schuld und unsere Sünden (סָלַח + עָוֹן + חַטָּאת) und nimm

---

[153] Vgl. V. RAD, Theologie I, S.407f und auch II, S.286f.Der Grundsatz der Kollektivhaftung ist hier aber noch nicht aufgehoben. Durch Jeremia (31,29-30 individualistische Verantwortlichkeit in der Zukunft) und Deuteronomium (24,16) vorbereitet, entfaltet Ezechiel den vollen Grundsatz der persönlichen Verantwortlichkeit auch in der Gegenwart (Ez 14,12ff; 18; 33,10-20), welchen wiederum Deuterojesaja (52,13-53,12 Prinzip der Solidarität in Schuld und Vergebung!) einer gewissen Korrektur unterzieht.

[154] Vgl. Ez 14,14: Hier ist von drei Gerechten die Rede, nämlich von Noah, Daniel und Hiob.

uns an als dein Erbe" (Ex 34,9b J). Jahwe antwortet dann: „Ich vergebe,
wie du gebeten hast (סָלַחְתִּי כִּדְבָרֶךָ), aber wahrlich ... " (Num 14,20 J)
Jahwe will vergeben, wie Mose gebeten hat, aber läßt die Schuld Israels
nicht unbestraft (Num 14,21ff; vgl. auch Ex 34,7 und außerdem das spätere Mose-Bild des Deuteronomiums!). Neben Mose (Num 21,7; Dt
9,19.26; Ps 106,23) kennt das AT eine Reihe von Propheten, Königen und
frommen Männern als Fürbitter für Israel: Mose, Aaron und Samuel nebeneinander in Ps 99,6; Mose und Samuel in Jer 15,1; König David 2 Sam
24,17; Amos Am 7,2; König Hiskija 2 Chr 30,18; Jeremia Jer 18,20;
42,2; 2 Makk 15,14; Ezechiel Ez 9,8; Hiob Hi 42,8;[155] Daniel Dan
9,4ff.[156] In Dan 9,4-19 sind bedeutsamerweise alle in unserem Zusammenhang wesentlichen Traditionen des AT in einem Fürbittgebet Daniels
zusammengeflossen: Die Fürbitte des Frommen für Israel (V.4a.17a); das
Sündenbekenntnis (V.5 Israelgeschichte als Sündengeschichte; Toraüber-
tretung); die Not Israels als Sündenfolge (Tun-Ergehen-Zusammenhang
V.7-8); Erbarmen und Vergebung (V.9a הָרַחֲמִים וְהַסְּלִחוֹת), die bei
Jahwe liegen; Bitte um Rettung als Appell an Jahwes Gerechtigkeit (V.16
כְּכָל צִדְקֹתֶךָ); Bitte um Heilshandeln um Jahwes und seines Namens
willen (V.17b, 18b.19); der Bundesgott (V.4b); die Tora (V.5) und die
Exodustradition (V.15a).
Haben wir hier einen theologisch reflektierten Text aus dem Endsta-
dium der langen alttestamentlichen Fürbittetradition vor Augen?[157] Auf
jeden Fall scheint eines deutlich zu sein, daß nämlich Sündenvergebung
und Ermöglichung der neuen heilen Existenz Israels als Gnadenerweis
der Gerechtigkeit Jahwes in einem größeren geschichtstheologischen Zusammenhang gedacht und erhofft werden.[158]
Neben dieser Fürbittetradition und oft eng mit ihr verknüpft, finden
wir im AT eine Reihe von Texten, in welchen der Stellvertretungsgedanke im Kontext der Sündenvergebung zur Sprache kommt. Dieser Gedanke

---

[155] Aus diesem Text ist ein besonders enges Verhältnis zwischen unschuldigem Leiden und Fürbitte erkennbar. Nachdem Hiob unschuldig leiden mußte, kommt ihm eine
fürbittende Mittlerfunktion zu. Vgl. JANOWSKI, Sündenvergebung „um Hiobs willen".
Fürbitte und Vergebung in 11 Qtg Job 38,2f und Hi 42,9f. LXX, in Freundesgabe zum
50.Geburtstag von P. Stuhlmacher (unveröffentlicht), S.255-282.
[156] Auch Engel als Fürsprecher Tob 12,12 und als Mittler Hi 33,23. Nach V. RAD hat
auch der ganze Priesterdienst eine stellvertretende Mittlerfunktion. Theologie I, S.261
und II, S.429.
[157] Vgl. dazu Dan 3,25-45 und Bar 1,15-2,35.
[158] Siehe dazu V.24, wo von der endgültigen Sühne für die Schuld Israels, von
ewiger Gerechtigkeit, von letztlicher Bestätigung von Prophetie und von der Salbung des
Allerheiligsten die Rede ist.

ist sowohl in kultischen Texten (P) als auch in der Verkündigung und im Leben der Propheten festzustellen. Im kultischen Leben Israels spielt die Teilhabe an der sündenvergebenden Heiligkeit Gottes durch die Sühnehandlung „vor Jahwe" (לִפְנֵי יְהוָה) eine wichtige Rolle. Dabei kommt der Stellvertretungsgedanke:

a) durch Handauflegung des Opfernden auf das zu opfernde Tier, d.h. durch die Subjektübertragung und

b) durch den Blutritus (Besprengung des Opfertierblutes im Allerheiligsten) zum Ausdruck.

Durch diesen Sühneakt (Lebenshingabe des Opfertieres und Besprengung mit dem Leben enthaltenden Blut) vollzieht sich eine stellvertretende Totalhingabe.[159] Aufgrund dieser stellvertretenden Lebenshingabe an das Heilige wird die Heiligung des gefährdeten Lebens vollzogen, durch die die neue Existenz in der Gottesgemeinschaft ermöglicht wird.

Neben dem Stellvertretungsgedanken in der alttestamentlichen Sühnepraxis[160] ist noch die mit dem Prophetenamt zusammenhängende Auffassung vom stellvertretenden Leiden des Propheten zu erwähnen. Auch in diesem Zusammenhang ist die Gestalt des Mose von besonderer Bedeutung. Er war ein leidender Fürbitter zwischen dem eifernden Gott und dem sündigen Israel, ein leidender Interzessor für das Jahwevolk, der, um Sühne für Israel zu erwirken, seine eigene Existenz als כֹּפֶר anbietet (Ex 32,32). Es war schon Mose, der unter seinem Mittleramt leiden mußte. Nach dem Deuteronomium mußte er wegen der Sünde Israels außerhalb des verheißenen Landes sterben (Dt 3,26-27; 4,21: „Mir zürnte dann Jahwe euretwillen, so daß er schwur, ich solle den Jordan nicht überschreiten und in das schöne Land gelangen dürfen ... "). Der Prophet Ezechiel mußte auf Befehl Jahwes lange Tage hindurch auf der einen Seite liegend die Verschuldung des Hauses Israel (Ez 4,4) und auf der anderen Seite liegend die des Hauses Juda (Ez 4,6) tragen (נשׂא). Dieses sinnbildliche Tragen der Schuld Israels durch Propheten bedeutet, wie auch W. Zimmerli feststellt, „ein offensichtliches Mittragen"[161].Das heißt wiederum: „Sein eigenes Leben ist hereingerissen in den כֹּפֶר (Schuld-Strafe) des Volkes. Er sammelt in sein zeichenhaftes Gebundensein die

---

[159] GESE, Sühne, S.97f; JANOWSKI, Sühne als Heilsgeschehen, S.158ff.

[160] Nach V. RAD ist Lev 10,1, wo vom Verzehren des „hochheiligen" Opferfleisches durch die Priester die Rede ist, einer der ganz wenigen Texte (innerhalb von P), in denen ein Ritus theologisch erklärt wird: „Durch das Verzehren dieses Fleisches - und zwar an heiliger Stätte! - vollziehen die Priester selbst die Austilgung des Bösen. Sie sind dazu bestellt, mittlerisch die Sünde für die Gemeinde zu tragen, um ihr (dadurch) vor Jahwe Sühne zu erwirken", Theologie I, S.261.

[161] ZIMMERLI, Ezechiel, BK, S.117.

Schuld Israels als Last auf sein eigenes Leben"[162]. Hieraus geht deutlich hervor, daß das von Jahwe dem Propheten auferlegte Amt ihm zum Leiden, und zwar zum stellvertretenden Leiden um der Sünde Israels willen, gegeben wird. Ähnlich war es auch mit dem Leidensamt des Jeremia. Mit v. Rad und Zimmerli können wir also davon ausgehen, daß hier eine Verbindungslinie zu Jes 53 besteht.[163] Die Gottesknechtsgestalt in Jes 53 ist auch von dieser fürbittend-mittlerisch leidenden Propheten-Tradition (Jeremia - Ezechiel - Mosebild des Deuteronomiums) geprägt. Der Knecht Gottes trug die Schuld der Vielen (חֵטְא רַבִּים) und trat (fürbittend) für die Empörer (לַפֹּשְׁעִים) ein (Jes 53,12). Sein Leiden und sein schmachvoller Tod für die Vielen wird tiefer und umfassender begründet. Hier ist eigenartigerweise auch von der Leidenswilligkeit des Knechtes und seiner Verherrlichung durch Gott die Rede, ein Aspekt, der vorher noch nicht erwähnt wurde. Einzigartig ist auch die Aussage, daß diese fast geheimnisvolle Knechtsgestalt (also ein Einzelner) *stellvertretend* für jemand anderen (sogar für die Übeltäter) den חֵטְא (gewichtigster Ausdruck unter den Begriffen für Sünde; nach Dt und P unvergebbar; unweigerlich zum Tode führend)[164] wegträgt (נָשָׂא: Jes 53,12d) und so vielen Gerechtigkeit (= Sündenvergebung) verschafft (Jes 53,11):

„Aber wahrlich, unsere Krankheit hat er getragen, unsere Schmerzen hat er auf sich geladen; doch wir hielten ihn für einen Geschlagenen, den Gott getroffen und gebeugt hat. Er ward durchbohrt um unserer Sünden willen, zerschlagen für unsere Missetaten. Zu unserem Frieden lag die Strafe auf ihm; durch seine Striemen ist uns Heilung geworden.

...

Nach der Mühsal seiner Seele wird er Licht sehen und sich sättigen. Durch sein Leiden wird mein Knecht viele rechtfertigen, indem er ihr Verschulden auf sich nimmt. Darum will ich ihm die Vielen als Anteil geben, und die Mächtigen fallen ihm als Beute zu dafür, daß er sein Leben in den Tod dahingegeben hat und unter die Übeltäter gezählt ward, während er doch die Schuld der Vielen trug und für die Sünder eintrat" (Jes 53,4-5.11-12)

Das Wegtragen der Sünden (נָשָׂא) wird also nicht nur beim Sündenbock im Ritual des Großen Versöhnungstages erwähnt (Lev 16,22), sondern auch im Lied vom leidenden Gottesknecht Jes 53 zweimal bekannt (V.4.12; vgl. auch Joh 1,29). In dieser Knechtsgestalt erreicht die alttestamentliche Fürbitte-Stellvertretungstradition ihren Höhepunkt. Sie weist zugleich auf das Kommende, auf das Zukünftige hin. .

---

[162] ZIMMERLI, aaO., S.117.
[163] V. RAD, Theologie II, S.286f; ZIMMERLI, aaO., S.117.
[164] Weiteres zur Bedeutung des חֵטְא, KOCH ThWAT II, Sp.864-865.

§ 8
Sündenvergebung in der davidisch-messianischen Überlieferung

8.1 Zionserwählung und Davidsbund als Grund der Vergebung

Die alttestamentlichen Aussagen von der Sündenvergebung Gottes spielen auch in der davidisch-messianischen Überlieferung eine wichtige Rolle. Die Sünde Davids wird ihm vergeben, weil Gott ihm zuvor durch seinen Propheten Nathan ein immerdauerndes Königtum verheißen und David seine Sünde bereut hat (2 Sam 12,13; 7,16).

Dieser Gottesverheißung an David geht aber ein konkretes geschichtliches Ereignis voraus, nämlich die Eroberung Jerusalems durch David und die Überführung der Gotteslade nach Jerusalem (2 Sam 5,6-12 und 6,1-23).

Durch die Eroberung der Stadt Jerusalem auf dem Zion machte David sie zu seiner eigenen Stadt („Davidsstadt" עִיר דָּוִד 2 Sam 5,9), und durch Überführung der Bundeslade nach Jerusalem nahm Jahwe die Stadt in seinen Besitz, d.h.: Jahwes Präsenz in der Davidsstadt Zion! Jahwe selbst hat durch seinen Gesalbten David Zion als seine Wohnstätte ausgewählt. Diese Zionserwählung durch Jahwe und die sich daraus ergebende *Königsherrschaft Jahwes* über Israel gehen also seiner Verheißung an David und seinem Vergebungszuspruch durch Nathan voraus. Jahwe, der als König über Israel herrschen will, ist zugleich der Gott, der „wie ein Vater" sein will:

„Ich will ihm (dem Davididen) ein Vater (לְאָב) und er soll mir ein Sohn sein" (2 Sam 7,14a).[165]

Die Königsherrschaft Jahwes auf dem Zion, und das „Wie-ein-Vater-sein-Wollen" Jahwes für Israel durch seinen Gesalbten (Davidsbund!) sind, wie das spätere Israel es auch erfahren hat, für das sündenvergebende Wirken Gottes in der Geschichte von großer Bedeutung.

---

[165] Vgl. 1 Chr 13,13; hier wird 2 Sam 7,14 auf den Messias angewandt. בֵּן ist hier aber noch kein messianischer Titel (anders in Ps 2,7).

8.2 Messias - der neue Bund - Sündenvergebung

Jahwes Verheißung an David durch Nathan von einem immerdauernden Königtum hat in der folgenden Zeit eine Kette von Verheißungen über den Messias, den Sohn Davids, ausgelöst (Jes 7,14; 11,1ff; Jer 23,5f; Mi 5,1ff; Sach 9,9f u.a.). Bei Jeremia und Ezechiel spielt Sündenvergebung im Rahmen der Bundes- und Messiasverheißung eine zentrale Rolle. Man hat aber auch festgestellt, daß das Messiasbild selber im Laufe der Zeit einen gewissen Wandel erfahren hat.[166] Der Messias, der neue David, wird nicht so sehr als ein mächtiger König oder Herrscher, sondern mehr als ein Mittler, ein Knecht oder als ein Hirte dargestellt (Ez 37,24; Jes 7,14 Verheißung Immanuels, der erst geboren wird; Jes 9,1-6 Friedensfürst der Gerechtigkeit; Jes 11,1-10 Sproß Isais). In Ez 37,23-28 wird die eschatologische Reinigung (=Sündenvergebung) Israels durch Gott, eng verknüpft mit der Ankündigung des neuen Davids und des neuen Bundes, zur Sprache gebracht. Er, Jahwe, will sie (=die Israeliten) retten (וְהוֹשַׁעְתִּי) und reinigen (וְטִהַרְתִּי). Er will seinen Knecht, den neuen David geben und mit Israel einen Bund des Friedens schließen (V.26), damit Israel „sein Volk" und er „ihr Gott" sein werde (vgl. Bundesformel in V.23d und 27b). Nach Sacharja gehören das Kommen des Sprosses (=Messias) mit der Austilgung der Schuld Israels zusammen!

„Siehe, ich lasse meinen Knecht ,Sproß' kommen ... und ich werde die Schuld des Landes fortschaffen (וּמַשְׁתִּי אֶת עֲוֹן) an einem Tage" (Sach 3,8-9).
„An jenem Tage, spricht Jahwe Zebaot, werdet ihr einander einladen unter den Weinstock und den Feigenbaum" (Sach 3,10).

Der Sproß (=Messias 3,8), der Hirte Jahwes (13,7), muß nach Sacharja sogar geschlagen werden (also leiden und sterben!), und so wird er durch sein Leiden und Sterben eine neue Gemeinschaft durch Erneuerung des Bundes ermöglichen (13,9b hier auch Bundesformel!). Zu den Vergebungsaussagen in der Bildsprache bei Sacharja gehören auch die Verse 3-5 des 3. Kapitels: Wegnehmen der schmutzigen Kleider und Anziehen der „Feierkleider"; reiner Kopfbund und Engelswort, „Siehe, ich habe deine Schuld (עֲוֹן) von dir genommen". Etwas geheimnisvoll klingt dann die Aussage in 9,11:

„Um deines Bundesblutes willen will ich deine Gefangenen freilassen aus der Grube".

---

[166] Der Wandel des Königsbildes zum Messias vollzieht sich in der zweiten Hälfte des 8. Jhdt. durch das geschichtliche Ereignis von der assyrischen Überwältigung und dem Zusammenbruch der davidischen Staatsmacht. Siehe dazu GESE, Der Messias, S.133.

Ebenso geheimnisvoll sind die Aussagen vom Tod eines Durchbohrten und die Worte vom Sich-Öffnen eines Quells gegen Sünde und Unreinheit Israels:

„Aber über das Haus David und die Bewohner Jerusalems werde ich einen Geist der Erbarmung und des Gebetes ausgießen, und sie werden auf den blicken, den sie durchbohrt haben; ihn werden sie betrauern, wie man trauert um den einzigen Sohn ..." (Sach 12,10) „An jenem Tage wird ein Quell sich öffnen für das Haus David und die Bewohner Jerusalems gegen Sünde und Befleckung" (Sach 13,1).[167]

Wir können daraus schließen, daß die alttestamentlichen Aussagen über Sünde und ihre Aufhebung, Fortschaffung, Reinigung und Vergebung ihren festen Platz in den eschatologischen Heilsankündigungen über den Messias und den neuen Bund haben.

8.3 Königsherrschaft Jahwes und die messianische Gerechtigkeit

Das Spezifikum der Königsherrschaft Jahwes über Israel ist seine Gerechtigkeit. Der heilige Gott erweist seine Heiligkeit darin, daß er dem sündigen Menschen gegenüber durch Gericht und Vergebung hindurch *„gerecht "* bleibt und gerecht handelt:

„Erhaben aber zeigt sich Jahwe Zebaot durch das Gericht, und der heilige Gott erweist seine Heiligkeit durch Gerechtigkeit (בִּצְדָקָה)" (Jes 5,16).

Der heilige (Jes 6,3) und aus seiner Heiligkeit die Unreinheit und die Sünden des Menschen vergebende Gott Israels (Jes 6,6-7) ist zugleich der gerechte Gott, der die Gerechtigkeit von seinem Volk fordert (Jes 1,16-17). Das Versagen der Gerechtigkeitspraxis des Jahwevolkes veranlaßt die heftige Kritik der Propheten. Diese Kritik ist in erster Linie an die politischen Führer und an die falschen Hirten des Volkes gerichtet. Jahwes Eifer um die Gerechtigkeit hat auch mit dem von ihm selbst proklamierten Hirtenamt über Israel zu tun. Die Hirten (=die Könige) Israels haben versagt, das Volk gemäß der Gerechtigkeit Jahwes zu regieren. In dieser Kritik gegen die versagenden Hirten Israels kann man deutlich erkennen, welche Gerechtigkeit von Jahwe verlangt wird bzw. worin Jahwes Gerechtigkeit besteht:

---

[167] Vgl. auch 14,8: „Und es wird geschehen an jenem Tage, lebendige Wasser strömen von Jerusalem aus".

„Wehe den Hirten Israels, die sich selbst geweidet haben! ... Das Schwache habt ihr
nicht gestärkt, das Kranke nicht geheilt, das Verletzte nicht verbunden, das Versprengte
nicht zurückgeführt, das Verirrte nicht gesucht, das Kräftige aber niedergetreten und
mißhandelt" (Ez 34,2-4).

Die durch die Exilserfahrung neu motivierte prophetische Ankündigung
von der Königsherrschaft Jahwes über Israel auf dem Zion (Ez 20,33ff;
Jes 52,7) ist in diesem Zusammenhang zu verstehen. Wird das Exil als
Folge der Sündengeschichte des Volkes und als Folge des Versagens der
politischen Führer Israels verstanden, so wird ein neues Zeitalter in der
Geschichte des Jahwe-Volkes angekündigt (Mi 2,13; 4,7; Zeph 3,15; Jer
3,17; 8,19; Jes 43,15; 24,33; Sach 14,9).[168] Jahwe wird selbst als König
über Israel und über die ganze Welt herrschen. Die Königsherrschaft
Jahwes wird nun als eschatologisches Heilsgut angekündigt und mit
großer Hoffnung erwartet. Die Messiasverheißung Jahwes angesichts des
Versagens der nationalen Führer Israels und angesichts der prophetischen
Ankündigung von der Königsherrschaft Jahwes auf dem Zion ist fast
gleichbedeutend mit der Verheißung eines Stellvertreters Jahwes. Er soll
als Stellvertreter Jahwes und so nach dem Herzen Jahwes auf dem Zion
über das ganze Israel herrschen und es zum Heil bringen, indem er die
Rechtlosen und Hilfsbedürftigen, Gottesnahen und Gottesfernen in die
Gemeinschaft Gottes zurückführt. Der von Gott angekündigte Stellvertre-
ter Jahwes, der Hirten-Messias, wird ein Armenfreund sein, ein Helfer
und Arzt der Kranken, der Schwachen und Notleidenden (Ezechiel!).
Nach Sacharja wird dieser „Hirtenmessias" sogar ein Geschlagener sein,
ein Geschlagener von Gott! (Sach 13,7). Es wird aber eine Heilszeit für
Israel sein, und Gott wird mit ihnen einen „Bund des Friedens" schließen
(Ez 34,25).[169]

---

[168] S. auch die „Jahwe-König" Psalmen (Ps 47; 93; 96; 97; 98; 99).
[169] Zum Problem „Messianische Gerechtigkeit - Arme" vgl. M. SCHWANTES, Messias - Gerechtigkeit - Arme, BET 4; ferner R. MARTIN-ACHARD, Art. ענה in THAT II,
Sp. 341-350.

§ 9

Die Bedeutung des Exils

9.1 Das babylonische Exil als Wendepunkt

Es war vor allem K. Koch, der darauf aufmerksam gemacht hat, daß das Thema „göttliche Vergebung der Sünden" im vorexilischen Israel keine Rolle gespielt hat.[170] Das soll aber nicht so verstanden werden, daß das vorexilische Israel nichts von der göttlichen Vergebung wußte.[171] Hier muß doch W. Eichrodt Recht gegeben werden, wenn er sagt, daß die göttliche Vergebung, auch wenn sie nicht expressis verbis genannt wird, bei manchen älteren Propheten wie bei Amos, Jesaja und Zephanja bereits mitgedacht werden muß.[172]

Das hohe Alter mehrerer Sündenbekenntnisse von Einzelnen (חָטָאתִי: 1 Sam 15,24-25; 2 Sam 12,13; 24,10 u.a.)[173] und des Volkes (חָטָאנוּ: Num 14,40; 21,7 u.a.)[174] sowie die Klagelieder von Einzelnen und des Volkes in verschiedenen Gebetsformen (Ps 25,7.8.11; 65,4; 79,9; 1 Kön 8,34-36 u.a.)[175] und auch vorexilische Texte wie Jes 1,18; 6,7 u.a. machen uns deutlich, daß Israel schon lange vor 587 davon wußte, daß Gott gegenüber dem einzelnen sündigen Menschen, aber auch gegenüber dem in Sünden gefallenen Volk Israel seine Güte und Barmherzigkeit zeigen wird, indem er die Sünden wegnimmt, vorübergehen läßt, der Sünden nicht mehr gedenkt, sie abwischt oder auch vergibt (mit dem סָלַח in Ex 34,9; 2 Kön 5,18; mit dem Verb כִּפֶּר in Ex 32,30; 2 Sam 21,3 u.a.).[176]

Der sich schon hier anmeldende Glaube an den sündenvergebenden Gott Israels konnte allerdings in der vorexilischen Zeit nicht voll entfaltet

---

[170] KOCH, Sühne u. Sündenvergebung, S.217-239.

[171] In diese Richtung aber L. KÖHLER, Theologie, ³1953, S.208.

[172] S. EICHRODT, Theologie II/III, S.319.

[173] Auf die Formelhaftigkeit der Wendung חָטָאתִי und auf das hohe Alter dieser Bekenntnisse weist KNIERIM hin, aaO., S.20ff.

[174] KNIERIM stellt fest ,daß die Wendung חָטָאנוּ im Unterschied zu חָטָאתִי „nur im Zusammenhang mit kultischen oder sakralrechtlichen Vorgängen oder Vorstellungen begegnet". Nach ihm stammt חָטָאנוּ (insgesamt 24 mal im AT bezeugt) überwiegend aus der nachexilischen Zeit (20 Belege).

[175] In Ps 25,11 heißt es: „Um deines Namens willen, Jahwe, vergib meine Sünde (סָלַח mit עָוֹן), denn sie ist groß", und auch in einer anderen aus der vorexilischen Zeit stammenden Stelle heißt es: „der du Gebete erhörst. Zu dir kommt alles Fleisch um der Verschuldungen willen. Werden uns zu mächtig unsere Sünden, du sühnest (כִּפֶּר) sie". KOCH weist auch auf diese Stellen hin, aaO., S.233.

[176] Zur Wortstatistik über כִּפֶּר und סָלַח siehe die Tabellen; vgl. auch KOCH, aaO., S.219f.

werden, da das alte Israel grundsätzlich an seinem Glauben an den Tun-Ergehen-Zusammenhang bzw. an der Sünde-Unheil-Verhaftung festhielt. Danach führt jede Sünde, jedes Verbrechen unausweichlich das Unheil bzw. die Strafe über den Täter herauf. Göttliche Nachsicht oder Verzeihen gewährt in erster Linie Milderung der Strafe bzw. das Absehen von der Strafe, aber nicht die völlige Aufhebung oder Beseitigung der Strafe.[177] Durch göttliche Nachsicht, Reue, Ignorieren der Sünde, Wegwischen der Sünde, Sich-nicht-daran-Erinnern, Verzeihen u.a. wird zwar die Sünde-Unheil-Verhaftung geschwächt, aber in vorexilischer Zeit nicht außer Kraft gesetzt, wie K. Koch und J. Stamm unterstreichen.[178] Viele Stellen im Pentateuch und bei den vorexilischen Propheten, vor allem die eschatologischen Aussagen bei Jeremia und Jesaja, wo es um die göttliche Vergebung von den Sünden geht, sind andererseits meistens deuteronomistisch überarbeitet. Überwiegend findet man außerdem die Verben כִּפֶּר und סָלַח mit ihren Derivaten in den exilisch-nachexilischen Schriften wie der Priesterschrift, Ezechiel, Deuterojesaja u.a. Wie läßt sich dies erklären? Hier kommt die Bedeutung des Exils für die israelische Sündenvergebungauffassung deutlich zum Vorschein.[179] Wie K. Koch herausstellt, waren es vor allem die Priester, die sich in ihrem babylonischen Exil „gedanklichen Aufgaben und grundsätzlicher Besinnung" zuwandten.[180] Die Sintflut des Exils, welche die Israeliten zu ertränken drohte, wurde ihnen so, mit den Worten Wellhausens, „zum Bad der Wiedergeburt"[181] Dabei haben, nach Koch, die überlieferungsgeschichtlichen Tatbestände mitgewirkt. Als solche nennt er zuerst die „Stimmen der Unheilspropheten", denen die Priester jetzt ihren Glauben schenkten. Als weitere überlieferungsgeschichtliche Faktoren nennt K. Koch „das Beispiel Babyloniens", wo die Sühneriten seit alters her eine große Rolle spielten, und außerdem „gewisse Kultbräuche" aus der vorexilischen Zeit.[182] Die Geschichte Israels bis 587 wird durch diese Rückbesinnung als חַטָּאת - Geschichte erkannt. So wurde auch die Katastrophe im Jahre 587 als notwendige und gerechte Strafe Gottes verstanden. Nun ist aber mit der Katastrophe Israels die Zeit des Gotteszornes vorbei! Die Exilsgemeinde darf nunmehr auf die göttliche Vergebung und auf den neuen Beginn durch Gott hoffen. Vor allem für die Priesterschrift, das deutero-

---

[177] Vgl. dazu STAMM, aaO., S.110f.
[178] KOCH, aaO., S.221; STAMM, aaO., S.114.
[179] KOCH, aaO., S.219.
[180] KOCH, aaO., S.232.
[181] So nach H. D. PREUSS, T.T.AT., Teil 2, L 11,1.
[182] KOCH, aaO., S 232-233.

nomistische Geschichtswerk, Ezechiel und Deuterojesaja beginnt jetzt eine große Zeit der göttlichen Barmherzigkeit und der sündenvergebenden Gnade. So wird das Exil der Ort theologischer Bestandsaufnahme und der Besinnung.

9.2 Der Sühnekult und die Vergebung der Sünden

Mit den Fragen nach dem „Sitz im Leben", nach der Art und Weise des Vergebungsvollzuges und dem Sinn des Vergebungshandelns Gottes stossen wir direkt zum Zentrum des religiösen Lebens der nachexilischen Gemeinde Israels vor: nämlich zum Kult. Die Basis bzw. den Kern des Kultes des nachexilischen Israels bilden die *Sühneriten!* Wie die synonymen Begriffe כִּפֶּר und סָלַח zeigen, sind Sühne und Vergebung auf das Engste miteinander verbunden. Die Vokabeln, die die Sache der Vergebung zum Ausdruck bringen, haben besonders starken kultischen Charakter bzw. stammen aus den konkreten kultischen Handlungen. Ein Beispiel dafür liefert der Anfang des 51.Psalms mit seinen typischen kultischen Ausdrücken wie z.B. waschen, abwischen, reinigen, besprengen.[183] Das alles weist nach Koch darauf hin, „daß Vergebung der Schlußpunkt einer kultischen Begehung ist, mit Reinigung und Besprengung eng zusammengehört."[184] Die Priesterschrift, für die die Sühne überhaupt erst mit der Aufrichtung der Stiftshütte am Sinai möglich ist, vertritt die Auffassung, daß Vergebung der Sünden durch Gott nur innerhalb der kultischen Sühnehandlungen möglich sei. Für sie ist Vergebung der Sünden kein bloßes Wortgeschehen, sondern zunächst „äußere Handlung, kultische Realität"[185].

Der Vollzieher bzw. der Akteur der göttlichen Vergebung ist nach P (aber auch bei Ezechiel und chronistischem Geschichtswerk) durchweg der Priester. Die sich immer wiederholende Formel „der Priester erwirkt Sühne für ihn" (Perf. cons. + לְ) in Lev, vor allem in Kap. 4 und 5, zusammen mit der Formel „so wird ihm vergeben werden", ist nach R.

---

[183] Ausführliche Erläuterungen zu den einzelnen Begriffen mit ihrem Vorkommen, Herkunft und Sinn, bei KOCH, aaO., S.225f; vgl. außerdem seinen Artikel über „Sühne und Sühneformen im AT", in ThW III, S.302ff. Zum Kult Altisraels vgl. H. J. HERMISSON, Sprache und Ritus im altisraelitischen Kult, 1965.

[184] KOCH, aaO., S.226-227.

[185] KOCH, aaO., S.227; Hierzu siehe auch J. KÖBERLE, Die geistige Kultur der semitischen Völker, Leipzig 1901, S.1-50; H. J. HERMISSON, Sprache und Ritus im altisraelitischen Kult, Neukirchen 1965.

Rendtorff die „Grundform der ḥaṭṭā't-Rituale".[186] Das dabei ständig wie-
derkehrende „vor Jahwe" und die passive Formel „ihm wird vergeben"
(וְנִסְלַח לוֹ) weist aber darauf hin, daß der eigentliche Herr und das
Subjekt der ganzen Zeremonie Jahwe selbst ist, und daß er derjenige ist,
der Sühne ermöglicht und die Vergebung zusagt.[187] Nach P (auch bei Ez)
hat jedes Opfer im nachexilischen Kultleben eine sühnende Funktion. In
unserem Zusammenhang kommen vor allem חַטָּאת (Sündopfer mit
großem Blutritus) und אָשָׁם (Schuldopfer mit kleinem Blutritus) sowie
Vergebung erwirkende Sühne am Jom Kippur in Betracht. Das Schuldopfer (אָשָׁם) ist aber nach Gese (anders Koch)[188] im ursprünglichen Sinne
„kein Sühneritus, sondern ein Bußritus, der aus dem Mahlopfer entwik-
kelt ist"[189]. Das Sündopfer (חַטָּאת), nach Gese ursprünglich ein Weiheri-
tus, wird bei Versündigungen verwendet, wenn es sich „um ein
depraviertes Sein des Menschen" handelt, „in das der Mensch ohne
wissentliches Tun (gerät)"[190]. Die Sühneriten bei allen Opferarten - bei P
dient schließlich jedes Opfer zur Sühne - vollziehen sich durch Handauflegung des Opfernden auf das Opfertier einerseits und durch den Blutritus
der Priester andererseits. Die zeichenhafte Handlung der Handauflegung
bedeutet aber nach Gese, wie bereits erwähnt, weder das Beladen des Opfertieres mit Sünden (so aber Koch, K. Elliger u.a.), noch ein Beteiligtsein des Opfernden an der Sühnehandlung, sondern „eine Selbstübertra-
gung", „eine Identifizierung im Sinne einer delegierenden Sukzession,
eben eine Stellvertretung"[191]. Der Höhepunkt der nachexilischen Sühnehandlung ist aber die Sühnung am Jom Kippur, an dem Tag, an dem der
Hohepriester das Allerheiligste selbst betritt und dort an das Sühnmal
(כַּפֹּרֶת) das Blut der Sühneopfertiere sprengt (Lev 16,14f). Der Sühneritus findet in dieser Blutbesprengung im Allerheiligsten, am Ort der Got-
tesprasenz und Gottesbegegnung, seine Vollendung. Was ist aber der eigentliche Sinn dieser Sühnung am Jom Kippur? Was geschieht hier in
Wirklichkeit? Welche Bedeutung hat solche Sühnepraxis für den Glauben
der nachexilischen Israeliten? Blicken wir zurück, so ist vor allem Folgendes deutlich geworden: Der Sitz im Leben der göttlichen Vergebung

---

[186] R. RENDTDORFF, Studien zur Geschichte des Opfers im Alten Israel, 1967,
S.230f.

[187] Vgl. dazu THYEN, aaO., S.34f; ferner F. MAASS, רפר in THAT I, Sp.847.

[188] KOCH, חטא in ThWAT II, Sp.867-868: Hier sieht Koch in אָשָׁם die Sühnung
des vornehmlich absichtlichen Vergehens, während er im חַטָּאת-Ritus nur Sühnung der
unabsichtlichen Sünden, die hinterher erkennbar werden, erblickt.

[189] GESE, Sühne, S.100.

[190] GESE, aaO., S.101.

[191] GESE, aaO., S.97.

der Sünden ist in erster Linie der Sühnekult. Das inhaltliche Subjekt der
Handlung ist Gott, der Sühne gewährt und die Vergebung zusagt. Der
Blutritus mit der stellvertretenden Lebenshingabe ist das Zentrum der
Sühnehandlung. Die Vollzieher bzw. Akteure der Handlungen sind die
Priester bzw. der Hohepriester. Das Mittel der Sühne ist das Blut der Op-
fertiere, das die Seele (נֶפֶשׁ) des Fleisches enthält und von Gott für diesen
Zweck gegeben ist (Lev 17,11). Es ist weiter zu beachten, daß Sühne als
„stellvertretende Totalhingabe" auf gar keinen Fall nur ein negativer
Vorgang einfacher Sündenbeseitigung oder Sündentilgung, sondern vielmehr „ein Zu-Gott-Kommen durch das Todesgericht hindurch" ist.[192] Es
ist auch mehr als nur „ein Mittel der Vergebung", wie es Eichrodt
meint.[193] Sühne ist, in der Formulierung Geses, „Lebenshingabe um der
Heiligung des Lebens willen, ist die Verbindung des Abgrunds des
menschlichen Lebens mit der höchsten göttlichen Doxa: das todgeweihte
menschliche Leben wird in die Herrlichkeit Gottes geweiht, und in unserer Todesexistenz erscheint Gottes Doxa"[194]. Durch dieses Verständnis
der Sühne wird uns eine neue, tiefere Dimension der kultischen Sühnehandlung des nachexilischen Israels eröffnet.

Es ist also festzuhalten, daß nach P keine Sündenvergebung außerhalb
des Sühnekultes möglich ist. Gottes Vergebung ist nur dort, wo Sühne
durch Blutritus sich vollzieht. Wo Gottes Vergebung zugesagt wird, dort
ist Sühne bereits vollzogen. Denn Vergebung der Sünden gibt es nur dort,
wo die heilende und heiligende Kraft Gottes präsent ist: Nämlich im Allerheiligsten des Tempels, dem Wohnsitz Gottes auf Erden. Dort offenbart Gott seine Herrlichkeit und seine Gnade, zu vergeben und zu heilen.
Es ist ferner darauf hinzuweisen, daß auch der israelitische Sühnekult einen provisorischen und zeichenhaften Charakter hat. Das zeigt sich vor
allem im „Als-ob"-Zustand des Sühnekultes (Blutsprengung an das Sühnmal, als ob das Sühnmal da wäre, als ob die Lade vorhanden wäre).[195]
Das bedeutet wiederum, daß der nachexilische Sühnekult trotz seines Ern-
stes bzw. gerade in seinem Ernst, auf etwas hinweisen will: Auf etwas
Zukünftiges, noch Kommendes, auf etwas Vollkommenes. Es wird so die
eschatologische Dimension des israelischen Sühnekultes sichtbar.

---

[192] GESE, aaO., S.104.
[193] EICHRODT, aaO., S.309.
[194] GESE, aaO., S.105.
[195] GESE, aaO., S.105.

9.3 Das Exil und die prophetischen Heilsverheißungen

Im Zusammenhang unserer Arbeit sind neben der kultischen Sühnepraxis der nachexilischen Zeit die prophetischen Heilsverheißungen der
exilisch-nachexilischen Zeit und darin die mehr oder weniger deutlich
enthaltenen Aussagen von der eschatologischen Sündenvergebung von Bedeutung.[196] Die prophetische Heilserwartung, die schon bei vorexilischen
Propheten, wie z.B. Hosea und Jesaja, auftaucht, die dennoch aber angesichts der großen Unheilsankündigung nur eine Nebenrolle spielt, hat ihren Ursprung in Jahwes Verheißung des Kulturlandes, in dem in der
Bundestheologie verankerten Erwählungsgedanken und schließlich in der
Zusage Gottes an das Haus David, eine Zusage von einem immerdauernden Königtum, welchem die Einführung der Gotteslade in Jerusalem und
die Erwählung Zions durch Jahwe vorausgehen. Diese in der klassischen
Prophetie aufgenommene und weiterüberlieferten Heilstradition wird von
den Propheten der nationalen Katastrophenzeit, wie z.B. Jeremia, Ezechiel und Deuterojesaja, motiviert wieder aufgenommen. Jeremia hat vor allem in seiner Spätzeit seiner Hoffnung auf das kommende Heil einen deut-
licheren Ausdruck als zuvor gegeben.[197] Der Inhalt des Heils, welcher
rein theozentrisch begründet ist, wird bei diesen Exilspropheten, nach
Preuß[198] durch das „Entsprechungsmotiv", konkretisiert und neu interpretiert. Dabei wird das angesagte Heil zugleich eschatologisch überhöht:
neuer Exodus, der größer sein wird als der erste; neue, schönere und
leichtere Landnahme; neuer Bund - in diesem Zusammenhang Vergebung
der Sünden; neue Schöpfung usw.

Die wichtigen Stellen bei Jeremia und Ezechiel, wo von dem zukünftigen Heil die Rede ist, stehen, wie bereits erwähnt, jeweils unter dem Einfluß einer anderen Tradition: so z.B. steht Jer 31,31-34 unter dem Einfluß der deuteronomischen Tradition (dann deuteronomistisch überarbeitet) und Ez 36,25-27 unter dem Einfluß jener Tradition, die zur Priesterschrift führt.[199] Dabei wird deutlich, daß auch hier, wie bei der Sühnepraxis Israels, das Exil die entscheidende Rolle spielt. Daß bei diesen
Heilsankündigungen der eschatologischen Vergebung der Sünden eine besondere Bedeutung zukommt, geht aus den Texten von Jeremia, Ezechiel

---

[196] Ob wir schon in den prophetischen Heilsworten (vor allem bei den vorexilisch-
exilischen Propheten) wirklich etwas ‚Eschatologisches' finden können, ist umstritten.
Überhaupt wird der Begriff ‚Eschatologie' in diesem Zusammenhang unterschiedlich
definiert. Vgl. V. RAD, Theologie II, S.125ff.

[197] Vgl. V. RAD, aaO., S.220ff.

[198] PREUSS, aaO., L 11,6.

[199] Vgl. dazu GESE, Das Gesetz, S.74.

und Deuterojesaja eindeutig hervor. Man kann dabei feststellen, daß die
Verheißung der Sündenvergebung besonders im Bundesgedanken verankert ist. Wo von einem neuen Bund die Rede ist (Jer 31,33; 32,38; Ez 36,
28; 37,23.27 mit der sich wiederholenden Formel „und ich werde ihr
Gott sein, und sie werden mein Volk sein"), ist auch von Sündenvergebung bzw. von Reinigung die Rede und umgekehrt. Daß die göttliche
Vergebung mit der von Jahwe an das Haus Davids ergangenen Zusage zusammenhängt, geht schon aus dem alten Text 2 Sam 12,13 (vgl. Ps 32,5)
hervor. Während die Verheißung des Messias vor allem im Kontext der
Gerechtigkeit Gottes zum Ausdruck kommt (z.B. in Jes 11,1-5; Jer 23,5-
6; 33,15-16 u.a.), wird die Ankündigung der Sündenvergebung in Ez
37,23b-24 mit der Verheißung des Messias und des neuen Bundes in
Verbindung gebracht. Der Grund dieser Heilsankündigung ist, neben der
Barmherzigkeit und Gerechtigkeit Gottes, der Selbsterweis der Gottheit
Jahwes vor Israel sowie vor den Völkern:

„Siehe, ich gebe euch Odem, damit ihr lebendig werdet ... und ihr sollt erkennen, daß ich
Jahwe bin" (Ez 37,5-6).
„Die Völker aber sollen erkennen, daß ich Jahwe bin, der Israel heiligt, wenn mein Hei-
ligtum auf ewig in ihrer Mitte ist" (Ez 37,28).

Gott will vergeben, einen neuen ewigen Bund mit Israel schließen, Israel
einen neuen David geben, um seines entweihten heiligen Namens willen,
weil er treu, barmherzig und heilig ist.

Hier geht es in der Tat um „sola majestate dei", der allein aus dem Totengebein das Leben schaffen kann und es schaffen will (Es 37,1ff).[200]
Was in Ez 37,23-28 (mit der Verheißung des Friedensbundes in V.26;
Aufstellung des Heiligtums als Wohnung Gottes in V.26-27) zusammengefaßt ist, ist sozusagen das Summarium der Heilsverheißungen bei Ezechiel. Was in Kap.34 (der neue Davidide als Hirt in V.23, als Fürst in
V.24; Friedensbund in V.25; neues Herz und neuer Geist in V.26; Tora in
V.27) zum Ausdruck kommt, wird in Kap.37,1-14 (Zusage des neuen Lebens aus den Totengebeinen) durch Vision und Symbolhandlung neu motiviert und in V.23-28 zum abschließenden Summarium geführt.[201] Dabei
ist deutlich geworden, daß die Ankündigung der Sündenvergebung in eine
große Kette der eschatologischen Heilsverheißungen Gottes eingebettet ist.

---

[200] Vgl. dazu ZIMMERLI, aaO., S.15 und S.184f.
[201] VV 23-28 sind kein verheißender Nachtrag, wie FOHRER es bezeichnet, sondern
Erweiterung bzw. Überhöhung des Hauptgedankens und sozusagen „Formprinzip im
Buch Ezechiel", wie es S. HERRMANN in ‚Die prophetischen Heilserwartung im AT',
1965, BWANT 5, S.274 formuliert .

Die Heilsbotschaft Deuterojesajas nimmt in unserem Zusammenhang eine Sonderstellung ein. Obwohl die priesterliche Auffassung von der Sühne und Sündenvergebung auch bei Deuterojesaja zu erkennen ist, kommt bei ihm etwas Einzigartiges zum Ausdruck. Deuterojesaja, der seine Heilserwartung im Kreis der Exulantenschaft konzipiert, denkt (veranlaßt durch seine Auseinandersetzungen mit den fremden Göttern und Völkern) in einer noch größeren Dimension. In seine Worten vom „Früheren" und vom „Kommenden" legt er den ganzen Ton auf das Herr- und Schöpfersein Jahwes, der seinem Volk Israel einen neuen, einen noch größeren Exodus als das bevorstehende Heil verheißt. Durch den Gedanken vom neuen Bund bei Jeremia und Ezechiel, und vor allem durch die ins Universale erweiterte Gottesvorstellung Deuterojesajas, vollzieht sich nun „die grundsätzlich epochale Wende im Sinne umfassender Erneuerung eines Heilgrundes", wie es S. Herrmann[202] herausstellt. Alles steht sozusagen unter dem Motto: „Seht, ich schaffe Neues!" (Jes 43,19).[203]

§ 10
Sündenvergebung in der alttestamentlichen Weisheitsliteratur

10.1 Die frühe Weisheit[204]

Die Vergebungsaussagen in den vom Weisheitsgedanken beeinflußten Schriften sind im AT insgesamt spärlich belegt. In den älteren Texten, wo von der Wiedergutmachung der Schuld, der Sühne, der Versöhnung und der Vergebung die Rede ist, handelt es sich durchweg um etwas Zwischenmenschliches. Der Mensch ist sowohl das grammatische als auch das inhaltliche Subjekt des Handelns.

Nach dem Tode Jakobs fürchten sich die Brüder Josephs vor seiner Vergeltungsaktion und lassen ihm sagen: „Dein Vater hat vor seinem Tod dies geboten: „ ,So sollt ihr zu Joseph reden: Ach vergib (נָשָׂא) doch deinen Brüdern ihre Missetat (פֶּשַׁע) und ihre Sünde (חַטָּאת), das Böse

---

[202] HERRMANN, aaO., S.302.

[203] Zur weiteren Auseinandersetzung über ‚Eschatologisches' in den prophetischen Sprüchen vom Kommenden vgl. HERRMANN, aaO., S.300f.

[204] Zum Ganzen vgl. V. RAD, Weisheit in Israel, 1970, S.18ff; M. SÆBØ, חכם THAT II, Sp.557-567; H. GESE, Die Frage nach dem Lebenssinn: Hiob und die Folgen, ZThK 79, 1982, S.161-179. Zum Weisheitsproblem s. jetzt H. J. HERMISSON, Altes Testament, 1983, S.165-188. Dort weitere Literatur.

(רָעָה), das sie dir getan haben.' So vergib (נָשָׂא) uns nun unsere Missetat, da wir doch auch dem Gott deines Vaters dienen" (Gen 50,17).[205] Zu der verängstigten Stimmung seiner Brüder steht der wohlgesinnte Gefühlsausbruch Josephs im Kontrast. Joseph weint, als er dies hört und spricht zu seinen Brüdern, die vor ihm niederfallen: „Fürchtet euch nicht! Ich werde für euch und eure Kinder sorgen!" Dann heißt es: Joseph habe sie getröstet und freundlich zu ihnen geredet (Gen 50,21). Auch wenn Vergebungstermini wie סָלַח und כָּפַּר fehlen, geht es hier ohne Zweifel um Vergebung, und zwar um die zwischenmenschliche Vergebung. Da סלח; im AT nur für Vergebungsaussagen, deren Subjekt ausschließlich Gott ist, gebraucht wird, wird hier stattdessen נָשָׂא verwendet. In der gesamten alttestamentlichen Weisheitsliteratur haben wir keine einzige Stelle, wo jls vorkommt (s. Tabelle zu סלח!). Das Verb כָּפַּר wird neben Gen 32,21 in den Weisheitstexten nur zweimal bezeugt, nämlich in Spr 16,6 und 16,14. „Durch Güte und Treue wird Schuld gesühnt (כפר Pu. mit עָוֹן) und durch Gottesfurcht bleibt man dem Bösen fern" (Spr 16,6). Hier wird bereits - wie Koch aufweist - die Frage verhandelt, „ob nicht die Sphäre der Guttat und des Heils über einem gemeinschaftstreuen Menschen eine vereinzelte Übeltat und die daraus entstehende Unheilssphäre gleichsam ‚auffrißt' und also sühnt"[206]. Hier wird zwar die Frage aufgeworfen, ob nicht die menschliche חֶסֶד und אֱמֶת sühnende Kraft für geschehene Schuld hat, es geht aber nicht um das sündenvergebende Eingreifen Gottes im eigentlichen Sinn. Sowohl das grammatische als auch das inhaltliche Subjekt ist in diesem Fall der Mensch, der für den Ausgleich zwischen „Guttats- und Übeltats-Sphäre"[207] zu sorgen hat.

In Spr 16,14 handelt es sich, wie in Gen 32,21, um ein menschliches Verhalten im rechtlich-sozialen Lebensbereich. „Des Königs Zorn ist wie Todesboten, doch ein weiser Mann besänftigt (יְכַפְּרֶנָּה) ihn". Auch in diesem Fall ist das Subjekt des כָּפַּר der Mensch, der durch sein weises Verhalten den Königszorn (=Todesunheil) besänftigt. Auch hier ist also von der Vergebung Gottes keine Rede. Daraus ergibt sich, daß die frühe Weisheit Israels zwar die zwischenmenschliche Versöhnung bzw. Vergebung der Schuld kennt, aber noch nicht von der Sündenvergebung Gottes im engeren Sinne spricht. Die Vorstellung von einem sündenvergebenden Gott hat in einem weitgehend vom „Tat-Ergehen-Zusammenhang" ge-

---

[205] Vgl. dazu V. RAD, Josephsgeschichte und ältere Chokma, Ges. Stud., S.272-280.

[206] KOCH, Sühne und Sündenvergebung, S.238; Vgl. JANOWSKI, Sühne als Heilsgeschehen, Neukirchen, S.110f.

[207] KOCH, aaO., S.238.

prägten Weisheitsdenken wahrscheinlich noch keinen Platz. Bemerkenswert ist aber die Aussage in Spr 28,13: „Wer seine Sünden verheimlicht, hat keinen Erfolg; doch wer sie bekennt und meidet, findet Erbarmen". Wird hier mit der Möglichkeit der göttlichen Vergebung gerechnet? Auf jeden Fall handelt es sich hier um eine Anspielung auf das Sündenbekenntnis.[208]

10.2 Tat-Ergehen-Zusammenhang[209]

Das Volk Israel lebt nicht außerhalb, sondern in und mit der profanen Weltgeschichte. Es ist ein Volk unter vielen Völkern, eingebettet in die Ströme der Völkergeschichte. Es lebt im Dialog mit anderen Weltanschauungen und anderen religiösen Vorstellungen. Besonders die Weisen Israels (חכמים)[210] waren ständig im Kontakt mit internationalen geistigen Strömungen. Die allgemeine orientalische Weisheitslehre war also den Kreisen der Weisen vertraut.[211] Die Welt der Weisen in der Frühzeit ist aber etwas anderes als die Welt der Propheten oder Priester. Sie kümmerten sich weniger um das Schicksal des Volkes, sondern sie beschäftigen sich vor allem mit den Problemen des Einzelnen. Sie waren Lebenskünstler. Der Unterschied zwischen dem altorientalischen und dem israelitischen Weisheitsdenken lag darin, daß sich das Weisheitsdenken Israels im Laufe der Zeit immer mehr am Jahweglauben orientierte. So wurde der Gegensatz „Weisheit-Torheit" für die Weisen Israels zu einem Gegensatz zwischen „Gerechtigkeit und Ungerechtigkeit", zwischen „Frömmigkeit und Gottlosigkeit"[212]. „Gottesfurcht" (יראת יהוה) wurde als

---

[208] Vgl dazu Lev 5,5; Nu 5,7; Ps 32,5 u.a.

[209] Zum ‚Tat-Ergehen-Zusammenhang‘ vgl. Koch, חטא in ThWAT, Band II, Sp.857-870, bes. Sp.860f; ders., Um das Prinzip der Vergeltung in Religion und Recht des AT, 1972.

[210] Der Weise in Israel war ein Former und Sammler der Weisheitssprüche (Spr 22,17; 24,23; Pred 12,9-11), ein Berater (Jer 18,18), ein Forscher (Pred 8,1.5.7; 12,9; Hi 15,7ff), ein Tradent der Väter- und Toraüberlieferung (Spr 13,14; Hi 8,8ff, 15,18) und zugleich Lehrer und Erzieher (Spr 11,30; 15,31; 18,15; 22,17; Pred 12,9). Vgl. H. J. HERMISSON, Studien zur israelischen Spruchweisheit, 1968, S.113ff.

[211] Zum Verhältnis der alttestamentlichen Weisheitslehre (חכמה) mit der Weisheitsliteratur der Nachbarvölker vgl. H. GESE, Lehre und Wirklichkeit in der alten Weisheit, 1958, S.11ff; ferner H. D. PREUSS, EvTh 30, 1970, S.393-417.

[212] Zur Parallelisierung von ‚Weisen‘ und ‚Gerechten‘ (צדיק) vgl. HERMISSON, aaO., S.73ff; ferner H. SCHMID, Gerechtigkeit als Weltordnung, 1968, S.157ff.

Anfang aller Weisheit gelehrt (Spr 1,7; 9,10; Ps 111,10). Der Grundsatz des Weisheitsdenkens Israels lautet:

רֹדֵף צְדָקָה וָחָסֶד יִמְצָא חַיִּים צְדָקָה וְכָבוֹד

„Wer Gerechtigkeit(stat) und Treue nachjagt, der findet Leben, Gerechtigkeit (=Heil) und Ehre" (Spr 21,21). „Wer Unrecht (עַוְלָה) sät, wird Unheil (אָוֶן) ernten, und der Stock seines Wütens schlägt ihn selbst" (Spr. 22,8).

Der Grundsatz einer kollektiven Vergeltung, der in der Tora festgelegt war (vgl. Dt 7,12f; 11,26-28; 28,1-68; Lev 26), wurde von den Weisheitslehrern Israels auf das Los des Einzelnen angewandt: Gott vergilt jedem nach seinen Werken (Spr 24,12; Ps 62,13; Hi 34,11). Die göttliche Vergebung der Sünden, die praktisch eine „Außerkraftsetzung" des Grundsatzes des Tat-Ergehen-Zusammenhangs bedeuten würde, spielte in der frühen Weisheitsliteratur Israels noch keine Rolle.

10.3 Die Krise des Weisheitsdenkens

Eine Krise, aber keine Auflösung dieses Weisheitdenkens wird durch *Hiob* und *Prediger* herbeigeführt.[213] Während die drei Freunde Hiobs den herkömmmlichen Glauben an den „Tat-Ergehen-Zusammenhang" verteidigen, und so ihre Auffassungen über Gottes Gerechtigkeit darlegen (Hi 3-24; 15-21; 22-27), beteuert Hiob seine Unschuld (31,1-40)[214] und stellt den herkömmlichen Weisheitsglauben in Frage. Hiob erkennt, daß auch ein Gerechter unschuldig ins Leiden geführt werden kann, und daß der Mensch nicht das Recht hat, Gott vor Gericht zu stellen (38,1-42,6). Das Handeln Gottes, der unendlich weise und allmächtig ist, bleibt für die Menschen ein *Geheimnis*.

Qohelet ist auch ein Zeuge dieser Krise.[215] Wie kein anderer spricht er von der Vergänglichkeit des menschlichen Denkens und Handelns sowie von der Begrenztheit des menschlichen Weisheitsdenkens: „Da ich mein Sinnen darauf richtete, Weisheit kennen zu lernen, und danach suchte, die

---

[213] Zur Krise der Weisheit vgl. v. RAD, Weisheit in Israel, 1970, S.130ff; W. ZIMMERLI, aaO., S.300-315, H. H. SCHMID, Wesen und Geschichte der Weisheit, 1966, S.173ff; J. KÖBERLE, Das Rätsel des Leidens. Eine Einführung in das Buch Hiob, Berlin 1905, S.1-32.

[214] Der Form nach handelt es sich in diesem Text um einen Reinigungseid im gerichtlichen Prozeßverfahren; vgl. dazu Ex 22,9.10; Num 5,20-22; 1 Kön 8,31-32.

[215] Vgl. dazu H. GESE, Die Krise der Weisheit bei Koheleth, in ,Vom Sinai bis zum Zion', 1974, S.168-179.

Tätigkeiten zu durchschauen, die auf Erden betrieben werden, ... , da sah ich: alles ist Gottes Werk, doch der Mensch ist nicht imstande, die Vorgänge zu ergründen; und selbst der Weise, der meint, es zu kennen, vermag es nicht zu ergründen" (8,16-17; vgl. 1,13; 3,11).[216] Wie Hiob stellt auch Qohelet den herkömmlichen Glauben an den „Tat-Ergehen-Zusammenhang" in Frage. Wie der Tor muß auch der Weise dasselbe Geschick, denselben Tod erleiden (1,14). Qohelet bestreitet von seiner täglichen Erfahrung her die überlieferte Weisheitslehre von der individuellen Vergeltung: „Alles habe ich gesehen in meinen nichtigen Tagen: Es gibt Gerechte, die zugrundegehen trotz ihrer Gerechtigkeit (בְּצִדְקוֹ), und es gibt Frevler, die lange leben trotz ihrer Bosheit (בְּרָעָתוֹ)" (7,15). Wie Hiob spricht auch Qohelet vom Walten Gottes, das der Mensch mit seiner Weisheit nicht zu erforschen vermag: „Wie du nicht weißt den Weg des Windes noch die Geheimnisse im Leib der Schwangeren, so kennst du auch nicht das Walten Gottes, der das alles bewirkt" (11,5). Die Krise der Weisheit wird so durch Hiob und Qohelet aufgezeichnet. Hierbei spielt die babylonische Exilserfahrung eine wichtige Rolle. Der Grundsatz des „Tat-Ergehen-Zusammenhangs" wird stark erschüttert, aber - wie bereits erwähnt - nicht völlig aufgelöst. Er bleibt weiter bis in die neutestamentliche Zeit hinein im Denken und Handeln der Weisen Israels maßgebend.[217] Es ist darum nicht zufällig, wenn in der Weisheitsliteratur Israels nur ganz selten von der Vergebung bzw. von der Versöhnung gesprochen wird.

§ 11

Sühne und Sündenvergebung im Rechtsdenken Israels

Im AT finden wir nicht nur positive Aussagen über Sühne und Sündenvergebung. Bekanntlich gibt es im AT mehrere Texte, wo von der Ablehnung der Vergebung bzw. von der Sühne die Rede ist. Vor allem in den älteren Texten begegnen wir verhältnismäßig häufig solchen Aussagen: 2 Kön 24,4 סלח + לא Qal. absolut; Dt 29,19 סלח + לא Qal. ל + Person (Sg.); 1 Sam 3,14 („Darum habe ich dem Haus Elis geschworen:

---

[216] Eine kritische Stimme gegen hybride Weisheit ist auch bei den Propheten zu vernehmen (vgl. Jes 29,14; 31,2; Jer 8,9; 18,18).

[217] Das Schema des ‚Tat-Ergehen-Zusammenhangs' wird nach J. ROLOFF im NT „weder durchbrochen noch aufgehoben". Das Denkschema wird jedoch „von der Eschatologie her radikalisiert" und christologisch neuorientiert; J. Roloff, Art. ‚Tat-Ergehen-Zusammenhang', Reclams Bibellexikon, 1978, S.488.

Wahrlich, die Schuld des Hauses Eli soll weder durch Schlachtopfer noch durch Speiseopfer jemals gesühnt werden" [אִם + כפר Hit. mit עָוֹן]), Jes 22,14 („Wahrlich, dieser Frevel soll euch nicht vergeben werden [אִם + כפר Pu. mit עָוֹן] bis ihr tot seid"); 47,11 (לא + כפר Pi.); Jer 5,7 („Warum sollte ich dir verzeihen [סלח Qal. mit Präp. לְ + Person (Sg.)])? Deine Söhne haben mich verlassen und schwören bei solchen, die keine Götter sind"); Klgl 3.42 („Ja, wir, wir sündigten und waren widerspenstig: Da hast du uns nicht vergeben" (לא + סָלַח Qal. absolut)). Besonders im Rechtsbereich[218] wurde die Sühne durch die Beseitigung des Übeltäters bzw. durch die Wiedergutmachung des Schadens vollzogen. Nach Num 25,7-13 erwirkt Pinchas Sühne für das Volk, indem er den Frevler, der durch seine Übeltat die Plage über Israel herbeigeführt hat, mit dem Tod bestraft. Nach Num 35,33-34 kann das Blutvergießen nur durch Blutvergießen (=Tötung) des Mörders gesühnt werden. Hier geht es um die Verunreinigung bzw. um die Entweihung des heiligen Landes, in dem Jahwe selbst inmitten der Israeliten wohnt. Wie in vielen anderen Texten geht es also auch hier um die Heiligkeit Gottes, die wiederum Heiligkeit und Reinheit durch das religiöse und sittliche Verhalten des Bundesvolkes notwendig macht. Den gleichen Gedanken finden wir wieder im Dt 32,43, wo von der Entsühnung des Landes (כִּפֶּר Pi.) die Rede ist. Daß die ungesühnte Blutschuld des Einzelnen das Unheil über das ganze Volk herbeiführt, zeigt der Text von 2 Sam 21,1-9. Die Blutschuld Sauls an den Gibeoniten wird so durch die Tötung der sieben Sauliden gesühnt (כִּפֶּר Pi.). Wenn es aber keine Möglichkeit gibt, die Blutschuld durch das Blut des Schuldigen zu sühnen, da der Mörder unbekannt ist, soll ein anderes Lebewesen stellvertretend sein Leben hingeben. Nach Dt 21,1-9 ist es die junge Kuh, die anstelle des unbekannten Mörders ihr Blut vergießen muß. Die Sühne vollzieht sich also im Rechtsdenken Israels nur durch die Beseitigung des Übeltäters bzw. durch die Wiederherstellung des Rechtsverhältnisses durch das Strafmaß und den Schadensersatz. Den Hintergrund dieses Rechtsdenkens und Handelns bildet die Vorstellung, daß die Sündentat des Einzelnen Unheil über die ganze Gemeinschaft bringen kann, und daß daher die Beseitigung des Unheilverursachers für die Erhaltung der Gemeinschaft unbedingt notwendig ist.[219] Nur so kann die Gemeinschaft Israels von der belastenden Blutschuld und von dem

---

218 Zum Ganzen vgl. H. THYEN, Studien zur Sündenvergebung, S.44-49; E. JACOB, Art. ‚Versöhnung‘, BHH 3, 1966; W. PREISER, Vergeltung und Sühne im altisraelischen Strafrecht, FS Schmidt 1961, S.7-38.

219 Vgl. dazu K. KOCH, חטא, ThWAT Bd II, Sp.860ff.

drohenden Unheil befreit werden.[220] Insofern handelt es sich also um Sühnevollzug im Rechtsbereich Israels nicht um Vergebung der Sünden im engeren Sinn. Der betroffene Sünder muß für seine Übeltat die entsprechende Strafe büßen. Aber von der Gemeinschaft her betrachtet, bedeutet Sühne Befreiung von der Unheilssphäre und die Wiederherstellung des Rechtsverhältnisses in der heiligen Gemeinschaft mit dem Bundesgott Jahwe.

§ 12
Zusammenfassung

Im AT wird die Sache der Sündenvergebung Gottes mit verschiedenen Ausdrücken, wie „Sünde wegnehmen", „vorbeigehen lassen", „abwaschen", „reinigen", „nicht-mehr-gedenken", „heilen" u.a. zur Sprache gebracht. Die wichtigsten Begriffe für die Sündenvergebung Gottes sind die Verben סָלַח („im AT der einzige eigentliche Terminus für ‚vergeben‘ "[221]) und כָּפֶר.

סָלַח kommt im AT insgesamt 46 mal vor (33 mal Qal. und 13 mal Ni.). Das Subjekt dieses Verbs bezeichnet ausschließlich Gott. Das Objekt des Verbs kann sowohl „Sünde" (insgesamt 12 mal mit Präp. לְ; davon viermal mit עָוֹן, fünfmal mit חַטָּאת, und dreimal mit עָוֹן und חַטָּאת), als auch eine Person sein (24 mal mit der Präp. לְ). Es kann aber auch absolut gebraucht werden (10 mal).

סָלַח ist, wie die meisten anderen Ausdrücke, aus den kultischen Riten erwachsen[222] und wird auch meist im Zusammenhang mit den kultischen Opferriten (13 mal; s. Tabelle) oder mit den Fürbitten im Tempel gebraucht (1 Kön 8,30ff und 2 Chr 6,21ff). „Sitz im Leben" der Vergebungsaussagen ist meistens die Sühne-Praxis im Tempel (Lev 4,20ff; 5,10ff; 9,22; Num 15,25ff), kann aber auch im Kontext der Bundeserneuerung (Ex 34,9; Num 14,19f; Jer 31,34; 33,8 u.a.) oder im Rechtsbereich (Num 30,6ff; 2 Kön 24,4) liegen. Nicht der eigentliche Terminus für Vergebung/vergeben, aber ein hochbedeutsamer Begriff für die Sache der „Vergebung" ist der kultische Terminus כָּפֶר. Das Verb ist im AT insge-

---

[220] Zum Verhältnis ‚Sühne‘ und ‚Gemeinde‘ vgl. HERRMANN, TWNT III, S.310f. Nach ihm geht es in der Sühnepraxis Israels letztlich um die Gemeinde. In der Jahwegemeinde dürfe „nichts der Sühne Bedürftiges ungesühnt" bleiben.
[221] J. J. STAMM, Art. סלח, in THAT II, Sp.151.
[222] J. J. STAMM, aaO., Sp. 152; ders., Erlösen und Vergeben, S.47ff.

samt 101 mal belegt (92 mal Pi.; 7 mal Pu.; 1 mal Hit; 1 mal Nit.) und davon 72 mal in P und 49 mal allein in Lev. Ungefähr nur ein Zehntel der gesamten Belege sind vorexilisch. Das grammatische Subjekt des Verbs ist meistens der Priester (s. Tabelle), aber das eigentliche Subjekt des Handelns ist immer Gott (Ausnahme sind Gen 32,21; Spr 16,6.14, wo es sich um zwischenmenschliche Vergebung bzw. Versöhnung handelt).[223] Das Objekt des Verbs ist meistens die Person als Einzelner und auch als Kollektiv (63 mal; am häufigsten mit der Präp. עַל; allein in P 53 mal). Das Objekt des Sühnens kann aber auch die Sache (21 mal; z.B. der Altar; das Heiligtum; das Land und das Haus) oder die Sünde (7 mal עָוֹן; 4 mal חַטָּאת; 1 mal פֶּשַׁע) u.a. sein. Der Sitz im Leben der כָּפֶּר - Aussagen ist meistens die Kultzulassung (78 mal), kann aber auch im sozialen Bereich (6 mal), in der sakralen Gerichtsbarkeit (5 mal), in der Bundeserneuerung (3 mal) u.a. liegen (s. Tabelle). Das am häufigsten erwähnte Sühnemittel ist in P das Blut des Opfertiers, das von Gott zu diesem Zweck gegeben ist (Lev 17,11). Das Opferblut ist aber nicht das einzige Sühnemittel. P, aber auch Ezechiel, kennen den Sühnevorgang ohne Tierblut (Num 17,11ff; Lev 5,11-13; Ez 45,15.17; vgl auch Ex 30,15f; Num 31,50). Außerhalb von P, Ez, 1/2 Chr wird kaum das Tieropfer als Sühnemittel erwähnt (s. Tabelle). In diesen Schriften ist der Sühnevorgang meistens unabhängig vom Sühnemittel (s. besonders Jesaja- und Psalmstellen). Die Gründe für das sündenvergebende Handeln Gottes sind nach den alttestamentlichen Aussagen: Der *Name* Gottes (Ps 78,37-38; 79,9; Jes 48,9; Ez 20,9ff; 16,59-63; 36,23.24.29; Lev 26,40-42), die *Heiligkeit* Gottes (Ex 24,16; 29,42.43; 40,34-35; Lev 16 und 17; vgl. auch die Reinheitsvorschriften in Lev 11-15), der *Bund* Israels mit Jahwe (Jer 31,31-34; Ez 36,25-27; 37,23-24) und die *Barmherzigkeit* Gottes (Ex 34,6f; Num 14,18; 2 Sam 24,14; Ps 25,6-11.18; 78,37-38; 103,3ff; Jes 43,25; Dan 9,17ff). Der Bundes-Gott Israels vergibt die Sünden und Verfehlungen seines Volkes um seines Namens und der Ehre willen, damit Israel und die Völker der Welt erkennen, daß Jahwe der Gott der Heiligkeit, der Treue und der Barmherzigkeit ist. Die Bitte um Vergebung wird im AT auch mit der Gerechtigkeit Gottes in Verbindung gebracht (Ps 51,16; Dan 9,16). Nach der Priesterschrift ist die Sündenvergebung Gottes heilsgeschichtlich in der Aufrichtung der *Stiftshütte* am Sinai verankert (Ex 29,42; vgl. 24,16; 40,34-35). Erst seitdem die Heiligkeit Gottes inmitten

---

[223] Spr 16,6 ist eine umstrittene Stelle, weil hier für manche Exegeten unklar ist, ob hier Gott oder der Mensch das inhaltliche Subjekt ist. Vgl. dazu H. STADELMANN, Ben Sira als Schriftgelehrter, 1980, S.124.

der Israeliten präsent ist, ist überhaupt die Vergebung der Sünden möglich.

Der *Glaube* an die Sündenvergebung Gottes ist schon sehr früh vorhanden. Die älteren Texte der Sündenbekenntnisse, die Gotteserfahrung Israels in der Geschichte und das daraus gewonnene Gottesbild als Vater, Hirte und Arzt weisen auf diesen Tatbestand hin. Im AT ist nicht nur von der gewährten, sondern auch von der *abgelehnten* Vergebung die Rede (Dt 29,19; 2 Kön 24,4; Jer 5,7; Klgl 3,42). Nach P gibt es auch die *vergebbare* und *unvergebbare* Sünde. Die versehentlich bzw. unwissentlich begangenen Sünden des Volkes werden durch den genauen Vollzug der Sühneriten (Sühnemittel: Brandopfer; Speise- und Trankopfer und ein Ziegenbock als Sündopfer) vergeben (Num 15,22-26). Auch die versehentlichen Sünden des Einzelnen können vergeben werden, wenn der Betroffene ein Sündopfer (eine Ziege oder ein Schaf (Num 15,27ff; Lev 5,1-6)) oder ein Schuldopfer (Lev 5,14-26) darbringt, und der Priester für ihn die Sühnehandlung vornimmt. Der Opfernde beteiligt sich an diesem Sühnevorgang mit der Bußleistung und dem Schuldbekenntnis. Nach P gibt es aber für die vorsätzlich („mit erhobener Hand") begangene Sünde *keine* Sühnemöglichkeit und damit *keine* Vergebung Gottes (V.30f). Das AT kennt noch andere Sünden, die durch Sühneriten unvergebbar sind: Verstöße gegen die Beschneidungsvorschrift (Gen 17,14), und gegen die Sabbat- und Passahvorschriften (Ex 12,15; Num 9,13).

Nach den alttestamentlichen Aussagen ist der Sühnekult nicht der einzige Ort, wo Israel die Sündenvergebung Gottes erfährt. Neben der kultischen Sühnepraxis spielt die prophetische Fürbitte bzw. der Stellvertretungsgedanke für die Vergebungsaussagen im AT eine wichtige Rolle. Dem Volk Israel wird die Vergebung Gottes gewährt, da ein frommer, auserwählter Gottesmann vor Gott fürbittend für das Volk eintritt (Ex 32,12.30.32; 34,9; Num 14,20). Neben Mose (Ex 9,27ff; 10,16ff; 32,30; Num 12,11ff; 21,7ff; Dt 9,19.26; Ps 106,23), dem größten Fürbitter und Interzessor Israels, kennt das AT eine Reihe von Propheten, Königen und frommen Männern, die für Israel vor Gott fürbittend-mittlerisch eintraten (Abraham, Gen 18,16ff; 20,7; Aaron Ps 99,6; Samuel Jer 15,1; David 2 Sam 24,17; Amos Am 7,2; Hiskija 2 Chr 30,18; Jeremia Jer 18,20; Ezechiel Ez 9,8; Hiob Hi 42,8; Daniel Dan 9,4ff). Der interzessorische Einsatz eines Mittlers für Israel vor Gott ist im AT mit dem persönlichen, stellvertretenden Erleiden der Sündenstrafe verbunden. Mose, der sich unter Einsatz seines eigenen Lebens für Israel einsetzt, um so Sühne (=Vergebung) für Israel zu erwirken, darf nicht in das verheißene Land eingehen und muß außerhalb des gelobten Landes sterben (Dt 3,26-27;

4,21). Der Prophet Jeremia, der für das sündige Israel vor Gott eintrat (15,11; 42,2ff), muß wegen der Sünde Israels schwer leiden (15,10ff; 17,14ff; 18,18ff; 20,7ff). Das Leiden Ezechiels wegen der Verschuldungen des Hauses Israels und Judas (Ez 4,4ff) ist ein sinnbildliches und zugleich ein stellvertretendes Leiden des Propheten. Die eindeutigste Stelle, an der von der sühnenden Kraft des stellvertretend-mittlerischen Leidens eines Gerechten die Rede ist, ist ohne Zweifel Jes 53,4ff. Hier verbindet sich auf einzigartige Weise die priesterliche Sühnetradition mit der alttestamentlichen Fürbittetradition der leidenden Propheten. Nach Hi 42,8 kommt dem Gerechten, der unschuldig gelitten hat, eine mittlerisch-fürbittende Funktion zu (=Hiob).

Die Vergebungsaussagen des ATs spielen in der davidisch-messianischen Überlieferung eine wichtige Rolle. Bei Jeremia und Ezechiel ist die Vergebung Gottes in der eschatologischen Verheißung des neuen Bundes und des Messias fest verankert (Jer 31,31-34; Ez 35,24ff). Sie kommt insbesondere in enger Verknüpfung mit den alttestamentlichen Aussagen über die Gerechtigkeit Gottes zur Sprache. Jahwe, der von Zion aus über das ganze Israel herrscht, ist der gerechte König, der angesichts des Versagens der Hirten Israels einen neuen, gerechten „Hirten-Messias" nach seinem Herzen verheißt (Ez 34,23; 37,24). Er wird das Volk Jahwes in Gerechtigkeit und Frieden weiden, indem er „das Verlorene sucht, das Versprengte zurückführt, das Gebrochene verbindet und das Kranke stärkt" (Ez 34,16). Der Hirten-Messias wird so als der Stellvertreter Gottes die צְדָקָה Jahwes für das Volk Israel verwirklichen. Nach Sacharja, für den auch das eschatologische Kommen des Messias mit der Vergebung Gottes zusammengehört (3,3-5.8-9; 13,1), wird dieser Hirten-Messias von Gott geschlagen (=leiden und sterben), und so die Aufrichtung des neuen Bundes für das Jahwevolk ermöglichen (13,9).

In der weisheitlichen Literatur des AT spielt die Sündenvergebung Gottes *keine* wesentliche Rolle. In den drei כפר-Belegen handelt es sich um rein zwischenmenschliche Versöhnung bzw. Wiedergutmachung der Schuld. Der Gedanke, daß die zwischenmenschliche Vergebung, Wohltaten und das sittliche Handeln die Vergebung Gottes veranlassen könnten, ist noch nicht aktuell.

In der Bildersprache Deutero- und Tritojesajas begegnen wir dem Gedanken, daß die Taten der Gerechtigkeit (צִדְקֶךָ) die *Heilung* (וַאֲרֻכָתְךָ מְהֵרָה תִצְמָח) bewirken (Jes 58,8). Es ist wiederum Deuterojesaja, der in seiner Botschaft einen anderen Beweggrund für das sündenvergebende Handeln Gottes kundtut. Wie kein anderer Prophet Israels verkündet er die ewige, unergründliche *Liebe* (עוֹלָם חֶסֶד 54,8) Gottes zu Israel als das eigentliche Handlungsmotiv der göttlichen Erlösungstaten. Weil Jahwe Israel *liebt* (מֵאֲשֶׁר אֲנִי אֲהַבְתִּיךָ), gibt er Ägypten als Lösegeld (כֹּפֶר), Menschen und Völker für das Leben Israels hin (Jes 43,3-4).

Das sündenvergebende Erlösungshandeln Jahwes ist nach der Botschaft Deuterojesajas in dieser großen, ewigen *Liebe* Gottes begründet, die noch mehr und stärker ist als seine Barmherzigkeit gegenüber dem sündigen Israel.

Teil B:

Sündenvergebung im frühen Judentum

§ 13
Vorfragen

In diesem Teil geht es hauptsächlich um die folgenden Fragen: Was (Inhalt) sagt das frühe Judentum (ca. 2. Jhdt. vor - 1. Jhdt. nach Chr.) über „Sünde" und „Vergebung"? Wo (Belege), wie (Art und Weise) und in welchem Zusammenhang (Kontext) wird davon gesprochen? Warum (Anlaß/Hintergrund) und wozu (Intention) spricht man davon? Dabei ist darauf zu achten, ob die alttestamentliche Auffassung von der Sündenvergebung Gottes im frühen Judentum wiederzufinden ist, oder ob wir es hier mit neuen bzw. abweichenden Aussagen zu tun haben.

Hat das nachbiblische Judentum Palästinas „(das) alttestamentliche Erbe" bewahrt, wie Thyen (Studien, S.76) und ihn bestätigend auch Fiedler (Jesus, S.51)[1] behaupten? Gibt es ein besonderes Kennzeichen für die Vergebungsauffassung des Judentums? Kennt dieses eine andere sündenvergebende Autorität als die Gottes, wie z.B. die des Messias (so K. Koch)[2] oder die des Menschensohnes?

Im folgenden soll versucht werden, auf diese und ähnliche Fragen eine Antwort zu finden. Dabei ist das Augenmerk auch hier in erster Linie auf die frühjüdischen Texte selbst gerichtet. Es scheint aber sinnvoll zu sein,

---

[1] Vgl. dazu noch seine weitere Aussage: „Eine abschließende Stellungnahme zum Überblick über für unsere Thematik bedeutsame Aussagen der rabbinischen Literatur kann sich auf die Erkenntnis gründen, daß hier der im Alten Testament bezeugte Glaube an die Vergebung von Sünde und Schuld durch Gottes freies Erbarmen weiterlebt", Jesus, S.73.

[2] K. KOCH hat in seinem Aufsatz „Messias und Sündenvergebung in Jesaja 53 - Targum. Ein Beitrag zu der Praxis der aramäischen Bibelübersetzung" (JSJ 3 ,1972, S.117-148) die Auffassung vertreten, daß der Jesaja 53 - Targum einen sündenvergebenden Messias kennt. Er unterstreicht, daß in diesem Targum „von allen Taten des Messias am nachdrücklichsten sein Wirken zur Sündenvergebung herausgestellt (wird)", S.147; vgl. dazu die neuere Auseinandersetzung mit ihm: O. HOFIUS „Kennt der Targum zu Jes 53 einen sündenvergebenden Messias", in Freundesgabe zum 50. Geburtstag von P. Stuhlmacher, S.215-254.

zunächst einen kurzen Einblick in die Umwelt zu geben, in der die Juden lebten, glaubten und Zeugnis von ihrem Glauben legten. Denn auch die frühjüdischen Aussagen von Sünde(r) und Vergebung sind jeweils mehr oder weniger durch ihre konkrete geschichtliche Lebenssituation bedingt.

§ 14
Die soziale und wirtschaftliche Lage des palästinischen Judentums

Bei der Untersuchung der jüdischen Schriften der hellenistisch-römischen Zeit ist ein gewisses Verständnis der konkreten Lebenssituation der jüdischen Menschen im damaligen Palästina notwendig. Es war eine Zeit der politischen Unruhe, der gesellschaftlichen Umwandlung, der wirtschaftlichen Not und der religiösen Bedrohung.[3] Die Juden waren seit dem 4. Jhdt. v. Chr. überall mit der hellenistischen Kultur konfrontiert. Griechisches Geistesgut strömte in das palästinische Land ein. Griechisch setzte sich als Verkehrssprache durch und die griechischen Sitten bürgerten sich ein.[4] Es wurden auch in Palästina griechische Siedlungen und Städte gegründet. Juden und Griechen lebten „in unmittelbarer Nachbarschaft" (Lohse, Umwelt, S.11). Man verlor nicht nur die politische und die wirtschaftliche Unabhängigkeit, sondern auch der jüdische Glaube stand vor einer großen Bewährungsprobe. Im Zuge der Hellenisierung wurde selbst Jerusalem unter den Seleukiden stark hellenisiert. Manche Priester in Jerusalem wurden Anhänger der Hellenisierung, und sogar das Amt des Hohenpriesters wurde „zu einem käuflichen Gegenstand der Politik"[5].

Durch den makkabäischen Aufstand gewannen die Juden zwar die politische und die religiöse Unabhängigkeit zurück (Hasmonäer-Zeit 167-63 v.Chr.), aber das Land wurde im Laufe der großen und kleinen Kriege, Kämpfe und Auseinandersetzungen verwüstet.

Im sozialen und wirtschaftlichen Bereich herrschte große Not. Auch unter der römischen Herrschaft war die soziale und wirtschaftliche Lage der jüdischen Bevölkerung kaum besser. Außer den kleinen Kreisen der

---

[3] Zum Problemkomplex vgl. M. HENGEL, Judentum und Hellenismus, Tübingen 1973, S.241ff; E. LOHSE, Umwelt des Neuen Testaments, Göttingen 1978, NTD Erg. 1, S.7ff und 106ff; H. CONZELMANN / A. LINDEMANN, Arbeitsbuch zum Neuen Testament, Göttingen 1977, S.127ff.

[4] Vgl. E. LOHSE, aaO., S.10.

[5] E. LOHSE, aaO., S.13.

Oberschicht in Jerusalem und den wenigen jüdischen Großgrundbesitzern, die einigermaßen begütert waren, lebte in Palästina der größte Teil der jüdischen Bevölkerung, die ihren Lebensunterhalt durch Ackerbau, Handwerk und Kleinhandel verdiente, materiell in armseligen Verhältnissen.[6] Die hohen Abgaben an die Grundbesitzer führten die Kleinbauern und die Pächter zur Verarmung, und die Steuern und Zölle machten die Armen noch ärmer.[7] „Armut und Bettelei waren verbreitet" (E. Lohse, Umwelt, S.107). Steuererheber und Zöllner waren zwar verhältnismäßig reich, wurden aber von allen gehaßt. Sie wurden wie die Diebe und Räuber betrachtet und galten als unrein (vgl. Lk 3,13; 19,8; bNed 28a).[8] Es herrschten überall Spannungen und Unruhen. Die Verfasser der jüdischen Schriften dieser Zeit sind Zeugen dieser großen nationalen Not und Bedrängisse. Die Frage der jüdischen Frommen nach der Theodizee, die Entstehung der neuen literarischen Gattung „Apokalyptik" und ihre rasche Verbreitung im Judentum, sowie die Konzentration auf die Tora Gottes sind stets aus diesem geschichtlichen Kontext her zu verstehen. Zuerst wollen wir uns aber mit einem der wichtigsten Zeugen (im Hinblick auf seine Aussagen über Sündenvergebung) dieser Zeit beschäftigen: Jesus Sirach.

§ 15
Jesus Sirach

Hier geht es darum, den Vergebungsaussagen in der frühjüdischen Tora -Weisheitstradition nachzugehen. In den alttestamentlichen Weisheitstexten waren solche Aussagen recht selten, und in den wenigen Belegstel-len ging es um die zwischenmenschliche Vergebung bzw. Wiedergutmachung. Da im Frühjudentum die Weisheit sich eng mit der Tora verband, richtet sich unser Augenmerk zunächst darauf, ob diese Verbindung die herkömmliche weisheitliche Auffassung von Sünde und Vergebung (bzw. Wiedergutmachung) in irgendeiner Form verändert hat. Der früheste und

---

[6] Dazu E. LOHSE, aaO., S.107.

[7] Vgl. dazu H. CONZELMANN, A. LINDEMANN, aaO., s.140f.

[8] Weitere jüdische Stellen s. bei O. Michel, Art. telwvnh", ThWNT VIII, S.88ff. Ferner F. Herrenbrück, Wer waren die ‚Zöllner'?, ZNW 72, 1981, S.178-194. Nach Herrenbrück waren die neutestamentlichen Zöllner sehr wahrscheinlich „hellenistische Kleinpächter", aaO., S.194.

wichtigste Zeuge dieser Weisheitstradition ist Jesus Sirach.[9] Da bei ihm eine neue Tendenz in den Vergebungsaussagen zu vermerken ist, wollen wir etwas intensiver auf ihn eingehen.

Ben Sirach, der Verfasser der Urfassung des Buches in hebräischer Sprache (50,27), der um 190 v.Chr. lebte,[10] war von seinem Beruf her ein jüdischer „Schriftgelehrter (סוֹפֵר)" und ein „Weisheitslehrer mit festem Schulbetrieb" (Hengel, S.243) in Jerusalem.[11] Er lebte in einer Zeit, in welcher der Hellenismus in Palästina nicht nur als säkulare sondern auch als kulturelle Macht vorgedrungen war. Als gebildeter, frommer Jude setze er sich in seinem Buch mit dem hellenistischen Freigeist auseinander.[12]

Bei Jesus Sirach finden wir verhältnismäßig viele Aussagen über Vergebung bzw. Sühnung der Sünde/Schuld. Der Grund hierfür liegt darin, daß er nicht nur ein Schriftgelehrter (סוֹפֵר) unter dem Einfluß des Weisheitsdenken war, sondern daß er, worauf auch Fiedler hinweist (Jesus, S.43),[13] die prophetische Tradition aufgenommen und sie mit der israelischen Weisheitstradition verbunden hat. Ben Sirach war nicht nur ein Toralehrer (35,1; 15,1; 24,23), er war auch ein Weisheitsdenker (1,1.8; 14,20-15,10, 24,25; 27,26-29), ein leidenschaftlicher Anhänger des Kultes und ein Priesterverehrer (7,29-31; 35,1-10; 50,1-21), außerdem ein Sittenprediger, der in prophetischen Gedanken lebte und Taten der Gerechtigkeit und der Nächstenliebe forderte (5,4-8; 17,25-26; 35,15-24).[14]

Im Buche Sirach wird die Sache ‚Sündenvergebung' bzw. ‚Sühne' durch verschiedene Begriffe ausgedrückt. Beim hebräischen Text (=H) sind es

---

[9] Das Buch Jesus Sirach gehört seiner Gattung nach zur Weisheitsliteratur. Im Buch werden aber verschiedentlich auch „prophetische Gattungen" verwendet. Vgl. zum Problem L. ROST, Einleitung in die alttestamentlichen Apokryphen und Pseudepigraphen einschließlich der großen Qumran-Handschriften, 1971, S.47ff; M. HENGEL, Judentum und Hellenismus, S.246; W. BAUMGARTNER, Die literarischen Gattungen in der Weisheit des Jesus Sirach, ZAW 34, 1914, S.161-198; E. JENNI, RGG[3] III, Sp.354.

[10] Zur Frage der Verfasserschaft sowie der Entstehungszeit s. M. HENGEL, Judentum und Hellenismus, S.245; H. STADELMANN, Ben Sira als Schriftgelehrter, Tübingen, 1980, S.3f.; L. ROST, Einleitung, S.50; G. MAIER, Mensch und freier Wille. Nach den jüdischen Religionsparteien zwischen Ben Sira und Paulus, Tübingen 1971, S.24ff; E. JENNI, Jesus Sirach in RGG[3], Bd. III, Sp.653f. Die Abfassungszeit wird heute allgemein auf die Zeit um 190 bis 175 v. Chr. datiert.

[11] Nach HENGEL könnte Ben Sirach zeitweise auch eine öffentliche Funktion innegehabt haben: „Vielleicht war er Richter oder Ratgeber und Mitglied der Gerusie" (aaO., S.244). Er weist auf die Stellen 38,33; 11,1; 13,9; 20,27; 39,4 u.a. hin.

[12] Zum Problem s. HENGEL, aaO., S.252ff.

[13] Typisch ist dabei, daß FIEDLER die starke Kulturverbundenheit Ben Sirachs unbeachtet läßt.

[14] Zu 5,4-8 s. A. BÜCHLER, Sin and Atonement, S.404.

in erster Linie סֶ֫לַח und כַּפֵּר und im griechischen Text (=G) ἀφίημι, ἐξιλάσκομαι, ἰάομαι, λύομαι/ἀναλύομαι, παροράω und ἁγιάζω.[15] Im
folgenden werden die dafür relevanten Texte jeweils kurz interpretiert.

15.1 Vergebung und Vergeltung Gottes: 2,11; 16,11

2,11:   H. fehlt
           Variante zwischen S („er hört") und G („er vergibt die Sün-
           den"). J. Haspecker hat überzeugend dargelegt, daß G vorzu-
           ziehen ist.[16]

Text: διότι οἰκτίρμων καὶ ἐλεήμων ὁ κύριος καὶ ἀφίησιν
           ἁμαρτίας καὶ σῴζει ἐν καιρῷ θλίφεως

Das Thema des Kontextes ist die Furcht Gottes (1,11-2,18). Der Vers 11
steht zwischen Imperativsätzen (V.1-10) und den dreifachen „Wehe"-Ru-
fen (V.12-14), die in Form der Schelt- und Drohrede ihre prophetische
Gattung verraten.[17]

J. G. Snaith[18] und H. Stadelmann[19] finden in der mehrfachen Wiederholung der gleichen Anfangsphrase οἱ φοβούμενοι in V.7-18 eine
„mnemotechnische Form" des weisheitlichen Unterrichtes wieder.

16,11d: H hat סֹלֵחַ (m. sg. part. qal + ו), während G mit ἐξιλασμό"
übersetzt.

Text: ἔλεος γὰρ καὶ ὀργὴ παρ' αὐτῷ, δυνάστης ἐξιλασμῶν
           καὶ ἐκχέων ὀργήν

---

[15] Vgl. dazu Konkordanz zum hebräischen Sirach. Mit syrisch-hebräischem Index.
Hrsg. v. D. BARTHÉLEMY u. O. RICKENBACHER, 1973. Dort סלה und כפר. Ferner E.
HATCH - H. A. REDPATH, A. Concordance to the Septuagint and the other Greek ver-
sions of the Old Testament, 1952. Dort ἀφίημι, ἐξιλάσκομαι u.a..

[16] J. HASPECKER, Gottesfurcht, S.237. Die meisten Übersetzer ziehen G vor.

[17] Über die prophetische Gattung in Sirach s. W. BAUMGARTNER, Die literarische
Gattung in der Weisheit Jesus Sirach, ZAW 34, 1914, S.186f.

[18] „Verses starting with the same words are great help when learning by heart. ...
Such patterns of words show that the verses were originally handed on from teacher to
pupil by oral repetition". J. G. SNAITH, in Ecclesiasticus or the Wisdom of Jesus Son of
Sirach, Cambridge 1974; vgl. , Biblical Quotations in the Hebrew of Ecclesiasticus, JTS
18, 1967, S.11.

[19] H. STADELMANN, Ben Sira, S.308.

Der alttestamentliche Glaube an den „gnädigen und barmherzigen Gott",
der die Sünden des Volkes und des einzelnen Israeliten vergibt (Ex 34,6-
7; Ps 103,8; 145, 8f u.a.), ist bei Ben Sirach lebendig da: „σῴζει ἐν καιρῷ
θλίφεως". Diesen Gedankengang von 2,11 finden wir in 35,13-24 G in
ausführlicher Form wieder. Diese Aussagen ermöglichen uns vielleicht
einen Blick auf die geschichtliche Situation des Verfassers. Aus mehreren
Stellen des Sirach-Buches können wir schließen, daß der Verfasser eine
besondere Anteilnahme an den Armen und Hilfsbedürftigen zeigt. Trotz
der heftigen Polemik Sirachs gegen die kultische und religiöse Heuchelei
sowie die Selbstsicherheit der Gesetzesuntreuen ist sein Bekenntnis zu
einem sündenvergebenden Helfer-Gott deutlich zu vernehmen.[20] Jahwe ist
ein Gott der Vergebung. Charakteristisch für Ben Sirach ist, daß er
diesem Bekenntnis gleich hinzufügt: ... *und* der Vergeltung! Gottes
Vergebungsgnade gilt (nur) den Gerechten, die das Gesetz Gottes
befolgen. Den Gottlosen droht Gottes Vernichtungsgericht. Denn bei ihm
ist Erbarmen wie Zorn, Vergebung wie Grimm (vgl. Ex 34,6-7; 20,5-6).
Im Gottesbild Ben Sirachs gehört beides untrennbar zusammen.[21]

15.2 Gegen die religiöse Überheblichkeit: 5,5-6b

Text: H hat in V.5a das Nomen Sg. סְלִיחָה und in V.6b das Verb
       סָלַח in 3.m. sg. impf. qal..[22] G. gibt beides mit περὶ ἐξ-
       ιλασμοῦ (V.5a) und ἐξιλάσεται (V.6b) wieder.
V.5   περὶ ἐξιλασμοῦ (סְלִיחָה) μὴ ἄφοβος γίνου προσθεῖναι
       ἁμαρτίαν ἐφ' ἁμαρτίας
V.6a-b καὶ μὴ εἴπῃς ὁ οἰκτιρμὸς αὐτοῦ πολύς, τὸ πλῆθος τῶν
       ἁμαρτιῶν μου ἐξιλάσεται

Hier ist beidesmal mit סְלִיחָה/סָלַח und ἐξιλασμός/ἐξιλάσκομαι (G) die
göttliche Vergebung der Sünden im eigentlichen Sinne gemeint. In V.6 ist
das inhaltliche Subjekt Gott und hat die Sünde als Objekt.[23]
Im polemischen Abschnitt VV 1-6 werden mit der „Sage nicht!"-For-
mel (V.1.3.4 und 6) jeweils die aktuellen Einwände der Gegner einge-

---

[20] Vgl. dazu Sir. 16,14a; 17,29; 18,11; 18,13a; 35,23f.
[21] Vgl. auch Tob 3,1ff; 13,1-8.
[22] Vgl. dazu D. BARTHÉLEMY, O. RICKENBACHER, Konkordanz zum hebräischen
Sirach mit syrisch-hebräischem Index, Göttingen 1973, S.280.
[23] Vgl. F. Büchsel, Art. ἱλάσκομαι, ThWNT III, S.315.

führt und erörtert.[24] Solche Einwände, die eigentlich nicht ganz neu sein dürften, scheinen, durch den geschichtlichen Ablauf noch verstärkt, zur Zeit Sirachs vorgetragen worden zu sein.[25]

Aus diesem Abschnitt kann man zwar nicht genau entnehmen, ob die Sicherheit über die Vergebung Gottes vom Sühnekult abgeleitet wird. Berücksichtigt man aber Sirachs Polemik gegen die falsche Opferkultpraxis in 34,18ff, so ist es doch wahrscheinlich, daß Sirach sich hier mit den vom hellenistischen Freigeist beeinflußten Juden auseinandersetzt, die einerseits an der Gültigkeit des herkömmlichen Denkens im Tat-Ergehen-Zusammenhang zweifeln („Ich habe gesündigt, doch was ist mit mir geschehen?" 5,4) und andererseits aus der kultischen Sühnepraxis die bequeme Sicherheit über die Vergebung Gottes herleiten („Sein Erbarmen ist groß, auch die Menge meiner Sünden wird er vergeben" 5,6).

Dem Vergebungsglauben dieser Art, der keine echte Umkehr zu Gott und die Befolgung seiner Weisung möglich macht, setzt Ben Sirach den „Zorn" Gottes gegenüber (6c). Wohl ist seine Barmherzigkeit groß, aber auch sein Zorn gegenüber Gottlosen (6c.d; vgl. 7,8; 6,11 u.a.). Das Bekenntnis zur Barmherzigkeit Gottes allein stellt keine Vergebung (mhv) Gottes sicher! Darauf will der Weisheitslehrer Ben Sirach deutlich hingewiesen haben.

15.3 Sirachs Stellung zum Sühnekult: 34,19 (=31,23); 35,3 (32,5); 45,16

Text: H fehlt für 34,29 und 35,3. M. M. Winter[26] hat darauf hingewiesen, daß S, wenn es sich um die Opferaussagen handelt, mit der Vorlage sehr frei umgeht und nicht selten auch die Vorlage verändert. Hier ist wieder G vorzuziehen. H hat in 45,16 das Verb כַּפֵּר (inf. cons. pi. mit ו + ל), während G es mit ἐξιλάσκομαι wiedergibt.

Hinsichtlich des Sühnekultes bleibt Ben Sirach der priesterlichen Sühnetradition treu, auch wenn er im Zusammenhang mit den Opferaussagen

---

[24] Zur „Sage nicht!"-Formel: J. HASPECKER, aaO., S.144; J. MARBÖCK, Weisheit im Wandel, Bonn 1971, S.11 und 172 und H. STADELMANN, aaO., S.76.

[25] Vgl. J. MARBÖCK, aaO., S.172f.

[26] M. M. WINTER, The origins of Ben Sira in Syria, VT 27, 1977, S.238-244; auch nach H. STADELMANN ist S hinsichtlich der Opferaussagen unzuverlässig, da er häufig dogmatisch motivierte Textänderungen vornimmt, aaO., S.56 u. 71.

etwas Neues hinzubringt. Der Tempel ist für ihn der heilige Ort, wo Gott die Sünden seines Volkes vergibt. Ben Sirachs Polemik gegen den Kultmißbrauch der Ungerechten bedeutet nicht, daß er kultfeindlich ist.[27] Es ist auch nicht so, daß er bloß deswegen am Kult festhält, weil er nun einmal durch die Tora geboten ist.[28] Zwar geht es bei ihm nicht vornehmlich um den Tempelkult.[29] Die Verehrung der Priester und die verhältnismäßig große „Kultfreudigkeit"[30] Ben Sirachs kommen jedoch in seinem Buch so deutlich zum Ausdruck, daß die Kultpraxis bei ihm sicherlich mehr als nur eine Pflichtübung bedeutet haben muß (vgl. 45,14-16; 7,29-31; 50,1-21 u.a.). Gott hat Aaron aus allen Menschen auserwählt, „damit er das Opfer des Herrn darbringe, daß er den lieblichen Wohlgeruch spende und das Gedenkopfer, um so zu entsühnen sein Volk ἐξιλάσ-κεσθαι περὶ τοῦ λαοῦ σου" (45,16). Pinchas erlangte in seinem Eifer Sühne für Israel (ἐξιλάσατο περὶ τοῦ Ισραηλ 45,23) und wurde von Jahwe zum Hohenpriester bestellt (45,24). Ben Sirach zeigt in seiner Schilderung der Riten des Versöhnungsfestes (50,1-21) seine große Verehrung für den Hohenpriester Simon, der im Tempel Gottes durch die Sühnehandlungen für die Sünde Israels Vergebung Gottes erwirkte und sie dem versammelten Volk im Namen Gottes zusprach (V.20).[31]

Die priesterschriftliche Sühnetradition wird also von Ben Sirach positiv aufgenommen und neu akzentuiert. Den Wert und die Bedeutung der Opfergaben und der kultischen Sühnehandlungen als solche stellt er nicht in Frage. Er bestreitet auf gar keinen Fall die Sühnewirkung der rechtmäßig vollzogenen kultischen Opferhandlungen (neben 45,16 s. 35,5-6 G; 38,11; 50,12-16).[32] Bemerkenswert ist bei Ben Sirach, daß er als ein leidenschaftlicher Verehrer des Kults gerade derjenige ist, der in aller Schärfe Kritik gegen die kultische Heuchelei und die Selbstsicherheit übt:

[27] Vgl. dazu O. SCHMITZ, Die Opferanschauung des späteren Judentums, Tübingen 1910, S.61; H. STADELMANN, Ben Sira, S.70ff.
[28] Die opinio communis (R. Smend, O. Kaiser, M. Löhr u.a.) geht in diese Richtung. So z.B. R. SMEND: „An sich bedeutet der Kultus nichts ... und der wahre Wille Gottes geht dahin, daß jeder seinem Nächsten wohl tue", in: Die Weisheit des Jesus Sirach erklärt, Berlin 1906, S.304, vgl. S.312. Hier ist STADELMANN Recht zu geben, wenn er sagt: „Für den Siraziden ist der Kultus bloße, dem Gebot korrespondierende Pflichtübung", aaO., S.88.
[29] In dieser Richtung aber G. MAIER, Mensch und freier Wille, S.48f.
[30] J. FICHTNER, Die altorientalische Weisheit in ihrer israelitisch-jüdischen Ausprägung, Gießen 1933, S.43; H. STADELMANN, aaO., S.44f.
[31] Von Vergebung ist nicht ausdrücklich die Rede, aber sie wird hier vorausgesetzt, da es sich um die Sühneriten am Großen Versöhnungstag handelt.
[32] Zu Ben Sirachs Verhältnis zu Kult und Priestertum s. H. STADELMANN, aaO., S.40ff.

„Sage nicht: ‚Gott wird auf die Menge meiner Gaben sehen, und er wird sie annehmen, wenn ich sie dem Allerhöchsten bringe!‘ “(7,9). Für Ben Sirach, der als Weisheitslehrer zugleich im Geist der alttestamentlichen Prophetie lebt, hat die Opferpraxis *ohne* Gerechtigkeitstaten *keine* sühnende Kraft! (vgl. Am 5,21; Jes 1,11ff; Ps 50,8-15; Spr 15,8.21.27 u.a.)
. Aus dem Vergleich von 34,19 G und 35,3 G wird ganz deutlich, woraufhin die eigentliche Intention Sirachs gerichtet ist:

34,19   35,3

οὐκ εὐδοκεῖ ←   –   → εὐδοκία[33]

ὁ ὕφιστος ——   –   —— κυρίου

ἐν προσφοραῖς ἀσεβῶν ←   –   → ἀποστῆναι ἀπὸ πονηρίας

οὐδὲ ἐν πλήθει θυσιῶν ← ⨯ → καὶ ἐξιλασμὸς

ἐξιλάσκεται ἁμαρτίας ←   → ἀποστῆναι ἀπὸ ἀδικίας

Sirach stellt den Gaben der Gottlosen die Abkehr vom Bösen und der Fülle von Opfern[34] die Abkehr von Unrecht gegenüber. Veräußerlichte Opferhandlungen ohne Buße und Umkehr haben für ihn keine sühnende Kraft. Seine Kultkritik nimmt eindeutig „prophetische Züge“ an.[35] Er ist aber weder Kultfeind noch geht er davon aus, daß die kultischen Handlungen überflüssig seien. Es ist gerade seine positive Einstellung und Wertschätzung des Kultes, die ihn zur scharfen Kritik gegen die falsche Kultpraxis führen.[36]
  Es geht ihm um die Kultpraxis, die toragemäß und toratreu vollzogen wird. Erst dann findet sie das Wohlgefallen des Herrn, das den Weg zur göttlichen Vergebung eröffnet.

---

[33] Zur Interpretation der εὐδοκία s. J. HASPECKER, aaO., S.315f.
[34] Zur Menge der Opfer, s. STADELMANN, aaO., S.114. Zum Verhältnis von Sir 34,18ff (=31,21ff) und Lev 5, S.21ff s. A. BÜCHLER, Sin and Atonement, S.406f.
[35] HENGEL, aaO., S.246: „Einerseits ist er ein in starkem Maß der Tradition verpflichteter Weisheitslehrer, andererseits geht jedoch sein Selbstbewußtsein über eines bloßen Tradenten hinaus und nimmt prophetische Züge an.“
[36] S. dazu 35,1-10 G., wo er von den vorbildlichen Kulthandlungen der Gerechten spricht.

15.4 Sittlichkeit und Vergebung: 3,3.15.30

V.30 hat in H כפר (3. f. sg. impf. pi.: כֵּן צְדָקָה תְכַפֵּר חַטָאת), welches G wiederum mit dem Verb ἐξιλάσκεσθαι übersetzt. ἐξιλάσκεσθαι hat in den VV. 3 und 30 den Menschen zum Subjekt (anders in 5,6; 16,7; 31,23, wo das Subjekt des Verbums Gott bleibt und so die Bedeutung „vergeben", „verzeihen" hat) und bedeutet eher „sühnen" bzw. „Sühne schaffen" (vgl. auch 20,28).[37] ἀναλυθήσονται in Verbindung mit ἁμαρτίαι in V.15 hat vom Inhalt her die gleiche Bedeutung wie ἐξιλάσκεσθαι.

In der Perikope 3,1-16 geht es um „die Paränese zum Elterngebot"[38] In den Versen 3.15.30 kommen die Aussagen Sirachs über die sühnende Kraft des ethisch-sittlichen Handelns am deutlichsten zur Sprache.

Etwas neues bei Ben Sirach ist, daß er dem sittlichen Verhalten und den Wohltätigkeiten sühnende Funktion zuspricht. Während es in VV. 3 und 15 konkret um die Ehrung der Eltern geht, ist es in V.30 die ἐλεημοσύνη / צְדָקָה, die nach Sirach sühnende Qualität hat. Die Aussage in 3,30 ist gerade kennzeichnend für die neue Sühneauffassung Sirachs: „Ein loderndes Feuer löscht man mit Wasser, καὶ ἐλεημοσύνη ἐξιλάσεται ἁμαρτίας". Diese Sühneauffassung Ben Sirachs ist charakteristischerweise „in engster Anlehnung an die Torah" entwickelt.[39] Der prophetisch-weisheitliche Schriftgelehrte Ben Sirach konstruiert also aus dem intensiven Studium der Tora (vor allem der Sozialgesetze) die These, daß nicht nur der Opferkult, sondern auch Sittlichkeit, Liebeswerke und Wohltätigkeiten durch ihre Sühnequalität göttliche Vergebung der Sünden erwirken. Die Betonung des hohen Wertes der Sittlichkeit, der Güte חֶסֶד / χάρις (7,33; 35,2a) und Wohltätigkeit צְדָקָה / ἐλεημοσύνη (3,30; 35,2b) verbindet sich bei Sirach oft mit seiner Kritik gegen die heuchlerische Kultpraxis.[40] In diesem Punkt meldet sich der prophetische Geist Sirachs am stärksten zu Wort. Bei Sirach sind dabei beide Aspekte zu sehen: Einmal die kultische Bedeutung der wohltätigen Sittlichkeit, zum andern die „ethisierendvergeistigende"[41] Tendenz des Opferkultes. In gewissem Sinne führt er damit die alttestamentliche Tradition radikal weiter (1 Sam 15,22; Am

---

[37] Zur Begriffserklärung ἐξιλάσκεσθαι im Sirabuch s. S LYONNET, Sin, Redemption and Sacrifice, Rom 1970 und H. STADELMANN, aaO., S.74 Anm. 2.

[38] J. HASPECKER, aaO., S.125.

[39] H. STADELMANN, aaO., S.136.

[40] Zum Unterschied der Liebeswerke (גְּמִילוּת חֲסָדִים) und der Wohltätigkeit in der rabbinischen Literatur vgl. BILLERBECK, Kommentar zum NT, Vol. IV, S.536. Ferner STADELMANN, aaO., S.96f.

[41] Vgl. dazu H. STADELMANN, aaO., S.85.

5,21-28; Hos 6,6; Jes 1,11-15; Micha 6,6-8; Jer 6,19-20; 7,21-28; Ez 20,39-41; Mal 1,10; 2,3.12f).[42]

15.5 Dialektik der Vergebung: 27,30-28,7

Text: H fehlt. Für die Interpretation der Perikope wird G zugrunde gelegt.

Die Perikope zeigt anschaulich, daß auch im Buch Sirach die Sache der Sündenvergebung durch verschiedene Begriffe zum Ausdruck gebracht wird. Hier finden wir nicht nur die vertrauten Verben ἐξιλάσκομαι (V.5b) und ἀφίημι (V.2a) mit der Bedeutung vergeben/verzeihen/sühnen, sondern auch λύομαι (2b), παροράω (V.7b) und das Nomen ἴασις (3b) mit dem gleichen Sinngehalt.

Unter den Sirach-Interpreten[43] beschäftigt sich H. Stadelmann zum ersten Mal intensiv mit dem Sachproblem unserer Perikope. Er konzentriert sich dabei auf die Aussagen in V.2 und hat das Wesentliche herausgestellt. Im folgenden sollen weitere Beobachtungen über den ganzen Abschnitt gemacht werden, da die Perikope im Zusammenhang mit unserem Thema sehr wichtig ist.

J. Haspecker und H. Stadelmann sehen in unserem Abschnitt ein „Positiv-Negativ-Positiv"[44] bzw. „Negativ-Positiv-Negativ-Positiv"[45] Aussage Muster.

27,30-28,1   Vergeltung
30a   „Groll und Zorn (μῆνις καὶ ὀργή), auch diese sind abscheuliche Dinge

---

42 Vgl. auch Prov 15,8; 21,3.27; 17,1; Pred 4,17.

43 Hier sind in erster Linie gemeint: R. SMEND, Die Weisheit des Jesus Sirach, Berlin 1906; J. HASPECKER, Gottesfurcht bei Jesus Sirach, Rom 1967; J. MARBÖCK, Weisheit im Wandel, Bonn 1971; G. MAIER, Mensch und freier Wille, Tübingen 1971; Th. MIDDENDORP, Die Stellung Jesus Ben Sirachs zwischen Judentum und Hellenismus, Leiden 1973; M. LÖHR, Bildung aus dem Glauben, Beiträge zum Verständnis der Lehrreden des Buches Jeus Sirach, Diss. Bonn 1975; H. STADELMANN, Ben Sirach als Schriftgelehrter, Tübingen 1980.

44 So J. HASPECKER. Nach ihm liebt es Sirach, gerade seine Aussage in diesem Schema durchzuführen, „um dann positiv aufbauend abzuschließen ... ", aaO., S.55.

45 So H. STADELMANN. Er gliedert den Text dabei in 4 Kleinabschnitte: negative Aussage (27,30-28,1) - positive Aussage (28,2) - negative Fragen (28,3-5) - positive Schlußmahnung (28,6-7).

30b	und (nur) ein sündhafter Mensch hält daran fest.
1a	Wer sich rächt, wird (selbst) vom Herrn Rache erfahren
1b	und seine Sünden wird der (Herr) ihm gründlich anrechnen (διατηρῶν διατηρήσει)".

Für den Weisheitslehrer Ben Sirach ist der alte weisheitliche Grundsatz des „Tun-Ergehen-Zusammenhangs" nicht aufgehoben. Er kennt zwar die Krise der Weisheit, die durch Hiob und Qohelet markiert wurde, aber seine Auffassung von der vergeltenden Gerechtigkeit Gottes ist dadurch nicht geändert worden. Er denkt und spricht an vielen Stellen nach dem herkömmlichen Grundsatz des Tat-Folge-Zusammenhangs: „Wer eine Grube gräbt, fällt selbst hinein, und wer eine Schlinge legt, wird in ihr gefangen. Wer Böses tut, auf den wälzt es sich (zurück)" (27,26-27a).[46]

Wie bereits erwähnt, gehören Vergebung und Vergeltung untrennbar mit dem Gottesbild Sirachs zusammen.(16,7.11.12.14; 17,23).

Die Sünde, die Gott nicht vergeben will, ist in 27,30 und 28,1 die Sünde gegen die Mitmenschen. Wer grollend und zornig Rache an seinen Mitmenschen übt, sündigt gegen Gott und muß mit der Strafe Gottes rechnen. διατηρῶν διατηρήσει in 28,1b in der Verbindung mit ἁμαρτίας drückt die Negation der göttlichen Vergebung aus, die nach Sirach in Form von Unglück, Mißerfolg, Krankheit und Tod noch im diesseitigen Leben offenbar wird.

V.2 Das Verhältnis zwischen Gottes Vergebung und mitmenschlicher Vergebung

„Vergib (ἄφες) deinem Nächsten das Unrecht (ἀδίκημα), dann werden, wenn du betest (δεηθέντος σου), deine Sünden vergeben werden (αἱ ἁμαρτίαι σου λυθήσονται)".

Das Objekt von ἀφίημι (Mensch als Subjekt) in V.2a ist ἀδίκημα, während das Objekt von λύω (Gott als Subjekt) αἱ ἁμαρτίαι sind. Das bedeutet: Der Mensch soll nicht allein auf sein Recht pochen. Wenn er aus Liebe zu seinem Nächsten (Lev 19,18!) das Unrecht, welches dieser ihm angetan hat, vergibt, wird auch Gott nicht allein auf seinem Richtertum beharren, sondern dem Menschen seine sündenvergebende Barmherzigkeit erweisen, wenn dieser darum betet. H. Stadelmann hat darauf hingewiesen, daß Ben Sirach an dieser Stelle an ein Gebot Gottes im AT, konkret an Lev 19,17f, gedacht haben muß.[47] Ihm ist zuzustimmen. Si-

---

[46] Vgl. dazu Spr 26,27; Pred 10,8 u.a..
[47] H. STADELMANN, aaO., S.130.

rachs Kritik gegen die kultische Heuchelei, die starke Betonung des
ethisch-sittlichen Handelns und die Forderung der sozialen Gerechtigkeit
gründen letztlich auf seiner Menschenliebe und auf der Tora Gottes, welche wiederum Ausdruck der Menschenliebe Gottes ist. Daß die göttliche
Vergebung der Sünden auch bei Sirach eng mit dem Gebet (vor allem
Bußgebet) zusammenhängt, zeigt V.2b: „Wenn du darum betest". Stadelmann meint, daß Ben Sirach für seine Aussage in V.2, die er aus einer
Interpretation der Tora abgeleitet hat, ein Bedürfnis zur Absicherung
verspürt und darum einen kurzen Hinweis auf das Gebet miteinfügt.[48]
      Sicher spielt dieses Bedürfnis eine Rolle. Aber Ben Sirach will das
Mißverständnis abbauen, daß die zwischenmenschliche Vergebung die
Menschen automatisch der Vergebung Gottes versichern könnte. Die Vergebung Gottes und das (Buß-)Gebet des Menschen gehören für den jüdischen Glauben in der Zeit Sirachs untrennbar zusammen. Schon im AT
wird die enge Zusammengehörigkeit der Vergebung mit dem Gebet herausgestellt.
      Selbst die kultischen Sühnehandlungen setzen die geistige Teilnahme des
Kultbeteiligten in Form von Buße und Gebet voraus. Das Gebet hat auch
sonst bei Ben Sirach eine besondere Bedeutung. Es ist vor allem das Gebet der Waisen, der Witwen, des Bedrängten, des Zerschlagenen und des
Geringen, das durch die Wolken dringt, bis es am Ziel ist, und Gott ver-
wirft es nicht (35,13b-24 G).

V.3-5   Heilung-Weisheit-Vergebung

V.3   „Ein Mensch hält gegen den anderen am Zorne fest, und
           doch sucht er vom Herrn her Heilung (ἴασιν)?"

      Für den Weisheitslehrer Ben Sirach bedeutet das gegenwärtige Leid der
Krankheit eine Strafe für die früher begangene Sünde. Als Schriftgelehrter muß er dabei an Hiob und an Stellen wie Ps 38,1-6; 41,4-5 und
107,17-21 gedacht haben. Denn schon im AT wird die Krankheit als das
sichtbare Zeichen der Strafe für die Sünde gedeutet. Der kranke Fromme
weiß, woher sein Leiden kommt: „Nichts Gesundes ist an meinem Flei-
sche wegen deines Zornes, nichts Heiles ist an meinen Gebeinen wegen
meiner Sünde" Ps38,4[49]. Der Leidende bekennt darum in seinem Gebet
die Sünde und bittet Jahwe um Heilung: „Ich rufe: Jahwe, sei mir gnädig;
heile mich (רְפָאֵנִי), denn ich habe gesündigt (חָטָאתִי) vor dir" (Ps

---

[48] H. STADELMANN, aaO., S.131.
[49] Vgl. auch Ps 107,17-18.

41,5). Der Betende weiß, daß die Heilung nur von Jahwe kommen kann und die Vergebung voraussetzt.[50]

Ben Sirach bestreitet nicht, daß die Heilung von Gott kommt. Was er als Absurdität hinstellt, ist die egoistische Glaubenshaltung der Selbstgerechten, die selbst nicht bereit sind, das Unrecht der anderen zu vergeben, und die dennoch bei Gott Vergebung für ihre Sünden suchen. Ἴασις in V.3b bedeutet in unserem Kontext eindeutig die Vergebung Gottes.[51] Wir können in V.3-5 die gleiche Satzstruktur feststellen:

Negative Feststellung		Bloßstellung der Absurdität
3a Mensch hält gegenüber Menschen am *Zorn* fest	→	3b sucht er doch *Heilung* vom Herrn?
4a Er hat kein *Erbarmen* gegen seinesgleichen	→	4b *betet* er doch wegen seiner eigenen Sünden?
5a Er selbst, nur Fleisch, hält am *Groll* fest	→	5b wer wird seine Sünden *sühnen*?

Beachtenswert ist bei Sirach, daß er Heilung (=Vergebung) mit der Weisheit in Verbindung setzt. Für die Wunden des Stolzes gibt es keine Heilung (ἴασις / 3,28), wo aber die Weisheit in Gottesfurcht gipfelt, da läßt sie Frieden und gesunde Heilung sprossen (ἀναθάλλων εἰρήνην καὶ ὑγίειαν ἰάσεως) 1,18. Interessant ist auch die Einladung der personifizierten Weisheit in 24,19ff: V.19 „Kommt her zu mir, die ihr meiner begehret, und sättiget euch an meinen Früchten!"[52] und V.22 „Die auf mich hören, werden nicht zuschanden werden, und die sich mit mir abgeben, werden nicht sündigen (οὐχ ἁμαρτήσουσιν)". Für Ben Sirach hat die Weisheit rettende und heilende Funktion.[53] Dies läßt sich vielleicht daraus erklären, daß Weisheit für Sirach einerseits mit der Tora identisch ist (24,23ff) und andererseits selbst den Jerusalemer Tempelkult bestimmt (24,10-15).

---

[50] Auch in Ps 107,19-20 gehören die Schreie der Leidenden zur Voraussetzung des göttlichen Handelns. Nach V.20 ist es das von Gott gesandte *Wort* (!), welches die Krankheit heilt und die Leidenden aus ihrem Verderben errettet!

[51] Vgl. auch ἴασις in 1,18 und 3,28. ἰάομαι in 38,9 und ἴασις in 38,14 sind mehr im physischen Sinne gebraucht.

[52] Vgl. die Einladung der Weisheit in Spr 9,1-6!

[53] Vgl. auch Sir 15,3 u. Kap 24; dazu Jes 55,1-3 und vor allem Spr 8,12ff: Wer die Weisheit liebt, wird von ihr wiedergeliebt (8,17), wer die Weisheit findet, findet das Leben und erlangt das Wohlgefallen Jahwes (8,35).

Diese Sicht von Ben Sirach, die über die Aussagen in Hi 28; Bar 3,9ff; Spr 1,20ff; 3,16ff und in Kap.8-9 hinausgeht, ist eine entscheidende Weiterführung der Weisheitslehre innerhalb der alttestamentlich-jüdischen Tradition.

VV 6-7   Gericht-Tora-Bund

V.6   Denk an das *Ende*   →   und laß ab von der *Feindschaft*,
       an *Untergang und Tod*   →   und verharre bei den *Geboten*.
V.7   Denk an die *Gebote*   →   *grolle* den Mitmenschen nicht,
       an den *Bund* mit den
       Höchsten   →   *vergib* (πάριδε) die Fehler.

Der Weisheitslehrer Ben Sirach hat die beiden Verse didaktisch sinnvoll zum Auswendiglernen formuliert. Mit der „Denk-an"-Formel, jeweils am Versbeginn führt er vier Stichworte an:

τὰ ἔσχατα   (6a)
καταφθορὰ καὶ θάνατος   (6b)
ἐντολή   (7a)   und
διαθήκη   (7b)

Die beiden Verse sind eine die Perikope (27,30-28,7) zusammenfassende Schlußmahnung.

Ob Sirach „über den Tod hinaus keine Hoffnung hegt"[54], ob „für ihn keine jenseitige Vergeltung existiert"[55], ist vom Sirachbuch her nicht eindeutig zu beantworten. Seine Aussagen über die besondere Bedeutung der letzten Stunde des Todestages sind in diesem Zusammenhang mitzuberücksichtigen (1,13; 11,26-18; 41,9).

Dazu ist vor allem auf 7,36 hinzuweisen: „Bei all deinem Tun *denk an das Ende* (τὰ ἔσχατά σου), so wirst du niemals sündigen (ἁμαρτήσεις)!" Hier finden wir genau denselben Gedankengang wie in 28,6. Die wiederholte Mahnung, an τὰ ἔσχατα zu denken und deshalb nicht zu sündigen, weist uns eher auf einen Vergeltungsglauben Sirachs hin, der über die Grenze des physischen Todes hinauszugehen scheint.

O. Rickenbacher meint, daß bei Ben Sirach die Aussage von einem Bundesgesetz gänzlich fehle.[56] Bei ihm finden wir aber eine parallele Er-

---

54 So STADELMANN, aaO, S.135.
55 So H. STADELMANN, aaO., S.135.
56 O. RICKENBACHER, Weisheitsperikopen bei Ben Sira, Göttingen 1973. S.185.

wähnung von Bund und Gebot, außer in V.7 noch in 17,11-12 (νόμος-
διαθήκη). E. Kutsch hat außerdem gezeigt, daß die Begriffe בְּרִית und
תּוֹרָה bzw. „Bundesbuch" und „Gesetzbuch" im deuteronomistischen Bereich (z.B. 2 Kön 22,8.11 und 23,2.21) fast gleichbedeutend sind.[57]
Diese Tendenz ist auch bei Ben Sirach festzustellen. Sowohl in 17,11f
als auch in 28,7 sind die beiden Begriffe aufs engste verbunden und auch
untereinander austauschbar (vor allem V.7). Dieser Parallelismus von
Bund und Gebot/Tora zeigt, wie J. Marböck feststellt, daß der Bund bei
Ben Sirach „noch die ursprüngliche Bedeutung als Verpflichtung" hat.[58]
Der Hinweis auf Gebot und Bund in V.7 hat aber einen didaktischen
Sinn und bringt positive Aspekte zum Ausdruck. Sowohl Gebote als auch
Bund sind für Ben Sirach zuerst Ausdruck der Weisheit des väterlich
(23,1 vgl. Tob 13,4) erziehenden (18,13), gerechten, barmherzigen
Schöpfergottes (18,1f), der in seiner Freiheit (33,7-12) Israel zum Heil
erwählt hat. Die Forderung Sirachs, an Gebot und Bund zu denken, hat
also nicht nur mahnende und verpflichtende Funktion, sondern auch ihre
ermutigenden und motivierenen Aspekte.

15.6 Tora-Umkehr-Gerechtigkeit

Kennzeichnend für die Tora-Auffassung Ben Sirachs ist, daß er die
Tora des Mose mit der Weisheit gleichsetzt (24,23ff). Hinzu kommt, daß
das Befolgen der Tora selbst für ihn mit dem kultischen Opferdienst
gleichbedeutend ist (35,1-10 G). Somit vertritt Ben Sirach etwas Neues:
Er identifiziert nicht nur die Weisheit mit der Tora, sondern auch den
Toragehorsam mit dem Kultdienst.
Ben Sirach, der von der sündenvergebenden Barmherzigkeit Gottes
ebenso fest überzeugt ist wie die exilisch-nachexilischen Propheten (2,11;
17,29; 18,11-24; 35,23-24 G) und die große Bedeutung der kultischen
Sühnehandlungen auf gar keinen Fall unterschätzt, ist bezeichnenderweise
der schärfste Kritiker einer kultischen Selbstsicherheit und zugleich der
Sittenprediger, der radikale Buße und Umkehr fordert. Die Kultkritik Sirachs geht in die Forderung der sozialen Gerechtigkeit ein. Er verlangt
von denen, die sich aus ihrer kultreligiösen Selbstsicherheit heraus nicht
einmal um die elementarsten Forderungen der mitmenschlichen Gerech-

---

[57] E. KUTSCH, Gesetz und Gnade, ZAW 79, 1967, S.30. Er weist in diesem
Zusammenhang noch auf Hos 8,1 und Ps 78,10 hin.
[58] J. MARBÖCK, Weisheit im Wandel, S.86.

tigkeit kümmern, tatkräftige Umkehr zu Gott (5,4ff; 7,9; 17,25ff u.a.).
Mit G. Maier könnte man sagen, daß „die Einladung zu Buße" das ganze
Werk durchklingt.[59]
Für Sirach ist der Gott der Vergebung kein anderer als der Gott des
Zornes, der jedem nach seinen Werken vergelten wird (16,11ff). Jedem
ethisch-sittlichen Verhalten gegenüber dem Mitmenschen mißt Sirach ho-
hen Wert zu. Die enge Verknüpfung von der Vergebung Gottes mit der
Vergebung im zwischenmenschlichen Lebensbereich läßt sich aus diesem
Kontext heraus erklären. Gott wird die Sünden des Menschen vergeben,
wenn dieser seinerseits Schuld und Unrecht seiner Mitmenschen vergibt.
Wie keiner vor ihm stellt Ben Sirach die zwischenmenschliche Praxis der
Vergebung als die Voraussetzung für die Vergebung Gottes heraus
(28,1.7). Gerade derjenige, der vor Gott (im Rahmen einer Sühnehandlung oder im Bußgebet) um Vergebung seiner Sünden bittet (d.h., seine
Hoffnung auf die vergebende Barmherzigkeit Gottes setzt), soll nicht gegenüber dem auf seine Vergebung angewiesenen Mitmenschen am Zorn
festhalten, falls er nicht der religiösen Heuchelei und Selbstgerechtigkeit
verfallen will.[60]
Ben Sirach geht es also um die wahre Praxis des Kultes, die ohne das
Halten der Tora mit ihren Vorschriften der Gerechtigkeit und der Nächstenliebe nicht zu vollziehen ist. Ben Sirach verbindet damit nicht nur die
prophetische Tradition mit der weisheitlichen,[61] sondern in ihm vereinigen sich auch die drei großen alttestamentlichen Überlieferungsströme:
die prophetische, die priesterliche und die weisheitliche Tradition! Seine
Aussagen über Sündenvergebung Gottes sind aus diesem Zusammenhang
heraus zu verstehen.
Ben Sirach wehrt sich gegen die einseitige Vergebungssicherheit, die
irrtümlicherweise aus dem Sühnekult hergeleitet wird, und unterstreicht
die Bedeutung der sozialen Gesetze und deren Praktizierung im Alltag,
ohne die die Sündenvergebung weder durch Opfergabe noch durch Bekenntnis zum allein barmherzigen Gott gewährt wird

---

[59] G. MAIER, Mensch und freier Wille. Nach den jüdischen Religionsparteien zwischen Ben Sira und Paulus, Tübingen 1971, S.80. Stellenhinweise s. bei ihm S.80,
A.295.
[60] Zum Problem „Gebet-Wohltätigkeit-Vergebung" s. weiter 7,10; 29,12; 35,13-18.
Ferner H. STADELMANN, aaO., S.76 und S.118ff.
[61] So FIEDLER, aaO., S.43.

§ 16
Das frühjüdische Weisheitsdenken
und die Sündenvergebung

Die beiden wichtigsten Neuentwicklungen innerhalb der frühjüdischen Weisheitstradition sind einerseits die Gleichsetzung der Weisheit mit der Tora (Sir 24; Bar 3,9-4,4; Midr Spr 2 § 7,25a), andererseits die Personifizierung der Weisheit als Heilsmittlerin (Sir 4,11-19; 14,20-15,10; 24,1-29; Weis 7,22-8,1; äth Hen 99,10; 4 Esr 8,12 u.a.)[62] Durch die Identifizierung der Weisheit mit der Tora vollzieht sich innerhalb des Weisheitsdenkens eine Umbildung und Neuorientierung. Die synthetische Lebensauffasssung wird zwar im nachbiblischen Judentum trotz Hiob und Pred nicht ganz aufgegeben.[63] Es ist aber nicht wie früher die alte weisheitliche Auffassung vom Tat-Folge-Zusammenhang, die das Denken der Weisen bestimmt, sondern der Gedanke von der Vergeltung Gottes.[64] Die Weisheitsliteratur des Frühjudentums verbindet die Lebens- bzw. die Erfahrungsweisheit verstärkt mit der Torafrömmigkeit. Die Aussagen

---

[62] Zum Thema Weisheitstradition des Frühjudentums s. J. C. H. LEBRAM, Nachbiblische Weisheitstraditionen VT 15, 1965, S.165-237; E. G. BAUCKMANN, ZAW 72, 1960, S.33-63; und vor allem M.KÜCHLER, Frühjüdische Weisheitstraditionen, 1979, darin zum Verhältnis der Tora-Weisheit: S.41ff.

Der Versuch, die Weisheit und das Gesetz Jahwes mit einander zu verbinden, wurde bereits im AT, so z.B. in Dtn 4,6ff; Ps 19,8; 119,98 unternommen: Dazu M. SOEBØ, in THAT I, Art. חָכָם, Sp.566. Aber er kommt erst bei Sir zur vollen Durchführung.

Auch die Tendenz zur Personifizierung der Weisheit beginnt bereits im AT, so z.B. Spr 1-9: vgl. G. VON RAD, Weisheit, S 189ff. Ferner G. FOHRER, ThWNT VII, S.490ff.

[63] Die alttestamentlich-jüdische Auffassung vom „Tun-Ergehen-Zusammenhang" ist aber im Unterschied zur altorientalischen Vorstellung von Anfang an an den Jahweglauben gebunden. Es geht weder um selbsttätigen Automatismus, noch um Eigengesetzlichkeit der Ordnungen. Gottes souveräne Freiheit über jedes Prinzip und Dogma wird auch hier bewahrt. Zum Problem s. H. GESE, Lehre und Wirklichkeit in der alten Weisheit, 1958, S.42-50 u. S.70f.

[64] Vgl. GESE, Die Krise der Weisheit bei Koheleth, in: Vom Sinai zum Zion, S.173ff; SJÖBERG, Gott und die Sünder, S.183. Es ist also trotz KOCHS Einwand („Gibt es ein Vergeltungsdogma im AT?", ZThK52, 1955, S.1-42; abgedruckt in: „Um das Prinzip der Vergeltung", WdF, 1973, S.130-180) berechtigt, vom Vergeltungsgedanken in den alttestamentlich-frühjüdischen Weisheitsschriften zu sprechen.

Die Lehre von der Vergeltung Gottes spielt bereits im AT eine gewisse Rolle, so z.B. in Spr 3,33-35 und Pred 11,9. „Die Aufnahme des Vergeltungsdogmas als grundsätzliche Lebensregel unabhängig von dem, was sich später auch immer ereignet, ist Koheleth durchaus zuzutrauen (11,9)", GESE, aaO., S.174.

über Weisheit (חָכְמָה) wurden ohne weiteres auf die Tora übertragen (vgl. Bar 3,15ff mit 4,1; Sir 24,1-22 mit 24,23ff u.a.). Das Weisheitsdenken wurde so zunehmend von der Torafrömmigkeit her beeinflußt und auch umgekehrt. Nun heißt es: Wer die *Tora* befolgt, dem wird gutes Ergehen folgen; wer die Tora übertritt, den wird Gottes Zorn heimsuchen (Bar 4,12; 2 Makk 12,40; Gebet Manasses).

Der Weise wird so mit dem Torakundigen und der Torakundige mit dem Gerechten identifiziert.[65] Der Gerechte kann seines Lohnes gewiß sein, da Gott dafür Garant ist. In diesem Weisheitskreis ist der Tor wiederum mit dem Gesetzesunkundigen identisch, der naturgemäß zum Gesetzesübertreter wird. Der Gesetzesunkundige gilt darum als Sünder. Gott läßt zu, daß das Unheil, das der Sünder angerichtet hat, ihn selbst trifft. Die Hoffnung der Gerechten ist aber die Tora (Bar 51,7; Test Jud 26), und Gott gibt den Weisen die Weisheit.[66] Die Gerechten werden leben (= ewig leben).[67] Die ganze Welt ist um ihretwillen erschaffen worden. Ein Novum ist in dieser weisheitlichen Torauffassung der Gedanke, daß sowohl der Lohn als auch die Vergeltung nicht nur im diesseitigen Leben, sondern auch im Jenseits folgen können.[68] Der Lohn der treuen Gesetzeserfüllung ist die Auferweckung zum ewigen Leben (2 Makk 7,9.11.29; 12,45; Dan 12,2f). Für die gesetzlosen Sünder gibt es keine Auferstehung zum Leben (2 Makk 7,14.36), es sei denn, daß sie aufrichtig Buße tun und ihnen aufgrund der Fürbitte und des Sühnopfers (ἐξιλασμός) Vergebung gewährt wird (2 Makk 12,38-45). Denn Gott ist der gerechte Richter (Sir 35,15; Bar 2,1; 2 Makk 12,41) und darum wird er jeden nach seinen Werken richten (Sir 16,12; Weish 12,13.16). Für die unbußfertigen Frevler und Sünder gibt es in der Regel keine Vergebung der Sünden und folglich keine Auferstehung zum Leben, sondern nur die Sünden-Folge wie Krankheit, Gericht und Tod u.a.. Als Sünder gelten alle, die die Tora nicht kennen und folglich auch nicht befolgen. Sie übertreten wissentlich oder unwissentlich das Gesetz mit seinen Einzelgeboten und -verboten. Da sie die Tora nicht kennen, leben sie wie die Heiden und sind darum unrein, folglich auch vom Kult ausgeschlossen. In den Augen der gesetzesstrengen Weisen haben sie keine Chance, die Vergebung Gottes zu erlangen, da sie vom Kult ausgeschlossen sind. Etwas anders zu bewerten ist aber die Weisheit in der frühjüdischen Apokalyptik. Hier geht es streng-

---

65 Zur Parallelisierung von חָכָם und צַדִּיק s. M. SÆBØ, aaO., Sp.564f.

66 Vgl. äth Hen 93,10: Den zu Zeugen der Gerechtigkeit Auserwählten wird die siebenfache Weisheit und Kenntnis übergeben werden.

67 S. dazu Billerbeck III, S.129, S.335. Dort die rabbinischen Stellen.

68 Vgl. dazu GUTBROD, Art. νόμος in ThWNT IV, S.1042f.

genommen nicht mehr um die Weisheit im herkömmlichen Sinne. Nach der Krise der Weisheit seit Hiob und Koheleth war der Glaube an die synthetische Lebensauffassung zerbrochen.

In der Zeit der Ratlosigkeit und der Verfolgung eröffnet sich den Frommen der neue Weg zur übermenschlichen Erkenntnis. Nicht durch empirische menschliche Lebens- und Welterfahrungen, sondern durch übernatürliche Offenbarungen und Erleuchtungen (wie Visionen, Auditionen, Träume, Himmelsreisen u.a.) gelangen die auserwählten Frommen zur neuen Selbst- und Welterkenntnis. Wie Küchler richtig bemerkt, ist die apokalyptische Weisheit deshalb „nicht mehr erarbeitetes Wissen, sondern göttliches Geschenk und zwar in stets neuer, sich wiederholender Offenbarung"[69]. Die apokalyptische Weisheit ist darum keine Lebens- oder Wissensweisheit, sondern Offenbarungsweisheit, die verborgene Wirklichkeit aufleuchten läßt.[70]

Sowohl die apokalyptische Anthropologie wie auch das außergewöhnlich stark ausgeprägte Selbstbewußtsein der apokalyptisch denkenden Frommen (z.B. der Essener vom Qumran!) lassen sich von diesem Hintergrund her verstehen.

Die andere wichtige Neuentwicklung innerhalb der frühjüdischen Weisheitstradition ist die Tendenz zur Personifizierung der Weisheit, die schon Prov 8,22 beginnt.[71] Die Weisheit ist präexistent (Sir 1,1-7; 24,3ff; Bar 3,15ff; äth Hen 63,2; 84,3; Weish 7,25f);[72] sie wohnt im Himmel (Sir 24,4; Bar 3,29; äth Hen 42; 63,2; 84,2 f; Weish 8,3; 9,3; 9,9f)[73] und sie ist die Schöpfungsmittlerin (Sir 1,9b; 24,3.5; Bar 3,32ff; äth Hen 84,2f; Weish 7,12; 8,5; 9,9). Die Weisheit erwählt (Sir 24,8-22; Bar 3,37f; 11Q Psa 20), und ruft Israel (Sir 24,19-22; äth Hen 99,10), sie sendet sogar Propheten und Gesandte (Sir 24,30-34; Weish 7,27; vgl. Prov 1,20f. und 8,2f). Sie wird von allen Menschen (Bar 3,12; äth Hen 42, 94,5) abgelehnt und kommt schließlich selbst in die Welt (äth Hen 42), wohnt in Israel (Sir 1,10ff; 24,8ff; Bar 3,37f; 11Q Psa 20) und ruft als Tora Menschen zu sich (Sir 1,11ff; 24,23ff; Bar 4,1ff; äth Hen 99,10; 4 Esr 8,12; 1

---

[69] KÜCHLER, aaO., S.67; vgl. K. H. MÜLLER, BZ 24, 1980, S.274ff.

[70] Zum Thema Erleuchtung vgl. BETZ/GRIMM, Wesen und Wirklichkeit der Wunder Jesu, S.77ff; 93ff; 109ff.
Zum Thema Offenbarung und Verborgenheit Gottes und zur Gottesvorstellung in der frühen jüdischen Mystik s. P. SCHÄFER, Der verborgene und offenbare Gott, Hauptthemen der frühen jüdischen Mystik, Tübingen 1991, bes. S.134-162.

[71] Diese Tendenz hängt „mit der personalen Struktur der Jahwe-Offenbarung" zusammen. Vgl. GESE, Der Johannesprolog, in: Zur biblischen Theologie, S.17.

[72] Vgl. GESE, Art. Weisheit und Art. Weisheitsdichtung, in: RGG[3], VI, Sp.1574-1577 u. Sp. 1577-1581.

[73] Vgl. Prov 8,27-30. S. hierzu F. CHRIST, Jesus Sophia, S.156.

Bar 46,4; Weish 6,18; 9,9) Die als Person zu Israel gekommene Weisheit
wird aber auch von Israel abgelehnt (Bar 3,12; 4,1; äth Hen 93,8; 94,5; 4
Esr 5,9f; 1 Bar 48,33). Sie verbirgt sich vor Weisen und Verständigen
(äth Hen 42,2; Bar 3,15ff; Weish 9,13ff), kündigt durch Henoch Gericht
an (äth Hen 91,7ff; 94,6ff; 102,1ff), offenbart sich den Unmündigen (11Q
Ps 18) und entzieht sich der Welt (Sir 24,5f; äth Hen 42; 4 Esr 5,9f).[74]
    Von besonderer Bedeutung sind dabei die Weisheitsaussagen in den
Bilderreden des äth Hen im Zusammenhang mit der Menschensohndar-
stellung. Nach c.49 wird die himmlische Weisheit erst mit dem Messias-
Menschensohn erscheinen! In ihm wohnt „der Geist der Weisheit" (49,3),
und er ist „der Inhaber der himmlischen Weisheit". Die Erlöser- und
Richtergestalt „Menschensohn" ist nach c.48 präexistent, und es ist nach
48,7 die Weisheit Gottes, die diesen Menschensohn den Heiligen und Ge-
rechten offenbart.[75]
    In diesem Zusammenhang wird auch vom Messias als Spender der
Weisheit (Ps Sal 17,35), als Herzenskünder und Träger vollendeter Weis-
heit gesprochen.[76] Hier bildet die Messiasverheißung in Jes 11,1ff (hier
vor allem V.2) den alttestamentlichen Hintergrund. Die eschatologische
Offenbarung der himmlischen Weisheit ist also nach der frühjüdischen
Apokalyptik an die endzeitliche Retter- und Richtergestalt gebunden! Die
Weisheit wird auch manchmal mit dem *Wort* Gottes in Verbindung gebracht (Spr 8,22-36; Sir 24,3-22; Weish 9,9-12).[77] Denn auch das *Wort*
Gottes wurde von Gott gesandt (Weish 18,14ff; Ps 107,20), bringt Hei-
lung/Vergebung (Weish 16,12; Ps 107,20), und kehrt zu Gott zurück (Sir
24,3ff; Weish 9,9ff; vgl. Jes 55,10f). Die Tendenz der geheimnisvollen
Personifizierung der Weisheit (=Tora) und des Wortes Gottes läßt sich
bis in die neutestamentliche Zeit feststellen, und gelangt dort in der Per-
son Jesu zu ihrem Höhepunkt.[78] Vor allem die Weisheitsaussagen der
Apokalyptik bilden wichtige Voraussetzungen für die Botschaft und die
Praxis der Sündenvergebung Jesu (vgl. Mt 5,3ff.43ff; 8,11; 11,19 u.a.).
Diese Neuentwicklungen - einmal die Identifizierung der Weisheit mit der
Tora und die daraus entstandene Synthese von Weisheitsdenken mit der

---

[74] S. dazu F. CHRIST, aaO., S.162f.

[75] S. dazu GESE, Der Johannesprolog, S.183 u. S.185.

[76] S. dazu BILLERBECK II, S.438; I, S.72 u. S.482.

[77] Vgl. Ps 33,6; 147,15f.

[78] KÜCHLER vertritt die These, daß sich Jesus „selbst in Verbindung mit den verbrei-
teten Prophetengeschicksvorstellungen als letzten Gesandten der ‚Weisheit' verstanden
hat", aaO., S.585. Es scheint mir aber eher der Fall zu sein, daß Jesus sich selbst nicht
als ‚Gesandten', sondern als ‚Offenbarer' und ‚Inhaber' der Weisheit (=Tora) im Sinne
von äth Hen 48-49 verstanden hat (s. Mt 5,22.28.32.39.44; 8,11; Lk 11,31 u.a.).

Torafrömmigkeit, zum anderen die Personifizierung der Weisheit als Heilsmittlerin und schließlich die apokalyptische Erwartung des Offenbarwerdens der himmlischen Weisheit durch die Messias-Menschensohngestalt - laufen innerhalb der frühjüdischen Weisheitstradition parallel.

§ 17
Sündenvergebung in der frühjüdischen Apokalyptik

Das beherrschende Grundthema in den apokalyptischen Schriften, die in der Zeit vom Beginn des zweiten Jhdt v. Chr. bis zum Anfang des zweiten Jhdt. n. Chr. entstanden sind, ist die „Gerechtigkeit Gottes"[79]. Dies ist aus der politischen, sozialen und religiösen Situation der Juden damals heraus zu verstehen. Es war die Zeit der Kriege, der Wirren und der nationalen Not.[80] Israel war konfrontiert mit einer unbegreiflich großen, wechselnden heidnischen Übermacht, die über das erwählte Volk triumphierte. Die Frommen Israels sahen in der Übermacht der heidnischen Welt das Walten des Bösen, das noch zu diesem gegenwärtigen Äon gehört und ihn beherrscht. Die Frage, wann Gott seine Verheißungen zur Erfüllung bringen und seine Gerechtigkeit über die ganze Welt offenbaren wird, wurde immer bedrängender. Die Menschen in der Not setzten ihre ganze Hoffnung auf den gerechten Gott, der dem Bösen in der Welt ein Ende zu bereiten und die Frommen Israels zum Heil zu führen vermag. In den verschiedenen apokalyptischen Schriften dieser Zeit ist darum von dem kommenden Gericht Gottes über die Gottlosen dieses Äons die Rede.[81] Die Herkunft der jüdischen Apokalyptik aus der alttestamentlichen Prophetie wurde zwar von vielen Exegeten bestritten,[82]

---

[79] P. STUHLMACHER, Gerechtigkeit Gottes bei Paulus, Göttingen 1966[2], S.146.
Zum Problem der jüdischen Apokalyptik s. J. M. SCHMIDT, Die jüdische Apokalyptik. Die Geschichte ihrer Erforschung von den Anfängen bis zu den Textfunden von Qumran, Neukirchen, 1976[2], S.303ff; ferner E. KÄSEMANN, Zum Thema der urchristlichen Apokalyptik, ZThK 59, 1962, S.257-284; K. KOCH, Ratlos vor der Apokalyptik, 1970, S.5ff; ferner H. H. ROWLEY, The Relevance of Apocalypticism, 1955[2]

[80] Das Buch Daniel entstand z.B. während der Verfolgung unter Antiochus IV, und 4 Esra nach dem Fall Jerusalems. Zur Umwelt des Judentums s. oben Abs.2.

[81] S. äth Hen 48 u. 49; 71,14-17; Ps Sal 13 u 14; 4 Esr 7,31.50; 8,1 u.a.

[82] So z.B. von G.VON RAD, Theologie des Alten Testaments II, S.316ff. Für ihn ist die Weisheit der eigentliche Mutterboden der Apokalyptik. Zurückhaltender J. M. SCHMIDT, aaO., S.306ff. P. VIELHAUER, aaO., S.418: Als Kluft, die zwischen Apokalyptik und der Prophetie besteht, nennt er die drei apokalyptischen Charakteristika: „Dualismus, Determinismus und Pessimismus". Die Heimat der Apokalyptik liegt für ihn in den eschatologisch bewegten und erregten Kreisen des palästinischen Judentums, die

aber nach H. Gese liegen die Anfänge der Apokalyptik bereits im Ezechielbuch und „in den sieben Nachtgesichten Sacharjas aus dem Jahre 519
v.Chr"[83]. Die jüdische Apokalyptik greift - rund 300 Jahre nach dem
Ende der Schriftprophetie - die Hauptgedanken der prophetischen Eschatologie wieder auf.[84]

Kennzeichnend für die Vorstellungswelt der Apokalyptik ist die Zwei-
Äonen-Lehre (ὁ αἰὼν οὗτος und ὁ αἰὼν μέλλων: 4 Esr 7,31; 7,50ff;
8,1; vgl. Dan 2 u. 7) mit ihren Aussagen über eine neue Welt, eine neue
Schöpfung und eine Erneuerung von Himmel und Erde (äth Hen 45,4f;
91,16; 4 Esr 7,75; syr. Bar 32,6 u.a.), dann der Determinismus (äth Hen
39,3ff; 48,3.6; 49,2; 4 Esr 4,36ff; 6,1ff; vgl. Dan 7,13), die eschatologische Naherwartung (4 Esr 4,33f; 4,48f; 5,55; 6,59; äth Hen 93,9f; 97,3.5;
204,3; syr. Bar 26; 81,3; 85,10; vgl. Dan 8,13) und die radikale Abwer-
tung dieses Äons (4 Esr 5,55; 14,10; syr. Bar 85,10; vgl. Dan 7,19-25),
die wiederum mit dem radikalen Verständnis von Sünde zusammenhängt.[85] Der gegenwärtige Äon steht unter der Herrschaft des Bösen und
der Sünde. Man spricht auch von ‚messianischen Wehen‘ (äth Hen 9,39; 4
Esr 13). Wenn aber der neue Äon hereinbricht, werden alle Sünden vernichtet, und der Abstand zwischen Gott und Menschen fällt dahin.[86] Gott
wird dann unter ihnen wohnen.[87] Das eigentliche Anliegen der Apokalyptik ist also,wie K. Koch betont, „nicht Untergang, sondern Welterneu-
erung, ein neuer Äon oder das auf Erden verwirklichte Reich Gottes"[88].
In der jüdischen Apokalyptik geht es weder um Stillegung der Geschichte,[89] noch um „Utopie"[90], wie oft behauptet wird. Es geht auch nicht um

---

Qumran und den weisheitlichen Kreisen nahe stehen, S.420. Vgl. auch R. BULTMANN,
Geschichte und Eschatologie, 1958, S.30ff; ferner E. KÄSEMANN, der gegenüber der
rein präsentischen Eschatologie Bultmanns die apokalyptisch-futurische Eschatologie im
NT, besonders bei Paulus, betont. Der Mensch ist in ein kosmisches Heilsdrama
einbezogen! Exeg. Versuche und Besinnungen II,1964, S.127f.

[83] H. Gese, Die Frage des Weltbildes, in: Zur biblischen Theologie, 1977, S.219;
Anfang und Ende der Apokalyptik, dargestellt am Sacharjabuch, in: Vom Sinai zum
Zion, 1974, S.202ff.

[84] K. KOCH, Art. Apokalyptik, Reclams Bibellexikon, 1978, Sp.39f. Vgl. auch H.
RINGGREN, aaO., Sp.464. Er sieht auch in der Apokalyptik die Fortsetzung des
Prophetismus.

[85] Vgl. P. VIELHAUER, aaO., S.407ff; H. RINGGREN, aaO., Sp.463ff.

[86] Vgl. K. KOCH, aaO, S.39.

[87] Vgl. Apk 21,3f.

[88] K. KOCH, aaO., S.39.

[89] R. BULTMANN, Das Urchristentum im Rahmen der antiken Religionen, 1962,
S.64.

[90] H. THYEN, aaO., S.64. Seine Einstellung zur Apokalyptik ist durchgehend negativ.
S.60, 61, 63f.

„allerlei Spekulation" oder um die künstlichen Darstellungen der Visionen.[91] Hier geht es um die Transzendenzoffenbarung in besonderer Form sowie um die Glaubenserfahrung der einzelnen Frommen in der Zeit der großen Bedrängnisse.[92] Transzendenz bzw. Symbol treten hier „im Anschaubaren, in einer Weise hervor, wie wir es heute kaum nachzuvollziehen vermögen"[93].

In diesem Zusammenhang finden wir auch nicht selten Aussagen über Sünde und Vergebung. Der Fromme dieser Zeit ist verstärkt mit der eigenen Sünde und der Sünde in der Welt konfrontiert. Man fragte auch nach dem Ursprung der Sünde und versucht ihren kosmischen Hintergrund zu erforschen.[94] So galten einerseits die gefallenen Engel als diejenigen, die die Sünde in die Welt gebracht haben (äth Hen 10,4ff; 64,1ff), und andererseits wurde Adam als derjenige genannt, der durch seine Ungehorsamstat Sünde über die ganze Menschheit brachte (4 Esr 3,21ff; 7,11f; 48ff; 2 Bar 23,4; 48,42 u.a.)

Die Essener von Qumran führten Sünde wie Übel auf Belial und seine Herrschaft zurück.[95] Die Vorstellung der Sünde wird somit umfassender und „radikaler"[96] gedacht. Die frommen Juden, die ihre Sündenverfallenheit in vertiefter Weise erkennen und bekennen,[97] setzten ihre Hoffnung auf den treuen, barmherzigen Gott und auf den Gesalbten. Der endzeitliche Sieg wird vom davidischen Messias bzw. vom Menschensohn erhofft, der alle Frevler und Gesetzesübertreter richten und die Gerechten zum Heil führen wird.

Der Akzent liegt dabei nicht auf dem sündenvergebenden Handeln Gottes, sondern auf der Beseitigung der Sünde/Unreinheit durch ihn bzw. durch seinen Bevollmächtigten.[98] Sündenvergebung wurde als Heilsgut

---

[91] So H. RINGGREN, aaO., Sp. 464 u. 465.

[92] Vgl. dazu die Äußerung von P. VIELHAUER: „Die Apokalytik ist Buchweisheit. … Aber die Glut der Erwartung und die Stärke der Hoffnung sind echt. Es läßt sich auch nicht leugnen, daß die Apokalyptiker visionäre Erlebnisse hatten", aaO., S.409.

[93] H. GESE, Die Frage des Weltbildes, aaO., S.219. Vgl. dazu die Reich-Gottes-Verkündigung Jesu in Gleichnissen, begleitet durch Zeichen und Wunder.

[94] Vgl. dazu E. SJÖBERG, aaO, S.248ff.

[95] Vgl. K. Galling, Art. Belial, in RGG[3] I,S.1025f; ferner Koch, Art. af;j;, in ThWAT II, Sp.869f.

[96] A. STROBEL, Erkenntnis und Bekenntnis der Sünde in neutestamentlicher Zeit, Stuttgart 1968, S.22.

[97] Vgl. A. STROBEL, aaO., S.22: Dazu auch die Sündenbekenntnisse in den apokryphischen Schriften: Bar 1,15-3,8, darin vor allem 2,15 (Name Gottes und Sündenvergebung) und 3,8 (Sühne); Gebet Manasse 7 und 13 mit der Bitte um Vergebung. Vgl. dazu z.B. Ps Sal 9,12.

[98] Vgl. H. RINGGREN, Art. Jüdische Apokalyptik, in RGG[3], Bd I, Sp.464f.

für die Auserwählten Israels, als die Frucht der messianischen Heilszeit erwartet.[99]

Das wichtige neue Moment in den apokalyptischen Aussagen ist dabei, daß sowohl die Sünde als auch Vergebung bzw. Nichtvergeben einerseits mit Endgericht und andererseits mit den eschatologischen Retter- und Richtergestalten verbunden sind.

Der Herbeiführer der eschatologischen Gottesherrschaft und der neuen Heilszeit ist nach dem äth Henochbuch (Bilderreden) und 4 Esr der Messias bzw. der Menschensohn.[100] Er wird aber vor allem als der Gerichtsherr erwartet (äth Hen 45; 61; 62; 4 Esr 7; 13; vgl. Gerichtspredigt Johannes des Täufers). Als solcher hat er die Vollmacht Gottes, über jede(n) Sünde(r) nach seinem Gerechtigkeitsmaßstab zu richten.

Wichtig in diesem Zusammenhang ist der apokalyptisch-frühjüdische Gedanke von der himmlischen Buchführung über jede gute und böse Tat (äth Hen 81,4; 89, 61ff; 90,17.20; 98,7.8; 104,7; vgl. Dan 7,10; Mal 3,16 und Offb 20,12)[101] Das heißt, daß jede Sünde nach frühjüdischer Anschauung zum Gericht aufbewahrt wird. Dieser ist also der Ort, wo über die Sünde das letzte Urteil gefällt wird. In diesem Kontext hat nur der Gerichtsherr die Vollmacht, Sünden zu vergeben (=nachzulassen).

Dabei liegt der Akzent darauf, daß der eschatologische Weltenrichter jeden Sünder nach seiner Gerechtigkeit richten und ihm vergelten wird, während er die Gerechten und die Auserwählten zum Heil, zum neuen Leben hinführt.[102] In den apokalyptischen Schriften des Frühjudentums tritt also der Gerichtshorizont der Sündenvergebung deutlich hervor. Die zentrale Figur in diesem Kontext ist der Messias-Menschensohn, der endzeitliche Herrscher und Richter.

Im folgenden wollen wir den Sachverhalt etwas näher anschauen.

17.1 Jesaja-Apokalypse

Zuerst wollen wir einen kurzen Blick auf die *Jesaja-Apokalypse (Jes 24-27)* werfen. Wie W. Zimmerli feststellt, ist das literarische und tradi-

---

[99] Vgl. dazu BILLERBECK, Kommentar zum Neuen Testament, Bd. I, S.70ff.

[100] Vgl. LOHSE, Christus als der Weltenrichter, FS Conzelmann, 1975, S.475-486, bes. S.475-476.

[101] Vgl. BEER, in: Kautsch II, S.263 und S.285. Ferner Billerbeck I, S.751. Zu unterscheiden sind a) die Bücher der Lebenden, b) das Buch der guten und bösen Taten, c) die himmlischen Tafeln.

[102] Vgl. H. RINGGREN, Jüdische Apokalyptik, RGG[3] I, S.464f.

tionsgeschichtliche Problem dieser Kapitel noch keineswegs gelöst.[103] Interessanterweise stehen hier die universalen Schilderungen von Gericht und Heil nebeneinander. Das Heil gilt für alle Völker der Welt, die zum „großen universalen Völkermahl der Epiphanie"[104] geladen werden. Das Mahlmotiv in 25,6-8, das uns an Ex 24,9ff erinnert, spielt hier im Zusammenhang mit der Aussage über die Königsherrschaft Gottes auf dem Zion eine wichtige Rolle.[105]

Der Verfasser dieser Apokalypse, der mit seiner Aussage über die universale Ausweitung des Jahweheils der Botschaft Deuterojesajas nahesteht, blickt hoffnungsvoll auf das Endgericht Gottes. Am Tage des Gerichts werden die Bewohner des Erdkreises die von den Frommen lang ersehnte Gerechtigkeit Gottes kennenlernen (26,9). Es wird eine Gerechtigkeit sein, die einerseits die Freveltaten und die Rechtsverstöße der Gottlosen unnachsichtig ahndet (26,21) und andererseits die Schuld Jakobs sühnt (27,9a). Am Tage des gerechten Gottesgerichtes wird Israel von seinen Sünden befreit (27,9b), und Gott bereitet auf dem Zion ein messianisches Festmahl, (25,6). Die Heilsschilderung über das messianische Festmahl auf dem Zion setzt ohne Zweifel die Sündenreinheit bzw. die Sündenvergebung der Frommen voraus. Denn Gott wird den Tod auf immer vernichten und die Tränen von jedem Angesicht abwischen. Bedeutsam ist der Universalismus bei dieser Heilsschilderung in 25,6-8.[106]

---

[103] W. ZIMMERLI, Theologie, S.204; Vgl. O. PLÖGER, Aus der Spätzeit des Alten Testaments. Studien, 1971, S.94; O. KAISER, Der Prophet Jesaja. Kap. 13-39, übersetzt und erklärt, 1973, ATD Teilbd. 18, S.160ff; M. L. HENRY, Glaubenskrise und Glaubensbewährung in der Dichtung der Jesajaapokalypse. Versuch einer Deutung der lit. Kompos. von Jes 24-27 aus dem Zusammenhang ihrer religiösen Motivbildungen, 1967, bes. S.148ff, S.195ff.

[104] PLÖGER, aaO, S.94

[105] Vgl. P. WELTEN, Die Vernichtung des Todes und die Königsherrschaft Gottes. Eine traditionsgeschichtliche Studie zu Jes 25,6-8; 24,21-23 und Ex 24,9-11, in: ThZ 38, 1982, S.129-146, hier S.145.

[106] Zu Jes 25,6-8 s. WELTEN, aaO., S.145. Hier seine interessanten Schlußworte: „Die übergreifende Vorstellung ist das Königsein Jahwes, in Jes 25,6-8 wie entsprechend auch schon in Ex 24,9-11. Gemeinsam ist auch das Mahl, das in Ex 24,9-11 Züge des zebah trägt, während in Jes 25,6-8 Züge des Königsmahles hinzukommen. Expliziert ist dies in Jes 24,21-23. Damit verbindet sich die außerhalb dieses Traditionskreises nicht belegte, ungeschützte, direkte Gottesbegegnung. - Im Exodustext konstituiert sie das besondere Verhältnis Gott-Israel, in unserem Jesajatext wird entsprechend ein solches Verhältnis Gott-Völker gestiftet, in der Ausweitung von Königtum und Zebah-Gemeinschaft auf die Völkerwelt. Voraussetzung für diesen Akt ist, daß das israelbezogene Sinaigeschehen auf den Zion mit seiner universalistischen Tradition übertragen wird". Über das Verhältnis zwischen Ps 22 und 1 Kor 15 s. auch S. 145f. - Zur Jesaja-Apokalypse vgl. außerdem J. M. SCHMIDT, Die jüdische Apokalyptik ,1976², S.273-276.

Für die Jesajaapokalypse sind also das Endgericht und die eschatologische Offenbarung der Gottesgerechtigkeit mit Heil und Sündenvergebung für die Gerechten verbunden (vgl. 27,9 und das Festmotiv in 25,6ff)

17.2 Dan 7 und 9

Noch kurz einzugehen ist auf *Dan 7,13f* und auf *9,4-19*. In Dan 7,13f liegt der älteste Beleg für den Titel „Menschensohn" (בַּר אֱנָשָׁא, bar 'aenascha') vor.[107]

Die Frage nach der literarischen Einheitlichkeit und der Abfassungszeit des Kap. 7 ist noch nicht ganz geklärt. Während J. J. Collins die literarische Einheitlichkeit und die makkabäische Abfassung für Kap. 7 annimmt,[108] vertritt heute O. H. Steck die Meinung, daß doch „mit einem literarischen Stratum in Dan 7 aus vormakkabäischer Zeit und Erweiterungen durch den Verfasser des makkabäischen Danielbuches" zu rechnen sei.[109]

Abgesehen von weiteren literarischen Einzelfragen, können wir mit Steck und Weimar davon ausgehen, daß wir in 7,13f eine alte (vielleicht ursprünglich selbständige) Überlieferung vor Augen haben.[110]

Auch in der Frage nach der Menschensohngestalt in 7,13 ist die Ansicht der Exegeten verschieden. Sieht Collins z.B. in der menschensohnähnlichen Gestalt „primarily the angelic host and its leader, but also the faithful Jews in so far as they are associated with the heavenly host in the eschatological era"[111], unterstreicht Weimar: „Aufgrund der Entstehungsgeschichte von Dan 7 und bei Beachtung des jeweiligen Textzusam-

---

107 Vgl. hier A.DEISSLER, „Der Menschensohn" und „das Volk der Heiligen des Höchsten" in Dan 7, FS. A. Vögtle, 1975, S.81-95; M. BLACK, Die Apotheose Israels: Eine neue Interpretation des danielischen „Menschensohn", FS. A. Vögtle, S.92-99; K. KOCH, Das Buch Daniel, 1980.

108 J. J. COLLINS, The Son of Man and the Saints of the Most Hight in the Book of Daniel, in: J B : 93, 1974, S.50-56.

109 O. H. STECK, Weltgeschehen und Gottesvolk im Buche Daniel, in: Kirche, FS. G. Bornkamm, 1980, S.53-78, hier S.55. In diese Richtung geht auch U. B. MÜLLER, Messias und Menschensohn in jüdischen Apokalypsen und in der Offenbarung des Johannes, 1972, S.9-13 und P. WEIMAR, Daniel 7. Eine Textanalyse, in: FS Vögtle, S.11-36, hier S.15.

110 WEIMAR spricht von einem ursprünglich selbständigen „Menschensohnpsalm", aaO., .S.25 und S.30ff. Nach STECK gehört die Thronvision in VV 9-14 zur älteren Vorstufe des aramäischen Danielbuches, aaO., S.59.

111 COLLINS, aaO., in seiner Zusammenfassung, S.66.

menhanges kann weder für den Menschensohn noch für die Heiligen des Höchsten eine einheitliche Deutung angenommen werden. Schon im Buch Daniel wird so eine Geschichte der Vorstellung vom Menschensohn und von den Heiligen des Höchsten sichtbar"[112].

Trotz solcher vorsichtigen Bemerkungen können wir doch davon ausgehen, daß wir es in Dan 7 mit dem ältesten Text der Menschensohnapokalyptik zu tun haben.[113] Und wir können wiederum davon ausgehen, daß Kap. 7 in der vorliegenden Form aus dem 2. Jhdt. v.Chr. (um 164) stammt.[114] Vor allem die Verse 13-14 gehören zur alten, ursprünglichen Schicht.[115] Von dieser Stelle sind die späteren apokalyptischen Schriften wie äth Hen und 4 Esr beeinflußt. Nach Dan 7,14 wurde diesem „Menschensohn" Macht, Herrlichkeit und die Königsherrschaft (מַלְכוּ) übertragen. Alle Völker, Nationen und Sprachen sollten ihm dienen. Seine Herrschaft soll eine ewige Herrschaft sein, die nie vergehen wird, und sein Königtum sollte niemals untergehen. V.14 knüpft damit deutlich einerseits an 2 Sam 7,16 („Dein Haus und dein Königtum sollen immerdar vor mir Bestand haben. Dein Thron soll für immer fest gegründet sein") und an die von dieser Stelle ausgelöste Kette von Messiasverheißungen (Jes 7,14; Mich 4,14; Hag 2,23), und andererseits an die deuterojesajanischen Stellen wie Jes 43,9; 51,4-5; 52,10; 54,3; 55,4 an.[116] Der Ausdruck „Menschensohn" kann sowohl kollektiv (V.18 und 22) als auch individuell verstanden werden (s. den späteren Gebrauch in äth Hen, 4 Esr und die rabbinische Auslegung: vgl. auch das Ezechielbuch).

Das später erweiterte Bußgebet in Dan 9,4-19[117] zeigt deutlich, daß der alttestamentliche Glaube an einen gerechten und zugleich sündenvergebenden Gott auch hier weiterlebt. Auf das radikale Sünden- und Schuldbekenntnis in V.4ff folgt das Bekenntnis zu einem sich erbarmenden und sündenvergebenden Gott in V.9. In allem gibt der Beter Gott recht, denn „Jahwe, unser Gott, ist gerecht in allem, was er tut" (V.14b). Er ist gerecht auch in seiner Züchtigung und Rettung. Hier hat der Betende wahrscheinlich Ps 103,6 und Ps 146,7ff vor Augen gehabt, wo eindrucksvoll

---

112 So WEIMAR in seinem Schlußwort, aaO., S.36.

113 Vgl. GESE, Der Messias, S.138; ders., Die Bedeutung der Krise unter Antiochus IV. Epiphanes für die Apokalyptik des Danielbuches, ZThK 80, 1983, S.373-388.

114 Vgl. O. PLÖGER, Das Buch Daniel, 1965, S.28-30; M. NOTH, Zur Komposition des Buches Daniel, in: M. Noth, Gesammelte Studien zum AT II, 1969, S.11-28.

115 Vgl. P. WEIMAR, aaO., S.24f.

116 Vgl. dazu H. GROSS, Weltherrschaft als Gottesherrschaft nach Gen 11,1-9 und Daniel 7, FS R. Graber, 1962, S.13f.

117 Zum literarischen Problem s. PLÖGER, Das Buch Daniel, 137ff und N. W. PORTEOUS, Das Danielbuch, 1962, S.13f und S.111-112.

von der Heil und Vergebung bringenden und zugleich befreiend-leben-spendenden Gerechtigkeit Gottes gesprochen wird.

In diesem Bußgebet lebt der traditionelle Vergebungsglaube unerschüttert weiter; denn der Beter ist davon überzeugt, daß Gott in allem treu ist, und daß er in der früheren Zeit darin seine Gerechtigkeit gezeigt hat, daß er sich des sündigen Israels erbarmte und Vergebung wie Rettung brachte.

Im Danielbuch stehen aber 7,13f und 9,4-19 noch unverbunden nebeneinander: hier die mächtige himmlische Menschensohngestalt und dort der um die Vergebung Gottes flehende Mensch.

Aus dem Kapitel 7 ergeben sich folgende wichtige Sachverhalte für unsere weitere Untersuchung, nämlich daß das Bild vom Menschensohn in Dan 7,13f die alttestamentliche Messiastradition (bes. Jes 9, 1-6; 11,1-5; 42,1.6; 49,6; Jer 23,5f; Ps 2; 72; 110) fortbildet,[118] und daß der Menschensohn auch hier im Zusammenhang mit dem universalen Gottes-Gericht erscheint (vgl. die Gerichtstermini: Aufstellen der Throne V.9a; Feuer/Flammen V.9b und 10; Aufschlagen der Bücher V.10b).[119]. Die Vollmacht (שָׁלְטָן / ἐξουσία LXX), die Gott der Menschensohngestalt überträgt, ist auch von diesem Hintergrund her zu verstehen.

17.3 Äthiopischer Henoch

Die theologischen Ausführungen im *äth. Henochbuch* [120] sind auch ganz vom Gedanken der Weltherrschaft Gottes und von der Auffassung des nahen Endgerichts her bestimmt. Der „Tag des Herrn" wird hier als der „Tag des großen Weltgerichts", als der „Tag des Auserwählten" (61,5)

---

[118] Vgl. H. GROSS, Weltherrschaft, 20: „Diese Aussage, die Dan 7,9-14 mit Dan 2,44 verbindet, wird erweitert um die Offenbarung, daß Gott seinen Herrschaftsanspruch einer Mittlergestalt, dem Menschensohn delegiert, dessen Bild vergleichbare Züge wie der königliche Messias ... aufweist", S.20.

[119] Vgl. K. MÜLLER, Menschensohn und Messias, in: BZ, NF 16, 1972, S.161-187. Im Zusammenhang mit den Bilderreden des äth Hen bes. S.174-179; Vgl. auch GESE, Der Messias, S.142f.

[120] Zur Forschungsgeschichte zum äth Hen s. J. M. SCHMIDT, Die jüdische Apokalyptik, S.68-70; S.72-74; S.135-137. Zum Verhältnis zu Daniel S.79; Mit ausführlichen Literaturangaben J. CHARLESWORTH, The Pseudepigrapha and modern Research, S.98-103; Zu Einleitungsfragen bes. BEER, Das Buch Henoch, in: Kautsch II, S.217-235 und PLÖGER, Henochbücher, RGG[3] III, S.222-224.

interpretiert.[121] Auch in den sogenannten Bilderreden des äth Hen (37-71) stehen die Schilderungen des großen Weltgerichts und die Gestalt des Weltenrichters im Mittelpunkt.[122] Sündenvergebung wie Vernichtung der Sünde(r) werden im Endgericht durch den Weltenrichter entschieden. Auch hier spielt das Stichwort ‚Gerechtigkeit Gottes' eine wichtige Rolle. Nach den Bilderreden in Kap. 37-71 soll das Recht Gottes durch die Herrscher- und Richtergestalt „Menschensohn" (vor allem in der dritten Bilderrede in Kap. 58-69) aus Dan 7,13f verwirklicht werden. Damit ist ausgesagt, daß der Menschensohn die Richterfunktion Gottes übernommen hat.[123] Nun sitzt er auf dem Gerichtsthron Gottes (äth Hen 45,3f; 61,8f) und ist derjenige Rechtsbeauftragte, der die ganze Welt nach dem Recht und der Gerechtigkeit Gottes richten wird (äth Hen 46,3; 48,4; 49,3; vgl. Jes 9,5f; 11,3f; Jer 23,5f).[124]

In äth Hen 46,1ff und im etwas späteren 4.Esr (13,1ff) wird die Herrschergestalt „Menschensohn" mit dem „Messias" aus den alttestamentlichen Verheißungen gleichgesetzt. In äth Hen 46,1-4; 48,2.10; 52,4; 62,5; 69,26.29 wird nämlich im Anschluß an Dan 7,9ff vom Menschensohn geredet und damit der *Messias* gemeint![125] Auch einige rabbinischen Stellen wie Sanh 98a; Midr Ps 2 § 9 (14b); Midr Ps 21 § 5 (90a) interpretieren den Menschensohn aus Dan 7,13 messianisch.[126] Wir können aus diesem Sachverhalt erschließen, daß die Bezeichnungen „Menschensohn" und der Name „Messias" in der frühjüdischen Zeit eng aufeinander bezogen waren. Die Figur mit diesen miteinander austauschbar gewordenen Namen steht in den apokalyptischen Gerichtsaussagen im Mittelpunkt. So spielt z.B. bei der Gerichtsdarstellung in der dritten Bilderrede (Kap.58-69) die Messiasgestalt die Hauptrolle, die „bevorzugt Menschensohn heißt"[127].

---

[121] Vgl. G. DELLING, Art. ἡμέρα, in ThWNT II, S. 954. Vgl. dazu seine interessante Bemerkung zum Verhältnis äth Hen-Jesus: „Es hat eine ziemliche Wahrscheinlichkeit für sich, daß Jesus in seiner messianischen Terminologie, wenn nicht durch die „Bilderreden des Henoch" (äth Hen 37-71) selbst, so doch durch eine von dessen Gedankenwelt abhängige Gruppe beeinflußt ist", S.954.

[122] Vgl. PLÖGER, aaO., S.223; E. SJÖBERG, Der Menschensohn im äthiopischen Henochbuch, 1946, S.61-82, D. LÜHRMANN, Henoch und die Metanoia, in ZNW 66, 1975, S.103ff; E. LOHSE, Christus als der Weltenrichter, FS H. Conzelmann, 1975, S.475-486, bes. S.476ff.

[123] Dazu vgl. SJÖBERG, Der Menschensohn, S.66.

[124] Dazu STUHLMACHER, Die neue Gerechtigkeit, S.34ff.

[125] Vgl. BILLERBECK I, S.485f und S.958f. In äth Hen 62,7.9.14; 63,11; 90,37 werden „Menschensohn".(oder „Mannessohn") auch mit der Umschreibung „Sohn der Nachkommenschaft der Mutter der Lebendigen (=Evas)" wiedergegeben.

[126] Vgl. BILLERBECK I, S.483 und S.486; auch dort weitere Belege.

[127] O. PLÖGER, aaO., S.223; vgl. SJÖBERG, Der Menschensohn, S.81.

Nach äth Hen verkörpert die messianische Menschensohngestalt die Gerechtigkeit Gottes (äth Hen 46,1ff); sie führt das Weltgericht und zugleich die Heilszeit der Gottesherrschaft herbei (äth Hen 46 und 48). In diesen apokalyptischen Kreisen erwartet man die Sündenreinheit in den Tagen der messianischen Heilszeit. Der Opferkult wird auch in jenen Tagen nicht mehr nötig sein.[128]

Der messianische Menschensohn wird das Gericht über die Sünder und Gesetzesübertreter halten. Da er an Gottes Stelle als Richter auftritt, ist er in seinem Gericht unbestechlich, unparteiisch und hat die Gerechtigkeit als besondere Eigenschaft.[129]

Nach äth Hen 62,13-16 werden die Gerechten und die Auserwählten an der endzeitlichen *Mahlgemeinschaft* mit dem messianischen Menschensohn teilnehmen, und ihre Herrlichkeit und Freude werden ewig dauern.[130] Hier wird entweder die Sündenvergebung für die Gerechten vorausgesetzt (im Text wird zwar nicht direkt von Sündenvergebung gesprochen, aber die Metapher der Mahlgemeinschaft kann sie voraussetzen), oder es kann sich auch darum handeln, daß die im Gericht gerecht Erfundenen zum Lohn mit dem Menschensohn ewige Tischgemeinschaft halten dürfen. Interessant ist dabei, daß einerseits der alttestamentliche Messias nun die Charakterzüge eines Weltenrichters bekommt, während andererseits der Menschensohn aus Dan 7,13f messianisch interpretiert wird. Nach äth Hen ist der messianische Menschensohn also der Herrscher und Richter der Welt, der das Gericht hält, die Gottesherrschaft herbeiführt und zugleich die Gottes-Gerechtigkeit verwirklicht. Durch ihn wird das Heil oder Unheil eines jeden Menschen definitiv bestimmt. Auch in äth Hen finden wir negative Aussagen über Sündenvergebung. Nach äth Hen 13,4-6 schreibt zwar Henoch (d.h. der Verfasser) eine Bittschrift an den Herrn des Himmels für die gefallenen Engel und ihre Kinder, deren Verdammnis fest bestimmt ist, damit ihnen Nachsicht und Vergebung zuteil würden; aber das ist keine Hoffnung für sie. Sie werden weder Frieden noch Vergebung finden und ihre Bitten um Barmherzigkeit wie Vergebung werden nicht erhört; nur die Gerechten können für ihre wenigen Sünden Vergebung erlangen.[131] Das Geschick der Gottlosen und der Auserwählten im künftigen Weltgericht wird auch mit Klarheit dargestellt: Die Gesetzesübertreter und die Sünder werden mit dem Fluch des Ge-

---

[128] Vgl. BILLERBECK IV, S.885 und rabbin. Stellen dazu S.936f.
[129] Vgl. äth Hen 38,2; 39,6; 46,3; 53,6f; 61,9; 62,2f; 71,14.16.
[130] Zum Mahlmotiv vgl. WELTEN, Vernichtung des Todes, S.145.
[131] S. dazu SJÖBERG, Gott und die Sünder, S.226. Er gibt hierzu folgende Stellen an:
äth Hen 1,8; 7,5ff; 27,4; 39,5; 61,13 und 92,4.

rechten verdammt und sie werden keinen Frieden (5,4) und keine Gnade (5,5) finden, während den Auserwählten Licht, Freude und Friede zuteil werden (5,7; vgl. auch 53,2ff; 54,1ff; 63,11).[132]

Die wichtigsten Aussagen in unserem Zusammenhang finden wir aber in der *zweiten Bilderrede (c.45-57)* und insbesondere in den Kap.45-50. Hier wird der traditionelle Messias mit dem Menschensohn aus Dan 7 identifiziert (45,3; 46,1ff; 48,2.10). Er hält das Endgericht ab (45,3f), ist der Inhaber und Verwirklicher der Gottes-Gerechtigkeit (46,3) vom AT (Jes 9,6; 11,3f; Jer 23,5f; 33,15; Sach 9,9; Ps 72) und zugleich der Inhaber und Offenbarer der Weisheit Gottes (49,3). Gerechtigkeit und Weisheit sind das Kennzeichen der Königsherrschaft Gottes, und alle Durstigen trinken aus dieser Quelle (48,1). Der messianische Menschensohn ist präexistent (48,3.6), und er wird ein Stab für die Gerechten und die Heiligen sein, damit sie sich auf ihn stützen und nicht fallen (48,4). Er wird nach 48,4 ferner das Licht der Völker von Jes 42,6 und 49,6 und die Hoffnung der Betrübten sein. An jenen Tagen wird eine Umwandlung für die Heiligen und Auserwählten stattfinden (50,1), und selbst die Sünder werden gerettet werden, wenn sie *Buße* tun, denn die Barmherzigkeit Gottes ist groß und der Herr der Geister wird sich ihrer erbarmen (50,3; vgl. 71,3 und 91,17).[133] Die überwiegend strengen Gerichtsaussagen über die Sünder im äth Hen stehen aber nicht im direkten Gegensatz zu den Aussagen über Buße in 50,2-4. Das Urteil über die Sünder ist noch nicht endgültig gefallen. Der „Tag" ist noch nicht angebrochen.

Daß Henoch kein Apokalyptiker ist, der nur den Sündern das bevorstehende Vernichtungsgericht ankündigt und sich vielleicht an ihrem Untergang freut, sondern die Sünder angesichts dieses Gerichtes zur Buße auffordern will, bringen gerade die Aussagen in 50,2-4 deutlich zum Ausdruck.[134] In 50,2 heißt es darum: „ ... die Gerechten werden siegreich sein im Namen des Herrn der Geister, und er wird es die anderen sehen lassen, *damit* sie *Buße* tun und von dem Tun ihrer Hände ablassen"[135]. Die Heilsschilderung der Gerechten zielt hier deutlich auf die Buße der Sün-

---

[132] Daß die Gerechten Sündenvergebung brauchen, wird nach SJÖBERG daran deutlich, „daß als Versprechung für die letzte Heilszeit gesagt wird, daß die Gerechten dann nicht mehr (οὐ μὴ ... ἔτι) sündigen werden", aaO., S.226.

[133] Vgl. dazu STUHLMACHER, Gerechtigkeit, S.167-169; ferner FIEDLER, Jesus und die Sünder, S.79f.

[134] Dieser Sachverhalt wird bei SJÖBERG m. E. zu wenig berücksichtigt. Vgl. seine Äußerungen in diesem Zusammenhang: „Die Sünder dagegen werden vergebens Gott und den Menschensohn um Erbarmen bitten" oder „Es ist zu spät. Sie (=Sünder) werden den Engeln der Pein übergeben", S.226/7.

[135] Vgl. auch äth Hen 40,9, wo vom Engel Phanuel die Rede ist, der über die Buße gesetzt ist.

der. Die Ungerechten sollen aufhören, weiter zu sündigen und sollen zu Gott umkehren, damit sie gerettet werden können „durch seinen Namen", denn „seine Barmherzigkeit ist groß" (V.3d).[136]

Wer aber keine Buße tut, der wird untergehen (V.4d). Hieraus können wir auch deutlich erkennen, wie sehr äth Hen die Buße der Sünder ernst nimmt. Äth Hen rechnet also, trotz seiner harten Gerichtsaussagen über die Gottlosen, noch mit der Umkehrmöglichkeit der Sünder.[137] Und dies steht, wie wir gesehen haben, nicht im Widerspruch zu seinem Gerichtsverständnis.

17.4 Esra

Die zentrale Frage im *4. Esrabuch* ist die Frage nach der Theodizee. Der apokalyptisch orientierte Schriftgelehrte aus dem Kreis der Pharisäer ringt um die Wahrheit und Zuverlässigkeit des göttlichen Wortes und versucht dabei, die Treue und den verborgenen Äonenplan Gottes zu rechtfertigen.[138] Den historischen Hintergrund dieser Apologie bilden die Ereignisse im Jahre 70 n.Chr..[139] Auch nach 4 Esra, der wahrscheinlich zwischen 70-100 n.Chr. in Palästina entstanden ist,[140] ist der Menschensohn derjenige, der die Gottesherrschaft herbeiführt und andererseits das Endgericht hinausschiebt (Kap. 13). Sein Gericht ist dabei das Gericht des davidischen Messias von Jes. 11,3ff. D.h., Messias und Menschensohn haben die gleiche Funktion als eschatologischer Richter und werden hier als identisch angesehen.[141] Auch bei 4 Esra finden wir strenge Gerichtsaussagen über die Sünder (7,17f; 7,32-38). Es gibt keine Fürbitte in diesem

---

[136] Nach Hen 50,2 gibt es zwischen den Gerechten und den Sündern noch eine Zwischenkategorie, nämlich „die anderen", die, falls sie Buße tun, zwar keine Ehre von dem Herrn der Geister erlangen, jedoch durch seinen Namen gerettet werden. G. BEER, in: Kautsch II, S.265.

[137] Zum Problem der Umkehrmöglichkeit der Sünder s. neben SJÖBERG, S.250ff noch E. K. DIETRICH, Die Umkehr, S.410ff und P. FIEDLER, Jesus und die Sünder, S.53-60.

[138] Vgl. W. HARNISCH, Verhängnis und Verheißung der Geschichte, 1969, S.240ff und S.326f.

[139] S. dazu O. PLÖGER, Das 4. Esrabuch, RGG[3] II, S.699.

[140] Vgl. J. CHARLESWORTH, The Pseudepigrapha and modern Research: „ ... in the last decades of the first century A.D., perhaps in Palestine", S.112; ferner L. ROST, Einleitung, S.93f.; J. SCHREINER, Das 4. Buch Esra, JSHRZ V, 1981, S.301.

[141] S. U. B. MÜLLER, Messias und Menschensohn in jüdischen Apokalypsen und in der Offenbarung des Johannes (StNT6) 1972, S.107-134, hier S.122; ferner PLÖGER, aaO., S.698.

Weltgericht (7,102-115), Gott hat das Verderben der Menschen nicht ge-
wollt, ja er hatte noch unendliche Langmut mit den Sündern (7,14; 9,21).
Den eigenmächtigen Sündern[142] wird das erbarmungslos vergeltende
Strafgericht angedroht.[143] Diese „Verhärtung des Gottesbildes"[144] bei 4
Esra hat mit den historischen Ereignissen in Palästina nach 70 n.Chr. zu
tun. Der Jerusalemer Tempel wurde zerstört, und das Jahwevolk wurde
von der heidnischen Übermacht unterjocht. Die Heilshoffnung der Juden
wurde nicht erfüllt, und der Glaube auf die Probe gestellt. Die eigene
Heilsunsicherheit machte sich breit. Mit dieser Heilsunsicherheit hängt es
auch zusammen, daß 4 Esra vor der Kehrseite der Vergeltungslehre er-
schrickt und sich mit dem schweren Schicksal der Sünder befaßt.

Diesen Sachverhalt stellt auch Gunkel fest: „Das ältere, apokalyptische
Judentum hatte in der Hoffnung auf ewiges Leben und Vergeltung seinen
einzigen Trost gefunden, aber im späteren Judentum erkennen einzelne
tiefe Naturen diese furchtbare Kehrseite der Vergeltungslehre, die sich
gegen sie selbst richtet; denn diese Hoffnung ist eine entsetzliche Drohung
für die Sünder"[145] Aus der beängstigenden Ungewißheit, daß er auch
selbst davon betroffen werden könnte (Esra rechnet sich oft selbst unter
die Sünder, vgl. 7,48.64.118.126; 8,17.31), fleht 4 Esra Gott um Gnade
an: „Ach Herr, der über uns waltet, gestatte deinem Knechte, vor dir zu
beten ... wenn du aber, was unter so vielen Mühen gebildet ist, durch deinen Befehl mit einem raschen Worte zunichte machst, wozu ist es dann
überhaupt entstanden?"[146] (8,6 und 14).

Esra appelliert in 8,12 an die Schöpfergüte Gottes: Du (=Gott) förderst
es (=dein Geschöpf) durch dein Erbarmen, nährst es durch deine Gerechtigkeit, erziehst es durch dein Gesetz und belehrst es durch deine Weisheit.[147] Der Verfasser ringt mit der Frage: Wie kann der barmherzige
Gott soviele Menschen dem Verderben preisgeben? Der Schöpfer-Gott ist
ja der Lebensförderer und gütig in seinem Verhalten gegenüber den Menschen. In der Kindheit des Menschen erweist er vor allem seine Güte und

---

[142] Da sie den Willen Gottes (=Tora) wissentlich verachteten und dadurch Schuld auf
sich luden (7,130f). Vgl. hierzu HARNISCH, S.164.

[143] S. dazu SJÖBERG, aaO., S.229. Dort auch weitere Stellenangaben.

[144] P. FIEDLER, Jesus und Sünder, S.79. Vgl. auch O. H. STECK, Die Aufnahme
von Gen 1 in Jubiläen 2 und 4 Esra 6, JSJ 8, 1977, S.154ff.

[145] H. GUNKEL, 4 Esra, in: Kautsch II, S.338.

[146] Zitiert nach GUNKEL, in: aaO., S.379.

[147] S. J. SCHREINER, aaO., S.364. Vgl. aber die Antwort des Offenbarers in V.41:
„Denn wie der Landmann viele Samen auf die Erde sät und eine Menge Pflanzen pflanzt,
aber nicht alles Gesäte zur Zeit bewahrt bleibt und nicht alles Gepflanzte Wurzel schlägt,
so werden auch die, die in der Welt gesät sind, nicht alle bewahrt bleiben". Zitiert nach
GUNKEL, aaO., S.381.

Barmherzigkeit; durch seine Gerechtigkeit ernährt er ihn und stärkt ihn. Die Gerechtigkeit Gottes ist Nahrung für den Menschen, die ihn am Leben erhält. Gott ist auch der Geber der Tora. Gesetz und Weisheit dienen zur Erziehung und Belehrung; durch sie (Tora-Weisheit) erkennt der Mensch den Willen Gottes, was der Sinn und Zweck des menschlichen Daseins ist. Darum stellt der 4. Esra die Frage: Kann Gott sein so mühsam gebildetes und erzogenes Geschöpf einfach preisgeben?

Aus der Erkenntnis, daß kein Geschöpf vor Gott gerecht ist (7,46; 8,35), fleht der Fromme um die Barmherzigkeit Gottes: „Du aber bist gerade, weil wir Sünder sind, der Barmherzige genannt. Denn gerade weil wir nicht Werke der Gerechtigkeit haben, wirst du, wenn du einwilligst, uns zu begnadigen, der ‚Gnädige‘ heißen"[148]. Der gerechte Gott wird hier durchweg als der barmherzige Gott angefleht, und nach 8,36 besteht die Gerechtigkeit Gottes darin, daß er sich der Sünder und Armen (=die keinen Schatz von guten Werken haben) *erbarmt*.

4 Esra weiß, daß alles von der rechtfertigenden Barmherzigkeit Gottes abhängt. Ohne sündenvergebende Schöpfergüte und Schöpfertreue und ohne rechtfertigende Gerechtigkeit Gottes kann kein Geschöpf vor Gott bestehen (vgl. 7,132-139; 8,32-36)[149]: „Wir und unsere Väter haben in Werken des Todes dahingelebt, du aber wirst, gerade weil wir Sünder sind, der Barmherzige genannt" (8,31). Aus diesem Bußgebet geht deutlich hervor, wie sehr sich der 4. Esra in einer Situation der Gebrochenheit und Unsicherheit nach der menschliche Sünde vergebenden und sich erbarmenden Gerechtigkeit des Schöpfergottes sehnt.

Die von 4. Esr vorgetragenen Gebete um Barmherzigkeit Gottes gegenüber den Sündern finden aber im 4. Esrabuch (wie auch im syr Bar) keine Erhörung. Gerade daran erkennt man das eigentliche Interesse des Verfassers des 4. Esrabuches. Und dies hängt eng mit seinem Sünden- und Gesetzesverständnis zusammen. In 4 Esr kommt nämlich der Gedanke zum Ausdruck, daß „die gesamte Menschheit dem Verhängnis der Sünde unterliegt und darum am Ende mit Notwendigkeit dem Gericht und ewigen Tod verfällt"[150]. „Ein Körnchen bösen Samens" in Adams Herzen (4,30) war es nämlich, das das verhängnisvolle Unheil über die ganze Menschheit brachte. Darum klagt Esra in seiner Trauer Adam an: „Ach

---

[148] Zitiert nach der Übersetzung von GUNKEL, 4 Esra, in: E. Kautsch II, S.381.

[149] Vgl. aber gleich darauf folgende Antwort des Engels: „Denn wirklich will ich mich nicht kümmern um das, was die Sünder sich bereitet haben, um Tod, Gericht und Verderben, sondern vielmehr will ich mich an dem erfreuen, was die Gerechten sich erworben, an Heimkehr, Erlösung und Lohnempfang" (V.38-39). Hier kommt die pharisäische Frömmigkeit unverkennbar zum Ausdruck.

[150] HARNISCH, aaO., S.160.

Adam, was hast du getan! Als du sündigtest, kam dein Fall nicht nur auf dich, sondern auch auf uns, deine Nachkommen!" (7,118).

Bei Esra kommt überraschend auch der Gedanke der Prädestination des Gerichts Gottes zur Sprache. Der Höchste hat nämlich, bevor er die Welt und Adam schuf, das Gericht bereitet (7,70).[151] Gerade in diesem Kontext, wo von der Adamssünde und vom Gericht Gottes die Rede ist, werden auch die dem Menschen geschenkte Vernunft und das von Gott gegebene Gesetz erwähnt (7,70-72). D.h., Esra weiß zwar von der Verhängnissituation, die seit Adams Sünde in der Welt besteht, geht aber davon aus, daß der Mensch durchaus im Stande ist, den durch das Gesetz gegebenen und durch den Verstand erkennbaren Weg des Lebens zu wählen. Das böse Herz, das Adam zu Sünde und Schuld verführte, hindert uns zwar auch, das Gesetz Gottes zu halten (3,20ff; vgl. 4,28-30; 9,31-37)[152], aber dem Menschen steht nicht nur der „böse", sondern auch der „gute Trieb" von Anfang an zur Seite (7,71f).[153] Der Mensch ist also für seine Taten voll verantwortlich und entscheidet durch seine Haltung zum Gesetz über Leben und Tod (7,17-25.70-74.127-131).[154]

Nach 4 Esra nützten letztlich weder Bußgebete noch Sündenbekenntnisse noch Appelle an die Barmherzigkeit Gottes, sondern allein das Halten und Befolgen des Gesetzes (vgl. 7,21.70ff.127ff; 8,31ff. 41ff.45ff. 60f). Der Mensch soll durch das Gesetz „ewige Herrlichkeit erwerben (9,31)". Der 4.Esra vertritt damit die These, daß über Leben und Tod des Menschen im eschatologischen Sinn allein die verantwortlichen Taten der einzelnen Menschen selbst entscheiden.[155] Der Mensch kommt nur durch den Gesetzesgehorsam im neuen Äon zum Leben (13,54f).[156] Der Mensch ist, wie Luck feststellt, „ganz auf das Gesetz bezogen, er lebt durch das Gesetz und für das Gesetz, das wiederum selbst eine Größe des kommenden neuen Äon ist".[157] 4 Esra will die Menschen, die durch die Ereignisse im Jahr 70 n.Chr. und danach verunsichert sind, zum Gesetzesgehorsam ermuntern und zugleich verpflichten. So sieht der pharisäische Apoka-

---

[151] Vgl. HARNISCH, aaO., S.160.
[152] Vgl. U. LUCK, Das Weltverständnis in der jüdischen Apokalyptik dargestellt im äth Hen u. am 4. Esra, ZThK73, 1976.
[153] Zum Problem s. HARNISCH, S.162.
[154] Vgl. HARNISCH, S.163 und S.240ff; ferner LUCK, S.301.
[155] Vgl. zu diesem Sachverhalt E. BRANDENBURGER, Adam und Christus. Exegetisch-religionsgeschichtliche Untersuchung zu Röm 5,12-21 (1 Kor 15), WMANT 7, 1962, S.58.
[156] Vgl. U. LUCK, aaO., S.302.
[157] LUCK, aaO., S.302/3.

lyptiker[158] außerhalb des Gesetzes kein Heil und keine Möglichkeit zur Sündenvergebung.

17.5 Testamente der XII Patriarchen

Die *Test XII Patr*, deren ältester Teil nach L. Rost wahrscheinlich im 2. Jhdt. v.Chr. in Qumran entstanden sein dürfte, gehörten zur Lektüre der Qumrangemeinde.[159] Sie sind im Verhältnis zu äth Hen und zu 4.Esra weniger apokalyptisch geprägt.[160] Die Testamente wurden um 200 n.Chr. abschließend von einer christlichen Hand überarbeitet.[161] Sie sind nicht so stark vom Vergeltungsgedanken her geprägt wie das Jubiläenbuch, wo die negativen Aussagen über Sünde(n)-Vergebung besonders auffallen (Jub 30,10; 33,13.17; Vgl. 4,31f; 15,33f; 21,21f u.a.). Dennoch wird auch in Test XII Patr „das Prinzip der Bestrafung der Sünder ... durchgehend behauptet"[162]. Die Gerechten dürfen auf das Heil Gottes hoffen, aber den Sündern wird die Strafe Gottes angedroht (Test Napht 8,4ff; Test Lev 6,8ff; 13,6; Test Gad 5,9ff). Nach Sjöberg fällt auf, „daß dies Buch, das Vergebung und Nachsicht den persönlichen Feinden gegenüber wie kaum eine andere jüdische Schrift empfiehlt, so gut wie nichts von Gottes Vergebung und Barmherzigkeit gegen seine Feinde zu sagen hat"[163]. Zu berücksichtigen sind aber Stellen wie Test Jud 22,2; 24,6; Test Napht 4,5; Test Dan 6,10, wo von der sich auch der Heiden erbarmenden Barmherzigkeit Gottes die Rede ist. Nach Test Seb 9,7-8 wird der Gott der Treue letztlich doch (aufgrund der Umkehr Israels) das Heil herbeiführen: „denn er ist erbarmend und mitleidig, und rechnet das Böse den Menschenkindern nicht zu, denn sie sind Fleisch (9,7)"[164].

---

[158] Nach HARNISCH ist es wohl am zutreffendsten, wenn wir die Bücher 4. Esra und syr. Baruch „als Zeugnisse einer pharisäischen Apokalyptik" bezeichnen. S.327.

[159] L. ROST, Einleitung, S.109. Vgl. J. Becker, JSHRZ III 1, S.23-27.

[160] S. E. SJÖBERG, aaO., S.193-196; vgl. dazu BECKER: „Der Verfasser der Grundschrift hat seinen theologischen Ort in der hellenistischen Synagoge", S.27.

[161] Dazu KAUTSCH II, S.458ff; ROST, S.109 und BECKER, S.23f; M. DE JONGE (Hrsg.), Studies on the Testaments of the twelve Patriarchs. Text and Interpretation, Leiden 1975, S.ff.

[162] E. SJÖBERG, aaO., S.235 (Anm.). Dort auch die Belege.

[163] SJÖBERG, aaO., S.235 (Anm.) Vgl. auch die Äußerung BECKERS: „Die Test XII sind streng innerisraelitisch ausgerichtet", S.28.

[164] Übersetzung von BECKER; vgl. hierzu Ps 103,8. Nach Becker ist das theologische Hauptthema der Test XII „das Liebesgebot", aaO., S.27.

Hier ist wieder von der Schöpfergerechtigkeit Gottes die Rede, die die
Schwäche und die Gebrechlichkeit (=Sünden) des Menschen vergibt. Darum heißt es in Test Seb 9,8: „Und danach wird euch der Herr selbst aufgehen als *Sonne der Gerechtigkeit*. Und ihr werdet zurückkehren in euer
Land und werdet den Herrn in Jerusalem sehen"[165]. Die fordernde, aber
auch zurechtbringende Gerechtigkeit Gottes schließt die Heiden mit ein,
denn es heißt in V.8b: „Und er (=Gott) wird alle Heiden bekehren, daß sie
ihm nacheifern"[166]. Interessant ist auch die Aussage von der Sündenreinheit in der messianischen (priesterlichen) Heilszeit in Test Lev 18.[167]

17.6 Psalmen Salomos

Die Psalmen Salomos, die wahrscheinlich aus der zweiten Hälfte des ersten Jhdt. v.Chr. aus Palästina (z.T. aus Jerusalem) stammen und ihren
Sitz im Leben im Gottesdienst der Synagoge hatten, sind insofern für unser Thema wichtig, als sich hier die pharisäische Frömmigkeit zur Zeit
Jesu zu Wort meldet.[168]
    Nach Sjöberg spielt in diesen Psalmen der Vergeltungsgedanke „eine
sehr große Rolle"[169]. Außerdem sehen Koch und Becker das Gottes- und
Menschenbild der Psalmen stark von der Weisheitsliteratur her geprägt.[170] In der Tat sind diese beiden Momente (zusammengefaßt in *ein*
Moment) für Ps Sal charakteristisch. Wie in keiner anderen apokalyptischen Schrift des Frühjudentums ist hier das Denken und Argumentieren
durch die weisheitlich-synthetische Lebensauffassung bestimmt.
    Gott ist gerade darin gerecht, daß er den Sünde-Unheil-Zusammenhang
sich voll auswirken läßt.[171] Ἀποδιδόναι in 2,16.25.34 (vgl. 2,35; 17,8)
bedeutet damit, daß Gott die Sündentat auf den Täter zurückwendet.
    Zu beachten ist das Sachmoment, daß der Stamm קדם in Ps Sal seine
hauptsächlichen Belege in Verbindung mit der Gerichtsterminologie hat,

---

[165] Zitiert nach BECKER; vgl. dazu mal 3,20; Test Jud 24,1; Weish 5,6.
[166] KAUTSCH II, S.483. Vgl. dazu BECKER, Anm. 8.
[167] S. dazu unten S.147f.
[168] Zur Verfasserfrage und zur Entstehungszeit s. ROST, Einleitung, S.90. Ferner H.
BRAUN, Vom Erbarmen Gottes, S.8ff und sein Art. in RGG[3] V, S.1342 u.
CHARLESWORTH, aaO., S.195f.
[169] SJÖBERG, S.198. Vgl dazu aber BECKER, Heil Gottes, S.26.
[170] Nach BECKER wurde die Vergeltungslehre erst bei der Übersetzung ins Griechische eingetragen, S.26.
[171] Vgl. BECKER, aaO., S.28.

während dort, wo im AT von Gottes (ה)צדק die Rede war, jetzt Gottes Erbarmen (סְלִיחָה/חֶסֶד) steht.[172]

Nach J. Becker ist δικαιοσύνη θεοῦ in Ps Sal „nicht wie im Alten Testament ausschließlich Gottes Heil, also auch keine Heilssphäre, sondern Gottes genaues Festhalten an dem Tat-Folge-Zusammenhang", und dies wird für Israel, wenn es Buße tut, „durch Gottes חֶסֶד" durchbrochen.[173] Und dem entsprechend „verblaßt die Anschauung von einer gegenwärtig helfenden Gottesgerechtigkeit"[174]

Wo der Psalmist die Messiastradition aufnimmt, wie z.B. in 17,32: „Er aber (herrscht als) gerechter König, von Gott unterwiesen, über sie, und in seinen Tagen geschieht kein Unrecht unter ihnen, weil sie alle heilig sind, und ihr König der Gesalbte des Herrn ist."[175], schlägt noch „die alte Konzeption von Gottes Gerechtigkeit als der heilschaffenden Bundestreue" durch; wo er aber eigenständig formuliert, „stehen Erbarmen und strafrichterliche Gerechtigkeit Gottes gegenüber"[176]. Gottes Güte gegen die Frommen (2,32-37; 8,27-34; 10,2ff; 11,7ff u.a.) wird der gerechten Bestrafung der Sünder gegenübergestellt (4,24f; 9,5; 13,5-12; 14,1ff; 15,7-13). Charakteristisch ist auch 3,6f und 9,6-11, wo „der Gedanke an die Umkehr der eigentlichen Sünder doch ganz verschwunden" ist, und nur von der Umkehr der Frommen im Volke geredet wird.[177]

Die Züchtigung(en) יסורין Gottes (7,9; 8,19; 10,1ff; 13,7 u.a.) gelten auch nur für das erwählte Volk. Für die Sünder und die Heiden, die sich selbstverschuldet außerhalb der Heilsordnung Gottes gestellt haben, gibt es letztendlich kein Heil und keine Sündenvergebung (2,34f; 3,10-12; 14,9; 15,7-13). Die reuigen Frommen dürfen auf die Barmherzigkeit und Güte Gottes hoffen (2,33-37; 5,12-15; 7,5-10; 8,27f; 9,7f; 10,2ff.6ff u.a.), den Sündern dagegen droht die richtende Strafgerechtigkeit Gottes (2,10.15.18.32; 3,3.5; 4,8.24; 5,1; 8,7f.23ff; 9,2ff; 10,5; 17,9 u.a.). Die Frömmigkeit, die sich in den Psalmen Salomos zu Wort meldet, ist am stärksten vom frühjüdisch gedachten „Tat-Vergeltung-Zusammenhang" geprägt.[178]

---

[172] S. dazu STUHLMACHER, Gerechtigkeit, S.178, Anmerkung 3 und BECKER, Heil Gottes, S.26.
[173] S. BECKER, aaO., S.31. So steht z.B. in 2,36 τὸ ἔλεος, 5,2 u. 7,5 ἐλεήμων und in 9,11 u. 15,13 ἡ ἐλεημοσύνη. Zum Problem des griech. Textes s. Becker, S.26.
[174] STUHLMACHER, aaO.,S.178; vgl. H. BRAUN, RGG³ V, S.1345..
[175] Übersetzung von R. KITTEL, in Kautsch II, S.147.
[176] S. STUHLMACHER, aaO., S.178; vgl. BECKER, aaO., S.30.
[177] S. dazu SJÖBERG, aaO., S.214.
[178] Vgl. dazu BRAUN: „Der Synergismus der Frömmigkeit hat zur Folge, daß die Theodizee zur zentralen Frage wird und daß die Heilsgewißheit des Frommen schwankt

17.7 Sünden- und Menschenverständnis der frühjüdischen Apokalyptik

Bevor wir weitergehen, wollen wir uns hier kurz mit dem *Sünden-* und dem damit verbundenen *Menschenverständnis* des apokalyptisch-rabbinischen Frühjudentums befassen.[179]

Festzuhalten ist zuerst, daß der Sündenbegriff im Frühjudentum ganz durch das Gesetz bestimmt ist. Die Tora galt mit allen ihren Bestimmungen als „ius divinum"[180], weil in ihr Gottes Wille offenbart ist. „Sünde" ist darum konkret „Übertretung jedes einzelnen Gebotes der Tora"[181] Da das Gesetz als göttliches Recht galt, wurde jede Sünde als Rechtsbruch und als Verstoß gegen das Recht Gottes interpretiert. Mit diesem Sündenverständnis eng verbunden sind erstens der Gedanke von der himmlischen Buchführung,[182] wonach jede Sünde im Buch der guten und bösen Taten registriert wird, und zweitens die apokalyptisch-frühjüdische Gerichtsvorstellung, die wiederum mit der Erwartung eines Weltenrichters zum Vollzug des Gottesgerichtes am Jüngsten Tag verknüpft ist.[183]

Der Mensch ist in den apokalyptischen Schriften von der Allgegenwärtigkeit und universalen Verführungsmacht der Sünde fest überzeugt. Das Menschenbild des apokalyptischen Judentums ist daher pessimistisch, wie z.B. die Elenddoxologie in Qumran[184] und 4 Esr 7 zeigen.[185] Das Pro-

---

zwischen Gottes Treue und einer eigenen Leistung, deren Ungenügen empfunden und doch auch wieder verdeckt wird", aaO., S.1343.

[179] Zum Problem s. HARNISCH, Verhängnis, S.160ff, S.240ff und S.316ff; G. MAIER, Mensch und freier Wille, S.80ff, S.206ff, vgl. S.211ff; E. BRANDENBURGER, Adam und Christus, 1962, S.20ff, S.25ff und S.37ff; H. LICHTENBERGER, Menschenbild, S.71, 154, 204 und S.210f; H. THYEN, Sündenvergebung, S.67ff und S.70f; P. FIEDLER, Jesus und Sünder, S.64f.

[180] STÄHLIN/GRUNDMANN, ThWNT I, Art. ἁμαρτάνω, S.291.

[181] STÄHLIN/GRUNDMANN, aaO., S.290.

[182] Jub 30,17.23; 39,6; äth Hen 1,9; 63,3; 81,4; 89,62f; 98,7f; 104,7; 108,7; slav Hen 50,1; 52,15; 53,2f; syr Bar 24,1 u.a. Interessant ist dabei das Buch bzw. Tafelmotiv im AT (Mose-Tafel) und im Frühjudentum (Himmelsbücher). M. E. wird dadurch der Rechts- und Gerichtscharakter der Sünde unterstrichen.

[183] Mit der Gerichtsvorstellung verbunden sind einerseits der alttestamentlich-frühjüdische Vergeltungsgedanke und andererseits die Aussagen vom „Zorn" wie „Tag" Jahwes. Vgl. dazu Γ. BÜCHSEL, ThWNT III, Art. κρίνω , S.395 und E. SJÖBERG, ThWNT V, Art. ὀργή, S.417.

[184] S. LICHTENBERGER, Menschenbild, S.73-98; vgl. H. BRAUN, Spätjüdisch-häretischer und frühchristlicher Radikalismus, ²1969, I, S.133ff und O. BETZ, Offenbarung und Schriftforschung in der Qumransekte, 1960, S.119ff u. S.140ff.

[185] S. dazu W. HARNISCH, Verhängnis, S.54ff und S.170f. Vgl. U. LUCK, Weltverständnis, S.300f.

blem der Sünde wurde ernst genommen. Der religiöse Mensch war nicht nur mit der Sünde in sich selbst, sondern auch mit der unbegreiflich triumphierenden Sündenmacht in der Welt konfrontiert. Das Problem der Sünde und der Theodizee rücken in das Zentrum des religiösen Denkens und der Aussagen. Man wußte von der Sündenverfallenheit der Menschheit (4 Esr 3,1-26; 7,118) und vom daraus entstandenen Sündenverhängnis über jeden Menschen.[186] Das Phänomen der Sünde und ihr Ursprung wurden verschieden interpretiert. So wurde Sünde einerseits auf Adam[187] (4 Esr 3,21f; vgl. Sir 25,24; 4 Esr 3,26; 7,48ff.118; syr Bar 48,42; Bar 54,15 u.a.), und andererseits auf die gefallenen Engel[188] (äth Hen 10,4ff; 64,1ff; Mart Jes 5,3; vgl. Gen 6,1ff) oder auf den bösen Trieb (יֵצֶר הָרַע) (Sir 15,14; 37,3; 4 Esr 3,20; 4,4; 7,48; Pesikt 38b-39a; Vit Ad 19) zurückgeführt.[189] Trotz dieser bitteren Erkenntnis und Klage („Ach Adam, was hast du getan!" 4 Esr 7,118a)[190] über das über Adam und damit alle Menschen verhängte „Todesschicksal" und „Leiden dieses Äons"[191] ist das apokalyptische Judentum davon überzeugt, daß der Mensch nicht einfach der Sünde hilflos ausgeliefert ist. Im Herzen des Menschen ist nicht nur der יֵצֶר הָרַע wirksam, sondern Gott hat auch den יֵצֶר(הַ)טּוֹב gegeben.[192] Und vor allem wurde Israel der Wille Gottes, die Tora offenbar. Darum vertrat das Frühjudentum die Auffassung, daß der Mensch durchaus in der Lage sei, durch Gesetzesbeobachtung und den יֵצֶר(הַ)טּוֹב sündlos zu leben.[193] So galten z.B. Abraham, Mose und Elia (vgl. Test Seb 1; Test Ass 1; Jos Ant 7,153 u.a.) im Frühjudentum als sündlos. Die Willens- und Handlungsfreiheit des Menschen wird also

---

[186] Vgl. BRANDENBURGER, Adam, S.20ff; SJÖBERG, Gott und die Sünder, S.229; THYEN, aaO., S.70f.

[187] S. dazu O. BETZ, TRE I, Art. Adam, S.414-424; J. JEREMIAS, ThWNT I, Art. Αδάμ, S. 141-143; U. WILCKENS, Christus, der „letzte Adam", und der Menschensohn, in: FS Vögtle, S.387-403 und B. SCHALLER, EWNT I, Art.'Αδάμ, S.65-67.

[188] Vgl. STÄHLIN/GRUNDMANN, aaO., S.294 u. BILLERBECK, I, S.781 und S.983f.

[189] S. BILLERBECK, IV, S.466-483 u. O. BETZ, Wie verstehen wir das Neue Testament?, 1981, S.82ff.

[190] BEER, in Kautsch, S. 377 vgl. auch seine Einleitung zu 4 Esr. S.331-352, bes. S.335ff.

[191] HARNISCH, Verhängnis, S.55.

[192] Test Jud 20 und Ass 1.S. dazu BILLERBECK, aaO., S.466. Der Mensch ist auch mit der Vernunft ausgestattet, so 4 Esr 7,71-72. Vgl. dazu HARNISCH, aaO., S.160ff.

[193] Vgl. STÄHLIN/GRUNDMANN, aaO., S.293f; so heißt es z.B. in Sifre Dt 45 zu 11,18: „So ... hat Gott zu den Israeliten gesagt: Meine Kinder, ich habe euch den bösen Trieb geschaffen, ich habe euch die Tora als Heilsmittel geschaffen. Solange ihr euch mit dieser beschäftigt, wird jener nicht über euch herrschen". Weitere rabbinische Stellen bei BILLERBECK, aaO., S.467ff; vgl. auch FIEDLER, aaO., S.64f.

grundsätzlich vorausgesetzt. Der Mensch ist darum nach frühjüdischer Auffassung trotz der Universalität der Sünde und trotz des bösen Triebes für seine Taten voll verantwortlich. Dies gilt nicht nur für die apokalyptischen Schriften wie 4 Esr, sondern auch für das pharisäisch-rabbinische Judentum. W. Harnisch hat in seiner Untersuchung über 4 Esr und syr Bar diesen Sachverhalt deutlich herausgestellt: „Gegenüber einem Denken, das den Fall Adams für den totalen Verlust der menschlichen Entscheidungsfreiheit haftbar macht und die gesamte Menschheit einem unabwendbaren Sündenzwang ausgesetzt sieht, bestehen die Verfasser von 4 Esr und syr Bar auf der Behauptung der geschichtlichen Freiheit und Verantwortlichkeit des Menschen"[194].

Selbst in Qumran wird dem Menschen die Willens- und Entscheidungsfreiheit zuerkannt. Der Eintritt in die Gemeinde der Heiligen wird so „keineswegs, wie immer generalisierend für Qumran behauptet wird, mit der göttlichen Prädestination begründet"[195]. Der Anschluß an die Gemeinde geschicht vielmehr selbst nach der qumranischen Auffassung „als freiwillige Abkehr von der Sünde und den Sundern in der Umkehr zur Tora Moses und in der Annahme der Ordnungen der Gemeinde"[196].

Am stärksten wird im rabbinischen Judentum die Entscheidungsfreiheit und die sich daraus ergebende volle Verantwortlichkeit des Menschen behauptet. Einer der Hauptvertreter dieser Position war Rabbi Akiba (vgl. bQid 81a; Ab3,15; M Ex 14,25).[197] Die Rabbinen lasen vor allem aus Gen 4,7 (und daraus folgende Debatte zwischen Kain und Abel) „Kernsätze ihrer eigenen Ethik und Eschatologie"[198] heraus.

Hieß es in Gen 4,7 „Die Sünde lauert vor der Tür, und nach dir steht ihre Begierde, du aber herrsche über sie!", so wurde nun in Targum Jeruschalmi ausgeführt: „Wenn du gut handelst, wird deine Schuld vergeben, und wenn du nicht gut handelst in dieser Welt, wird deine Sünde auf den großen Tag des Gerichts bewahrt. An den Toren deines Herzens lauert die Sünde, aber dir ist Vollmacht über den bösen Trieb gegeben. Nach dir wird ihr Verlangen stehen, du aber sollst über sie Herr sein, entweder

---

[194] HARNISCH, aaO., S.244; vgl. FOERSTER, ThWNT II, Art. διάβολος, S.76 und STAUFFER, ThWNT II, Art.σάρξ, S.121; auch BILLERBECK I, S.814f.

[195] LICHTENBERGER, Menschenbild, S.204.

[196] LICHTENBERGER, aaO., S.204. Er fährt fort: „An keiner Stelle wird vorausgesetzt, daß nur der Prädestinierte das Gesetz halten kann", S.204; vgl. auch G. MAIER, aaO., S.206ff.

[197] S. dazu STAUFFER, aaO., S.434; ferner SCHRENK ThWNT IV, Art. ἐκλογή, S.182ff. Auch Philo vertrat diese Position; vgl. E. SCHWEIZER, ThWNT VII; Art σάρξ, S. 121. Auch BILLERBECK I, S.814f.

[198] O. BETZ, aaO., S.83.

verdienstvoll zu handeln oder aber zu sündigen"[199]. Auch die Umkehrforderung in vielen frühjüdischen Schriften setzt die Willens- und Entscheidungsfreiheit des sündhaften Menschen voraus. Trotz des Verhängnis- und des Prädestinationsgedankens wird also im Frühjudentum grundsätzlich mit der Möglichkeit der Sünder zu Buße und Umkehr gerechnet.

Nicht nur den apokalyptischen Frommen, wie den Essenern von Qumran, sondern auch den Rabbinen ist aber auch die Hilfsbedürftigkeit und das Angewiesensein der menschlichen Existenz auf Gottes Gnade bewußt.[200] Daraus wird aber auf keinen Fall gefolgert, daß der Mensch für seine sündigen Taten entschuldbar oder zur Buße unfähig sei. Die Tora ist den Menschen gegeben, um durch ihre Beobachtung das Leben (= hier immer ewiges Leben) und Lohn zu gewinnen. Außer der Tora gibt es keinen anderen Weg, um zum Heil im kommenden Äon zu gelangen. Toragehorsam setzt Buße und Umkehr zu Gott voraus. Darum galten Buße und Toragehorsam mit ihren konkreten Früchten und Taten der Gesetzesgerechtigkeit als Rettung und Fürsprecher im Endgericht.[201]

Sünde, Gesetz, Verdienstgedanke und Gericht (Vergeltung) bilden in der frühjüdischen Frömmigkeit eine unlösliche Einheit. Über jede(n) Sünde(r) wird im mit dem neuen Äon anbrechenden Weltgericht durch den Gerichtsherrn entschieden (äth Hen 37-71; 4 Esr 13). Die Heilsunsicherheit vor dem kommenden Weltgericht im 4.Esra und der Eifer der pharisäisch-rabbinischen Kasuistik sowie deren Lohn- und Verdienstgedanke sind von diesem Hintergrund her zu verstehen.[202]

---

[199] Zitiert nach Betz, aaO., S.82 und S.83.
Zum Problem Willensfreiheit und Prädestination s. LICHTENBERGER, S.71: „Prädestination hebt die Verantwortlichkeit nicht auf". Ferner SCHRENK, aaO., S.183. Dort auch interessante rabbinische Belege; vgl. auch BILLERBECK I, S.983f.

[200] Ber 33b; Meg 25a; Nidd 16b. Vgl. FIEDLER, aaO., S.64 und LICHTENBERGER, aaO., S.154 u. S.210f.

[201] Zum frühjüdischen Gesetzesrigorismus s. U. LUCK, Weltverständnis, S.283-305; HARNISCH, aaO., s.323ff und BRAUN, Radikalismus, S.2ff, 15ff, 48ff, 67 ff und S.90ff. Zum Thema Liebeswerke, Gesetzeswerke s. SJÖBERG, Gott und die Sünder, S.162ff. Ferner BILLERBECK, Exk.: Die altjüdischen Liebeswerke, IV/1, S.559-610 u. I, S.250, III, S.160.

[202] Vgl. zum Thema pharisäischer Frömmigkeit und Endgericht BÜCHSEL, κρίνω, S.935; zum Verhältnis Vergeltung-Endgericht s. WÜRTHWEIN, μισθός, IV, S.713; zum Verhältnis Zorn-Gericht s. SJÖBERG, ὀργή, V, S.418: „Der Tag des Gerichts ist ein Tag des Zornes ... Jedoch der Gedanke an die Gerechtigkeit des Gerichts steht vielmehr im Vordergrund als der, daß es im Zorn vollzogen wird".

§ 18
Sündenvergebung in der Qumranliteratur

Auch in der Qumranliteratur wird die Sache der Sündenvergebung in erster Linie durch סְלִיחָה/סָלַח und כִּפֶּר zum Ausdruck gebracht. Darum wollen wir uns zuerst mit diesen Termini in den Qumranschriften beschäftigen.

18.1 Das Vorkommen von סָלַח / סְלִיחָה und כִּפֶּר in der Qumranliteratur[203]

	סליחה/ה/סלח[204]	כפר[205]	Zusammen
1 Q S	2	8	10
1 Q H	11	3	14
C D	1	7	8
1 Q 22		3	3
1 Q 27		2	2
1 Q M		1	1
1 Q Sa		1	1
Zusammen	14	25	39

Wie die Tabelle zeigt, begegnen uns vor allem in der Gemeinderegel, den Hodajot und der Damaskusschrift verhältnismäßig häufig unsere Vergebungstermini. Im folgenden werden diese Termini getrennt und ausführlicher untersucht.

---

[203] Die Tabellen stützen sich auf K. G. KUHN, Konkordanz zu den Qumrantexten, Göttingen 1960. Berücksichtigt werden noch J. MAIER, Die Texte aus Qumran, 1964; J. MAIER/K. SCHUBERT, Die Qumran-Essener, UTB 224, 1973.
Zur Forschungsgeschichte der Qumrantexte insgesamt siehe: Adam S VAN DER WOUDE, Fünfzehn Jahre Qumranforschung (1974-1988), ThR 57,1992, S.1-57.
[204] Die 14 סְלִיחָה/סָלַח Belege sind 2 mal verbal (1 QS 2,8 und 1 QH 14,24) und 12 mal substantivisch gebraucht.
[205] P. GARNET, Salvation and Atonement in the Qumran Scrolls, WUNT 2/3, 1977, S.133-135 nennt als כפר-Belege noch weitere 4 Stellen: 4 Q Dib. Ham 2,9; 1 Q 34 1,5f; 11 Q Melch. 7f und 4 Q Ord. 2,2. S. jetzt JANOWSKI/LICHTENBERGER, Enderwartung und Reinheitsidee, JSJ, 1983, S.31-62.

18.2 סְלִיחָה / סָלַח in der Qumranliteratur

Im folgenden werden die 14 סְלִיחָה / סָלַח Belegstellen einzeln nach ihrem grammatischen Aufbau, Gattung und Inhalt analysiert.

Belege	Konj.	Subjekt	Objekt	Gattung	Grund d.SV
1 Q S					
2,8 (V)	Qal.	Gott	(„alle Männer des Loses Belials"	Fluch innerhalb d. Dankliedes (=‚Lehrerlied')	Negation d. Vergebung
2,15	(S)	(Gott)	"	"	"
1 Q H					
5,2	(S)	(Gott)	(Beter = ‚Lehrer d. Gerechtigkeit'?)[206]	Danklied	Barmherzigkeit u. Gerechtigkeit Gottes
6,9	(S)	Gott	Der Rest Israels	Heilsbekenntnis[207]	Gnade Gottes
7,18	(S)	Gott	Das betende ‚Ich'	Danklied[208]	Erbarmen u. Gnade Gottes
7,30	(S)	Gott	„alle Söhne deiner Wahrheit"	Niedrigkeits-doxologie[209]	Güte und Erbarmen Gottes
7,35	(S)	Gott	Das betende ‚Ich'[210]	(Loblied)	Barmherzigkeit u. Erbarmen Gottes
9,13	(S)	(Gott)	"	"	(Barmherzigkeit Gottes)
9,34	(S)	(Gott)	"	Heilsbekenntnis	Erbarmen im Gericht

[206] G. JEREMIAS, Der Lehrer der Gerechtigkeit, STUNT 2, 1963, S.171 hält 4,5-5-4 für *ein* Lied, das vom ‚Lehrer der Gerechtigkeit' stammt. Anders aber J. BECKER, Das Heil Gottes: Heils- und Sündenbegriffe in den Qumrantexten und im Neuen Testament, STUNT 3, 1964, S.54 und H. W. KUHN, Enderwartung und gegenwärtiges Heil. Untersuchungen zu den Gemeindeliedern vom Qumran mit einem Anhang über Eschatologie und Gegenwart in der Verkündigung Jesu, STUNT 4, 1966, S.23. Sie gehen davon aus, daß VV 4,29b -5,4 sekundärer Zusatz ist.

[207] Vgl. dazu H. LICHTENBERGER, Studien zum Menschenbild in Texten der Qumrangemeinde, STUNT 15, 1975, S.66.

[208] Zur Gattungsbezeichnung ‚Danklieder' s. G. MORAWE, Aufbau und Abgrenzung der Loblieder von Qumran. Studien zur gattungsgeschichtlichen Einordnung der Hodajoth, ThA 16, S.107ff u. LICHTENBERGER, aaO., S.29f.

[209] Zu dieser Gattungsbestimmung s. H. W. KUHN, aaO., S.27. Ferner J. BECKER, aaO., S.139.

[210] Während das „Ich" in 7,18 den ‚Lehrer der Gerechtigkeit' selbst bezeichnet, ist das „Ich" hier und in 9,13; 9,34; 10,21; 11,31 u.a., wo es sich um „Gemeindelieder" bzw. um „Bekenntnislieder des Frommen" (KUHN, aaO., S.24) handelt, nicht mit demselben ‚Lehrer' identisch. Nach KUHN, aaO, S.25 ist also das „Ich" hier nicht biographisch gemeint, sondern bezieht sich auf den Qumranfrommen überhaupt.

Belege	Konj.	Subjekt	Objekt	Gattung	Grund d.SV
10,21	(S)	Gott	"	Gemeindelied[211]	Erbarmen Gottes
11,9	(S)	(Gott)	„alle Söhne deines Wohlgefallens"	Heilsbekenntnis[212]	Güte Gottes
11,31	(S)	Gott	Das betende ‚Ich'	Gemeindelied[213]	Gerechtigkeit / Güte/Gnade Gottes
14,24 (V)	Qal.	(Gott)	Die von der Sünde Umkehrenden	(Loblied)	-
C D					
2,4	(S)	(Gott)	Die von der Sünde Umkehrenden	(Mahnrede)[214]	

V = Verb   S = Substantiv

Auffallend (im Blick auf das AT) ist die Bevorzugung des Substantivs סְלִיחָה (12 mal) gegenüber dem verbum סָלַח (2 mal). Das Subjekt des Verbums bzw. des Substantivs ist auch hier durchweg Gott. Das Objekt der Vergebung Gottes sind ausschließlich die frommen, von der Sünde abgewandten Gemeindeglieder („Gemeinde-Ich") bzw. der Gründer der Gemeinde („Lehrer-Ich").[215]

Allen Menschen des Loses Belials wird die Vergebung Gottes abgesprochen (1 QS 2,8.15).

Als Grund (bzw. Motiv) der Sündenvergebung Gottes werden vor allem Barmherzigkeit (Erbarmen), Gnade, Güte und die Gerechtigkeit Gottes genannt (vgl. dazu Ps 103! und Schemone Esre.)

Innerhalb der Qumranschriften kommen in den *Hodajoth* die meisten סְלִיחָה / סָלַח - Belege vor (11 mal - während כִּפֶּר nur 3 mal bezeugt ist).

---

[211] Gegenüber sogenannten „Lehrerliedern". Dazu s. KUHN, aaO., S.25.
[212] S. hierzu LICHTENBERGER, aaO., S.221f.
[213] S. Kuhn, aaO., S.26.
[214] S. hierzu LICHTENBERGER, aaO., S.149.
[215] Zur „Ich"-Frage in Hodajoth s. oben Anm. 210. Ferner H. BARDTKE, Ich des Meisters, WZ (L). GS 6, 1956/57, S.93-104; G. JEREMIAS, Lehrer S.170f (passim); LICHTENBERGER, Menschenbild S.59 (passim)

18.3 כִּפֶּר in der Qumranliteratur

In den Qumranschriften insgesamt kommt das Verbum כִּפֶּר pi. (bzw. pu.) öfter als סָלַח / סְלִיחָה vor. Es ist ein vom AT her vertrauter kultischer Terminus und dementsprechend ist es auch hier breiter bezeugt.

Im folgenden werden die כִּפֶּר - Belege (nach Kuhn, Konkordanz, S.105) einzeln analysiert und tabellenartig dargestellt. Dabei wurde der Aufsatz von Janowski/Lichtenberger besonders berücksichtigt.

כִּפֶּר

Belege	Konj.	Subjekt	Objekt	Kontext	Mittel / Weg zur Sühne/SV
1 Q S					
2,8	Pi. Inf.	Gott	„deine Sünden" עֲווֹנֶיךָ	*Fluch*	Negation der SV[216]
3,6	Pu.	(Gott)	„die Wege eines Menschen - alle seine Sünde" עֲווֹנוֹתָיו	Geist u. Reinigung	Geist Gottes[217]
3,8	Pu.	(Gott)	„seine Sünde" חַטָּתוֹ	"	„Geist der Rechtschaffenheit u. Demut"
5,6	Pi. Inf.	(Gott)	„alle Willigen" (=Gemeindeglieder)	Paränese[218]	(innere Beschneidung)[219]
8,6	Pi. Inf	Gemeinde	das Land	Gemeinde u. Sühne	(vollk. Wandel der Gemeinde)[220]
8,10	Pi. Inf	Gemeinde	das Land	Gemeinde u. Sühne	"
9,4	Pi. Inf.	Gemeinde	„Schuld der Übertretung u. die Tat d. Sünde"	"	"
11,14	Pi.	Gott	„alle meine Sünden" כּוֹל עֲווֹנוֹתַי	Heilsbekenntnis	durch Güte - (Gerechtigkeit) Gottes
1 Q Sa					
1,3	Pi. Inf	Gemeinde	(das Land)	Gemeindeordnung	-

---

216 Vgl. hierzu 1 Q S 3,4f.

217 Zum Sachkomplex ‚Reinigung'/‚Sündenvergebung'/‚Geist' Gottes s. O. BETZ, Offenbarung u. Schriftforschung in der Qumransekte, WUNT 6, 1969, S.151.

218 Dazu s. P. VON DER OSTEN-SACKEN, Gott und Belial. Traditionsgeschichtliche Untersuchungen zum Dualismus in den Texten von Qumran, STUNT 6, 1969, S.151.

219 Dazu s. BETZ, Offenbarung, S.110 und S.125.

220 Zur Sühnefunktion der Qumrangemeinde s. G. KLINZING, Die Umdeutung des Kultes in der Qumrangemeinde und im NT, STUNT 7, 1971, S.50ff.

Belege	Konj.	Subjekt	Objekt	Kontext	Mittel / Weg zur Sühne/SV
1 Q H					
4,37	Pi.	Gott	Sünde עָוֹון	Danklied	Gerechtigk. Gottes בְּצִדְקָתְכָה
17,12	Pi. Inf.	Gott	(...) u. Treubruch	(Heilsbekenntnis	-
f 2,13	Pi. Inf.	(Gott)	Verschuldung	(Niedrigkeitsdoxologie)221	Heiliger Geist222
C D					
2,5	Pi. Inf.	Gott	„alle, die umkehren von Sünde"	(Mahnrede)223	"
3,18	Pi.	Gott	עֲווֹנָם	"	(Geheimnisse Gottes)
4,6	Pi.	Gott	„die früheren heiligen Männer"	(Gesetz-Bund)	-
4,9	Pi.	Gott	(Sünden der Früheren)	"	(„gemäß dem Bund")
4,10	Pi.	Gott	(Sünde der Nachfolgenden)	"	"
14,19	Pi.	Messias224	עֲווֹנָם	(Gemeindeordnung)	-
20,34	Pi.	Gott	Die Gruppe, die an Tora und ‚Lehrer' festhält225	Sündenbekenntnis	(Zuflucht zum heiligen Namen Gottes)
1 Q 22					
3,11	Pu.	(Gott)	absolut	*Erlaß*	-
4,3	Pu.	(Gott)	(„für sie")	(Der Versöhnungstag)	(Blut)
1 Q M226					
2,5	Pi. Inf.	Die Priester	„seine ganze Gemeinde"	(Priesterordnung)	Brand- u. Schlachtopfer

221 Zu dieser Gattungsbezeichnung s H. W. KUHN, Enderwartung, S.27f und H. LICHTENBERGER, Menschenbild, S.74.

222 Vgl. O. BETZ, Offenbarung, S.130.

223 Zu CD 2,14-3,20 (=„Mahnrede") s. LICHTENBERGER, Menschenbild, S.149ff.

224 Einzige Stelle, wo der (aaronitische) Messias als Subjekt des כִּפֶּר vorkommt. Es heißt hier:

V.18: „(...) Und dies ist die genaue Bestimmung der Rechtssätze, in (denen sie wandeln sollen während der Zeit)".

V.19: „der Gottlosigkeit, bis aufsteht der Gesalbte Aarons und Israels, und ihre Sünde wird er entsühnen (...)", Übersetzung nach E. LOHSE, Die Texte aus Qumran, 1964, S.97.

225 In der Qumrangemeinde gab es nach Lichtenberger zwei Gruppen: s. hierzu Lichtenberger, Menschenbild, S.96.

226 Zu weiteren כִּפֶּר - Stellen s. P. GARNET, Salvation, S.135.

18.4 Sünde und Tora

Im Hinblick auf die Subjektfrage des כפר ist etwas Besonderes zu bemerken. Am häufigsten kommt Gott als das grammatische sowie inhaltliche Subjekt vor. Es können auch die Priester Subjekt des Verbums werden, wie es im AT häufig der Fall ist. Neu ist hingegen, daß einer bestimmten Gruppe - d.h. der Qumrangemeinde - die Sünden sühnende
Funktion zugemessen wird (1 QS 8,6.10; 9,4). Dies hängt sicherlich mit
dem außergewöhnlich stark geprägten Selbstbewußtsein der Gemeinde als
geistlicher „Tempel" zusammen, der anstelle des verunreinigten Jerusalemer Tempels Sühnefunktionen für Israel übernimmt.[227] Dieser hohe
Anspruch veranlaßt die Gemeinde dazu, nach Sündlosigkeit und voll-
kommenem Wandel zu streben. Bemerkenswert ist ferner die Stelle in CD
14,19, wo der aaronitische Gesalbte als Subjekt des eschatologischen Süh-
nehandelns angegeben wird.[228] Vergeben wird nur denen, die von der
Sünde umkehren und in die Heilsgemeinde eintreten, wie Gott sie nach
seiner Gnadenwahl vorherbestimmt hat (1 QH 1,18f; 15,15ff u.a.).[229]
Gemäß der ‚Prädestinations‘- und ‚Zwei-Geister‘-Lehre (1 QS 3,13-
4,26)[230] wird in Qumran sowohl über die Macht der Gnade Gottes als
auch hier über die Macht der Sünde radikaler als im AT gedacht. Die
Aktualität der Sünden und die Verführbarkeit des Menschen durch das
Los Belials (1 QS 3,21ff) wurden ernst genommen.

Der einzige Heilsweg angesichts der Allgegenwärtigkeit der Sündenmacht wird in der *Tora* der Gemeinde gesehen. Gott offenbarte seinen
Willen und die Wahrheit in der Tora.[231] Es ist ‚der Lehrer der Gerechtigkeit‘, der als Mittler der göttlichen Wahrheit alles Verborgene in der
Tora offenbart (CD 1,11f). Es geht also „nicht um das Daß, sondern um
das Wie des Toragehorsams, nicht um die Tora, sondern um die Auslegung der Tora"[232]. Der Geist Gottes, der der Gemeinde gegeben ist, ermöglicht die wahre Erkenntnis der Tora. Es ist wiederum der Heilige
Geist, durch den Gott die Sünden der Auserwählten, bzw. der Umkehr-

---

[227] Hierzu vgl. G. KLINZING, Umdeutung, S.50ff und LICHTENBERGER, Menschenbild, passim.
[228] Der Text ist aber stark beschädigt.
[229] Zum Prädestinationsgedanken in Qumran s. H. W. KUHN, Enderwartung,
S.120ff und S.134ff; H. THYEN, Studien, S.91f; P. FIEDLER, Jesus, S.84f.
[230] Zur ‚Zwei-Geister‘-Lehre s. vor allem O. BETZ, Offenbarung, S.143ff u. P. V. D.
OSTEN-SACKEN, Gott und Belial, S.116ff.
[231] Zum Sachproblem ‚Offenbarung-Tora-Weisheit‘ s. O. BETZ, Offenbarung, S.3-
60.
[232] O. BETZ, Offenbarung, S.59.

willigen, entsühnt und so von allen Befleckungen reinigt (1 QS 3,6f; 1QH 3,21; 1QH f. 2,13; vgl. 1QH 7,6f; 12,12; 17,26)[233]. Daß die Aussagen über Reinigung durch den Heiligen Geist sich in diesem Kontext mit den Aussagen über Sühne/Vergebung sehr eng berühren, zeigen Belegstellen wie 1 QH 16,11-17 und 1 QS 4,20-23[234] eindrucksvoll.

Das jährliche Bundesfest mit dem Reinigungsbad für den neu Eintretenden scheint für die qumranische Auffasusng von der Sühne und Vergebung von großer Bedeutung gewesen zu sein. Schon mit dem Eintritt erlangen die Gemeindeglieder Anteil am Heil. Bei aller Höhe des Selbstverständnisses wissen sich die Qumran-Frommen noch von der immer weiter anwachsenden Sündenmacht bedroht (s. die Sündenbekenntnisse und Niedrigkeits- bzw. Elendsdoxologien). Den Wegführer zum endgültigen und zum vollendeten Heil, das noch aussteht, sehen die Qumran-Frommen darum nur in der Tora der Gemeinde.

18.5 Die anderen Vergebungstermini in Qumran

In Qumran gibt es neben סָלַח und כָּפַר noch folgende Termini, die die Sache der Sündenvergebung mehr oder weniger zum Ausdruck bringen:

ט ה ר	pi. (reinigen)
נ שׂ א	(mit Sündenbegriff)
	so 1QH 16,16; 17,12; CD 3,18;
מ ח ה	nif. (getilgt; abgewischt werden)
	so 1 QS 11,3;
שׁ ל ך	hi. (wegwerfen)
	so z.B. 1 QH 17,15.[235]

Der bedeutendste Terminus von diesen vier ist טָהֵר pi. mit Gott als Subjekt. Von 20 טָהֵר pi. Belegen haben 14 Gott als Subjekt.[236] Die meisten Belege befinden sich auch hier in Hodajoth.

---

[233] Vgl. JANOWSKI/LICHTENBERGER, Enderwartung, S.32ff; ferner A. DUPONT/SOMMER, Schuld und Reinigungsriten, in: Qumran, S.264f.

[234] Zur Analyse des Textes, s. BETZ, Offenbarung, S.131f.

[235] Vgl. JANOWSKI/LICHTENBERGER, Enderwartung und Reinheitsidee, S.45.

[236] Zu anderen טהר - Belegen, die hier nicht analysiert werden, s. JANOWSKI / LICHTENBERGER, aaO., S.33.

1 QH   1,32:   Du (Gott) hast gereinigt (טִהַרְתָּה) von der Menge der
                Schuld (עָוֹון)[237]

        3,21:   Du (Gott) hast gereinigt (טִהַרְתָּה) den verkehrten *Geist*
                (רוּחַ נֶעֱוָה) von großer *Missetat* (מִפֶּשַׁע)

        4,37:   Denn du (Gott) sühnst Sünde (כִּי תְכַפֵּר עָוֹון) und
                reinigst (וּלְטַהֵר) den Menschen von Verschuldung
                (מֵאַשְׁמָה) durch deine Gerechtigkeit (בְּ inst.
                בְּצִדְקָתֶכָה)

        5,16:   Du (Gott) brachtest ihn (=den Armen) in Läuterung ...
                wie Silber ... , um ihn (=den Armen) siebenfach zu
                reinigen (לְטַהֵר)[238]

        6,8:   Du (Gott) läuterst sie (Volk/Rest) zur Reinigung
                (לְהִטָּהֵר) von der Verschuldung (מֵאַשְׁמָה), (vgl. V.9:
                Und in deiner Gnade [וּבַחֲסָדֶיךָ] richtest du sie in rei-
                chem Erbarmen und großer Vergebung:
                תִּשְׁפָּטֵם בַּהֲמֹון רַחֲמִים וְרֹוב סְלִיחָה

        7,30:   Aber alle Söhne deiner Wahrheit führst du (Gott)
                durch Vergebung (בִּסְלִיחֹות) vor dich, sie zu reinigen
                (Verbalsuffix 3. m. pl. לְטַהֲרָם) von ihren Sünden
                (מִפִּשְׁעֵיהֶם) in deiner reichen Güte (טוּבְכָה) und in
                der Fülle deines Erbarmens (רַחֲמֶיכָה);

        11,10f: Du (Gott) hast den Menschen um deiner Ehre willen
                (וּלְמַעַן כְּבֹדְכָה) von Sünde (מִפֶּשַׁע) gereinigt
                (טִהַרְתָּה), daß er sich heilige (לְהִתְקַדֵּשׁ) für dich;[239]
                (vgl. V.9: die Fülle der Vergebungen durch deine Güte:
                וּבְטוּבְכָה רֹוב סְלִיחֹות);

        11,30f: Reinige mich (Verbalsuffix 1.Sg. וְטַהֲרֵנִי) durch deine
                Gerechtigkeit (בְּ instr. בְּצִדְקָתְכָה); (hier Gott als logi-
                sches Subjekt; vgl. V.31 וְלִסְלִיחֹותֶיכָה);

---

[237] Text und Übertragung nach LOHSE; berücksichtigt wurden auch die Übersetzungen von J.Maier in: J.MAIER - K.SCHUBERT, Die Qumran-Essener, 1973. In den Übersetzungen wurde die Reihenfolge von Subjekt und Objekt z.T.umgestellt; die Angaben
über die *Reinigungsmittel* und die Sündenbegriffe, die im Textzusammenhang gebraucht
werden, wurden beibehalten.

[238] Hier in 1 QH 5,16 ist Gott im metaphorischen Sinne das Subjekt von טהר. Vgl.
JANOWSKI/LICHTENBERGER, aaO., S.33.

[239] Vgl. A. DUPONT-SOMMER, Schuld und Reinigungsriten, S.275.

16,12: Um mich zu reinigen (Verbalsuffix 1.Sg. לְטַהֲרֵנִי)
durch deinen heiligen Geist (beth instr. בְרוּחַ
קוֹדְשֶׁךָ); (hier Gott als logisches Subjekt; vgl. V.16.
וְנוֹשַׁע פֶּשַׁע).

Interessant sind auch die beiden טהר - Belege in der Gemeinderegel,
wo jeweils die für Qumran typischen Termini als Reinigungsmittel genannt werden.

1 QS 4,21: Und ihn (=den Geist des Menschen) zu reinigen (Verbalsuffix 3. m. Sg. וּלְטַהֲרוֹ) durch den Heiligen Geist
(בְּ instr. בְרוּחַ קוֹדֶשׁ) von allen gottlosen Taten
(עֲלִילוֹת רִשְׁעָה מִכּוֹל)

11,14f: Mit der Gerechtigkeit seiner Wahrheit hat er (Gott)
mich gerichtet (בְּצִדְקַת אֲמִתּוֹ שְׁפָטַנִי) und mit dem
Reichtum seiner Güte sühnt er alle meine Sünden
(וּבְרוֹב טוּבוֹ יְכַפֵּר בְּעַד כּוֹל עֲווֹנוֹתַי)[240] und durch
seine Gerechtigkeit (בְּ instrumentale. וּבְצִדְקָתוֹ) reinigt
er mich (Verbalsuffix der 1. Sg. יְטַהֲרֵנִי) von aller
Unreinheit des Menschen (מִנִּדַת אֱנוֹשׁ) und von der
Sünde der Menschenkinder (וְחַטַאת בְּנֵי אָדָם)

Wie diese Aufstellung zeigt, geht es hier um das den Menschen und
seine עֲווֹן, אַשְׁמָה, פֶּשַׁע, רִשְׁעָה (1 QS 4,21), נִדָה (1 QS 11,14), חַטַאת
(1 QS 11,15) und seinen verkehrten Geist וְרוּחַ נַעֲוָה (1 QH 3,21; 1 QS
4,21) reinigende und heiligende Eingreifen Gottes. Daß dieses Eingreifen
Gottes dabei als sündenvergebendes Heilshandeln Gottes dargestellt wird,
zeigen die analogen Satzkonstruktionen mit dem ähnlichen teminologisch-
syntaktischen Aufbau wie in den סלח - Sätzen: Sündenbegriffe + Begriffe wie Gottes Erbarmen, Güte, Gerechtigkeit als Grund des Heilshandelns + Heilsbegriffe wie Sühnung, Reinigung, Vergebung, Rechtfertigung als Wirkung dieses Heilshandelns. Daraus ergibt sich, daß „reinigen"
mit Gott als Subjekt und Menschen oder ihre Sünde (in verschiedenen
Ausdrucksweisen) als Objekt in diesem Kontext immer „vergeben" bedeutet.[241]

---

[240] Deutlich zu erkennen ist hier der Parallelismus membrorum und der hymnische Stil
der Aussage wie auch in V.12 u. 13 s. dazu STUHLMACHER, Gerechtigkeit, S.154.
[241] Vgl. dazu F. Maass, Art. טהר in THAT I, Sp. 646-652. Auch er vertritt die Ansicht, daß ‚reinigen' in 1 QH „stets die Tilgung der Sünde" bedeutet. Sp.652. S. ferner,
JANOWSKI/LICHTENBERGER, aaO., S.32ff u. 44f.

Daß Gott die Sünde bzw. Unreinheit reinigt, heißt in Qumran also nichts anderes als, daß er die Sünde des Menschen vergibt!

18.6 Gerechtigkeit Gottes und Sündenvergebung in Qumran

Wie die bisherigen terminologisch-syntaktischen Aufstellungen über טִהַר, כִּפֶּר, סָלַח gezeigt haben, spielen צְדָקָה / צֶדֶק Gottes für die Vergebungsaussagen in Qumran eine wichtige Rolle. Mit צדק(ה) Gottes (אֵל) ist nicht die richtend-strafende, über die volle Auswirkung des Tun-Ergehen-Zusammenhangs wachende Vergeltungsgerechtigkeit gemeint, sondern, wie im Alten Testament[242], die neuschaffend-vergebende und heilspendende Schöpfermacht.[243] Der aus seiner erbarmenden Gerechtigkeit und Gnade den sündigen Menschen(geist) reinigende Gott ist kein anderer als der vergebende Gott. Hier kommt die alttestamentliche Auffassung von der צדק(ה) Gottes in qumranischer Art und Weise zur Sprache. Die Qumran-Frommen preisen Gott, daß er durch seine Gerechtigkeit /בְּצִדְקָה den sündigen Menschen(geist) reinigt (1 QH 4,37; 11,30f; 1 QS 11,14f), seine Sünden sühnt כִּפֶּר (1 QH 4,37 vgl. 1 QS 11,14) und ihnen so Sündenvergebung gewährt (1 QH 5,2; 11,31).[244] Neu ist dabei die

---

242 Vgl. dazu KOCH, קדם im AT, S.111ff u. S.122; G. V. RAD, Theologie I, S.369ff; STUHLMACHER, Gerechtigkeit, S.113-145; BETZ, Rechtfertigung, S.24f.

Besonders zur Bedeutung der צדק(ה) bei Deuterojesaja s. STUHLMACHER: „Theologisches Zentrum der Verkündigung Deuterojesajas ist die Botschaft von Jahwes heilschaffender צדק(ה), die als Macht des verläßlichen Gotteswortes, um der Ehre Jahwes allein willen, das Geschick des im Exil leidenden Bundesvolkes zu wenden, unterwegs ist. Diese Wortmacht der Gemeinschaftstreue wird bei Deuterojesaja in ganz neuer Weise als Treue des Schöpfers verstanden", S.137; ferner BETZ: „Denn die Erwartung einer heilschaffenden Offenbarung der Gerechtigkeit Gottes ist tradtionell. Sie wird vor allem bei *Deutero- und Tritojesaja* bezeugt".(Hervorhebung von ihm), S.24.

Es ist gerade Jes 40-66, wo auch der Vergebungs- und Erlösungsglaube Israels in reinster Form zur Sprache kommt (vgl. Jes 40,1-2 und 61,1-2 mit Seligpreisung Jesu; Jes 40,11; 41,13f; 42,6ff; *43,1-5!*; 43,25; 44,21f; *49,6!*; *49,15!*; *53,5.11f*; *54,7-8*; 55,6-9; *63,16!*). Vgl. dazu W. Grimm, Das Trostbuch Gottes (Jes 40-55), Stuttgart 1990, S.28ff.

Grundlegend für diesen Vergebungs- und Erlösungsglauben ist die Exoduserfahrung am Anfang der Geschichte Israels. Die rettend-vergebende Schöpfergerechtigkeit des Bundesgottes wurde dann immer wieder persönlich erfahren im *Kult- und Gottesdienst* , besungen in den Psalmen wie 103, 145, 146 und erfleht in den Bußpsalmen und Bußgebeten.

243 Zum Thema s. STUHLMACHER, Gerechtigkeit, S.148-166; BETZ, Rechtfertigung in Qumran (FS Käsemann), S.17-36; BECKER, Heil Gottes, S. 103-168.

244 S. dazu STUHLMACHER, aaO., S. 156ff und oben Tabellen.

Auffassung, daß diese Vergebung Gottes sich ohne kultische Opferhandlungen vollzieht, und daß der heilige Geist (רוּחַ קוֹדְשֶׁךָ 1 QH 16,12; 1
QS 4,21) der Wahrheit (אֱמֶת) und der Gerechtigkeit (צְדָקָה) derjenige
ist, der den unreinen, sündigen Geist des Menschen reinigt, seine Sünde
sühnt und ihm vergibt.[245]

Aus den Schlußpsalmen der Gemeinderegel kommt der Vergebungsglaube der Qumranformel deutlich zum Ausdruck. So heißt es 1 QS
11,12: „Wenn ich wanke, so sind Gottes Gnadenerweise meine Hilfe auf
ewig, und wenn ich strauchle durch die Bosheit des Fleisches, so steht
mein(e) מִשְׁפָּט (Heilsstand/Rechtfertigung) bei der צִדְקַת אֵל in Ewigkeit".[246]

Selbst im Wanken und Straucheln ist der Beter gewiß, daß Gott der
zum Heil Helfende und Vergebende ist. Ja, gerade dem Gestrauchelten
gehören Gottes (ה)צדק (1 QS 11,3.14f), seine חֶסֶד (1 QS 10,16;
11,12.13), seine אֱמֶת (1 QS 11,4.14), und seine יְשׁוּעָה (1 QS 11,12;
10,17).[247] צִדְקַת אֵל in 11,12 ist dabei nicht mit מִשְׁפָּט identisch, sondern wie in 11,5 gezeigt, „Quelle und Grund des מִשְׁפָּט für den Beter!"[248] Die Quelle der Vergebung (מִשְׁפָּט) ist also nach der qumranischen Frömmigkeit Gottes Gerechtigkeit (צִדְקַת אֵל 11,5)!

Nehmen wir aber zu 11,12 noch 10,25f hinzu, so können wir feststellen, daß צִדְקַת אֵל für die Qumranfrommen nicht nur „die vergebungs-
bereite Bundestreue Gottes", sondern auch zugleich „eine in Dienst stellende, verpflichtende Macht"[249] ist. Der Gerechtfertigte ist hier zugleich
der neu in Dienst Gestellte. Er ist aufgefordert zum Toragehorsam und
zum vollkommenen Wandel.[250] Die Gemeinde der Qumranfrommen stellt
somit „den eschatologischen Bund der Rechtsverpflichteten, der צֶדֶק
בְּנֵי, Gottes heiliges Priestertum" dar.[251] Sie wird in Hodajoth zugleich
als das schöpferische Handeln des Bundes-Gottes verstanden. Der verge-
bend-rechtfertigende Gott ist der das Leben neustiftende, den Gerechtfer-
tigten in neuen Dienst stellende Gott, der auch den Angefochtenen und
Verzweifelnden helfend nahe ist.

Der fromme Beter weiß, daß sein Heil, seine Rettung nicht in seiner
eigenen Kraft, sondern in Gottes Gerechtigkeit, in seiner rettend-

---

[245] Zu אֱמֶת s. BECKER, Heil Gottes, S.155ff. Er hat deutlich gemacht, daß die Begriffe אמת und (ה)צדק in Qumranschriften austauschbar sind. S.158.

[246] Vgl. STUHLMACHER, Gerechtigkeit, S.154f.

[247] Vgl. BECKER, Heil Gottes, S.122f.

[248] STUHLMACHER, Gerechtigkeit, S.154.

[249] STUHLMACHER, aaO., S.156.

[250] Vgl. JANOWSKI/LICHTENBERGER, Enderwartung, S.50.

[251] STUHLMACHER, Gerechtigkeit, S.158.

neuschaffenden Bundestreue ruht (1 QH 4,30.37; 7,17; 9,14ff; 11,7.14.31; 16,11; 17,20).[252] Die Gerechtigkeit ist also nach der qumranischen Frömmigkeit die Quelle und der Grund des מִשְׁפָּט (Heilsstand = Rechtfertigung = Sündenvergebung), der den sich ihrer geschöpflichen Niedrigkeit bewußten, den umkehr- und eintrittswilligen bzw. -fähigen Menschen zuteil wird.

Die von ihren Sünden und Unreinheit gereinigten und durch die Verleihung des Geistes neu geschaffenen Söhne der Gerechtigkeit und des Lichtes werden in den „Dienst der Gerechtigkeit" zum Kampf für die Gotteswahrheit und das Recht eingesetzt.[253]

18.7 Heiligkeit Gottes und Sündenvergebung in Qumran

Die Vergebungs- bzw. Nichtvergebungsaussagen in Qumran sind grundsätzlich vom Heiligkeitsdenken der Gemeinde bestimmt.[254] Die Heiligkeit קֹדֶשׁ Gottes, die im Jerusalemer Tempel gegenwärtig war und nun wegen der Freveltaten der abgefallenen Priester ihn wieder verlassen hat, war für die Priesterelite der Qumranführerschaft das zentrale Anliegen ihres Glaubens und Handelns. Sowohl der rigorose Toragehorsam der Qumran-Leute als auch ihre Reinheitsidee und -praxis im Alltag lassen sich nur von diesem Hintergrund her verstehen.[255] Und dies gilt auch oder vor allem für ihre Aussagen über Sühne und Sündenvergebung. Also lag das Grundanliegen der Qumranfrommen, deren Führerschaft aus der zadokidischen Priesterelite bestand, wie zuvor auf dem Tempel, dem Ort der Gottesgegenwart.[256]

---

[252] Vgl. J.BECKER, Das Heil Gottes, S.148ff u. S.167f; vgl. ferner E. KÄSEMANN, Gottesgerechtigkeit bei Paulus, in: Exeget. Vers. u. Besinn. II, S.181-193; KOCH, Art sdq, in: THAT II, Sp.507-530 und U. WILCKENS, Der Brief an die Römer, EKK VI/1, 1978, S.202-233, hier S.212ff; ferner J. LICHT, Die Lehre des Hymnenbuches, in: Qumran, S.287.

[253] STUHLMACHER, aaO., S.166.

[254] Dazu vgl. NÖTSCHER, Heiligkeit in den Qumranschriften, in: Vom Alten zum Neuen Testament, S.126-174; ferner O. BETZ, Rechtfertigung und Heiligung, in: FS A. Köberle, S.30-44.

[255] Zum Problem s. NEUSNER, Geschichte und rituelle Reinheit, S.119ff; JANOWSKI/LICHTENBERGER, Enderwartung, S.31ff und S.47ff; O. BETZ, Der heilige Dienst in der Qumrangemeinde und bei den ersten Christen, in: Jesus. Der Herr der Kirche, Tübingen 1990, S.3-20.

[256] Vgl. die „Tempelrolle" in Qumran.
Nach J. MAIER wäre es aber zutreffender, die Tempelrolle als „Heiligkeitsrolle" zu bezeichnen, da „das Grundanliegen darin besteht, die Heiligkeitsbereiche sorgfältig

Da aber der Tempeldienst seit ihrer Trennung von der Jerusalemer Priesterschaft nicht mehr zu praktizieren war, richteten sie ihre Gedanken auf einen Tempeldienst ohne Tempel. Es sollte dies ein Dienst geistiger Art sein ohne Opfer- und Bluthandlungen.

Man konzentrierte sich zugleich auf die Tora, die nach dem Verlust des Tempels und der heiligen Stadt als einziges Offenbarungs-Heilsgut Gottes vorhanden war.

Gottes Tempel (=Heiligkeit) sollte durch den strengen Toragehorsam wieder aufgebaut werden (bis der heilige Tempel nach den Vorschriften der Tempelrolle in vollkommener Reinheit aufgebaut ist). Daraus läßt sich das Selbstverständnis als „geistiger Tempel" verstehen. Und wiederum von diesem Selbstverständnis her lassen sich die Reinheits- und Vergebungsaussagen interpretieren. Die Gemeinde ist „ein Haus der Heiligkeit für Israel" (d.h. für die gewöhnlichen Israeliten) und „ein Kreis des Allerheiligsten für Aaron" (d.h. für die Priester) 1 QS 8,5f.[257] Der Unreine darf darum keinen Zugang zu diesem „geistigen Tempel" Gottes haben (4 Qflor I,3f). Auch jedes einzelne Gemeindemitglied ist aufgefordert, sich durch seinen vollkommenen Wandel und Toragehorsam rein und dadurch kultfähig zu halten.

Ohne eigene Schuld entstandene Unreinheit und unwissentlich bzw. nicht vorsätzlich begangene Sünden wurden durch rituelle Waschungen

---

voneinander abzugrenzen". Die Tempelrolle vom Toten Meer, S.13. Die Bereiche gliedern sich nach S.12f folgendermaßen:
„1. Das heilige Land
    1.A. Die Stadt
    1.B Das Haus
  2. Drei-Tages-Wegstrecken rings um die Heilige Stadt
  3. Dreißig Ris (ca. 4 Meilen)-Zone rings um die Heilige Stadt
  4. Die Heilige Stadt
  5. Der Tempelberg
  6. Der äußere Tempelhof: zugänglich für alle rituell reinen Israeliten beiderlei Geschlechts
  7. Der Bereich der kultfähigen Männer
  8. Der Priesterbereich (für die Laien verboten)
  9. Der äußere Kultdienstbereich um Brandopferaltar und Tempelgebäude
 10. Der innere Kultbereich (Hekal), die Tempelhalle mit Räucheropfer-Altar, Schaubrottisch und Leuchter
 11. Der innerste Kultdienstbereich: Das Allerheiligste, der Sitz der Gottesgegenwart".
Die Tempelrolle ist also der eindrucksvollste Beweis dafür, wie sehr das Denken und Handeln der Qumranfrommen vom Heiligkeitsgedanken her bestimmt war.
[257] S. dazu K. G. KUHN, Art. Qumran, RGG[3] V, Sp.749. Damit ist nach Kuhn „eine Transponierung der Begriffe ‚Heiliges' und ‚Allerheiligstes' vom tatsächlichen Tempel auf die ausgegrenzte göttliche Heilsgemeinde vollzogen". Sp.749.

und Reinigungen wie Besprengung mit Reinigungswasser und täglich wiederholte Tauchbäder[258] gesühnt und vergeben. 1 QS 3,4-12 warnt aber zugleich vor der Illusion, Sündenvergebung könne allein durch Waschungen und Reinigungsriten erlangt werden.[259] Es wird darauf hingewiesen, daß es der Heilige Geist ist, der die Sünden tilgt.[260] Sündenvergebung ist nur wirksam für die, die im Heiligen Geist leben. Es kommt auch der Gedanke zum Ausdruck, daß die Gemeinde durch ihren vollkommenen Wandel im Geist in der Lage ist, für die Befleckung des ganzen Landes Israel zu sühnen (1 QS 8,6.10).[261]

Die von allen Unreinheiten und Sünden gereinigten Frommen werden in der Gemeinschaft durch den der Gemeinde gegebenen heiligen Geist der Wahrheit geheiligt und zum neuen Dasein, zum neuen Leben in der Gottesgegenwart geweiht. Der Sinn des neuen Daseins besteht im Lobpreis Gottes.[262] Der Geheiligte[263] erkennt seine Existenz als Begnadigter und glaubt an die göttliche Vorherbestimmung, die zur Prädestinationslehre entwickelt wurde.[264] Der Gott der Erkenntnisse und der Wahrheit hat ihn schon in aller Vorzeit dafür bestimmt und auserwählt, in den Bund der Heiligen einzutreten, in Reinheit und Wahrheit Gott zu lobpreisen.

Nach der qumranischen Frömmigkeit ist der heilige Gott zugleich der helfende Gott, der durch seinen Heiligen Geist in der Gemeinde wirkt. Seine Heiligkeit ist nicht eine die Sünde(r) vernichtende, furchterregende, tödliche Macht, sondern der in der Gemeinde gegenwärtig wirkende, die Unreinheit und Sünde der bußfertigen Frommen reinigend-vergebende Heilige Geist. Der heilige Gott ist nun für die Essener von Qumran durch seinen Heiligen Geist zu einem den Menschen nahen und helfenden Gott geworden. Er reinigt und vergibt die Sünden durch seinen Heiligen Geist, schafft neues Leben und gibt Kraft und Fähigkeit zum Lobpreis Gottes und zum Kampf für Gott gegen die Mächte Belials. Der Heilige Geist macht es möglich, Recht und Wahrheit zu erkennen und die Geheimnisse des göttlichen Heilsplans zu erblicken. Danach ist die Sündenvergebung

---

[258] Vgl. dazu KUHN, aaO., Sp. 748.

[259] Vgl. KUHN, aaO., Sp. 748; BETZ, Rechtfertigung, S.32f.

[260] Vgl. BETZ, Rechtfertigung, S.33. Vgl. ders., To Worship God in Spirit and in Truth, FS Oesterreicher, S.62ff.

[261] Vgl. dazu KUHN, Qumran, Sp. 749f; JANOWSKI/LICHTENBERGER, Enderwartung, S.48ff.

[262] Vgl. JANOWSKI/LICHTENBERGER, aaO., S.59.

[263] Zur Selbstbezeichnung der Qumran-Leute als die „Heiligen" s. KUHN, aaO., Sp.749.

[264] Zum Prädestinationsgedanken in Qumran s. BETZ, Rechtfertigung, S.34.

Lebensheiligung und Lebensweihe der Qumranfrommen durch den in der Gemeinde wirkenden Heiligen Geist zum Zweck des Lobpreises Gottes, bis das endgültige Heil heranbricht und ihr gegenwärtiges Heil zur Vollkommenheit bringt.[265]

Die Heiligkeit (קֹדֶשׁ) Gottes wird so in der Theologie der Qumranfrommen, neben der Gerechtigkeit Gottes, zur helfenden Schöpfermacht des treuen Bundesgottes für seine Auserwählten.

Für die Söhne des Lichtes wirken קֹדֶשׁ und צְדָקָה Gottes miteinander und nebeneinander rechtfertigend, heiligend und in Dienst stellend bis zum Anbruch des Eschatons. Dennoch ist die in diesem Zusammenhang zur Sprache kommende exklusive Heiligkeit-Reinheitsvorstellung der Qumrangemeinde (s. z.B. Tempelrolle 45,11ff; 48,10ff; 1 QSa II,4ff) nicht zu übersehen.[266] Vergebung sowie Heil gilt grundsätzlich für die umkehrwilligen, ihrer Niedrigkeit und Sündenverfallenheit bewußten, toragehorsamen und schließlich vorherbestimmten Frommen der Gemeinde. Unreine wie die Gelähmten, Blinden, Aussätzigen, Tauben u.a., und Sünder wie Zöllner, Geldwechsler, Dirnen usw. haben keinen Zugang zu diesem Heil.[267]

Für die unbußfertigen Sünder wirken Heiligkeit und Gerechtigkeit Gottes gleichermaßen als reinigende Gerichtsmacht, weil vor dem heiligen und gerechten Gott Unreinheit und Sünde(r) nicht bestehen können.

§ 19

Der eschatologische Sündenvergeber im Frühjudentum

Nach alttestamentlicher Auffassung kann allein Gott die Sünde des Menschen in der Gegenwart sowie in der Endzeit vergeben (Ex 34,7; Jes 43,25; 44,22; 55,7; Ps 103,3; 130,4). Ob das Judentum darüberhinaus einen sündenvergebenden Messias kennt oder nicht, ist bis heute umstritten. Nach E. Lohse wird die Sünde durch den priesterlichen Messias der

---

[265] Zur Eschatologie der Qumrangemeinde s. JANOWSKI/LICHTENBERGER, Enderwartung, S.31f. und S.54ff.

[266] Vgl. dazu STUHLMACHER, Die neue Gerechtigkeit, S.53f.

[267] Es heißt in 1 QSa II,4: „Und keiner, der mit irgendeiner Unreinheit des Menschen geschlagen ist, darf in die Versammlung Gottes eintreten". Dann wird dort im einzelnen genannt, wer alles zu diesen Unreinen gehört. II, 4-9. Vgl. dazu STUHLMACHER, aaO., S.53.

Endzeit endgültig aufgehoben.[268] K. Koch hat anhand von TgJes 53 herausgestellt, daß das Judentum einen sündenvergebenden Messias gekannt hat.[269] Diese Auffassung wird aber von verschiedenen Seiten her bestritten.[270]

Im folgenden wollen wir uns kurz mit dem Problem beschäftigen.

19.1 Gott als Vergebender

Wie im AT wird auch im Judentum Gott *als Vergebender* (Sir 2,11; 16,11; 28,2; Ps Sal 9,12ff; Siphre Dt 21,8 § 210; Siphre Num 27,12 [Dt 3,24] § 134; Siphre Zuta Num 27,17[271]; Makk II,6 31d; Pesiq. Bub 158b u.a.), *als Erlöser* (Ps Sal 18,6f; 17,44-46; Midr Ps 36 § 6 [125b]; Midr Ps 107 § 1 [231a])[272], *als Heilender* (Sir 1,18; 18,21; Weish 16,11-12; Tob 12,14)[273], *als Erzieher* (Sir 18,3; Ps Sal 18,4) und *als Vater* (Sir 23,1; Tob 13,4; Jub 1,24f) bekannt und bezeugt. Nach den Testamenten der zwölf Patriarchen (Dan 5; Sebul 9; Sim 6) wird Gott selbst vor der messianischen Heilszeit mit Beliar Krieg führen. Er wird den Verführungsgeist Beliars dann in das ewige Feuer werfen und alle die von ihm gefangenen Menschen erlösen.[274] Der Glaube an die Sündenvergebung Gottes ist aber im Judentum verstärkt mit der Auffassung von der Unab-

---

[268] Dabei stützt sich LOHSE auf Test. Lev 18,9 und Ps Sal 17,36.41, Märtyrer und Gottesknecht, S.175

[269] K. KOCH, Messias und Sündenvergebung im Jesaja 53 Targum. Ein Beitrag zu der Praxis der aramäischen Bibelübersetzung. JSJ 3,1972, S.117-148; vgl. dazu O. HOFIUS, Kennt der Targum zu Jes. 53 einen sündenvergebenden Messias?, aaO., S.225-254.

[270] Darunter auch THYEN, aaO., S.49f und FIEDLER, aaO., S.95.

[271] Vgl dazu SJÖBERG, aaO., S.10f. und S.26. Hier seine Bemerkung zu Siphre Num 27,17: „Diese Stelle bekommt größeres Gewicht, weil der Text des Num nichts von den Sünden des Volkes sagt, sondern nur vom Bedürfnis nach einem Führer - was in der Fortsetzung der Auslegung auch berücksichtigt wird. Der Gedanke, daß die Vergebung für die Verbindung zwischen Gott und Israel konstitutiv ist, ist also nicht ad hoc dem Bibeltexte entnommen, sondern bestand unabhängig davon, als ein grundlegendes Moment des Gottesglaubens", S.26.

[272] Vgl. BILLERBECK, aaO., I, S.67f und IV, S.86f.

[273] Hier geschieht die Heilung durch den von Gott gesandten Engel Raphael. Vgl. auch Tob 13,2 „Denn er züchtigt und er erbarmt sich wieder, er stürzt in die Unterwelt und führt wieder herauf: Und keiner entrinnt seiner Hand." Zur Negation der Heilung s. Sir 3,28; 21,3. Vgl. dazu 2 Makk 9,5; ferner BILLERBECK , I, S.622; II, S.156, 487, 488 und S.530f.

[274] S. dazu BILLERBECK, IV, S.802f.

dingbarkeit der menschlichen Buße und Umkehr (תְּשׁוּבָה) verknüpft. Den unbußfertigen Sündern und Frevlern gewährt Gott keine Vergebung der Sünden, weder aufgrund ihrer Opfer (Sir 7,9; 34,18-19 G; Joma VIII,8; Tos Joma V,9; Siphra Lev 23,27; b Joma 85b; bKer 7a)[275], noch aufgrund ihrer Gebete (Sir 28,4) oder ihres Fastens (Sir 34,24-26 G), weder im Diesseits (Aboth RN 39 Anf.; T Joma 5,9; vgl. T. Joma 5,6ff; Joma 8,8f)[276] noch im Jenseits (Targ Jerusch II zu Gn 4,7).[277]

Konstitutiv für die Vergebungsauffassung des Judentums sind neben der Umkehr die guten Werke. Sie beide zusammen sind Fürsprecher (פְּרַקְלֵיטִין) des Menschen (b Schabb 32a), einzige Begleiter im Tode (Midr. Tann Dt, 3,23) und ein Schild vor der Bestrafung (mAboth IV, 11, Rabbi Eliezar b Jaaqob).[278] Vor allem Almosen und Liebeswerke (גְּמִילוּת חֲסָדִים) sind große Fürsprecher und haben nach rabbinischer Auffassung „eine starke sünden-tilgende Wirkung"[279].

Nach jüdischer Auffassung ist der Weg, der den bußfertigen Sünder zur göttlichen Vergebung der Sünden führt, grundsätzlich offen (jMakk. II, 6,31d vgl. bNed.39g; bPes 54a; Siphre Num 27,12 § 136 u.a.).

19.2 Der Messias als Vergebender?

Nach der apokalyptischen Vorstellung ist die Weltzeit, die dem Kommen des Messias vorangeht, voll von Sünde, Schlechtigkeit und Ungerechtigkeit (äth Hen 48,7). Dieser Äon ist in der Gewalt des Satans und der bösen Mächte.[280] Die gottfeindlichen Sündenmächte vereinigen sich in

---

[275] Vgl. E. K. DIETRICH, Die Umkehr (Bekehrung und Buße) im Alten Testament und im Judentum bei besonderer Berücksichtigung der neutestamentlichen Zeit, Stuttgart, 1936, S.411ff. Über die abweichenden rabbinischen Stellen s. SJÖBERG, aaO., S.141f.

[276] Weitere Stellen und zur Sühnkraft der Buße s. BILLERBECK, I, S.636f: „R. Elazar (b. Schammua, um 150) sagte: Es heißt: ‚und er vergibt' Ex 34,7, er vergibt den Bußfertigen, aber nicht den Unbußfertigen", S.637.

[277] Vgl. Joma 8,9; Aboth R. Nathan 39 Anf.; BILLERBECK I, S.162ff u. IV, S. 1049ff.

[278] S. SJÖBERG, aaO., S.162.

[279] Rabbinische Stellen hierzu s. G. F. MOORE, Judaism in the first Centuries of the Christian Era, The Age of the Tannaim, Cambridge 1927, II, S.230; BILLERBECK, aaO., IV, S.554 und SJÖBERG, aaO., S.163.

[280] Vgl. P. VIELHAUER, Apokalyptik, aaO., S.413.

einem letzten Kampf zur Bekämpfung der Gerechten und Gottes selbst (Dan 7,19-25; äth Hen 93,9; 4 Esr 13).[281]

Als Retter (äth Hen 48,7; Test Jud 24), Erlöser (Ps Sal 17,18; Test Levi 2) und Richter (äth Hen 41,9; 45,3; 51,2; 62,3ff; 69,27; 55,4; 61,8f), der die Sünde und die Satansmächte vernichtet (äth Hen 91,5ff; Ps Sal 17,29.36; 4 Esr 4,51ff; Jub 23,29), erscheint der Messias.[282] Mit seinem Auftreten beginnt die Zeit der eschatologischen Heilsvollendung, d.h. des Paradiesurstandes (äth Hen 25,4; Test Levi 18) und so die Zeit der Sündenreinheit, die einerseits durch das Gericht über die Gottlosen[283] sowie durch die Vernichtung der dämonischen Mächte[284], andererseits aber durch eine neue Geistesmitteilung[285] sowie durch das gerechte Regiment des Messias[286] herbeigeführt wird.[287] Die Sündenfreiheit der messianischen Heilsgemeinde gilt also im Frühjudentum „meist als etwas Selbstverständliches"[288].

Aber der Gedanke von der Sündenvergebung durch den Messias ist dem Judentum dieser Zeit (und auch der späteren Zeit) fremd.[289] Es wird nicht von der Sündenvergebung, sondern von der Vernichtung bzw. vom Nichtmehrexistieren der Sünden gesprochen. Die Vorstellung von einem leidenden Messias ist ebenfalls für den jüdischen Glauben dieser Zeit

---

281 VIELHAUER, aaO., S.413; vgl. dazu H. GESE, Der Messias, in: Zur biblischen Theologie, 1977, S.137.

282 Vgl. dazu BILLERBECK, aaO., I, S.67ff u. IV, S.978ff.

283 BILLERBECK, aaO., I, S.70f, s. die Stellen bei ihm. In äth Hen 91,14 ist von der Offenbarung des Gerichts der Gerechtigkeit in der messianischen Zeit die Rede. Vgl. auch 92,5: „Die Sünde wird in Finsternis für ewig vernichtet werden und nun nicht (mehr) von jenem Tag an bis in Ewigkeit erscheinen", in E. KAUTSCH, Die Apokryphen und Pseudepigraphen des Alten Testaments II, 1975, S.301.

284 Test Jud 25: „Es wird kein Geist des Irrtums des Beliar mehr sein: denn er wird in das Feuer geworfen werden bis in Ewigkeit". BILLERBECK, aaO., I, S.72, hier weitere Stellen. Vgl. dazu KAUTSCH, aaO., II, S.478: Der Armenier liest anders.

285 Jub 1,23: „Und danach werden sie in aller Aufrichtigkeit, mit ganzem Herzen und mit ganzer Seele zu mir umkehren, und ich werde die Vorhaut ihres Herzens und die Vorhaut des Herzens ihrer Nachkommen beschneiden und werde ihnen einen heiligen Geist schaffen und sie rein machen, so daß sie sich nicht (mehr) von mir wenden von diesem Tag an bis in Ewigkeit". In: Kautzsch, aaO., II, S.40 s. ferner Test Jud 24 und äth Hen 5,8f.

286 S. Ps Sal 17,26ff; 18,6ff. „Dann wird er (der Messias) ein heiliges Volk zusammenbringen, das er mit Gerechtigkeit regiert, und wird richten die Stämme des vom Herrn, seinem Gotte, geheiligten Volkes", 17,26.

287 Vgl. BILLERBECK, I, S.70ff.

288 BILLERBECK, I, S.495.

289 Gegen J. WEISS, Die Predigt Jesu vom Reiche Gottes, Göttingen [3]1964, S.206. Vgl. dazu O. HOFIUS, aaO., S.1 und G. F. MOORE, aaO., S.535.

fremdartig.[290] „Die Gesamtheit" hat, wie Billerbeck unterstreicht (II 283), „an dem alten Herrlichkeitsbild des Messias ohne irgendwelche Leidenszüge festgehalten". Die Bilderreden des Henochbuches identifizieren zwar den Gottesknecht Deuterojesajas mit dem Messias (äth Hen 38,2; 47,1; 53,6).[291] Im Jes 53-Targum ist sogar „von allen Taten des Messias (...) am nachdrücklichsten sein Wirken zur Sündenvergebung herausgestellt"[292]. In diesem Targum ist aber nicht, wie K. Koch behauptet, von einem „durch Wort und Tat sündenvergebenden Messias" die Rede.[293] Das Subjekt der Sündenvergebung ist auch hier (53,4.6.12) durchweg Gott selbst![294]

„Der Messias *erwirkt* und *vermittelt* die Sündenvergebung - aber er *wirkt* und *gewährt* sie nicht. Der Vergebende ist nach Targ Jes 53 vielmehr - wie im ganzen Jesaja-Targum - Jahwe selbst und Jahwe allein".[295] Dieses „Jahwe allein" gilt für die gesamten Schriften des Frühjudentums. Bis jetzt ist kein Text aus dieser Zeit bekannt, der vom ‚sündenvergebenden Messias' spricht.

19.3 Der Menschensohn

Als eines der Charakteristika der jüdischen Apokalyptik nennt P. Vielhauer ihre Uneinheitlichkeit.[296] Dies gilt besonders von der apokalyptischen Auffassung vom eschatologischen Richter und Retter. Einmal ist es Gott selbst, der das Gericht hält (äth Hen 47,3f; 60,2; 4 Esr 5,56ff;

---

[290] Zur Sühnekraft des Leidens allgemein oder verbunden mit Umkehr s. SJÖBERG, aaO., S.269ff.

[291] Vgl. dazu BILLERBECK, aaO., I, S.481 und II, S.282f.

[292] K. KOCH, aaO., S.147. Dieses Urteil von Koch wird auch von O. HOFIUS bestätigt, aaO., S.23.

[293] S. KOCH, aaO., S.148.

[294] Vgl. dazu die gründliche Analyse von HOFIUS,aaO., S.9.

[295] HOFIUS, aaO., S.23 (Hervorhebungen von ihm). Vgl. dazu auch seinen Aufsatz, Vergebungszuspruch und Vollmachtsfrage, Mk 2,1-12 und das Problem priesterlicher Absolution im antiken Judentum, in FS H.-J. Kraus (Hrsg. v. H. G. Geyer u.a.), 1983, S.115-127.

[296] P. VIELHAUER, Die Apokalyptik, aaO., S.417.

7,33)[297], dann wieder der Messias, der als eschatologischer Richter erscheint (Ps Sal 17,32; äth Hen 48,10; 52,4; 90,37; 1 QSa 2,12ff).[298]

Es ist aber auch vom ‚Menschensohn' die Rede (äth Hen 46,2ff; 62,7.9.14; 63,11; 69,26ff). Er erscheint als eine himmlisch-präexistente und eschatologische Richter- und Rettergestalt (äth Hen 37-71; 4 Esr 13). Trotz dieser Uneinheitlichkeit ist ein gewisses Nebeneinander bzw. Zueinander dieser eschatologischen Richter- und Heilsgestalt zu bemerken. Gegen E. Stauffer[299], P. Vielhauer[300] und F. Hahn[301] haben H. Balz[302] und J. Friedrich[303] deutlich gezeigt, daß die Prädikate ‚Menschensohn' und ‚Gesalbter' (=Messias) in den Bilderreden des äth Hen und in 4 Esra als Bezeichnung derselben Person parallel gebraucht werden können (äth Hen 48,2; 51,4f; 52,4; 4 Esr 13).[304] Daraus wird man aber nach Billerbeck nicht folgern dürfen, daß das Prädikat ‚Menschensohn' in Jesu Tagen „eine übliche Messiasbezeichnung" gewesen sei; vielmehr ist ihm Recht zu geben, wenn er sagt: „Man hat wohl in apokalyptischen Kreisen unter diesem Namen (=Menschensohn) auf Grund von Dn 7,13 vom Messias geredet, aber der breiten Masse ist der Ausdruck unbekannt geblieben"[305].

Der Gedanke von einem sündenvergebenden Menschensohn ist in den Schriften des Frühjudentums nirgends zu finden.

---

[297] Vgl. dazu P VOLZ, Die Eschatologie der jüdischen Gemeinde im neutestamentlichen Zeitalter nach den Quellen der rabbinischen, apokalyptischen und apokryphen Literatur, Tübingen 1934, S.274f.

[298] S. dazu J. FRIEDRICH, Gott im Bruder? Eine methodenkritische Untersuchung von Redaktion, Überlieferung und Tradition in Mt 25,31-46, Stuttgart 1977 (CThM A 7), S.181.

[299] E.STAUFFER, Messias oder Menschensohn, NT 1, 1956, S.81ff.

[300] P. VIELHAUER, Gottesreich und Menschensohn in der Verkündigung Jesu, in: ders., Aufsätze, S.56, 76.

[301] F. HAHN, Christologische Hoheitstitel, FRLANT 83, 1963, S.156f.

[302] H. BALZ, Methodische Probleme der neutestamentlichen Christologie, WMANT 25, 1967, S.48ff; vgl.dazu M. HENGEL, Christologie und neutestamentliche Chronologie in: FS O. CULLMANN, 1972, S.43-67, darin S.53; ders., Der Sohn Gottes. Die Entstehung der Christologie und die jüdisch-hellenistische Religionsgeschichte, 1975, S.67.

[303] J. FRIEDRICH, aaO., S.190f.

[304] Vgl. dazu P. STUHLMACHER, Die neue Gerechtigkeit in der Jesusverkündigung, in: Versöhnung, Gesetz und Gerechtigkeit, Aufsätze zur biblischen Theologie, 1981, S.45.

[305] BILLERBECK, aaO., I S.486. Vgl. hierzu auch seine Aussage in I, S.959: „Dem rabbinischen Judentum ist der Messiasname ‚Menschensohn' gleichfalls fremd".

19.4 Der Hohepriester der messianischen Zeit

Bereits innerhalb der alttestamentlichen Weissagungen über den Messias finden wir in Ps 110,3-4 die ungewöhnliche Verbindung vom universalen Königtum des Messias mit dem ewigen Priestertum: „Dein (=Messias) ist die Königswürde seit dem Tage deiner Geburt auf den heiligen Bergen ... Geschworen hat Jahwe, und es reuet ihn nicht: ‚Du bist Priester auf ewig nach des Melchisedek Weise' ". Nach dieser Stelle soll also der Messias beides in einem sein: Der König und zugleich der Priester in Ewigkeit nach der Weise Melchisedeks. Neben Ps 110,4 wird auch in Sach 6,13 der messianische König als Träger des hohenpriesterlichen Amtes prophezeit. Nach Billerbeck stellen die beiden Stellen für die jüdische Synagoge ein unlösbares Problem dar.[306] Denn der Nomismus der Synagoge konnte nach Billerbeck ein Messiasbild, das sowohl königlich als auch hohepriesterlich war, nicht erlauben. Darum bemühten sich die Gesetzestreuen, diese rätselhafte Prophetie dem Gesetz unterzuordnen, und so den königlichen Messias vom Hohenpriester der messianischen Zeit zu trennen.[307] Billerbecks Interpretation ist aber problematisch. Die Frömmigkeit der frühjüdischen Synagoge kann man nicht pauschal unter das Stichwort „Nomismus" stellen. In der Qumranliteratur ist auch von zwei Messiasgestalten (1 QS 9,11; CD 12,23f; 14,19;[308] 20,1 u.a.) die Rede, wobei der endzeitliche Hohepriester seinem Range nach dem königlichen Gesalbten überlegen ist.[309] Nach Targ. Sach 4,14 sind die zwei Ölbäume die beiden Söhne der Fürsten Davids und Aarons, und nach Aboth RN 34(9a) ist der davidische Messias von Gott mehr geliebt als der aaronitische Hohepriester. In diesem Zusammenhang kommt dem Kapitel Test Lev.18 besondere Bedeutung zu. Hiernach erfolgt die Erlösung von der Sünde, zum Teil wenigstens, durch den Hohenpriester der Endzeit. Die Aussagen im Test Lev.18 sind ungewöhnlich und bemerkenswert. Zu berücksichtigen ist aber, daß das Kapitel zum Teil christlich bearbeitet wurde.[310] Es ist dennoch einzigartig, wie hier von einem Hohenpriester der messianischen Zeit gesprochen wird.[311] In seiner Zeit wird es keine

---

[306] Zu Sach 6,13 s. F. HESSE ThWNT IX, S.498; ferner BILLERBECK, IV, S.462.

[307] Vgl. zum Ganzen BILLERBECK, aaO., S.457 und S.460ff.

[308] Der Qumrantext CD 14,19 ist stark beschädigt. Das inhaltliche Subjekt der Entsühnung ist aber auch hier Gott.

[309] Vgl. VAN DER WOUDE, ThWNT IX, S.508ff.

[310] Vgl. zu diesem Problem J. CHARLESWORTH, Pseudepigrapha, S.211ff; L. ROST, Einleitung, S.106ff; J. BECKER, Die Testamente der 12 Patriarchen, JSHRZ III, 1980[2], dort weitere Einleitungsfragen.

Sünde mehr geben! Dabei wird die Vernichtung der Sünde(r) nicht direkt vorausgesetzt. Es ist davon die Rede, daß die Gottlosen aufhören werden, Böses zu tun.

Der messianische Hohepriester wird hier zwar als der Herbeiführer des Paradiesurstandes dargestellt; es ist aber nicht direkt von seinem sündenvergebenden Handeln die Rede.[312]

§ 20
Das Achtzehnbittengebet (Sch^emone Esre)

Wie groß die Vergebungsbedürftigkeit im Glauben des Frühjudentums war, zeigt sehr eindrucksvoll das Achtzehnbittengebet. Das Achtzehnbittengebet, Sch^emone Esre oder einfach תְּפִלָּה („das Gebet") genannt, war im religiösen Leben des Frühjudentums neben dem „Sch^ema Israel"[313] und „Kaddisch"[314] das Hauptgebet der Juden.

Das Sch^emone Esre bildete neben diesen beiden Gebeten den Grundbestandteil des Synagogen-Gottesdienstes. Jeder Jude, auch Frauen, Kinder und Sklaven, mußte es dreimal täglich beten.[315] Das Beten spielte in der Frömmigkeit des Frühjudentums eine große Rolle. Beten („Gebet") und Fasten waren damals die vornehmsten religiösen Übungen der Frommen.[316] Es gab verschiedenartige Gebete in Bezug auf Form und Inhalt (Beispiel: Die Gebetstexte in Qumran). Der pharisäisch-rabbinische Führungskreis hat aber seit dem 1. Jhdt. n.Chr. auch die Gebetsfrömmigkeit der Juden durch Vorschriften geregelt.

---

311 Auch wenn dieser Text wie Test Jud 24 christlich bearbeitet ist (u.a. DE JONGE ThWNT IX, S.503ff.), muß die ältere Urfassung aus dem jüdischen Kreis stammen (vgl. F. SCHNAPP, in Kautsch, aaO., II, S.458f), wo ein messianischer Priester aus dem Haus Levi erwartet wurde. Vgl. dazu J. BECKER, Untersuchungen zur Entstehungsgeschichte der Test XII, Arbeiten zur Geschichte des antiken Judentums und des Urchristentums 8 (1970), S.299f.

312 Anders G. FRIEDRICH, Beobachtungen zur messianischen Hohepriestererwartung in den Synoptikern, ZThK 53 (1956), S.293f; vgl. dazu O. HOFIUS, aaO., S.2.

313 Das „Sch^ema Israel" besteht aus Dtn 6,4-9; (11,13-21); Num 15,37-41 und aus verschiedenen Lobsprüchen und gilt zusammen mit „Sch^emone Esre" als Hauptgebet.

314 „Kaddisch" ist das Abschlußgebet der drei täglichen Gebetszeiten des Judentums und auch Gebet für Trauernde.

315 BILLERBECK, IV/1, S. 208-249.

316 H. SCHÖNWEISS, in ThBNT I, S.427.

Wenn E. L. Dietrich recht hat[317], wurde die „Tefilla" (aram. צְלוֹתָא)
morgens und abends nach dem „Sch^ema Israel" und nachmittags nach Ps
145 (!) gebetet. Nach Dietrich war die „Tefilla" von Anfang an ein Ge-
meindegebet: Jeder Bitte folgte die Antwort der Gemeinde „im Hymnen-
stil, mit Lobpreis Gottes und einem die Bitte zusammenfassenden Epithe-
ton"[318]. Das Sch^emone Esre wurde zuerst leise gesprochen, dann durch
den Vorbeter laut wiederholt und von der Gemeinde Satz für Satz mit
Amen beantwortet.[319]

Nach der „Tefilla" folgten meistens Gebete des Flehens und Bitten um
Gnade und Sündenvergebung.[320] Das Gebet, das damals als ein Gottesdienst im Herzen gewertet wurde, konnte nach Billerbeck auch (mit wenigen Ausnahmen) an jedem Ort verrichtet werden[321] Die ältere paläsi-
nische Rezension dürfte nach K. G. Kuhn noch in vorchristliche Zeit zurückgehen.[322] Wie Kuhn herausstellt, bietet das „Sch^emone Esre" eine
knappe, alles Wesentliche enthaltende Eschatologie des Frühjudentums.[323]
Die ersten drei Benediktionen des Gebets bilden ein Lobgebet, die mittleren zwölf ein Bittgebet und die letzten drei ein Dankgebet.[324] Während
die erste Hälfte der achtzehn Benediktionen Gegenwartsbitten beinhaltet,
welche die Nöte der Gegenwart des jüdischen Volkes zur Sprache bringen, enthält die zweite Hälfte des Gebets eschatologische Bitten.[325] Das
Sch^emone Esre, das im einzelnen Bitten um die eschatogische Freiheit,
um die Sammlung der Zerstreuten, um Vergebung und Heilung, um Gottes alleinige Herrschaft, um das Ende der Fremdherrschaft, Bitten um die
Aufrichtung Jerusalems und des Tempels, um die Annahme der Prosely-
ten, um die Verdammung der Abtrünnigen, um den Messias aus Davids
Haus und um die Erhörung des Gebets enthält, ist sozusagen das Glau-
bens- und Gebetsbuch der Juden in zusammengefaßter Form. Hier kommt
all das zum Ausdruck, woran sie glauben und worauf sie hoffen. Und das
Ganze ist zugleich das Glaubensbekenntnis der Juden zu ihrem Gott der

---

[317] E. L. DIETRICH, Sch^emone Esre, in RGG³, V, Sp.1462.
[318] DIETRICH, aaO., Sp.1462.
[319] Dazu I. ELBOGEN (E. Lohse), in RGG³, II, Sp. 1756.
[320] Vgl. I. ELBOGEN (E. Lohse), aaO., Sp.1757.
[321] BILLERBECK, IV/1, S.223 und S.230.
[322] K. G. KUHN, Achtzehngebet, S.10.
[323] KUHN, aaO., S.25.
[324] Dazu B^erakh 34a: R. Chanina (um 225) hat gesagt: In den ersten Benediktionen
gleicht man einem Knecht, der das Lob vor seinem Herrn vorträgt; in den mittleren
gleicht man einem Knecht, der seinen Herrn um ein Geschenk bittet; in den letzten gleicht
man einem Knecht, der ein Geschenk von seinem Herrn empfangen hat und sich (unter
Dank) verabschiedet und geht. BILLERBECK, aaO., S.215.
[325] Vgl. dazu G. EICHHOLZ, Bergpredigt, S.123ff.

Väter. Es ist ein Bekenntnis zum treuen Gott der Väter אֲבוֹתֵינוּ ^gem;,,
dem Schöpfer קוֹנֵה, und dem Lebensstifter מְחַיֵּה הַמֵּתִים (1. und 2.
Ben).Er ist der Heilige הָאֵל הַקָּדוֹשׁ vom Sinai, der dort seinen Namen
(=Wesen) שְׁמֶךָ offenbart hat (3. Ben.). Zu beachten ist auch die Reihen-
folge der einzelnen Benediktionen.[326] Denn nach der 3. folgen in der 4.
Benediktion Stichwörter wie „Tora" מִתּ/רָתֶךָ und „Erkenntnis" הַדַּעַת.
Und erst nach dem Lob und Bekenntnis zum heiligen Gott der Tora, die
den Menschen Einsicht und Erkenntnis (der Sünden) verleiht, folgen
Stichwörter wie „Umkehren" שׁוּב und „Buße" תְּשׁוּבָה in der 5. Bene-
diktion, wobei zu beachten ist, daß hier Gott derjenige ist, der die Umkehr ermöglicht. Erst nach der Umkehr folgt die 6. Benediktion mit der
Bitte um Sündenvergebung.

Das Sch^emone Esre (die palästinische Rezension)[327]

6. Benediktion:

סְלַח לָנוּ אָבִינוּ כִּי חָטָאנוּ לָךְ
מְחֵה [וְהַעֲבֵר] פְּשָׁעֵינוּ מִנֶּגֶד עֵינֶיךָ [כִּי רַבִּים רַחֲמֶיךָ]
בָּרוּךְ אַתָּה יי הַמַּרְבֶּה לִסְלוֹחַ

Sch^emone Esre (in der heutigen Form)

6. Benediktion:

סְלַח ־ לָנוּ אָבִינוּ כִּי חָטָאנוּ
מְחַל ־ לָנוּ מַלְכֵּנוּ כִּי פָשַׁעְנוּ
כִּי מוֹחֵל וְסוֹלֵחַ אָתָּה
בָּרוּךְ אַתָּה יי חַנּוּן הַמַּרְבֶּה לִסְלוֹחַ

---

[326] Dazu s. den Aufsatz von O. BETZ, Jesu Lieblingspsalm, wo er den Einfluß von Ps
103 auch auf das Sch^emone Esre vor Augen führt, in: Jesus. Der Messias Israels,
WUNT 42, Tübingen 1987, S.185-201.

[327] Die Texte nach W. STAERK, Altjüdische liturgische Gebete, S.12.

Sch^emone Esre (palästin. Rezension)[328]	Sch^emone Esre (babylon. Rezension)
6.Ben.:	6. Ben.:
Vergib uns, unser Vater, denn wir haben gesündigt gegen dich: *tilge (u. entferne) unsere Verfehlungen* vor deinen Augen weg (denn groß ist deine Barmherzigkeit) Gepriesen seist du, Jahwe *der viel vergibt!*	*Vergib uns, unser Vater,* denn wir haben gesündigt: *Verzeih uns, unser König ,* denn wir haben gefehlt, denn ein gütiger u. vergebender Gott bist du. Gepriesen seist du Jahwe (Gnädiger), *der viel vergibt!*

In der babylonischen Rezension wiederholt sich zweimal die Bitte um Sündenvergebung und zweimal das Sündenbekenntnis, während die palästinische Rezension nur ein Sündenbekenntnis enthält, aber deutlicher zum Ausdruck bringt, an wem der (die) Beter gesündigt hat (haben): „gegen dich (=Gott)". Das heißt: Sünde ist immer Sünde gegen Gott, die deswegen Gott sichtlich vor Augen steht, bis er sie tilgt oder entfernt (paläst. Rezension)

Der Beter hat hier Ps 103 und Ps 51 vor Augen.[329] Das zeigt die folgende Synopse *(siehe Tabelle, S.150).*

Wie die Synopse verdeutlicht, steht also die 6. Benediktion des Sch^emone Esre direkt unter dem Einfluß von Ps 103 und 51. Zu beachten ist, wie bereits erwähnt, die Reihenfolge der einzelnen Benediktionen im Ganzen vor allem in der ersten Hälfte. Die Reihenfolge ist theologisch wohl bedacht und heilsgeschichtlich geordnet:

Vätergott (=Erwählung)	(1. Ben.)
Großtaten / Lebenserwecker (Exodus)	(2. Ben.)
Name Gottes / Heiligkeit (Sinai)	(3. Ben.)
Erkenntnis (aus der Tora)	(4. Ben.)
dann *Buße / Umkehr*	(5. Ben.)
darauf folgt *Vergebung*	(6. Ben.)
Erlösung	(7. Ben.)
und *Heilung*	(8. Ben.)

---

[328] Die Übersetzungen von Dalman, in: Billerbeck, IV/1, S. 212. Die Hervorhebungen von mir.

[329] Zum Verhältnis Ps 103 - Sch^emone Esre s. den obengenannten Aufsatz von O. BETZ, S.2-3.

Psalm 103

V.3a: *Er vergibt* dir all deine Schuld
הַסֹּלֵחַ

13a: Gleich *wie ein Vater* sich erbarmt der Kinder אָב

10: Nicht handelt er an uns nach unseren Sünden

12: Soweit der Aufgang vom Niedergang soweit *entfernt* er von uns die Schuld

11: Denn so hoch der Himmel über der Erde, so groß ist seine *Güte* חֶסֶד

2-3a: Preise, meine Seele, Jahwe, und vergiß nicht, was er dir Gutes getan: *Er vergibt dir* all deine Schuld!

4a: Aus der Grube *erlöst er* dein Leben.
חַיָּיְכִי

3b: Alle Gebrechen will er dir heilen !
חֳלָיְכִי

Das Schemone Esre (palästin. Rezension) 6. Ben.:

Vergib uns
סְלַח לָנוּ
unser Vater
אָבִינוּ 330

denn wir haben *gesündigt gegen dich*
חָטָאנוּ לָךְ

tilge und entferne unsere Verfehlungen
מְחֵה וְהַעֲבֵר

vor deinen Augen weg
מִנֶּגֶד

denn groß ist deine Barmherzigkeit
רַחֲמֶיךָ רַבִּים

Gepriesen seist du, Jahwe

der viel vergibt

Erlöse uns um deines Namen willen!   (7.Ben.)
גְּאָלֵנוּ

Heile uns, Jahwe, unser Gott!   (8.Ben.)
רְפָאֵנוּ

Psalm 51

V 4a: *Wasche mich* rein von meiner Schuld
מֵעֲוֹנִי

6a: *Ich habe gesündigt allein gegen dich*
חָטָאתִי ... לְךָ

11b: *tilge* all meine Schuld
מְחֵה עֲוֹנֹתַי־כָּל

6b: ich hab' es getan, was böse *vor deinen Augen*
בְּעֵינֶיךָ

3b: tilge meine Sünden nach deiner großen *Barmherzigkeit*
רַחֲמֶיךָ רֹב

16b: Meine Zunge wird deine Gerechtigkeit rühmen

17b: Mein Mund wird verkünden dein Lob

16a: Errette mich vor dem Blute, Gott meines Heils

10b: mein zerschlagen Gebein wird frohlocken

---

330 Zu Gottes Anrede „unser Vater" s. BETZ, aaO., S.3: „Denn die Ehrfurcht bestimmt im allgemeinen das frühjüdische Gottesbild, wie schon die Umschreibung des Gottesnamens beweist. Darum bezeugen die ersten drei Benediktionen den Furcht erregenden, starken und heiligen Gott. Der Umschwung, die Hinwendung zu ‚unserem Vater'…wäre unmöglich ohne den Rückhalt, den eine   Aussage wie Ps 103,13 den Betenden geben kann."

Als Ganzes gesehen, nimmt das Sch^e^mone Esre fast alle alttestament-lich-jüdischen Glaubensüberlieferungen in sich auf. So z.B.:

Vätertradition	(1. Ben.)
Exodustradition	(2., 7. Ben.)
Sinai-Priestertradition	(3., 4., 16. Ben.)
Jahwe-König und Messiastradition	(10., 11., 14. Ben.)
Schöpfungs- und Weisheitstradition	(1., 2., 9. Ben.)
Lobpreis-Psalmentradition	(17. Ben.)
schließlich die Bußgebetstradition	(5., 6., 7., 8., 15. Ben.)

und den festgewurzelten Glauben an den gnädigen und barmherzigen Gott, „unser(en) Vater", der die Sünden der Bußfertigen vergibt. Ande-rerseits setzt das Achtzehngebet auch die pharisäisch-rabbinische Fröm-migkeits- und Gerechtigkeitsanschauung (Lohn/Verdienstgedanke und Einstellung zu den Sündern) sowie den national geprägten Messianismus (Wiederherstellung von ganz Israel) voraus (12., 13. und 14. Ben.). Das Sch^e^mone Esre ist damit ein wichtiges Glaubenszeugnis aus der frühjüdi-schen Zeit, welches die Nöte der Gegenwart und die eschatologische Hoffnung des jüdischen Volkes eindrucksvoll zur Sprache bringt. In ihm kommt auch die große Sehnsucht des leidenden Gottesvolkes nach der be-freienden eschatologischen Sündenvergebung und Erlösung zum Aus-druck.[331]

Zu beachten ist für unsere Arbeit das Verhältnis zwischen der 5. und der 6. Benediktion. Zuerst der Text der 5. Ben.: (Palästin. Rezension)

„Bringe uns zurück, Jahwe, zu dir,daß wir *umkehren* (in Buße), erneuere unsere Tage wie vordem Gepriesen seist du, Jahwe, der Wohlgefallen an *Buße* hat!"[332]

Es scheint zuerst etwas überraschend zu sein, daß hier Gott gebeten wird, die Umkehr des Menschen zu ermöglichen. Denn es entspricht eher der frühjüdischen Anschauung, daß es des Menschen Aufgabe ist, von der Sünde ab- und zu Gott und zur Tora zurückzukehren. Umkehr ist aber sowohl im AT als auch im Frühjudentum immer mit Sündenvergebung und Rettung Gottes verbunden. Daraus läßt sich erklären, daß hier Gott sowohl um Buße (5. Ben.) als auch um Vergebung (6. Ben.) wie um Er-lösung (7. Ben.) gebeten wird. Sie bilden zusammen im Glauben des

---

[331] Nicht zu überhören ist allerdings die in den 12. und 13. Benediktionen zur Sprache kommende rabbinisch-pharisäische Lohn- und Gerechtigkeitsanschauung.

[332] Text nach Dalman, in: BILLERBECK, aaO., S.211.

Frühjudentums eine untrennbare Einheit. Daß mit der Umkehr dabei immer die Umkehr zur Tora[333] gemeint ist, zeigt die 5. Ben. der babylonischen Rezension sehr eindeutig. Es heißt dort:

„Bringe uns zurück, unser Vater, zu deiner *Tora* und laß uns nahen, unser König, zu deinem *Dienst* und laß uns umkehren in *vollkommener* Buße vor dein Angesicht"[334].

Umkehr wird hier konkretisiert. Es ist Umkehr zum Gesetz Gottes, die mit dem ‚Dienst‘ und der ‚Vollkommenheit‘ verbunden ist. Der Beter will durch die vollkommene Buße und den Toragehorsam Gott dienen und sich ihm nähern. Darum schließt auch die 5. Ben. der beiden Rezensionen mit dem Satz „Jahwe, der Wohlgefallen an der Buße hat!". Hier ist also Gott derjenige, der an der Buße des Menschen Wohlgefallen hat. Hier rückt der Mensch nach vorne. Der Mensch will mit seiner Buße Gott wohlgefallen. Die 5. Ben. selbst ist von dieser Spannung gekennzeichnet. Es ist Gott, der dem Menschen durch die von ihm bewirkte Umkehr Vergebung gewährt und die Erlösung herbeiführt. Der Mensch wird dennoch zum Handeln motiviert.

Festzuhalten ist, daß die Sündenvergebung Gottes nach dem „Sch[e]mone Esre" untrennbar mit der Umkehr (zur Tora) verbunden ist. Umkehr und Toradienst (babylonische Rezension) kommen vor der 6. Ben., in der die Vergebung und Barmherzigkeit Gottes herbeigefleht werden.

§ 21
Sündenvergebung auf Grund der kultischen und nichtkultischen *Sühnehandlungen*

21.1 Der Zweite Tempel

Die beiden tragenden Säulen des nachexilischen Judentums waren die Tora und der Tempelkult in Jerusalem (bis 70 n.Chr.; Aboth 1,3). Für das aus dem Exil zurückgekehrte Volk Israel hatte der wiederaufgebaute

---

[333] Zum Umkehrverständnis des Frühjudentums s P. WELTEN/L. JAKOBS/J. BECKER, Buße (AT/Judentum/NT), in TRE VII, S.433-451, bes. S.439ff; R. SCHNACKENBURG, Metanoia, in: LThK VIII, S.356-359; H. MERKLEIN, Die Umkehrpredigt bei Johannes dem Täufer und Jesus von Nazareth, BZ, NF, 25, 1981, S.29-46; ders., μετάνοια, EWNT II, S.1022-1031; ferner SJÖBERG, aaO., S.125ff und BILLERBECK, IV/1, S.208ff.
[334] Dalman, in BILLERBECK, aaO., S.211; vgl. ferner 1 QS 5,1ff.

Tempel Gottes (Einweihung 515 v.Chr.) ganz besondere Bedeutung.[335] Er war ein sichtbares Zeichen dafür, daß Gott auch in der schweren Zeit mit ihm ist. Seine Existenz gab Israel Trost und Mut zum Weiterleben. In der Zeit des zweiten Tempels, wo das Priestertum im religiösen Leben Israels eine maßgebliche Rolle spielte, traten Sühne und Sündenvergebung besonders in den Vordergrund. Allen Opfern wurde sühnende Funktion zugemessen.[336]

Die genaue Durchführung des Tempelkultes nach den Vorschriften der Tora lag den Frommen Israels besonders am Herzen. Als dieser Dienst gefährdet war (Antiochus IV, Hellenisierungsprozeß in Jerusalem) entzündete sich der makkabäische Freiheitskampf, der von den Gesetzestreuen organisiert und erfolgreich geführt wurde.

In der Zeit von 515 v.Chr. bis 70 n.Chr. wurde im Jerusalemer Tempel täglich der Opferkult durchgeführt. An den großen Wallfahrtsfesten kamen Juden aus allen Ländern der Welt, um sich am Kult zu beteiligen. Für die konkrete Durchführung des Opferkultes sorgten der Hohepriester, Tempeloberst, Tempelaufseher, Schatzmeister und Leviten.[337] Von den Frommen aus den gesetzestreuen jüdischen Kreisen wurde die kultische sowie sittliche Reinheit טָהֵר zur Voraussetzung für die Teilnahme am Kult gemacht. Gerade in der Zeit des Zweiten Tempels, wo Israel ständig mit anderen Kulturen und Völkern in Berührung kam, wurde die Heiligkeit und Reinheit des Jahwevolkes ernst genommen (bes. von Qumranleuten, Rabbinen und Pharisäern)[338].

Man kann nicht behaupten, daß der Jerusalemer Tempelkult für die Juden dieser Zeit nur ein „Lohnerwerbsinstitut für das künftige Gericht" war, und daß der Kult „nicht mehr Gabe Jahwes und Zeichen seiner gnädigen Präsenz" bedeutete.[339] Dem Kult dieser Zeit kann man auch nicht einseitig „Formalisierung", „Entleerung" und „Materialisierung" vorwer-

---

[335] Zur Tempelbeschreibung s. Josephusbericht (Bell. V, [5,1-6] §§.184-247) und Mischnatraktat Middoth. Vgl. auch Joma V.1. Dazu s. K. GALLING, Tempel, RGG[3] VI, S.684-686.

[336] H. GESE, Die Sühne, in: Zur biblischen Theologie, 1977, S.94. Zur Nachwirkung der Priesterschrift (P) auf das Judentum s. F. MAASS: „Das Sühne-Institut, wie es sich in P und Ez 40-48 repräsentiert, hat dem Judentum für ein halbes Jahrtausend das Gepräge gegeben", THAT I, Sp. 856.

[337] E. LOHSE, Umwelt, S.111. Zum Tempeldienst s. BILLERBECK I. S.396ff und II, S.549ff; ferner GALLING, S.648ff. Dort auch Beschreibung des zweiten Tempels.

[338] In der Tempelrolle der Qumrangemeinde ist z.B. die kultische Reinheit eines der Hauptthemen. Zur rabbinisch-pharisäischen Reinheitsauffassung s. z.B. Mk 7,1-23. Zum Problem s. F. MAASS, Art טהר, THAT I, Sp.651f und F. HAUCK/R. MEYER, Art. καθαρός, ThWNT III, S.416-434.

[339] Gegen H. THYEN, aaO., S.75; vgl. auch S.64.

fen.[340] Man muß die konkrete Lebenssituation der Juden dieser schweren Zeit immer mitberücksichtigen. Der nach der Katastrophe wieder ermöglichte Tempelkult in Jerusalem war das einzige Zeichen für das Kleinvolk Israels, die gnädige und vergebende Präsenz Gottes nahe und persönlich zu erfahren. Jesu Kritik an den Pharisäern und Schriftgelehrten galt auch nicht dem Festhalten an dem Jerusalemer Tempelkult als solchem, sondern dem heuchlerischen Verhalten, das den wahren Sinn des Sühnekultes verdeckte. Als Höhepunkt dieses Kultes galt der „Jom Kippur". Von der großen Bedeutung dieses Tages wußte jeder Israelit in und außerhalb Palästinas. Er war der Tag der Gnade Gottes, an dem jeder einzelne Israelit die vergebende Güte und Barmherzigkeit Gottes erfuhr (zum einzelnen s. unten).

So war der Sühnekult der Mittelpunkt und das Zentrum des religiösen Lebens der Juden in der Zeit des zweiten Tempels bis 70 n.Chr.. Die Aussagen über den Kult bzw. über die kultische Sühne sind in einigen apokalyptischen Schriften spärlich. Daraus kann man aber gewiß nicht auf eine „antikultische Haltung" schließen (gegen Thyen, aaO., S.54). Vielmehr kann man in der apokalyptischen Literatur, mit den Worten Sjöbergs (aaO., S.256), „eine durchaus positive Einstellung zum Kultus" feststellen.[341] Die Tempelrolle 11 Q Miqdasch spricht z.B. ganz entschieden für ein großes kultisches Interesse im Frühjudentum. Es ist dennoch darauf hinzuweisen, daß das religiöse Leben der Juden dieser Zeit nicht allein an den Tempelkult gebunden war. Das hängt sicherlich mit den politischen Wirren um das Amt des Hohenpriesters im zweiten und ersten Jhdt v.Chr. und mit der daraus folgenden Spaltung der Frommen Israels (Essener, Qumrangemeinde) zusammen. Andererseits hat es auch mit der ethisierend-vergeistigenden Tendenz des Opferkultes im frühen Judentum zu tun (besonders bei den Rabbinen).

Im nachexilischen Israel verstärkte sich langsam die Tendenz, den Kult immer enger an die Tora zu binden. Der Opferdienst im Tempel hatte für den Kreis der Gesetzestreuen nur dann seinen Sinn, wenn er bei genauester Beachtung der Tora durch die Priester vollzogen wird (Sir 35.1ff; Jub 49,15; 50,11; 1. Makk 4,42ff). Durch das intensive Torastudium und durch den Einfluß der Weisheitradition gelangten die Frommen zur Einsicht, daß Gott den Bußfertigen verschiedene Möglichkeiten gegeben hat, göttliche Vergebung zu erlangen. In nachexilischer Zeit und im

---

[340] Gegen H. THYEN, aaO., S.75.
[341] Als Beleg nennt SJÖBERG 4. Esr 3,23f; Test Lev 15,1; äth Hen 89,45; 89,67; Syr Bar 4,5; 35,5ff; Ass. Mos. 2,5ff; Apok. Abr. 25 u 27 u.a., aaO., S.256/7. Vgl. dazu die große Rolle von Tempel und Opfer in Mischna und Talmud.

Frühjudentum ist darum nicht nur von der kultischen Sühne, sondern verstärkt auch von der sich unabhängig vom Kult vollziehenden Sühne die Rede.[342] Nicht nur Sühnopfer und Gebet (Jub 6,2.14; 50,11; 2 Makk 3,33; Gebet Asarja 17)[343] haben sühnende, Vergebung erwirkende Kraft, sondern auch die Sittenreinheit, Wohltätigkeit und die Liebeswerke (s. Sir 3,3; 3,14-15; 28,2ff; 45,23; dazu noch Tob 4,10; 12,9; 14,11).[344] Es wird auch der Buße, dem Leiden und dem Tod sühnende Kraft zugemessen.[345] Es wird sogar auch die Möglichkeit einer Sühne/Vergebung durch das stellvertretende Leiden bzw. den Tod des Gerechten gesehen (4. Makk 6,29; 17,22; in Verbindung mit Fürbitte 11 Qtg Hi 38,2f).[346] Wir wollen uns im Folgenden mit diesem Problem beschäftigen.

21.2 Sündenvergebung auf Grund der kultischen Sühnehandlungen

Der eigentliche Sitz im Leben der Sündenvergebung Gottes ist auch im Frühjudentum der Sühnekult (vgl. Traktat Joma). Die beiden wichtigsten Voraussetzungen sowohl der kultischen als auch der außerkultischen Sühnehandlungen sind, wie im Alten Testament, auch hier im Frühjudentum

---

[342] Vgl. F. MAASS, aaO., Sp.855f.

[343] Selbst die Getöteten können durch das Sühnopfer von Sünde gesühnt werden. 2 Makk 12,45. Vgl. noch BILLERBECK, I, S.169, 636; II, s.247; III, S.519.

[344] Vgl. dazu Dan 4,24. Die rabbinischen Belege bei BILLERBECK, III, S.289; IV, S.555ff und S.562ff; ferner J. SCHMID, Sünde und Sühne im Judentum, Bibel und Leben 6, 1965, S.16-26; F. SJÖBERG, Gott und die Sünder, S.163f.

[345] Dazu BILLERBECK, I, S.169, S.417f, S.636; II, S.274ff; vgl. E. SJÖBERG, aaO., S.169ff; ferner E. LOHSE, Märtyrer und Gottesknecht. Untersuchung zur urchristlichen Verkündigung vom Sühnetod Jesu Christi, [2]1963, S.66ff.

[346] Auch im Pharisäismus; s. dazu Ber 55a; Joma 5a. Dazu s. BILLERBECK, II, S.274ff, S.286ff; E. SJÖBERG, aaO., S.174f und S.222; vgl. dazu J. GNILKA, Martyriumsparänese und Sühnetod in synoptischen und jüdischen Traditionen, in: Die Kirche des Anfangs, hrsg. von R. SCHNACKENBURG, J. ERNST und J. WANKE, 1978, S.223-246.

Zum Qumran-Beleg s. P. STUHLMACHER, Existenzstellvertretung für die Vielen: Mk 10,45 (Mt 20,28), in: Versöhnung, Gesetz und Gerechtigkeit. Aufsätze zur biblischen Theologie, 1981, S.28 u. S.38f; ferner B. JANOWSKI, Sündenvergebung „um Hiobs willen". Fürbitte und Vergebung in 11 Qtg Job 38,2f und Hi 42,9f LXX, in: Freundesgabe zum 50. Geburtstag von P. Stuhlmacher, S.255ff. Jetzt erschienen in ZNW 1982, S.251-280.

Allerdings gehören 4.Makk und 11 Qtg Hiob recht verschiedenen jüdischen Gruppierungen an. S. dazu unten.

der Glaube an die Heiligkeit Gottes (קָדוֹשׁ קָדוֹשׁ קָדוֹשׁ יְהוָה צְבָאוֹת
Jes 6,3. Vgl. Lev 17,1-26,46) und die weisheitliche Lebensanschauung
vom Tat-Ergehen-Zusammenhang.

Durch eine Sündentat ist jeder einzelne Mensch bewußt oder unbewußt
in die dinglich bestehende und sein Leben bedrohende Sünden-Unheil-
Sphäre hineingeraten. Als ein sündiger, unrein gewordener Mensch kann
er vor dem heiligen Gott Israels, der inmitten der Israeliten wohnt, nicht
bestehen. Die Sünde trennt den Menschen von Gott. Die Sünde bringt
nicht nur Unheil über den einzelnen Täter, sondern auch über die ganze
Gemeinschaft. Nicht nur das einzelne Leben ist bedroht, sondern die
ganze Gemeinschaft steht vor der Gefahr, von Gott getrennt zu werden.
Deswegen muß die Sünde beseitigt werden. Gott als Herr auch über den
Tat-Ergehen-Zusammenhang kann den Frevler seiner Sünde preisgeben,
indem er das Tat-Folge-Prinzip voll wirksam werden läßt, oder er kann
den betreffenden Frevler dadurch am Leben lassen, daß er einen Ersatz
für den Sünder findet und diesen stellvertretend für den sündigen Menschen sterben läßt. Gott hat Israel dadurch am Leben erhalten, daß er den
zweiten Weg gewählt hat. Als Herr über den Tun-Ergehen-Zusammenhang gibt er aber sein Richtertum nicht auf, sondern gibt selbst das Sühnemittel, durch das der Mensch von seinem Sündenunheil befreit werden
kann. Darin bestätigt er nicht nur sein Schöpfer- und Richtertum, sondern
erweist sich als barmherziger und treuer Gott. Der treue ist auch der gerechte Gott, der seine Gerechtigkeit darin offenbart, daß er den dem Tod
geweihten Sünder von seinem Todesunheil befreit und ihm ein neues Leben, neue Gottesgemeinschaft schenkt. Sühne ist also das Heilshandeln des
treuen und gerechten Gottes, der den Sündern zum Leben verhilft und
zum Leben in der Gottesgemeinschaft weiht.

Nach alttestamentlich-jüdischer Auffassung gibt es verschiedene kultische Möglichkeiten, von den begangenen Sünden entsühnt zu werden. Für
die unwissentlich begangenen Sünden und für die ohne eigene Schuld entstandenen rituellen Vergehen gegen Jahwe sühnt das Sündopfer חַטָּאת die
Sünden und weiht zugleich das Leben vor Gott. Auch in der Zeit des
Zweiten Tempels wurden die Sündopfer dargebracht. Es vollzieht sich in
der folgenden Weise: Der Sünder bringt ein fehlerloses Opfertier dar,
legt seine Hand auf dessen Kopf und schlachtet es als חַטָּאת. Dann nimmt
der Priester von dem Tierblut mit seinem Finger und bestreicht damit die
Hörner des Altars; das übrige Blut gießt er an den Fuß des Altars und
verbrennt das Fett. Durch diesen Handlungsablauf verschafft der Priester
dem Sünder die Sühne, und so wird ihm Vergebung zuteil (Lev 4,1-5,13).

Sühne geschieht also durch die Bluthandlungen. Das Blut des Opfertiers enthält das Leben und erwirkt die Sühne. Der Priester handelt dabei als Repräsentant Gottes und nicht als Repräsentant des Sünders. Es ist Jahwe, der das Sühnmittel (Lev 17,11) gibt und dem Sünder als Wirkung der Sühne Vergebung gewährt (man beachte die passivische Formulierung: הַכֹּהֵן וְנִסְלַח לוֹ)[347].

Bei läßlichen Verschuldungen sühnt das Schuldopfer אָשָׁם. Da es aber hierbei meistens um Vergehen geht, die die Rechte Gottes oder des Nächsten verletzen, ist אָשָׁם auch mit einer Ersatzleistung verbunden. Die Sühnehandlung des אָשָׁם vollzieht sich auf folgende Weise:

Der schuldig gewordene Sünder muß zuerst den vollen Schaden, den er seinen Nächsten angerichtet hat, ersetzen und 20% mehr erstatten; er soll diese Ersatzleistung am Tage seines Schuldopfers dem Geschädigten zurückgeben. Als Zeichen der Buße für Jahwe soll er dann einen fehlerlosen Widder als אָשָׁם dem Priester darbringen; erst dann wird der Priester ihn entsündigen, und es wird ihm vergeben werden וְנִסְלַח לוֹ (Lev 5,20-26).

Bei den Rabbinen spielt die Stelle Lev 5,20-26 für die Interpretation der kultischen Opferhandlung eine wichtige Rolle.[348] Schon in der Zeit vor der Tempelzerstörung ist bei den Rabbinen die Stimme zu vernehmen, die uns an Sirach erinnert. Bekanntlich wurde im nachbiblischen Judentum allen Opfern sühnende Funktion zugemessen. Die Reichen und Heuchler, die nicht aufhörten zu sündigen, haben auch viele Opfer in der Selbsttäuschung dargebracht, so Gottes Vergebung zu erlangen.[349] Vor den Rabbinen hat bereits Sirach vor solcher kultischen Selbsttäuschung gewarnt (Sir 5,4-8; 7,8-10; 34,18-20). Es war die allgemeine Anschauung der alten Synagoge, daß die rechtschaffene Umkehr des Sünders sich darin erweist, daß er von seinem alten Sündenleben abläßt und dann den noch wieder gut zu machenden Schaden, den er bei seinem Nächsten angerichtet hat, voll ersetzt unter Hinzufügung eines Fünftels seines Wertes.[350]

Selbst der größte Tag des Jahres, nämlich der Versöhnungstag, sühnt die Sünde gegen den Mitmenschen nicht, solange man nicht Buße getan und den angerichteten und noch zu ersetzenden Schaden nicht voll ersetzt

---

347 Zur כפר - נִסְלַח: - Formel s. JANOWSKI, Sühne, S.250ff. Vgl. dazu Mischna Traktat Joma (IV und V) in der Gießener Ausgabe.
348 Vgl. A. BÜCHLER, Sin and Antonement, S.375-441. S. bes. S.387, 404f, 410ff, 417f, 422f, 426f und S.429.
349 Vgl. dazu BÜCHLER, aaO., bes. S.404-407.
350 S. dazu BILLERBECK, II, S.250f. Dort auch die rabbin. Stellen.

hat (Yoma 8,9; Sifra Lev 16,30.83ab).[351] Der Stellvertretungsgedanke kommt im Asasel-Bock-Ritus am Jom Kippur zum Ausdruck (Lev 16,8-10.20-22.26). Der Asasel-Ritus trägt einen archaisch-volkstümlichen Charakter und ist keine kultische Sühne im Sinne des priesterschriftlichen Begriffes.[352] Hier kommt aber der Gedanke von einem stellvertretenden Wegtragen der Sünden durch ein „vor Jahwe" ausgelostes Tier zum Ausdruck.[353] Der Bock wird vor Jahwe ausgelost (V.8), dann folgt die Handauflegung auf den Kopf des Tieres mit einem Sündenbekenntnis und die Übertragung der Sünden auf den Bock (V.21). Dann wird der Bock als stellvertretender Lastträger der Sünden in die Wüste geschickt (V.22). Auch hier ist es Jahwe selbst, der den stellvertretenden Träger von Sünden bestimmt und die Entsündigung der Israeliten verwirklicht.[354]

Die höchste und umfassendste Sühnung vollzieht der Hohepriester einmal im Jahr am Großen Versöhnungstag (כַּפֻּרִים[הַ] יוֹם). An diesem Tag betritt der Hohepriester das einzige Mal das Allerheiligste und es wird auch nur an diesem Tag der Jahwe-Name ausgesprochen.[355] Das wichtigste Element der Sühnehandlungen an diesem Tag ist die Blutsprengung im Allerheiligsten an das Sühnmal der כַּפֹּרֶת, am Ort der göttlichen Doxaerscheinung.[356] Das Blut des Sühnopfers ist die Gabe Gottes zu diesem Zweck (Lev 17,11: כִּי הַדָּם הוּא בַּנֶּפֶשׁ יְכַפֵּר). Grundlegend ist auch hier der Gedanke der stellvertretenden Lebenshingabe, welche Gott ermöglicht und verwirklicht. Ein Lebewesen tritt mit seiner Lebenshingabe für ein anderes Lebewesen ein. Dabei sind die beiden Lebewesen passiv an dieser Handlung beteiligt. Es ist Gott, der hier handelt. Durch die von Gott bestimmte Stellvertretung wird das Gericht über die Sünde vollzogen, das Leben des sündigen Menschen aus seinem Todesunheil befreit und neu für das Leben in der Gottesgemeinschaft geheiligt. Das rabbinische Judentum legt dabei den Akzent darauf, daß die kultische Sünde nicht *alle* Sünden sühnt. Der Mensch wird aufgefordert, das Seinige zu tun. Gott sühnt nicht jede Sünde und jede Schuld, die der Mensch seinerseits wiedergutmachen kann. Hier gilt der Grundsatz Sirachs: Das Opfer der Gottlosen sühnt keine Sünde!

---

351 Vgl. BÜCHLER, S.411f.

352 S. dazu GESE, Sühne S.102.

353 Vgl. Traktat Joma VI und dort die abweichende Darstellung über den Azazel-Ritus. S. dazu auch die Einleitung von J. MEINOLD (Gießener Ausgabe) und von E. BANETH (Baseler Ausgabe).

354 Vgl. auch Lev 14,1-9; hier ist es ein Vogel, der den Aussatz forttragt. S. dazu GESE, aaO., S.102.

355 Vgl. GESE, aaO., S.102 und JANOWSKI, Sühne als Heilsgeschehen, S.265-276.

356 Vgl. GESE, aaO., S.103 und JANOWSKI, aaO., S.271ff und S.328ff.

Zur Illustration sei hier das ganze Kapitel VIII des Traktats Joma vorgeführt.

Traktat *Joma* VIII (Gießener Mischna)

1a   Am Versöhnungstag ist es verboten, zu essen, zu trinken, sich zu waschen, zu
     salben, Sandalen anzulegen und den Beischlaf zu vollziehen.

b   (Der König und die Neuvermählte dürfen sich das Gesicht waschen; die Wöch-
     nerin kann Sandalen anlegen - so ist die Meinung von Rabbi Elizer, während die
     anderen Weisen auch das verbieten)

2a   Wenn einer am Versöhnungstag soviel ißt wie eine große getrocknete Dattel (mit
     ihrem Kern) oder wenn einer etwa einen vollen Schluck trinkt, der ist straffällig.

b   Alle Bissen werden bis zum Quantum etwa einer Dattel, alle Getränke bis zum
     Quantum etwa eines vollen Schluckes zusammengerechnet. Wenn einer aber bald
     ißt, bald trinkt, so rechnet man das nicht zusammen

3a   Hat einer, ohne daran (an den Versöhnungstag) zu denken, gegessen und getrun-
     ken, so ist er nur zu einem Sündopfer verpflichtet. Hat er gegessen und eine Ar-
     beit verrichtet, so ist er zu zwei Sündopfern verpflichtet.

b   Hat einer von Dingen gegessen oder getrunken, die sich nicht zum Essen oder
     Trinken eignen, trank er z. B. Saft oder Lake, so ist er straffrei.

4   Ganz kleine Kinder hält man am Versöhnungstage nicht zum Fasten an. Doch ge-
     wöhnt man sie ein oder zwei Jahre vorher daran, daß sie in den Geboten bewan-
     dert sind.

5a   Eine Schwangere, die (Speisen) gerochen hat, läßt man essen, bis sie sich erholt.

b   Einen Kranken läßt man soviel essen, wie die Kundigen erlauben. Sind Kundige
     nicht zugegen, so läßt man ihn soviel nach seiner eigenen Angabe essen, bis er
     selbst sagt: es ist genug.

6a   Wen Heißhunger quält, den darf man selbst mit unreinen Dingen speisen, bis
     seine Augen wieder hell werden. Wen ein toller Hund gebissen hat, den darf man
     nicht von den Lappen seiner (des Hundes) Leber genießen lassen (Allerdings hält
     Rabbi Mattja ben Cheresch das für erlaubt).

b   Weiter sagt Rabbi Mattja: Wer Halsschmerzen hat, dem darf man auch am Sabbat
     Medizin geben, weil man nicht weiß, ob nicht vielleicht Lebensgefahr vorliegt,
     und jede solche Befürchtung berechtigt zur Verletzung der Sabbatbestimmungen.

7   Ist über jemanden ein Bauwerk zusammengestürzt und es herrscht Zweifel, ob er
     darunter liegt oder nicht, ob er noch lebt oder tot ist, ob er Fremdling oder ein Is-
     raelit ist, so hat man über ihm aufzuräumen. Findet man dabei, daß er noch lebt,
     so räumt man weiter auf. Ist er aber schon tot, so läßt man ihn liegen.

8a   *Sünd- und Schuldopfer wegen gewiß begangener Sünden schaffen Sühnung;*
     Tod und Versöhnungstag sühnen in Verbindung mit Buße.

b   *Die Buße schafft Sühne bei leichten Vergehen gegen Gebote und Verbote; für*
     schwere Vergehen bewirkt sie Aufschub, bis der Versöhnungstag kommt und die
     Sühnung bringt.

9a   *Sagt jemand: Ich will sündigen und Buße tun, wieder sündigen und Buße tun,*
      dem wird nicht Raum zur Buße gegeben (von Gott). (Sagt er), ich will sündigen
      und der Versöhnungstag mag es sühnen, so wird es der Versöhnungstag nicht
      sühnen.

b   *Sünden, die sich zwischen Menschen und dem höchsten Ort (=Gott) abspielen,*
      sühnt das Sühnfest, aber die, welche sich zwischen jemand und seinem Nächsten
      abspielen, sühnt das Sühnfest nur, wenn er seinen Nächsten zuvor begütigt hat.

c   *(Rabbi Eleazar Ben Azarja erklärte das Wort) „Von all euren Sünden sollt ihr vor*
      Gott rein sein!" folgendermaßen: „Sünden, die sich zwischen einem Menschen
      und dem höchsten Ort abspielen, sühnt das Sühnfest, aber die, welche sich zwi-
      schen jemand und seinem Nächsten abspielen, sühnt das Sühnefest nur, wenn er
      seinen Nächsten zuvor begütigt hat".

d   Rabbi Aqiba sagte: „Heil euch, ihr Israeliten. Von wem werdet ihr gereinigt und
      wer reinigt euch? Euer Vater im Himmel!"

e   Denn es steht geschrieben: „Ich besprenge euch mit reinem Wasser, daß ihr frei
      werdet von all eurer Unreinheit und von euren Götzen will ich euch rein ma-
      chen".

f   und weiter: die miqwe Israels ist Jahwe. Und was ist's mit der miqwe? „Es rei-
      nigt die Unreinheit. So reinigt der Heilige - gebenedeiet sei er - Israel."

Wie das Beispiel zeigt, wird im rabbinischen Judentum ausdrücklich
herausgestellt, daß weder viele Opfer noch der Versöhnungstag eine zwischenmenschliche Sünde sühnen, die wieder-gut-machbar ist.[357] Die zwischenmenschliche Schuld und Sünde wird erst dann gesühnt und vergeben, wenn der Schuldner bzw. der Sünder seinerseits vorher dem Geschädigten den vollen Schaden mit Hinzufügung ersetzt und sich mit ihm
versöhnt hat.[358]

Wenn jemand auf diese Weise Buße tut, werden ihm aufgrund des
Schuldopfers seine Verschuldungen gesühnt.[359]

21.3 Sündenvergebung auf Grund der nichtkultischen
Sühnemittel

21.3.1 Umkehr (תְּשׁוּבָה)

Nach frühjüdischer Auffassung gibt es drei außerkultische Möglichkeiten, Sünden zu sühnen: Umkehr, Leiden und Tod.[360] Vor allem die Umkehr spielt im religiösen Leben des jüdischen Volkes eine große Rolle.

---

357 Vgl. BÜCHLER, aaO., S.410f.
358 Außer BILLERBECK und BÜCHLER s. auch JANOWSKI, aaO., S.103-114.
359 S. dazu die für das rabbinische Judentum wichtige Stelle Lev 5,20-26 und
BÜCHLER, aaO., S. 410-424.
360 S. E. DIETRICH, Umkehr, S.432ff; BILLERBECK I, S.165ff.

Ohne Umkehr gibt es grundsätzlich keine Vergebung für Sünder. Sowohl bei kultischen als auch bei nichtkultischen Sühnehandlungen wird die Umkehr der Sünder zur Voraussetzung für göttliche Vergebung gemacht (MJoma VIII,8; Tos Joma V.9; Siphra Lev 23,27; bSchebu 13a; bKer 7a u.a.).[361]

Die Umkehr ist der von Gott gewollte und ermöglichte Heilsweg der Sünder zur Vergebung und zum neuen Leben.[362] Wie der alttestamentliche Glaube, so ist auch das rabbinische Judentum vom Vergebungswillen Gottes gegenüber den Bußfertigen überzeugt: Gott hat kein Wohlgefallen am Tode des Sünders, sondern er will, daß der Sünder umkehrt und lebt (vgl. Ez 33,11 mit jMakk II, 6,31d u. Pesiq Bub 158b).[363]

Nach mJoma VIII,8 sühnt die Umkehr für leichte Sünden bei Geboten wie bei Verboten, während sie bei schweren Aufschub bewirkt, bis der Versöhnungstag kommt und sühnt.[364] Auch nach Tos Joma V, 6f und bJoma 86a u.a. kann die Umkehr bei leichteren Sünden Vergebung bewirken.[365] Die Umkehr spielt auch im Bußgebet (bSanh 103a), im Sündenbekenntnis (Lv r 10,5) und in der Bitte um Vergebung (bJoma 86b Bar; Midr Ps 32 § 2 121b) eine wichtige Rolle.

Wie die 5. Bitte des Sch^emone Esre zeigt, ist zwar das Bewußtsein vorhanden, daß es Gott selbst ist, der die Umkehr ermöglicht, aber im Frühjudentum tritt die Überzeugung stärker hervor, daß es die Aufgabe des Sünders ist, zu Gott umzukehren.[366] Der Mensch hat für seine Sünde die Umkehr zu vollziehen. Zur rechtschaffenen Buße gehörte vor allem das Bekenntnis der Sünde, die Abbitte mit Reue und Schmerz, das Ablassen von der Sünde und gegebenenfalls die Wiedergutmachung des Rechtsverhältnisses.[367] Hinzu kamen oft die selbstauferlegten Strafen: Fasten, Askese usw. (Test Sim 3,4; Test Rub 1,9f; Test Jud 15,4; 19,2; Apk Mos 32). Die Umkehr wird einerseits als die Voraussetzung für die Sündenvergebung am Jom Kippur genannt (Joma 8,8; Pesikt r 40 (169a); Ex r

---

[361] S. SJÖBERG, aaO., S.141; DIETRICH, aaO., S.411f; vgl. auch O.BETZ, Rechtfertigung in Qumran, in: ders., Jesus - Der Messias Israels, 1987, S.57f.

[362] Vgl. SJÖBERG, aaO., S.126.

[363] SJÖBERG, aaO., S.126.

[364] Vgl. DIETRICH, Umkehr, S.434 und SJÖBERG, aaO., S.142.

[365] Vgl. DIETRICH, aaO., S.432f u. SJÖBERG, aaO., S.142.

[366] S. dazu BEHM, Art. μετάνοια in ThWNT IV, S. 992; dort auch die frühjüdischen Belege.

[367] Vgl. BILLERBECK I, S.170 und BEHM, aaO., S.988. Wichtig: Joma VIII 9bc (s. oben Anm. 357); vgl. BÜCHLER, aaO., S.410f und JANOWSKI, Sühne als Heilsgeschehen, S.111ff, 114, 140f. Die biblischen Grundlage bildete Lev 5,20ff (vgl. Ex 21,37).

15 zu 12,1f), andererseits als vom Kult unabhängige Sühnemittel gepriesen (Pesikt 163b).[368]

In den tannaitischen Aussagen über die Umkehr ist, wie Sjöberg herausstellt, zwar nichts vom Lohngedanken zu spüren, dennoch lassen sich „Tendenzen zur Umgestaltung der Umkehr zu einer verdienstvollen Leistung" feststellen.[369] Als Zeugnisse dafür, daß sich diese Tendenzen auch in der Tat durchgesetzt haben, nennt Sjöberg folgende drei Tatsachen:

1. Die äußeren Bußübungen, die mit der Umkehr verbunden sind, so z.B. Kasteiungen wie Fasten.
2. Die häufig zu beobachtende Verbindung von Umkehr und guten Werken, vor allem Almosen.[370]
3. Der Vergleich zwischen Umkehr und Opfer.[371]

Trotz dieser Tendenzen zur Umgestaltung der Umkehr zu einer verdienstvollen Leistung, ist die Grundlage der tannaitischen Umkehrauffassung nach Sjöberg nicht der Leistungsgedanke, sondern der Glaube „an die vergebende Barmherzigkeit Gottes, die den die Sünde aufgebenden und sich dem Gehorsam gegen Gott und seine Gebote zuwendenden Menschen aufnimmt"[372].

Nach frühjüdischer Auffassung hat also Umkehr (תְּשׁוּבָה) des Sünders, oft verbunden mit Fasten, Gebet, Sündenbekenntnis, Almosen, Bitte um Vergebung u.a., eine sühnende, Vergebung erwirkende Kraft. Im Zusammenhang mit dieser Umkehrpraxis tritt auch der *Leistungs-* bzw. der *Verdienstgedanke* unverkennbar hervor. Dennoch ist auch der frühjüdische Glaube davon geprägt, daß Heil und Vergebung allein von Gott

---

[368] S. dazu BILLERBECK I, S.168f und BEHM, aaO., S.993.

[369] S. SJÖBERG, aaO., S.157.

[370] Umkehr und gute Werke sind die Fürsprecher (פְּרַקְלִיטִים) des Menschen (bSchabb. 32a), seine einzigen Begleiter im Tode (Midr Tann. Dt 3,23), wie ein Schild vor der Bestrafung (mAboth IV, 11, R. Eliezar b.Jaaqob). Vor allem Almosen und Liebeswerke sind große Fürsprecher und haben eine stark sündentilgende Wirkung (jTaan. II, 1 65b; Tos.Pea IV, 17-21). Weitere Belege bei SJÖBERG, S.162f. und BILLERBECK IV, S.554.

[371] BJoma 86b; LevR 6,2 Par 7 (Wilna) 11b; Pesiq Bub 158a; dazu SJÖBERG, aaO., S.166f.

[372] SJÖBERG, aaO., S.168. Etwas anders urteilt BEHM: „Die durchgängige Auffassung der תְּשׁוּבָה ist gesetzlich", „Gesetzlich-kleinlicher Bußeifer hat den großen, das ganze Sein des Menschen umfassenden Umkehrgedanken verdrängt", aaO., S.992 und S.988.

kommt, und darum bittet das jüdische Volk täglich seinen Gott um Vergebung schenkende Gnade und Barmherzigkeit:[373]

הֲשִׁיבֵנוּ יי אֵלֶךְ וְנָשׁוּבָה

סְלַח לָנוּ אָבִינוּ כִּי חָטָאנוּ לָךְ

21.3.2 Leiden (יִסּוּרִין) und Tod

In einer Zeit, wo Leiden fast zum täglichen Leben gehört, beschäftigt
man sich mit dem Problem des Leidens und seiner Ursache, seinem Sinn
und seinem Zweck. Einzelne Menschen mögen dabei aus dem Lohn- oder
Verdienstgedanken heraus Leiden willig auf sich genommen haben.[374]
Kein Volk leidet aber, um dem Menschen Verdienst zu verschaffen und
um seinen Lohn zu mehren. Angesichts des unbegreiflich großen und
übermächtigen Leidens, das dem jüdischen Volk und dem einzelnen
Frommen zugefügt worden ist, fragt das rabbinische Judentum danach,
warum Gott dieses Leiden zuläßt, und wozu es für Israel gut sein soll.
Dabei geht der rabbinische Glaube davon aus, daß der Gott der Väter der
Barmherzige und der Treue ist, und findet die Antwort darin, daß er sein
Volk dadurch zu Umkehr und zum Leben führen will.[375] Darin liegt die
Eigenart der rabbinischen Theologie, daß sie im scheinbar paradoxen und
im scheinbar gottverlassenen Leidenszustand (man denke an die Zeit um
70!) am Gott der Treue festhält, der im Leiden seinem Volk nahe ist. Er
ist darin dem Volke nahe, daß er seinem Bundes-Volk den Weg zu sich
durch Umkehr eröffnet. Der Mensch kommt im Leiden zu sich selbst, erkennt sich selbst und setzt seine Hoffnung auf den gerechten, treuen Gott
und auf seine Lebensanweisung, um nach seinem Willen zu leben und ihm
zu gefallen, weil das Heil und Leben allein bei ihm ist. Den Sinn des Leidens sah das rabbinische Judentum folglich in der Umkehr, da die so vollzogene Umkehr die Vergebung Gottes erwirkt.[376] Die Ursache für das
Leiden fanden die Frommen in der Sünde des Menschen. Leiden wie Tod
waren für sie die Unheilsfolge der Sündenschuld; so hieß es bei den Rabbinen: „Es gibt keinen Tod ohne Sünde und keine Leiden (Züchtigung)
ohne Schuld" (Schab 55a: R. Ammi)[377]

---

[373] שְׁמֹנֶה עֶשְׂרֵה 5. Bitte a und 6. Bitte a. Nach STAERK, aaO., S.12.
[374] Vgl. dazu MICHAELIS, Art. πάσχω in: ThWNT V, S.910; BILLERBECK, II,
S.275; M. HENGEL, The Atonement, 1981, S.15ff; L. RUPPERT, Der leidende Gerechte,
1972, S.186ff; H. DONNER/O. MICHEL, Art. Leiden, in RGG³ IV, Sp.295-300.
[375] S. dazu SJÖBERG, aaO., S.169f.
[376] Vgl. SJÖBERG, aaO., S.171. Die rabbinischen Stellen bei BILLERBECK II, S.276f.
[377] S. dazu BILLERBECK I, S.815, dort weitere Stellen.

Und zugleich verstand man das Leiden als ein Sühnemittel, das Sünden vor Gott tilgt, und als Züchtigungen Gottes יסורין aus Liebe, da Gott sich dadurch der Leidenden erbarmen will. Wenn ein Gerechter viel leidet, sah man darin sowohl ein stellvertretendes Strafleiden, das Gott auflegt, als auch ein Zeichen des besonderen Erbarmungswillens Gottes und so maß man seinem Leiden so viel Sühnekraft zu, daß es auch dafür reichte, die Sünden der anderen bzw. des Volkes zu sühnen. Die frühjüdischen Zeugnisse dafür finden wir bereits im 4. Makkabäerbuch: Die frommen, tapferen Männer Israels haben durch ihr großes Leiden unter der Tyrannei das Vaterland geläutert (=gesühnt), denn es heißt: ὥστε καθαρισθῆναι δι' αὐτῶν τὴν πατρίδα (1,11)

Der zu Tode gefolterte Priester Eleazar betet sterbend zu Gott, er möge sein Blut und seine Seele als Sühne (καθάρσιον) für die Israeliten annehmen, weil er für sie, an ihrer Statt (ὑπὲρ αὐτῶν) ein so großes Strafleiden erdulde (6,28). Darum möge Gott seine Seele als Ersatz für ihre Seele nehmen: ἀντίψυχον αὐτῶν λάβε τὴν ἐμὴν ψυχήν (6,29)![378]

In diesem Bittgebet Eleazars kommt der frühjüdische Gedanke vom stellvertretenden, Vergebung erwirkenden Leiden des frommen Märtyrers deutlich zum Ausdruck.[379] Auch nach 4. Makk 17,22 sind die frommen Märtyrer durch ihr Leiden und Tod ein Ersatz für Israel geworden (ὥσπερ ἀντίψυχον γεγονότας τῆς τοῦ ἔθνους ἁμαρτίας). Gottes Rettung kam durch ihr Blut und ihren zur Sühne dienenden Tod (διὰ τοῦ ἱλαστηρίου τοῦ θανάτου αὐτῶν V.22b).[380]

Das Leiden der Sünder wurde aber im rabbinischen Judentum stärker als Straf- bzw. Gerichtsleiden angesehen. Durch das Gerichtsleiden werden die Sündenfolgen aufgehoben, und so kann Vergebung Gottes zustande kommen.[381] Das größte Gerichtsleiden ist der *Tod.* Dem Tod der Sünder hat man darum eine noch größere Sühnkraft als den anderen Leiden zugemessen.[382] Nicht nur der stellvertretend-sühnewirkende Märtyrertod der Frommen, sondern auch der Tod eines jeden Menschen hat sündentilgende Kraft (Tos. Joma V.6ff; Mekh Ex 20,7; Siphre Num 15,31

---

378 S. dazu KAUTZSCH, Pseudepigraphen II, S.160 und BILLERBECK II, S.279. Zu berücksichtigen sind aber die hellenistischen Einflüsse im 4. Makkabäerbuch.
379 Vgl. dazu L. RUPPERT, Der leidende Gerechte, S.106-114. Er wäre zu fragen, wieso die frühjüdisch-rabbinische Anschauung vom Sühne erwirkenden Märtyrertod für das Thema „passio iusti" so „uninteressant" sein soll. Die Märtyrer waren ja auch die Frommen und besonders gesetzestreuen Gerechten! S.114.
380 Rabbinische Stellen bei BILLERBECK, II, S.279.
381 Vgl. SJÖBERG, aaO., S.170.
382 Vgl. SJÖBERG, aaO., S.172-175.

§ 112 u.a.). Die sühnende Bedeutung des Todes war also im rabbinischen Judentum allgemein anerkannt.[383] Wenn der Tod mit dem Sündenbekenntnis verbunden wird, sühnt er nach mSanh. VI, 2, für *alle* Sünden, auch für die eines zum Tode Verurteilten, und verschafft dadurch dem Menschen Anteil an der zukünftigen Welt.[384] Auch nach mSanh X, 1ff und Siphre Num 15,31 § 112 erhalten die Israeliten, die bußfertig sterben, durch den Tod die Sühnung ihrer Sünden.[385]

Hier zeigt sich wieder die Sympathie des rabbinischen Judentums mit den Leidenden und den Sterbenden. Diese Sympathie überwindet die Härte und Enge ihres insgesamt vom Toragehorsam gekennzeichneten Glaubens. Diese Sympathie geht aber nicht soweit, daß der Gerichtsgedanke im rabbinischen Judentum aufgehoben wird. Genauso wie im apokalyptischen Judentum, ist auch hier vom Gericht Gottes, vom himmlischen Gerichtshof, vom Gericht nach den Werken, vom Jüngsten Gericht, von Anklägern und Fürsprechern im Endgericht die Rede (s. dazu die vielen rabbinischen Belege bei Billerbeck I, S.288, 639, 650, 785, 816, 827f; II, S.465, 522; III, S.76, 82f, 124, 135; IV, S.1036ff, S.1118ff und Sjöberg, aaO., S.74f, 104ff, 108f, 117f, 123f, 236f, 224ff). Durch das Zurücktreten der Eschatologie wird dies nur anders artikuliert. Zu berücksichtigen ist auch das Selbst- und Weltverständnis des Rabbinats. Im rabbinischen Judentum ist auch das Rechtsverständnis etwas anders (als z.B. in den apokalyptischen Schriften).

Bei den Rabbinen sind Begriffe wie צְדָקָה, חֶסֶד und רַחֲמִים fast austauschbar geworden.[386] Der Gerechte ist darin gerecht, daß er der Barmherzige ist. Die rabbinische Frömmigkeit ist von dieser Gotteserfahrung her geprägt. Weil Gott der Barmherzige ist, gewährt er seinem Volk durch verschiedene kultische und außerkultische Sühnemöglichkeiten Vergebung und neues Leben. *Er* bringt die Bußfertigen zur Umkehr (5. Bitte des Schemone Esre) und ermöglicht den Leidenden durch ihr Leiden, ihre Sünden zu sühnen. *Er* hat den Sühnekult für Israel gestiftet, dazu auch das Sühnemittel gegeben, damit sein Volk rein werde von den Sünden und lebe mit Gott, in seiner Gemeinschaft.

Es ist dennoch darauf hinzuweisen, daß der *Mensch* zum gehorsamen Tun und Handeln aufgefordert ist. Die Vergebung durch Sühnung ist hier der Aufruf Gottes zum Tora-Gehorsam. Nach der rabbinischen Fröm-

---

[383] S. dazu SJÖBERG, aaO., S.172.
[384] S. SJÖBERG, aaO., S.172.
[385] Vgl. auch K. G. KUHN, Rm 6,7, in ZNW 32, 1931, S.305-310. Dort auch weitere rabbinische Belege.
[386] Vgl. STUHLMACHER, Gerechtigkeit, S.184.

migkeit entscheidet sich darum alles *am Gesetz* mit seinen vielen Geboten und Verboten, ob einer in der Tat vor Gott *gerecht* dasteht. Und seine Gerechtigkeit ist für die rabbinisch-pharisäische Frömmigkeit in erster Linie die Gerechtigkeit aus dem *Gesetz*, die aus vielen Gehorsamsleistungen und Taten besteht. Das zentrale Thema in den apokalyptischen Schriften, nämlich *Gottes* Gerechtigkeit und die Durchsetzung des *Gottesrechts*, spielt in diesem rabbinischen Einflußbereich keine besondere Rolle.

Nicht zu übersehen ist auch der Einfluß des weisheitlichen *Tat-Vergeltungsgedankens*[387] auf das Denken und Handeln der rabbinisch-pharisäischen Frömmigkeit. Es ist darum auch nicht verwunderlich, wenn sich der *Lohn-* und *Verdienstgedanke* fast in allen Bußübungen (sowohl in den kultischen als auch in den außerkultischen), die als Sühneleistungen zur Erlangung der Sündenvergebung verstanden wurden, mit zu Wort meldet. Der mit Willens- und Handlungsfreiheit ausgestattete Mensch wird hier zum Tun der Gebote aufgerufen, um זְכוּת (=Verdienst/Gerechtigkeit) zu erwerben[388]; זְכוּת, die Gerechtigkeit aus der Tora, soll den Menschen vor Gott als gerecht und fromm erweisen.

So wird die alttestamentliche sündenvergebende צְדָקָה Gottes im rabbinisch-pharisäischen Judentum zu Gottes *Antwort* auf das Handeln des freien und darum für seine Taten voll verantwortlichen frommen Menschen.[389]

---

387 Vgl. dazu SJÖBERG, aaO., S.183, wo er das Kapitel über die rabbinische Sühneanschauung zusammenfaßt. Er vertritt die Ansicht, daß (neben dem Gedanken der unverdienten Güte Gottes) in der jüdischen Anschauung von der Sühnung durch Umkehr, Leiden und Opferkult der Vergeltungsgedanke maßgeblich ist.

388 Vgl. dazu BETZ, Rechtfertigung, S.27, ders., Wie verstehen wir das Neue Testament? S.82f. Dort über Gen 4,7f - Targum und die daraus entwickelte rabbinische Ethik.

389 Vgl. aber Tanch. B. Noah § 8 (R Schimon b. Jochai), wo צְדָקָה für die rettendhelfende Gerechtigkeit Gottes verwendet wird. Vgl. dazu BETZ, aaO., S.25 u. 36.

§ 22
Die rabbinische Auffassung von Sünde und Vergebung[390]

Die alttestamentlich-jüdische Geschichte der Erkenntnis und dem Bekenntnis der Sünden beginnt mit der Gottesoffenbarung am Sinai. Angesichts des aus seiner Zuneigung und aus freiem Entschluß sich selbst (=Namen) und seinen Heilswillen (=Tora) offenbarenden und das Volk zur Heilsgemeinschaft mit ihm verpflichtenden Gottes vom Sinai, erkennt das Jahwevolk Israel seine Sündenverfallenheit und seine Vergebungsbedürftigkeit vor dem heiligen Jahwe-Gott.

„*Sünde* " ist also im alttestamentlich-jüdischen Sinne:
a) Entheiligung bzw. Entehrung des heiligen Gottes (seines Namens),
b) Treuebruch gegenüber dem Bundesgott und
c) Gehorsamsverweigerung bzw. Verstöße gegenüber der Tora Gottes (Übertretung der einzelnen Gebote; religiös-sittliche Verfehlungen).

Im Judentum wird dieses Sündenverständnis ganz von der Tora her bestimmt. Die Tora wird zur einzigen Norm, die das Leben des jüdischen Volkes bestimmt. An der Tora erkennt man, was Sünde, und wie schwerwiegend die einzelne Übertretung ist.

Es ist besonders das rabbinische Judentum, das sich intensiv mit den Problemen der Sünden des Einzelnen beschäftigt. Wir können hier zwei miteinander streitende Tendenzen feststellen: „eine nivellierende und eine differenzierende Tendenz"[391].

Die nivellierende Tendenz ist vor allem durch die Kasuistik der Rabbinen hervorgerufen, „durch die auch kleinste Unachtsamkeiten und irgendwelche religiös indifferenten Gebräuche zu Verstößen gegen das Gesetz und damit zu Sünden werden"[392] (Vgl. Schab 12,3ff).

Die differenzierende Tendenz geht auf die alttestamentliche Scheidung zwischen vorsätzlichen und unwissentlichen Sünden zurück. Im rabbinischen Judentum wird nämlich (zum Teil schon in Qumran: vgl. 1 QS 5) im Anschluß an Num 15,22-31, wo ‚Sünden mit erhobener Hand' (בְּיָד רָמָה) und ‚versehentlich begangene Sünden' einander gegenübergestellt

---

[390] Berücksichtigt wurden vor allem die Texte aus der tannaitischen Periode. Vgl. SJÖBERG, aaO., Einführung. Zu den einzelnen Begriffen s. J. LEVY, Wörterbuch über die Talmudim und Midraschim, Bd 1.4, Darmstadt 1963. Hier besonders Bd.2, Sp. 383ff.
[391] Vgl. dazu STÄHLIN/GRUNDMANN, ThWNT I, S.290-295. Hier S. 291.
[392] STÄHLIN/GRUNDMANN, aaO., S.291.

werden, aufgrund von Lev 16,21 genau unterschieden zwischen Taten
frevelhaften Ungehorsams, die als bewußte Auflehnung gegen Gott anzusehen, und solchen Verstößen, die unwissentlich widerfuhren und daher
milder zu beurteilen sind.[393]

Die Schwere einer Sünde wird dabei von der Torakenntnis des betreffenden Übeltäters abhängig gemacht. Als Todsünden, die unvergebbar
sind, werden Götzendienst, Unzucht und Blutvergießen genannt, wobei
der Götzendienst (עֲבוֹדָה זָרָה) als die schlimmste gilt.[394] Für die leichteren Sünden dagegen, die versehentlich oder unwissentlich begangen wurden, gibt es verschiedene Möglichkeiten der Sühne. Vergebung kann
sowohl durch die kultische (bis 70 n.Chr.) als auch durch die außerkultische Sühnehandlung erlangt werden; so z.B. durch Opfer, rituelle Reinigung, gute Taten, Leiden und in schweren Fällen durch den Tod. Auf jeden Fall wird aber Umkehr vorausgesetzt. Die leichten Sünden, die auch
den Gerechten anhaften, werden in dieser Welt bestraft, damit die Gerechten ungestört (wenn nicht in dieser, dann doch in der kommenden
Welt) ihren Lohn für ihre Gerechtigkeit bekommen können.[395] Denn jede
begangene Sünde muß gesühnt oder rechtlich bestraft werden, damit die
unheilstiftende Sphäre beseitigt wird.

Die Gerechten geraten aber im normalen Fall nicht in schwerere Sünden (Siphre Num 27,12 (Dt 3,26) § 135), und da sie für die wenigen und
leichten Sünden, die sie begehen, sofort Buße tun, stehen sie besser da vor
dem Gericht Gottes und haben eine gute Chance, ihren Lohn zu empfangen.[396] Es wird auch mit der Möglichkeit der Sündlosigkeit der Frommen
gerechnet, da auch Abraham, Mose, Elija und Henoch in diesem Kreis als
sündlos galten. Wie in den apokalyptischen Schriften wird auch völlige
Beseitigung der Sünde vom messianischen Reich erwartet.[397]

Wir haben oben erwähnt, daß eine differenzierende Tendenz im Sündenverständnis des rabbinischen Judentums festzustellen ist. Hier ist auf
dieses Problem etwas näher einzugehen.

Nach Billerbeck sieht das rabbinische Judentum im großen und ganzen
folgende zwei Möglichkeiten zur Erlangung der göttlichen Sündenvergebung:[398]

---

[393] S. Slev 16,6; TJoma 2,1; bJoma 36b. S. LOHSE, RGG[3] VI, Sp. 482f und
SJÖBERG, aaO., S.143. Dort weitere rabbinische Stellen.

[394] BSanh 74a; jSanh 21b. Vgl. LOHSE, aaO., S.483; MOORE I, S.464ff.

[395] S. SJÖBERG, aaO., S.97.

[396] Vgl. SJÖBERG, aaO., S.152.

[397] S. Ps Sal 17,36 und Test Lev 18,9.

[398] S. BILLERBECK I, S.636f.

a) Sündenvergebung in dieser Welt auf Grund von Buße und Sühnungen (z.B. am Großen Versöhnungstag)

b) Sündenvergebung in der zukünftigen Welt auf Grund der Sühnung durch das Feuer des Gehinnom oder aufgrund der göttlichen Gnade.[399]

Uns interessieren vor allem die rabbinische Auffassung von Sühne und Sündenvergebung in dieser Welt. Welche Sünden und Übertretungen können vergeben werden und welche nicht? Was ist die Voraussetzung für die Sündenvergebung? Wie wir bereits oben erwähnt haben, wollen wir zuerst mit den unvergebbaren Todsünden beginnen.

22.1 Die unvergebbaren Sünden

Neben den oben erwähnten Todsünden: Götzendienst, Unzucht und Blutvergießen gelten noch folgende Sünden im rabbinischen Judentum als unvergebbar:

Wer den Namen Gottes entheiligt, weil die Entheiligung des Namens Gottes in der alten Synagoge für noch schlimmer galt als der Götzendienst;[400] dann, wer gegen den Heiligen Geist redet, weil er damit gegen die Tora redet;[401] diejenigen, die die Auferstehung der Toten leugnen (Sanh 10,1); diejenigen, die den göttlichen Ursprung der Tora leugnen (Sanh 10,1); die Freidenker (Epikureer) (Sanh 10,1); diejenigen, die den Gottesnamen „Jahwe" nach seinen Buchstaben aussprechen (Sanh 10,1) und die Leute oder die Generationen, über die bereits die heilige Schrift ein Verdammnisurteil gefällt hat (Sanh 10,2-3).[402] Auch Aboth R. Nathan 39 Anf. nennt folgende fünf Sünden als unvergebbar:„wer viel Buße tut (weil er die Sünde nicht läßt); wer viel sündigt; wer in einem reinen Zeitalter sündigt; wer sündigt, um hinterher Buße zu tun; und auf wem die Schuld der Entheiligung des göttlichen Namens liegt."[403]

---

[399] Außer BILLERBECK I, S.637 s. noch DERS. IV/2, S. 1049-1058.

[400] Vgl. dazu LvR 22 (121b): „Wir finden, daß Gott hinwegsieht über Götzendienst, aber über die Entheiligung seines Namens sieht er nicht hinweg". BILLERBECK I, S.417.

[401] Nach Billerbeck verstand das rabbinische Judentum unter dem Heiligen Geist den Geist der Prophetie und Inspiration.

[402] S. dazu BILLERBECK IV, S.1053ff.

[403] Vgl. dazu auch bJoma 86 bBar u. Aboth B. Nathan 40, wo es heißt, daß einem Menschen bis zu dreimal vergeben, aber bei vierten Mal nicht vergeben wird. BILLERBECK I, S.171.

Im Anschluß an das Alte Testament wird auch von folgenden Todsünden (עָוֹן מִיתָה) gesprochen: Sünde mit erhobener Hand (עָשָׂה בְּיָד רָמָה
Num 15,30-31), Sabbatschändung (Num 15,35) und Nicht-Hören auf den
im Dienst stehenden Priester oder Richter (Dtn 17,12). Auch Aboth 3,11
(R. Eleazar aus Modein) kennt mehrere Sünden, die unvergebbar sind:
„Wer die heiligen Gaben (wie Opfer, Geweihtes) entheiligt, wer die Fei-
ertage verachtet, wer seinen Genossen öffentlich beschmäht, wer den
Bund unseres Vaters Abraham (durch Wiederherstellung der Vorhaut)
zunichte macht, wer das Gesicht wider die Tora aufdeckt הַמְּגַלֶּה פָּנִים
בַּתּוֹרָה (=wer frech gegen die Tora redet), der hat, auch wenn sonst gute
Taten in seiner Hand sind, keinen Anteil an der zukünftigen Welt (weil
diese Sünden nicht vergeben werden)"[404]. Aus solchen und ähnlichen
Texten geht eindeutig hervor, daß es für den frühjüdischen Glauben einige bestimmte Sünden gab, die unvergebbar waren. Vor allem die Sünde
der Entheiligung des Namens Gottes, die Sünde wider den heiligen Geist
und die Tora und die Sünde durch den Götzendienst, galten als die
schwersten Sünden und darum auch als unvergebbar.

Daneben gab es auch Sünden, die nach frühjüdischer Auffassung nicht
so schwerwiegend waren, wie die eben genannten Todsünden, und darum
durch verschiedene Wege sühnbar bzw. vergebbar waren. Im folgenden
wollen wir uns mit diesem Problem beschäftigen.

22.2 Die vergebbaren Sünden

Nach der frühjüdischen Auffassung können die Sünden sowohl in dieser
Welt als auch in der zukünftigen Welt vergeben werden. In dieser Welt
werden die Sünden vor allem durch die Buße, durch das Leiden, durch
die kultischen Sühnungen und durch den Tod gesühnt und vergeben (vgl.
Sjöberg, S.125-190).

Zu fragen wäre, wer sühnt und vergibt hier? Ist nicht Sühne von der
Vergebung zu unterscheiden? Geht es hier nicht um die menschliche Süh-

---

[404] Etwas anderes aber ist bJoma 85b Bar., wo die Wirkungskraft der Buße und die
Bedeutung des Versöhnungstages hervorgehoben werden: „Alle Übertretungen, die es in
der Tora gibt, gleichviel, ob man Buße getan hat oder nicht, sühnt der Versöhnungstag,
ausgenommen, wer das Joch (der Gottesherrschaft) von sich wirft (d.h., Gott verleug-
net) und wer das Gesicht wider die Tora aufdeckt und wer den Fleischesbund bricht (die
Beschneidung verachtet). Wenn ein solcher Buße tut, schafft der Versöhnungstag Sühne;
wenn er aber nicht Buße tut, schafft der Versöhnungstag keine Sühne". S.BILLERBECK
I, S.637.

neleistung? In der Tat ist im Frühjudentum verstärkt von der Notwendigkeit der menschlichen Umkehr, von Bußleistungen und den verschiedenen Sühnemöglichkeiten die Rede. Dennoch ist der frühjüdische Glaube auch davon überzeugt, daß es Gott selbst ist, der die Umkehr ermöglicht, sich über den Leidenden erbarmt und allen bußfertigen Sündern Vergebung gewährt. Darum ist es auch hier, wie im AT, letztlich Gott selbst, der für die bußfertigen Sünder handelt, für sie die Sühne ermöglicht und sie von ihrer Sünde befreit. Sühne ist also auch für den frühjüdischen Glauben keine menschliche Leistung, mit der man den erzürnten Gott besänftigen könnte, sondern Gottes Heilshandeln für den sündigen Menschen.

Andererseits wurde der Mensch nie zuvor so stark *zum Handeln, zu Leistungen* aufgefordert wie im rabbinisch-pharisäischen Judentum. Der einzelne Mensch ist dazu aufgefordert, sich durch seine *Gesetzeswerke* vor Gott *gerecht* und in seinem Verhalten und seinen religiösen Übungen vor Gott *rein* zu erweisen.

Wir müssen immer diese *Doppelseitigkeit* des rabbinisch-pharisäischen Judentums vor Augen haben.

§ 23
Vergebungs-Termini in der Septuaginta

23.1 Die Wiedergabe von סלח in der Septuaginta

סלח (Qal. u. Ni.) wird in LXX sehr uneinheitlich wiedergegeben. Am häufigsten wird es mit ἵλεως εἶναι bzw. γενέσθαι (gnädig sein bzw. werden: Num 14,20; 1 Kön 8,30.34.36.39.50; Jer 5,1.7; 31,34 = LXX 38,34; 36,3 = LXX 43,3; 50,20 = LXX 27,20; Am 7,2; 2 Chr 6,21.25.27.39; 7,14) und ἀφίημι (Ex 34,9; Lev 4,20.26.31.35; 5,10.13.16.18.26; 19,22; Num 14,19; 15,25.26; Jes 55,7) übersetzt.[405]

סלח wird aber auch mit ἱλάσκομαι[406] (2 Kön 5,18a, 18b, 24,4; Ps 25,11 = LXX 24,11; Thr 3,42; 2 Chr 6,30), καθαρίζω (!) (,reinigen': Num 30,6.9.13), εὐιλατεύομαι (,sich gnädig erweisen': Dt 29,19; Ps 103,3 = LXX 102,3), bzw ἱλατεύομαι (,sich gnädig erweisen': Dan 9,19), οὐ μὴ μιμνῄσκομαι (,nicht mehr gedenken': Jer 33,8 = LXX 40,8) und ἐξιλάσκομαι (,sühnen': Num 15,28) wiedergegeben.

---

[405] Vgl. dazu S.22-24. Bemerkenswert ist, daß die סלח-Stellen nur im Pentateuch (MT) mit ἀφίημι, sonst aber immer mit den anderen Wörtern wiedergegeben sind (einzige Ausnahme Jes 55,7).

[406] Nur in med. bzw. pass. Form mit Jahwe als Subjekt.

Die beiden Derivate von סלח, also סָלָח (‚willig zu vergeben‘: Ps 86,5) und סְלִיחָה (‚Vergebung‘: Ps 130,4; Dan 9,9; Neh 9,17) werden jeweils mit πολυέλεος (Ps 86,5 = LXX 85,5), ὁ ἱλασμός (Ps 130,4 = LXY 129,4), τὸ ἔλεος (Dan 9,9; vgl. οἱ ἱλασμοί bei Theodotion) und θεὸς ἐλεήμων (Neh 9,17) übertragen.

Aus diesem Befund können wir etwas Wichtiges folgern: Im biblisch-griechischen Sprachgebrauch gibt es *keinen* einheitlichen terminus technicus für Sündenvergebung. סָלַח (auch kein eigentlicher terminus technicus für Vergebung/vergeben, denn das Problem gibt es bereits im AT!) wird in der Septuaginta so vielfältig und variationsreich wiedergegeben (dies gilt auch für die כפר - Wiedergabe), daß wir in dieser Sprachwelt unseren Horizont (im Hinblick auf die Vergebungs-Termini) erweitern müssen.[407] In diesem Sprachgebrauch wird die Sache der Sündenvergebung nicht allein durch ἀφίημι/ἄφεσις zum Ausdruck gebracht. Wenn es heißt, daß Gott jemandem gnädig war, oder daß Gott jemandem seine Gnade erwiesen hat, wird damit auch die erfahrene Vergebung Gottes mit zum Ausdruck gebracht. Dies gilt auch für die Aussagen, daß Gott jemandes Sünden reinigt, sühnt, oder ihrer nicht mehr *gedenkt*.

Die Bekenntnisse in der Sprache der Septuaginta, daß Gott der Barmherzige und Gnädige ist, und daß es bei ihm Erbarmen und Sühnung gibt, meinen nichts anderes, als daß Gott aus Gnade *der Vergebende* ist (Ps 86 = 85,5; 130 = 129,4; Dan 9,9; Neh 9,17).

23.2 Die Wiedergabe von כִּפֶּר in der Septuaginta

In der LXX werden die 101 כפר - Belege im hebräischen AT in der Regel mit ἐξιλάσκομαι (84 mal!) wiedergegeben.[408]

Alle כפר - Stellen in Lev und Num (insgesamt 65 mal) werden ausschließlich mit ἐξιλάσκομαι übersetzt (meistens mit Präp. περί + Pers. Pron. Gen. Sg. oder Pl.).

כִּפֶּר wird auch 3 mal mit ἱλάσκομαι (das sind die drei Ps-Stellen: Ps 64,4 = 65,4 MT; 77,38 = 78,38 MT; 78,9 = 79,9 MT), je 2 mal mit ἀφίημι (Jes 22,14; 28,18), ἁγιάζω (Ex 29,33; 29,36), καθαρίζω (Ex 29,37; 30,10) und je einmal mit ἵλεως γίγνομαι (Dt 21,8), ἐκκαθαρίζω (Dt 32,43), περικαθαρίζω (Jes 6,7), καθαρὸς γίγνομαι (Jes 47,11), ἀθῳόω

---

[407] Siehe oben סלח - Tabelle.
[408] Vgl. C. H. DODD, The Bible and the Greeks, London 1954, S.76-95. Hier bes. S.82ff.

(Jer 18,23), ἀφαιρέω (Jes 27,9), ἀποκαθαίρω (Spr. 15,27a = 16,6) und mit ἀπαλείφω (Dan 9,24) wiedergegeben.

Der Tatbestand, daß sowohl סָלַח als auch כָּפֶר in der Septuaginta so verschiedenartig übertragen werden können, macht deutlich, daß die Sprache der Sündenvergebung besonders im bibelgriechischen Sprachgebrauch nicht an einige bestimmte Termini gebunden ist. Sie kommt in vielfältigen Ausdrucksweisen frei und lebendig zum Ausdruck.

Dieser Sachverhalt wird sich besonders für unsere neutestamentliche Untersuchung als wichtig erweisen.

23.3 ἀφίημι - ἄφεσις in der LXX

Wie bereits erwähnt, ist ἀφίημι - ἄφεσις kein alleiniger terminus technicus für Sündenvergebung. Dennoch bietet das Wortpaar im Hinblick auf das NT die wichtigsten Begriffe für unser Thema.

Das Verbum wird in LXX (82 mal) überwiegend im profangriechischen Sinn von „fortlassen etc." gebraucht. Es wird aber auch für die hebräischen Äquivalente סָלַח (Lev 4,20.26.31.35; 5,6.10; 19,22; Num 14,19; 15,25.26.28; Neh 9,17; Jes 55,7), נָשָׂא (Gen 4,13; 18,26; 50,17; Ex 32,32; Ps 24 = 24,18; 32 = 31,1.5; 85 = 84,2) und כָּפֶר (pu. Jes 22,14) im Sinne von ‚vergeben‘ verwendet.

Das Subjekt von ἀφίημι ist auch hier immer Gott.[409] Das Objekt ist entweder die menschliche ἁμαρτία (Ex 32,32; Lev 4,20; 5,6; 19,22; Num 14,19; Jes 22,14; 55,7; Ps 25 = 24,18), ἀνομία (Ps 32 = 31,1; 85 = 84,2), ἀσέβεια (Ps 32 = 31,5), ἀδικία (Gen 50,17) oder einfach Mensch (mit Pers. Pron. Dat.: Lev 4,26.31.35; 5,10.13.16.18.26; 15,25.28 u.a.).

Bemerkenswert ist die ergänzende und interpretierende Übersetzung des hebräischen Urtextes durch LXX. So wird z.B. in Lev 16,26 „εἰς ἄφεσιν" ergänzt und in Hi 42,9f, wo nur von der Rücksichtnahme Jahwes auf Hiob die Rede ist (נָשָׂא + פָּנִים Akk.), mit der interpretierenden Übersetzung „ἔλυσεν τὴν ἁμαρτίαν αὐτοῖς διὰ Ιωβ" (V.9: „und er (=Jahwe) vergab ihnen die Sünde um Hiobs willen") und der freien Ergänzung „ἀφῆκεν αὐτοῖς τὴν ἁμαρτίαν" (V.10 „er vergab ihnen die Sünde") der bestimmte Sachgehalt des Urtextes (hier: der Zusammenhang

---

[409] Vgl. dazu Gen 50,17. Hier handelt es sich um die zwischenmenschliche Vergebung; deshalb steht auch der Mensch (=Joseph) als Subjekt des hebräischen נָשָׂא (nicht aber סלה!).

von menschlicher Interzession und göttlicher Rücksichtnahme/Sünden-
vergebung)[410] theologisch herausgearbeitet und hervorgehoben.

Das Substantiv ἄφεσις wird nur einmal (Lev 16,26) im Sinne von
‚Vergebung' gebraucht. Beachtenswert sind die Belege in Lev 25,10; Jes
58,6 und 61,1, wo ἄφεσις (=Freilassung) im eschatologischen Sinne gebraucht wird (vgl. Lk 4,18).

23.4 ἵλεως εἶναι

ἵλεως εἶναι (‚gnädig sein') bzw. ἵλεως γίγνεσθαι (‚gnädig werden')
kommt in der LXX 17 mal (!) für סָלַח und einmal für כָּפַּר vor.

Das Subjekt ist in dieser Verbindung ausschließlich Gott. Interessanterweise wird alttestamentliches סָלַח in der LXX am häufigsten mit
ἵλεως εἶναι übersetzt. Dies bedeutet, daß ἵλεως εἶναι neben ἀφίημι der
wichtigste Vergebungsterminus in LXX ist. Gelegentlich wird auch נָשָׂא
(wegtragen/vergeben), נָחַם ni. (es sich leid tun lassen) und רָחַם pi. (sich
erbarmen) mit ἵλεως εἶναι bzw. γενέσθαι übersetzt.[411] Daraus läßt sich
folgern, daß die Redewendung „gnädig sein bzw. sich erweisen" von Gott
im griechischen Sprachgebrauch die gleiche Sinnbedeutung wie das
„Vergeben" Gottes im Hebräischen hat.[412] Dieser Sachverhalt wird dadurch noch deutlicher, daß LXX das Verb סלח zweimal mit εὐιλατεύομαι („sich gnädig erweisen" Dt 29,.19; Ps 102,3) und einmal mit ἱλατεύομαι („sich gnädig erweisen" Dan 9,19) übersetzt.

23.5 ἱλασμός / ἱλάσκομαι / ἐξιλάσκομαι

Mit ὁ ἱλασμός (Sühnung) gibt die LXX u.a. auch סְלִיחָה
(Vergebung) wieder (Ps 129,4).[413] Theodotion übersetzt auch סְלִיחָה

---

[410] Zur Interpretation des Textes Hi 42,9f (MT u. LXX) s. B. JANOWSKI, Sündenvergebung „um Hiobs willen". Fürbitte und Vergebung in 11 Qtg Job 38,2f und Hi 42,9f
LXX, in: Freundesgabe für P. Stuhlmacher, S.255-282.

[411] Vgl. dazu F. BÜCHSEL, Art ἵλεως in ThWNT III, S.300f; H. G. LINK, Art.
ἱλάσκομαι in ThBNT II, S.1304 u. EWNT II, Art. ἵλεως, S.457; C. H. CODD,
The Bible and the Greeks, S.82ff.

[412] Vgl. Heb 8,12.

[413] ἱλασμός kommt im NT nur in 1 Joh 2,2; 4,10 vor: Christus als „Sühnung für
unsere Sünden".

mit οἱ ἱλασμοί (Dan 9,9), während die LXX das Wort mit τὸ ἔλεος wiedergibt.

ἱλάσκομαι (Aor. Pass. „sich erbarmen"; Med. „gnädig sein bzw. werden", jeweils mit Gott als Subjekt) kommt in der LXX insgesamt 12 mal vor. 6 mal steht es für סָלַח und 3 mal für כִּפֶּר.

ἐξιλάσκομαι (sühnen), das in der LXX wesentlich häufiger vorkommt, steht 84 mal für כִּפֶּר und einmal für סָלַח (Num 15,28). Beachtenswert ist die Bedeutungsentwicklung der beiden Verben ἱλάσκομαι und ἐξιλάσκομαι. Bezeichneten sie im ursprünglichen, profangriechischen Sprachgebrauch die menschlichen Bemühungen, die zornige Gottheit freundlich umzustimmen (meistens Mensch als Subjekt und Gottheit als Objekt, so z.B. in Hdt V,47; VI,105; Xenoph. Cyrop. VII, 2,19), werden sie im bibelgriechischen Sprachgebrauch umgekehrt für Gottes gnädiges Handeln am Menschen gebraucht (in der Regel Gott als inhaltliches Subjekt des Handelns).[414] (S. dazu כפר - Tabelle oben).

23.6 καθαρίζω mit Derivaten

καθαρίζω (jüngere Form von καθαίρω)[415] ist überwiegend Äquivalent für טָהֵר qal. und pi. (rein sein/reinigen Gen 35,2; Lev 12,7.8 u.a.), gelegentlich auch für חטא pi. (entsündigen Ex 29,36; Lev 8,15).

In der LXX können aber sowohl כִּפֶּר (Ex 29,37; 30,10) als auch סלח; (Num 30,6.9.13) mit καθαρίζω übersetzt werden. Dies bedeutet, daß das Verb καθαρίζω mit seinen Derivaten ἐκκαθαρίζω (Dt 32,43), περικαθαρίζω (Jes 6,7), ἀποκαθαίρω (Spr 16,6 = 15,27 LXX) und καθαρός γίγνομαι (Jes 47,11) im bibelgriechischen Sprachgebrauch eine synonyme Bedeutung mit sühnen bzw. vergeben hat.

„Reinigen" mit Gott als Subjekt und Mensch als Objekt ist also in diesem Sprachgebrauch mit „Vergeben" *gleichbedeutend*!

---

[414] Vgl. dazu F.BÜCHSEL, aaO., S.314ff; H. G. LINK, ThBNT II, S.1304ff.
[415] S. F. HAUCK, Art. καθαρός κτλ., in ThWNT III, S.416f.

23.7 τὸ ἔλεος / ὁ ἐλεήμων

Wie vielfältig die LXX die alttestamentlichen Vergebungstermini wiedergibt, verdeutlichen die beiden סְלִיחָה - Stellen in Dan 9,9 und Neh 9,17.
Heißt es in Dan 9,9:

לַאדֹנָי אֱלֹהֵינוּ הָרַחֲמִים וְהַסְּלִחוֹת כִּי מָרַדְנוּ בּוֹ

„Bei dem Herrn, unserem Gott, aber ist Erbarmen und *Vergebung*, denn wir sind von ihm abgefallen.".

So wird in der LXX übersetzt:

τῷ κυρίῳ ἡ δικαιοσύνη καὶ τὸ ἔλεος ὅτι ἀπέστημεν ἀπὸ σοῦ

Hier sehen wir noch einmal deutlich, wie die Termini „Vergebung", „Erbarmen", „Gerechtigkeit" und „Barmherzigkeit" in diesem biblischen Sprachgebrauch austauschbar sind.

Der Sachverhalt ist in Neh 9,17 genau der gleiche. Wo es im Hebräischen heißt:

וְאַתָּה אֱלוֹהַ סְלִיחוֹת

„Du aber bist ein Gott der *Vergebung(en)*!",

steht dafür in der LXX:

καὶ σὺ θεὸς ἐλεήμων!

Gottes Vergebung wird hier mit dem *Erbarmen* Gottes gegenüber den abtrünnigen Menschen gleichgesetzt.

Auch hier steht „Vergebung" mit ἐλεήμων, οἰκτίρμων, μακρόθυμος καὶ πολυέλεος nebeneinander (Neh 9,17).

Beachtenswert sind also die vielseitigen Septuaginta-Wiedergaben der beiden Verben סָלַח und כִּפֶּר. סָלַח wird mit acht und כִּפֶּר mit dreizehn verschiedenen griechischen Äquivalenten übersetzt. Es ist darum festzuhalten, daß es in diesem Sprachgebrauch *keinen* einheitlichen Terminus für Vergebung / vergeben gibt.

Die Sache der Sündenvergebung wird in der Septuaginta so gedanken- und wortschatzreich wiedergegeben, daß wir in diesem bibelgriechischen

Sprachgebrauch unseren Blickwinkel, insbesondere in terminologischer Hinsicht, wesentlich erweitern müssen.

§ 24
Zusammenfassung (Altes Testament und Judentum)

Am Anfang der Erlösungsgeschichte Gottes für Israel steht das *Exodus*-Ereignis. Durch diese Gotteserfahrung am Anfang der Volksgeschichte weiß Israel, daß sein Gott ein *Retter* aus der Not, *Befreier* aus der Knechtschaft und *Helfer* für die Leidenden ist. Diese erste Begegnung mit der rettenden Treue und Güte Gottes bleibt für den Gottesglauben der nachfolgenden Zeit konstitutiv und maßgebend.[416]

Der Exodus-Gott erwählt Israel auf dem Sinai zu seinem Eigentum, offenbart ihm seinen *Namen* (=Wesen) und seinen *Willen* (=Tora).[417] Er schließt den *Bund* mit Israel und stiftet den Kult zur Heiligung seines Volkes (P).[418] Mit der Stiftung des Kultes (vor dem Exil!) beginnt die eigentliche Geschichte der Sündenvergebung Gottes im AT. Hier begegnet Israel und der einzelne Mensch dem befreiend-helfenden Exodus-Gott wieder. Er befreit sein Volk und den einzelnen Menschen aus der Sünden-Unheils-Sphäre, rettet es aus dem Todesunheil, schafft es neu und führt es erneut in die Bundesgemeinschaft hinein.

Die Bundesgemeinschaft mit Gott bedeutet nicht nur Heilsgabe, sondern auch die Treue-Verpflichtung Israels gegenüber seinem Bundes-Gott. Sie hat also rechtlich-verpflichtenden Charakter. Die *Sünde* Israels wird darum in erster Linie als Treuebruch, als Entehrung des Bundes-Gottes (= seines Namens) und als Verletzung der Rechtsordnung Gottes verstanden. Sünde hat dementsprechend das *Gericht* Gottes zur Folge.

Die Sünde des einzelnen wie des Volkes wurde ernst genommen. Sünde bedeutet die Trennung vom Bundes-Gott, Hineinfallen in die Sünde-Unheil-Sphäre und in das Gericht Gottes. Zur Erhaltung der Gemeinschaft wurden die Sünden der Einzelnen geahndet, bestraft, gesühnt und beseitigt. Die Schuld der Menschen untereinander muß wiedergutgemacht werden (durch Schuldopfer und Vergebung). Für die nicht wiedergutzumachende Schuld und die unwissentlich begangene Sünde schafft der Jerusa-

---

[416] Vgl. dazu BETZ, Rechtfertigung, S.25: „Das klassische Beispiel für Gottes helfende Macht (jᵉsûʿa) ist Israels Rettung am Schilfmeer (Ex 14,13 vgl. 1 QM 11,9f)"

[417] S. dazu GESE, Gesetz, in: ‚Zur biblischen Theologie', S.87ff.

[418] Vgl. JANOWSKI, Sühne, S.303ff.

lemer Tempelkult die Sühne (Sündopfer) und stellt so das verwirkte Leben des Einzelnen wie des Volkes wieder her.

Sühne ist also ein Heilsgeschehen Gottes, da das Leben enthaltende Blut, das die Sühne erwirkt, von Gott gegeben ist, und da ein Leben von Gott her in die Stellvertretung eingesetzt und für die verwirkte Existenz der einzelnen Israeliten wie des Volkes (Jom Kippur) in den Tod geschickt wird, um so Israel vom Gericht und Todesunheil zu befreien und neues Leben zu ermöglichen.[419]

Einen Neubeginn ohne Sündenvergebung gibt es nicht! Durch die von ihm ermöglichte und durch ihn (d.h., durch seine Priester) vollzogene Sühne vergibt Gott die Sünden des Einzelnen wie des Volkes.

Es ist *Gott allein*, der vergibt! Das ist der feststehende Grundsatz sowohl im AT als auch im Judentum.

Vergebung der Sünden wird aber auch unabhängig vom Kult „um der Gerechten willen" (הַצַּדִּיקִם   לְמַעַן: Gen 18,24; Jer 5,1; Ez 22,30), oft auf Grund der Fürbitte von Propheten wie Abraham (Gen 20,7), Mose (EX 32,11-14.30f), Amos (Am7,2), Jeremia (Jer 42,2; vgl. 2 Makk 5,14) und der Gerechten wie Hiob (Hi 42,8f; 11 Qtg Job 38,2f und Hi 42,9f LXX) gewährt.[420]

Geheimnisvoll steht die Aussage vom leidenden Gottesknecht, der durch sein stellvertretendes Leiden und seinen Tod und durch sein Eintreten für die Sünder Sündenvergebung für die Vielen erwirkt (Jes 53; vgl. dazu Targum).[421] Das Leiden und der Tod der frommen Märtyrer haben auch nach frühjüdischer Auffassung die Sünden (nicht nur ihre eigenen, sondern auch die des Volkes) sühnende Kraft (4 Makk 1,11; 6,28f; 17,22).[422] Der Vergebungsglaube Israels kommt im AT und Judentum vor allem in der Bußgebetstradition (individuelle wie kollektive) zum Ausdruck.[423]

Der Grund aller Bußgebete und Bitten um Sündenvergebung liegt in der Gotteserfahrung Israels am Anfang (Exodus, Erwählung und der

---

[419] Vgl. GESE, Sühne, in: Zur biblischen Theologie, S.87ff.

[420] Zur Fürbitte s. JANOWSKI, Sündenvergebung „um Hiobs willen", ZNW 73 (1982).

[421] S. dazu HOFIUS, Targum zu Jes 53, in Freundesgabe für P.Stuhlmacher, S.215ff; O. BETZ, Die Übersetzungen von Jes 53 (LXX, Targum) und die Theologia Crucis des Paulus, in: Jesus - Der Herr der Kirche (Aufsätze zur biblischen Theologie II), Tübingen 1990, S.197-216; P. STUHLMACHER, Jesus von Nazareth - Christus des Glaubens, Stuttgart 1988.

[422] Vgl. dazu SJÖBERG, Gott und die Sünder, S.169ff; STUHLMACHER, Existenzstellvertretung, S.28.

[423] S. dazu STUHLMACHER, Neue Gerechtigkeit, S.48.

Bund auf dem Sinai) und im religiösen Leben des einzelnen Menschen wie des Volkes (Gott als Vater, Hirt, Arzt u.a.).

Die aus der vorexilischen Zeit stammenden Sündenbekenntnisse, die exilisch-nachexilischen Bußpsalmen (wie Ps 51; 130 u. Ps 143) und Bußgebete (wie Esr 9,6-15; Neh 9,9-37; Dan 9,9-18) sowie die frühjüdischen Buß- und Bittgebete (z.B. Sch^emone Esre; 1 QS 10,9-11,22; 4 Esr 8,36) gehen von der Grundüberzeugung aus, daß der Bundesgott Israels der befreiende, die Nöte des Menschen sehende und ihre Hilfeschreie hörende Gott aus dem Exodus ist (Ex 3,7-10!), und daß seine Treue und Gerechtigkeit mehr vermögen und ausrichten, „als nur dem Unrecht zu wehren und die Sünder zu bestrafen"[424].

Der seine Sünden- und Gerichtsverfallenheit und seine geschöpfliche Niedrigkeit erkennende und bekennende Mensch bittet Gott um Hilfe und um Vergebung der Sünden und er appelliert an seine Treue und Gerechtigkeit.[425] Die erfahrene Vergebung und Hilfeleistung werden dann als die vergebend-heilende Vatergüte des Schöpfer-Gottes und „als Bestätigung und Krönung der Gerechtigkeit Gottes"[426] gepriesen (Ps 103!). Sündenvergebung und Gottes Gerechtigkeit sind also im AT und im Frühjudentum kein Widerspruch, und sie stehen auch miteinander nicht im Widerstreit.

Gottes Gerechtigkeit wurde von Anfang an als die heilstiftende Gemeinschaftstreue des Bundes-Gottes gegenüber seinem Volk verstanden.[427] Aus diesem Hintergrund lassen sich die alttestamentlich-frühjüdischen Aussagen vom Königtum Jahwes verstehen. Seit der Zionserwählung und dem Davidsbund beginnt die Königsherrschaft Jahwes über Israel und die ganze Erde. Das Merkmal der Königsherrschaft Jahwes auf Zion ist seine *Gerechtigkeit* (צְדָקָה)![428]

Nachdem die Könige und die Führer Israels versagt haben, die Gerechtigkeit Gottes auf der Erde zu verwirklichen (s. Ez 34!), verheißt Gott einen Messias der Gerechtigkeit als König über Israel (Jes 9,5f; 11,1-5; Jer 23,5f; Sach 9,9; vgl. Ps 72). Er wird als Befreier und Richter kommen (Jes 9,6; 11,4; 42,6f; 61,1f), und in seinen Tagen wird Gott einen neuen Bund mit Israel schließen, eine Heilsbund (Jer 31,31-34; Ez 36,22-

---

[424] Vgl. STUHLMACHER, aaO., S.48.
[425] Zur Niedrigkeitsdoxologie s. LICHTENBERGER, Menschenbilder, S.73ff.
[426] Vgl. STUHLMACHER, aaO., S.49.
[427] Vgl. KOCH, Sdq im AT, S.111ff u. S.122 u. DERS. Art sdq, THAT II, Sp.507-530; STUHLMACHER, Gerechtigkeit, S.113ff und H. H. SCHMID, Rechtfertigung, (FS Käsemann), S.403ff.
[428] Zur Unterscheidung von צֶדֶק und צְדָקָה(ה) im AT und Qumran s. BETZ, Rechtfertigung, S.18f.

29; 37, 23-27), denn die Sünden und die Schuld Israels werden vergeben
(Jer 31,34), und alle Unreinheit wird gereinigt (Ez 36,25; 37,23). Gott
wird dann ein neues Herz und einen neuen Geist in ihr Inneres geben (Ez
36,26; vgl. dazu die qumranische Auffassung vom Heiligen Geist! 1 QS
4,20-22). Die Gerechtigkeit Gottes, die der Messias an jenen Tagen verwirklichen wird, wurde als die Hoffnung und Rettung der Bedrängten (Ps
9,10), der Gebeugten (Jes 41,10; Ps 72,4), der Armen wie Verlassenen
(Ps 72,12), der Geringen wie der Schwachen (Jes 11,4; Ps 72,13), der
Unterdrückten (Ps 103,6), der Gefangenen wie der Gefesselten (Jes 61,2),
und schließlich als die vergebende Gerechtigkeit der Sünder erwartet und
herbeigesehnt (Ps 51,16; 103,3f; 143,1f; 4 Esr 8,36). Auch der Gedanke
kommt im AT zum Ausdruck, daß der Messias selbst ein Geschlagener
sein wird (Sach 13,7). Der stellvertretend-leidende Gottesknecht aus Jes
53 wurde im Frühjudentum *messianisch* gedeutet, aber auch umgedeutet
(Jes 53-Targum!).[429]

Eine Neuentwicklung im Frühjudentum ist nicht nur die *Gleichsetzung*
von *Tora* und *Weisheit* (Sir 24,23f), sondern auch der parallele Sprachgebrauch von „Messias" und „Menschensohn" aus Dan 7,13 als Bezeichnung *derselben* himmlisch-eschatologischen Person (Bilderreden des äth
Hen; 4. Esra).[430] Der Menschensohn (Dan 7,13f) erscheint in äth Hen als
der Herrscher und Weltenrichter (äth Hen 45,3f; 61,8f; 62,2) und als der
Herbeiführer der Gottesherrschaft (äth Hen 45,3ff; 46,3ff; 47,2ff; 49,2ff;
61,7ff; 4 Esr 13,3ff). Er ist zugleich der messianische Rechtsbeauftragte
(äth Hen 48,4, 49,3), und bei ihm wohnt die Gerechtigkeit Gottes (äth
Hen 46,3).[431] Aber vom sündenvergebenden Handeln des messianischen
Menschensohnes wird nichts gesagt. Nach Test Lev 18 wird jede Sünde
zur Zeit des priesterlichen Messias *vergehen*. Nach Jes 53-Targum wird
den umkehrwilligen Sündern Israels Sündenvergebung Gottes durch die
Fürbitte des Messias *erwirkt* und *vermittelt*, aber nicht *gewirkt* und *gewährt*.[432]

Das Charakteristikum der frühjüdischen Frömmigkeit ist der Tora-Gehorsam. Die Tora wird zur Norm, die das Leben des einzelnen wie des
Volkes bestimmt. Durch die Verbindung mit der Weisheitstradition

---

[429] S. dazu KOCH, Messias und Sündenvergebung in Jes 53-Targum, JSJ 3 (1972),
S.117-148. Ferner HOFIUS, Kennt der Targum zu Jes 53 einen sündenvergebenden
Messias? AaO., S.215ff.

[430] Vgl. dazu J. FRIEDRICH, Gott im Bruder, S.188ff.

[431] S. dazu STUHLMACHER, Die neue Gerechtigkeit, S.44f und FRIEDRICH, aaO.,
S.208ff.

[432] Gegen KOCH mit HOFIUS. Auch hier wird der alttestamentlich-jüdische Grundsatz
nicht aufgehoben. Es ist Gott allein, der vergibt!

wurde die frühjüdische Frömmigkeit stark vom weisheitlich gedachten „Tun-Ergehen-Zusammenhang" beeinflußt.

Im pharisäisch-rabbinischen Judentum kommt der *Vergeltungsgedanke* besonders stark zum Ausdruck. Gott ist gerecht, indem er jedem nach seinen Taten vergilt! Da Gott allein der gerechte Richter ist, ist sowohl der Lohn der Gerechten wie auch die Strafe der Sünder sicher und gewiß. Eine „Rechtfertigung der Sünder durch Gott" ist in der pharisäisch-rabbinischen Tora- und Gerechtigkeitsauffassung unvorstellbar, da Gott sonst unmöglich der Richter der Welt sein kann. „Rechtfertigung (מִשְׁפָּט) durch Gottes Gerechtigkeit" spielt aber in der Qumrangemeinde eine wichtige Rolle. Die Frommen der Qumran-Gemeinde sind davon überzeugt, daß sie nur aus der rechtfertigend (=vergebend) - heiligenden צְדָקָה Gottes leben können (sola gratia!).

Nach ihrem Selbstverständnis als „geistiger Tempel" Gottes und als der „Bund der Heiligen" sind sie frei von aller Unreinheit und Sünde. Als der geistige Tempel Gottes können sie sogar durch ihren vollkommenen Wandel in der Wahrheit und Reinheit die Sünden des Volkes sühnen (1 QS 8,6.10). Es ist der heilige Geist, der in der Gemeinde wirkt und ihre Sünden vergibt (1 QS 3,6; 1 QH 4,31). Die Frommen sind durch die Gerechtigkeit Gottes, die sie rechtfertigt, wieder in den Dienst gestellt, durch ihren Toragehorsam und ihren vollkommenen Wandel Gott zu lobpreisen und gegen die Mächte der Finsternis zu kämpfen. Sowohl der Heiligkeits- als auch der Gerechtigkeitsgedanke der Qumranfrommen ist durchweg exklusiv.

In dem etwas weltoffeneren rabbinischen Judentum kommt andererseits das Bestreben zum Vorschein, die Vergebung Gottes durch verschiedene menschliche Sühneleistungen wie Fasten, Almosengeben und gute Werke zu erlangen.[433]

Sünde wird in verschiedene kleine und große *Sünden*, die entweder vergebbar oder unvergebbar sind, geteilt und differenziert. Es werden auch verschiedene Möglichkeiten gesehen, die Sünden zu sühnen, sowohl in dieser als auch in der zukünftigen Welt.[434] Ein anderes Merkmal der pharisäisch-rabbinischen Frömmigkeit ist der Verdienstgedanke, der in der engen Verbindung mit dem Vergeltungsgedanken zum Ausdruck kommt. Die Frommen (=Gerechten) sind bemüht, durch ihre Taten und Werke der Tora-Gerechtigkeit ihren Lohn und Verdienst zu vermehren

---

[433] Vgl. SJÖBERG, Gott und die Sünder, S.125ff und S.169ff.
[434] S. dazu BILLERBECK, IV/2, S.1049ff.

(es werden alle guten wie bösen Taten im himmlischen Buch aufgeschrieben) und sich vor Gott gerecht und rein zu erweisen.[435]

Die Gemeinschaft mit den Sündern und den Unreinen wurde grundsätzlich vermieden, da sie sonst auch von der Unreinheit und der Sünde angesteckt werden können (vgl. mChagiga 1,1).[436]

Es ist also die Reinheitsauffassung der Gesetzestreuen, die die Gerechten von den Sündern trennt. Sündenvergebung Gottes wird so im pharisäisch-rabbinischen Judentum zum exklusiven Heilsgut für die gottesfürchtigen Frommen.

Fazit

1. Sünde ist der Verstoß gegen das *Gesetz Gottes* und wird darum als ein *Rechtsbruch* verstanden. Sünde hat also Rechtscharakter und wird rechtlich geahndet.
2. Sünde ist zugleich Verletzung der Lebensordnung Gottes, die durch seine *Gerechtigkeit* צדק, gekennzeichnet ist. Sünde als Auflehnung gegen den Willen (=Tora) Gottes ist wiederum Beleidigung und Entehrung Gottes.
3. Sünde vergeben oder behalten ist darum die *Sache* Gottes, die er durch sein Gerichtsurteil entscheidet.
4. Nach der Messias-Menschensohntradition kommt der himmlischen Menschensohngestalt die Richter- und Herrscherfunktion zu. Sie wird als der eschatologische Herbeiführer der Gottesherrschaft *und* als *Gerichtsherr* erwartet. Als Gerichtsherr hat sie die (Voll-) Macht, Sünden zu vergeben oder zu behalten.
5. Das Kommen des Menschensohnes bedeutet also das Kommen des Weltgerichts Gottes. Heil oder Unheil eines jeden Menschen entscheidet sich an der Person ‚Menschensohn'.
6. Sündenvergebung ist aus diesem Kontext *Errettung vom Gericht im Hinblick auf das Endgericht.*
7. Der Beweggrund des rettenden Handelns Gottes sind vor allem seine *Bundestreue* und *Barmherzigkeit*. Der letzte Grund des sündenvergebenden Heilshandelns Gottes ist aber nach der Verkündigung Deuterojesajas die *Liebe* Gottes (Jes 43,3f; 49,15; 54,7).[437]

---

[435] Zur himmlischen Buchführung s. BILLERBECK I, S.752; IV, S.1037.

[436] Vgl. BILLERBECK IV, S.374ff. Ferner STUHLMACHER, Die neue Gerechtigkeit, S.53f.

[437] Zu diesem Thema hat bis jetzt meines Erachtens am meisten beigetragen: W. GRIMM, Weil ich dich liebe. Die Verkündigung Jesu und Deuterojesaja, Frankfurt 1976; DERS., Die Heimkehr der Jakobskinder (Jes 43,1-7), Frankfurt 1985, bes. S.84ff;

Weil Gott der Liebende ist (Jes 43,4; Ps 103,13), vollbringt er
Vergebung wie Heilung durch den stellvertretenden Tod seines
auserwählten Knechtes (Jes 53,12; Ps 103,2).[438] Gottes vergebende
Liebe schafft neues Leben aus dem Totengebein (Ez 37,5f.14) und
verheißt neue Lebensgemeinschaft mit ihm (Jer 31,31ff; Ez 36,25ff),
die durch seinen Messias verwirklicht wird (Jer 23,5f; Ez 36,24ff).

DERS., Fürchte dich nicht. Ein exegetischer Zugang zum Seelsorgepotential einer
deuterojesajanischen Gattung, Frankfurt 1986; DERS., Das Trostbuch Gottes (Jes 40-
55), Stuttgart 1990, bes. S.28f und S.82ff.

[438] Die große Bedeutung von Jesaja 53 für unser Thema und für das Verständnis der
neutestamentlichen Aussagen vom Kreuzestod Jesu wird besonders von O. Betz betont:
O.BETZ, Was wissen wir von Jesus?, Erw. Neuaufl. Wuppertal 1991; DERS., Die Über-
setzungen von Jes 53 (LXX, Targum) und die Theologia Crucis des Paulus, in: Jesus -
Der Herr der Kirche, 1990, S.197-216, und: Das Mahl des Herrn bei Paulus, aaO.,
S.217-257.

Teil C:

Jesu Sündenvergebung nach den synoptischen Evangelien

§ 25
Einführung

25.1 Der Ausgangspunkt

a) Die Vergebung der Sünden spielt im urchristlichen Gemeindeleben im Kontext der sakral-kirchlichen Handlungen, wie Taufe und Abendmahl, eine wichtige Rolle. Aus den einschlägigen Texten ergibt sich, daß die urchristliche Taufpraxis die neutestamentlichen Aussagen von der Sündenvergebung stark beeinflußt hat. Auch in der Abendmahlsüberlieferung spielt Sündenvergebung eine bedeutende Rolle. Bei der Teilnahme am Herrenmahl wird jedem einzelnen Christen der Tod Jesu vergegenwärtigt. Er ißt den Leib Jesu und trinkt dessen Blut, das für viele zur Vergebung der Sünden (εἰς ἄφεσιν ἁμαρτιῶν) vergossen wird (Mt 26,26-28; vgl. auch Mk 14,22-25; Lk 22,15-20 und 1 Kor 11,23-25). Die Tauf- und Herrenmahlspraxis der Urgemeinde stehen im engsten Zusammenhang mit den neutestamentlichen Aussagen über die Sündenvergebung (vgl. Act 2,38; ferner Mk 1,4 par. 16,16; Mt 28,19; Lk 24,17; Act 1,5; Röm 6,3f; Kol 2,12f). In der Praxis der Taufe wird z.B. Sündenvergebung im *Namen Jesu* zugesprochen. Daher erhebt sich die Frage: Was führte die Urgemeinde dazu, im Namen Jesu Sündenvergebung zuzusprechen?

b) Es ist auffallend, daß das Thema ‚Vergebung der Sünden' in den urchristlichen Bekenntnistraditionen besonders fest verankert ist (vgl. Röm 3,24-26; 4,25; 1 Kor 15,3-5 u.a.). In diesen alten Überlieferungsstücken kommt unser Thema vor allem in enger Verknüpfung mit der Sühne-Interpretation des Kreuzestodes Jesu zur Sprache. Warum ist das so? In welchem Verhältnis stehen die Praxis und Botschaft der Sündenvergebung Jesu zu seinem Tod?

c) Neben diesen thematisierten Aussagen über die Sündenvergebung in den urchristlichen Glaubensbekenntnissen erscheinen die Termini für die Vergebung der Sünden fast ausschließlich in den synoptischen Evangelien und mit wenigen Ausnahmen nur in der Sprache Jesu (das Verb ἀφίημι bzw. das Nomen ἄφεσις mit der Sinnbedeutung ‚vergeben'/‚Vergebung' taucht 18 mal bei Mt, 12 mal bei Mk, 20 mal bei Lk, dazu 5 mal in Apg und nur einmal bei Joh (siehe Tabelle) auf). Wie ist dieser Sachverhalt zu erklären? Welche Rolle spielten die Botschaft und die Praxis der Vergebung im irdischen Wirken Jesu?

25.2 Notwendigkeit der Untersuchung

a) Wie in der Zeit des Urchristentums besteht auch heute für die Christen die Gefahr, die mit den christlich-sakralen Handlungen vollzogene Vergebung der Sünden oft zu leicht und als etwas Selbstverständliches hinzunehmen (vgl. dazu 1 Kor 11,27ff; Heb 6,4ff; 10,26f). Darum ist erneut zu fragen: Was heißt Vergebung der Sünden im Kontext der kirchlich-sakralen Handlungen? Was heißt Sündenvergebung im Namen Jesu? Unser Augenmerk ist dabei nicht in erster Linie auf die Vergebungspraxis der urchristlichen Gemeinde oder auf die christologische Soteriologie als die Begründung, sondern eher auf die Überlieferung der Worte und Taten des irdischen Jesus gerichtet. Es geht also in erster Linie um den die kirchliche Praxis der Vergebung begründenden Ursprung der Sündenvergebung im historischen Leben Jesu, in seiner Wort- und Tatverkündigung.

Die urchristlichen Glaubensbekenntnisse berechtigen uns dazu und fordern uns zugleich heraus, nach dem irdischen Leben Jesu zu fragen, der für unsere Sünden (=für die Vergebung unserer Sünden) am Kreuz gestorben ist (Röm 3,24f; 4,25; 8,3f; 1 Kor 15,3f). Was führte die Jünger Jesu dazu, den ‚Fluchtod' (Gal 3,13) ihres Meisters am Kreuz als Sühnetod „für unsere Sünden" zu interpretieren? Wie hat Jesus selbst seinen bevorstehenden Tod verstanden? Wie steht sein öffentliches Leben zu diesem Kreuzestod? War der Tod Jesu am Kreuz nur eine tragische Folge oder der Zielpunkt seines irdischen Wirkens?

c) Es wird heute von verschiedenen Exegeten bestritten, daß bereits der irdische Jesus Sünden vergeben habe: Angesichts dieser Meinungen müssen die eben genannten Fragen unter dem Gesichtspunkt nach dem historischen Wert der jeweiligen Überlieferung gestellt werden: Hat der irdische

Jesus während seines Wirkens Sünden vergeben? Wenn ja, in welcher Art und Weise? Was veranlaßte ihn, dies zu tun? Was war der Sinn seines sündenvergebenden Handelns? In welchem Verhältnis steht dieses sünden-vergebende Wirken zu seinem Kreuzestod?

25.3 Die Fragestellung: Hat Jesus Sünden vergeben? Meinungen der Exegeten

Hier seien einige beispielhafte Pro- und Kontrastimmen der neutesta-mentlichen Exegeten zu unserem Thema vor Augen geführt.

a) Die Zustimmung

Zuerst ist J. Jeremias zu nennen. Er schreibt im ersten Teil seiner „Theologie des Neuen Testaments" folgendes zum Thema: „In Wirklich-keit ist die Zahl der Belege dafür, daß Jesus die Vergebung Gottes zu-sprach ... viel größer. Das wird deutlich, sobald man sich zweierlei klar macht. Zunächst: Die Zählung der Vokabeln führt bei der Verkündigung Jesu immer wieder in die Irre. Wenn sich ἄφεσις in der Bedeutung ‚Vergebung' nur ganz vereinzelt in Jesu Mund findet, ἀφιέναι (=vergeben) etwas öfter, aber doch auch nur begrenzt, so besagen solche statistischen Feststellungen nichts, weil Jesus nicht abstrakt-theologisch redet wie später Paulus, sondern in Bildern, und hier ist die Sache ‚Vergebung' ständig vorhanden. ... Alle diese Bilderworte und Gleichnis-se sind Abbilder der Vergebung und der Wiederherstellung der Gemein-schaft mit Gott. Von der Vergebung ist also keineswegs nur dort die Rede, wo die Vokabeln ἀφιέναι bzw. ἄφεσις begegnen. Diese Feststel-lung wird durch eine zweite, noch wichtigere Beobachtung bestätigt: Jesus hat die Vergebung nicht nur im Wort, sondern auch durch die Tat zuge-sprochen. Die für die Menschen der Zeit eindrücklichste Form der Tat-verkündigung der Vergebung war seine Tischgemeinschaft mit den Sün-dern"[1]

Neben Jeremias ist besonders L. Goppelt zu erwähnen. Im ersten Teil seiner „Theologie des Neuen Testaments" (§ 13 mit dem Titel ‚Heil für die Sünder') bemerkt er etwas Wichtiges: „So erschließen die Gleichnisse vom Verlorenen den zentralen Sinn des Erdenwirkens Jesu: Wo immer Jesus Sündern seine Gemeinschaft schenkt, sei es durch Tischgemein-schaft, sei es durch die Heilung der Kranken, sei es durch die Berufung in

---

[1] J. JEREMIAS, Theologie, Erster Teil, S.116; vgl. hierzu das kritische Gegenargu-ment von Fiedler, aaO., S.107.

die Nachfolge, geschieht, ohne daß dies ausgesprochen wird, Vergebung von Gott her. Und diese Vergebung ist viel mehr, als dieser traditionelle Begriff von Hause aus sagt: Vergebung bedeutet nun nicht nur Tilgung von Schuld, sondern Wiederherstellung von Gemeinschaft, die Wiederaufnahme des Geschöpfes durch seinen Schöpfer als Aufnahme in das Leben der endzeitlichen Herrschaft Gottes"[2]

Auch E. Lohse äußert sich in seiner „Theologie" zum Thema: „Mit seinem Wort und seiner Tat spricht Jesus Menschen, denen er begegnet, die Vergebung der Sünden zu. ... Gegen Jesu Wort ‚Deine Sünden sind dir vergeben' = ‚Gott vergibt dir deine Sünden' (Mk 2,5 par) wenden die Schriftgelehrten ein: ‚Wer kann Sünden vergeben außer dem einen Gott?' (Mk 2,7 par). Nicht einmal dem Messias würde dieses Recht zustehen, das allein Gott im Himmel vorbehalten bleibt. Jesus aber verkündigt hier und jetzt die Gegenwart des barmherzigen Gottes, indem er Sünden vergibt und damit Menschen die Last der Vergangenheit fortnimmt"[3].

Zu den traditionellen Bejahern der Sündenvergebung Jesu zählt auch A. Schlatter. Er hat in seinem Buch ‚Die Geschichte des Christus' zum Thema folgendes bemerkt: Jesus „schrieb seinem Vergeben die Macht zu, die Trennung von Gott, die durch die Sünde entsteht, ganz zu beseitigen und dem Schuldigen die vollständige Wiederherstellung zu verschaffen, und er hat mit vollendeter Freude allen die göttliche Gnade nicht bloß als ein künftiges Ziel beschrieben, nach dem sie erst in langer Büßerarbeit und Gehorsamsübung zu ringen hätten, sondern sie ihnen gewährt. In Kapernaum nahmen dies seine Jünger und seine Gegner damals besonders deutlich wahr, als er einem Gichtbrüchigen, der mit Überwindung aller Hindernisse durch das Dach hinab zu ihm gebracht worden war, sein Vergeben ausdrücklich aussprach, ehe er ihn heilte"[4].

b) Die Bestreitung

Bei der Interpretation von Mk 2,1-12 par schreibt R. Bultmann[5]: „Von der durch Jesus gespendeten Sündenvergebung erzählt die Tradition (außer Lk 7,47) sonst nichts. Mk 2,5b-10 ist offenbar entstanden, weil die

---

[2] L. GOPPELT, Theologie, Erster Teil, S.181.

[3] E. LOHSE, Theologie, S.37.

[4] A. SCHLATTER, Die Geschichte des Christus, S.197, vgl. auch S.195. Das sündenvergebende Handeln Jesu wird auch bejaht von W. G. KÜMMEL, Theologie, S.40ff, R. SCHNACKENBURG, Sittliche Botschaft, S.13f; K. H. SCHELKLE, Theologie 2, S.116-119; E. LOHMEYER, Mk, S.53, vgl. S.52-54; W. GRUNDMANN, Geschichte, S.49, 51, vgl. Mk, S.57; A. STROBEL, Erkenntnis, S.56ff; F. HAHN, QD 63, S.43; O. HOFIUS, Vergebungszuspruch, S.126f; O. BETZ, Wie verstehen wir, S.18f, 32f; vgl. E. SCHILLEBEECKX, Jesus, S.184, 188; H. BRAUN, Jesus, S.145.

[5] R. BULTMANN, Die Geschichte der synoptischen Tradition, S.13.

Gemeinde ihr Recht der Sündenvergebung auf Jesus zurückführen will. Und zwar ist es, wie die Sprache zeigt und die Analogien Mt 16,19; 18,18 beweisen, die palästinensische Gemeinde, die durch ihr Vermögen der Wunderheilung beweist, daß sie das Recht der Sündenvergebung ausüben kann". Bei der Auslegung derselben Perikope und im Zusammenhang mit seiner ‚Menschensohn'-Interpretation urteilt W. Schmithals[6]: „Daß der Menschensohn Sünden vergibt, ist eine ganz singuläre Aussage, die schon als solche den traditionsgeschichtlich späten Ursprung von 10a anzeigt. Indem Mk aber den Absichtssatz 10a ad vocem ‚Vollmacht zur Sündenvergebung' in die vorliegende Geschichte einfügt, führt er den Titel ‚Menschensohn' im Rahmen der geheimen Epiphanie des Messias Jesus, der ‚für unsere Sünden' stirbt, in sein Evangelium ein. ... Und auch Mt hat mit dieser Geschichte das Recht zwar nicht des Menschen als solchen, wohl aber der Gemeinde begründet, Sünden zu vergeben".

G. Schneider[7] bemerkt in seiner Auslegung von Lk 7,36-50: „Der Redaktor, der VV 48f anfügte, hat damit erreicht, daß Jesus ausdrücklicher als in 7,41-43.47 als der Vergebende bzw. Vergebung Zusprechende gekennzeichnet wird. ... Hat aber Lukas selbst den V50 angehängt, so ist von daher wiederum wahrscheinlich, daß er auch die VV 48f (nach dem Vorbild von Mk 2,5.) gebildet hat".

Bei H. Thyen heißt es: „Die matthäische Bearbeitung (Mt 9,1-8) der Markus-Perikope von der Heilung des Paralytischen (Mk 2,1-12) läßt erkennen, wie Matthäus verstanden sein will. Während in der Markusvorlage das Wort von der Vollmacht des Menschensohnes zur Vergebung deutlich sichtbar sekundär mit einer stilgemäßen Wundergeschichte verknüpft wurde, um die Vollmacht der in der Gemeinde wirksamen Sündenvergebung durch die eigene ihres Herrn, des ‚Menschensohnes', zu legitimieren, ist der Wunderbericht bei Matthäus stark reduziert und in den Hintergrund gedrängt, und die Vollmacht der Gemeinde zur Sündenvergebung ist zum Gegenstand des Erstaunens der Welt geworden"[8].

Auch unter den katholischen Exegeten sind die Meinungen gespalten. Wir wollen hier zwei beispielhafte Stimmen hören. J. Blinzler schreibt zum Thema: „Während beim Täufer die Vergebung der Sünden mit der Umkehrtaufe verbunden war, wird sie durch Jesus den Umkehrwilligen unmittelbar zugeeignet (Mk 2,5-10). ‚Deine Sünden werden vergeben' - das bedeutet, daß in dem Augenblick, da Jesus diese Worte spricht, Gott - sein Name wird durch die Passiswendung umschrieben - dem Gelähmten

---

6 W. SCHMITHALS, Das Evangelium nach Markus, Bd. 1, S.154.
7 G. SCHNEIDER, Das Evangelium nach Lukas, Bd. 1, S.178/179.
8 H. THYEN, Studien zur Sündenvergebung, S.242/243.

seine Sünde vergibt. Dabei ist Jesus nicht gedacht als derjenige, der kraft seines übernatürlichen Wissens die göttliche Vergebung nur feststellt, sondern, wie der Fortgang der Geschichte zeigt, als einer, der Gottes Tun vollzieht, indem er Vergebung gewährt"[9].

Anders urteilt P. Fiedler: „Mit der Annahme der Historizität (sofern man nicht - unbegründet - umzuinterpretieren versucht) kann man also gewiß sein, die Situation des irdischen Jesus nicht zu treffen. Von nicht zu unterschätzender Bedeutung ist dabei auch der Umstand, daß Lk 7,48f im Anschluß an Mk 2,5-7 sekundär gebildet ist und somit vom erkennbaren Überlieferungsbestand her gesehen nur eine einzige Einheit Jesus explizit Sünden vergeben läßt. Dieser Umstand begründet nicht allein ,historische Skepsis gegen den verbalen Vollzug' (so Patsch, Abendmahl, S.214), sondern kann auch die Annahme bekräftigen, daß es sich um die Verankerung eines Christologumenons in der Jesusgeschichte handelt"[10].

25.4 Die Einzeluntersuchungen zum Thema

Unser Thema wurde trotz seiner großen theologischen Bedeutung bis jetzt nicht hinreichend untersucht.[11] Als wissenschaftliche Einzeluntersuchungen unserer Zeit sind nur die drei Arbeiten von H. Thyen, H. Leroy und P. Fiedler zu nennen.

H. Thyen fragt nach dem urchristlichen „Sitz im Leben" des Vergebungsaktes und kommt so auf die Taufpraxis der urchristlichen Gemeinde zu sprechen. Sein Augenmerk ist also auf den „Zusammenhang von Taufe und Vergebung", auf das „Verhältnis von Glaube und Taufe" und auf die „neue christliche Begründung der Sündenvergebung im Tod Jesu" gerichtet.[12] In seinen „Studien zur Sündenvergebung" kommt aber die Verkündigung und das Verhalten des irdischen Jesus, die allein die Urgemeinde

---

[9] J. BLINZLER, Jesus in den Evangelien, S.90.
[10] P. FIEDLER, Jesus und die Sünder, S.115. Zur Bestreitung des sündenvergebenden Handelns Jesu vgl. R. BULTMANN, Geschichte d. syn. Trad. S.13, 103, 105; DERS., Jesus, S.133-148; E. HAENCHEN, Weg, S.99-106, 469-472; I. MAISCH, Heilung, S.86.90; E. LINNEMANN, Gleichnisse, S.178; E. FUCHS, Historischer Jesus, S.353; I. MICHL, Sündenvergebung, MThZ 24,2973, S.25-35, bes. S.30f und S.34f; A. KOLPINGS, Fundamentaltheologie II, S.396 u.a.
[11] Auf diesen Tatbestand wird nicht nur vom Alttestamentler K. Koch, sondern auch von neutestamentlichen Exegeten, wie z.B. E. Lohse, hingewiesen. Vgl. dazu den Aufsatz von K. Koch über ,Sühne und Sündenvergebung', S.217/218.
[12] H. THYEN, aaO., S.12.

berechtigten und nötigten (wie auch Thyen unterstreicht), den Tod Jesu „als Gottes eschatologische Sündenvergebung und als Ursache und Ursprung der Neuen Schöpfung zu deuten und zu verkündigen"[13], zu kurz.

Fiedler gibt in seiner Arbeit zwar einen guten Einstieg in den Sachverhalt, vermag aber die theologische Bedeutung der neutestamentlichen (hier vor allem der synoptischen) Aussagen über die Sündenvergebung nicht genügend zum Ausdruck zu bringen, da er das sündenvergebende Handeln Jesu nicht in seinem gesamten Kontext, nämlich im Kontext seiner Sendung, Verkündigung in Worten und Taten, Passion und Tod, sieht. P. Fiedler bestreitet energisch, daß der irdische Jesus jemals Sünden vergeben hat. Er sieht in dem Verhalten, das Jesus den Sündern gegenüber zeigt, lediglich seine Offenheit, mit der er andeuten will, daß das Heilsangebot Gottes auch den Sündern gilt. Der Tod Jesu wird dementsprechend als Konsequenz seiner Offenheit bzw. als konsequente Praktizierung des Liebesgebotes durch Jesus interpretiert.

Zum Schluß seiner Arbeit schreibt Fiedler: „Wenn Jesu Offenheit für Sünder (wie etwa Zöllner) keine Vorliebe für derartige ‚Randexistenzen', sondern die äußerste Konsequenz des auf die Heilszurüstung ganz Israels ausgerichteten Wirkens Jesu darstellt, d.h., wenn er *auch* denen, die nach gängiger Auffassung ihre Zugehörigkeit zum Gottesvolk ernstlich auf's Spiel gesetzt, wenn nicht gar verspielt hatten, Gottes Heilsangebot zukommen läßt, bedeutet das nicht den (vollmächtigen) Vergebungszuspruch durch Jesus. Das war für seine Zuhörer keine vorstellbare Möglichkeit. Das Vorrecht Gottes anzutasten, hätte Jesus nichts eingebracht außer Unverständnis, Spott oder eventuell den Vorwurf der Blasphemie, aber gewiß keine Zustimmung oder auch nur Verständnis. Das Schweigen unserer Überlieferung ist beredt genug"[14].

Dagegen ist hier nur erst zu sagen, daß unsere Überlieferung keineswegs „schweigt" und Jesu Verhalten gegenüber den Sündern in der Tat bei seinen Gegnern nicht etwas anderes herbeigeführt hat als „Unverständnis", „Spott" und den „Vorwurf der Blasphemie" (vgl. nur Lk 7,34 und Mk 2,6 par).

---

[13] H. THYEN, aaO., S.12.
[14] P. FIEDLER, aaO., S.275/276. Zu H. Leroy s. oben S.16-17).

25.5 Bilanz

Das Thema ‚Sündenvergebung' ist innerhalb der neutestamentlichen Wissenschaft stark vernachlässigt worden. Von den wenigen Exegeten, die sich mit unserem Thema beschäftigt haben, sind die synoptischen Aussagen über *Sündenvergebung Jesu* nicht hinreichend beachtet und in der Sache ungeklärt gelassen worden. Der Grund dafür ist eindeutig: Man rechnet nicht damit (und befindet sich damit im Widerspruch zu den synoptischen Aussageintentionen), daß der irdische Jesus jemals Sünden vergeben hat oder Sünden vergeben konnte. Man geht davon aus, daß die synoptischen Texte, die von der von Jesus zugesprochenen Vergebung der Sünden berichten, sekundär sind; d.h., daß sie keinen historischen Aussagewert haben und von der Urgemeinde bzw. von den Evangelisten gebildet wurden. In diesem Zusammenhang wurde die christliche Taufe als ‚Sitz im Leben' des urchristlichen Vergebungsaktes herausgestellt.

Die Frage ist erneut zu stellen: Ist die urchristliche Praxis der Sündenvergebung durch die sakralen Handlungen vom irdischen Leben Jesu isoliert? Und: Was hat die urchristliche Gemeinde (d.h. die Jüngerschar Jesu) dazu veranlaßt, den Tod Jesu als „Sühnetod"[15], als „Gottes eschatologische Sündenvergebung"[16] zu verkündigen?

Diese Fragen weisen uns abermals auf das Leben des irdischen Jesus, auf sein Wirken durch seine Wort- und Tatverkündigung hin. Wir müssen dabei die Sache der Vergebung durch Jesus in größerem Zusammenhang, d.h. vom gesamten Lebensgeschick Jesu her betrachten. Die außergewöhnliche Bedeutung unseres Themas läßt sich kaum in vollem Umfang erfassen, wenn man Jesu Sendungsbewußtsein, das von Anfang an bei ihm deutlich hervortrat, ferner die Einzigartigkeit seiner Verkündigung, seines Redens und Handelns über das bevorstehende stellvertretende Leiden und schließlich seine Lebenshingabe als Sühntod nicht von seinem gesamten Wirken her betrachtet.

25.6 Aufgabe

Es ist kritisch zu fragen, ob, wo, wie und wozu Jesus Sünden vergeben hat: Welche Bedeutung hat die Sündenvergebung im Leben und Tod Jesu? Wie verhält sie sich zu seiner Verkündigung, vor allem zur Basileia-Ver-

---

[15] P. STUHLMACHER, ‚Versöhnung, Gesetz und Gerechtigkeit', S.16.
[16] H. THYEN, aaO., S.12.

kündigung? Ferner ist die Frage zu beantworten, inwieweit Jesus mit der alttestamentlichen Tradition, insbesondere mit der deuterojesajanischen Verkündigung und der alttestamentlich-jüdischen Sühnevorstellung vertraut gewesen ist. Hat er sich als leidender Menschensohn und Gottesknecht verstanden? Sind die synoptischen Menschensohn-Worte Jesu authentisch? Wenn ja, in welchem Sinne hat Jesus sich selbst als Menschensohn bezeichnet? In welcher Beziehung steht die Selbstbezeichnung Jesu als Menschensohn zur Messiaserwartung seiner Zeitgenossen: Hat Jesus sich selbst als Messias verstanden? Wenn ja, hatte der Messias die Macht, in eigener Autorität Sünden zu vergeben? Bei der Antwort auf diese und ähnliche Fragen kommen den synoptischen Texten mit der Jesus-Überlieferung besondere Bedeutung zu.

25.7 Einige Vorbemerkungen

Das gesamte Schrifttum des Neuen Testaments ist zweifelsohne ein Glaubenszeugnis. Es ist aber zugleich auch Bericht über eine historische Person, nämlich über Jesus von Nazareth. Wenn wir die personale Einheit (auch als traditionsbildendes Element) zwischen dem irdischen Jesus und dem auferstandenen und zum Sohn Gottes eingesetzten Christus nicht leugnen können, ist die Frage nach dem irdischen Jesus nicht nur berechtigt, sondern auch notwendig. Wer war Jesus von Nazareth? Wie hat er gelebt, gewirkt? Was hat er verkündigt und wie hat er dies getan? Hier ist auf die *Eigenart der Verkündigung Jesu* kurz einzugehen. Für die Untersuchung unseres Themas ist es von großer Bedeutung, daß wir die einzigartige Verkündigungsweise Jesu erkennen. Die Verkündigung Jesu vollzieht sich nicht nur durch Worte, durch bildhafte Reden, sondern auch durch seine symbolischen Zeichenhandlungen, die dieselbe Bedeutung wie die Gleichnisse haben. Dies gilt insbesondere im Zusammenhang mit seinem sündenvergebenden Wirken. Wenn wir darauf bestehen, nur die Worte und Reden Jesu als seine Verkündigungsmittel anzuerkennen, haben wir nur den halben Jesus vor Augen. Diese Eigenart der Verkündigung Jesu ist im Kontext seines Sendungs- bzw. Selbstbewußtseins zu verstehen. Die zugleich verhüllende und offenbarende Selbstbezeichnung Jesu als Menschensohn, seine Gleichnisreden, sein Umgang mit den Sündern, seine Vollmachtsworte, seine messianischen Gleichnishandlungen und schließlich sein Todesverständnis stehen in direktem Einklang mit seinem Sendungsbewußtsein.

Die *Sprache Jesu* besteht also nicht nur aus seinen Worten, sondern auch aus seinen Gleichnishandlungen, die als solche sprechen. Daß diese *Lebenssprache* Jesu, die nicht nur gehört, sondern auch an seinen konkreten Gleichnishandlungen *gesehen* und erfahren werden kann, von seinen Zuhörern oft nicht verstanden bzw. mißverstanden wurde, geht aus mehreren synoptischen Berichten hervor. Jesus klagt hier über die Herzensverstocktheit seiner Zuhörer, weil sie „sehend nicht sehen und hörend nicht hören noch verstehen" (Mt 13,13; vgl. Mk 4,11f; 8,18). Er fordert seine Zuhörer eindringlich auf: „Wer Ohren hat, der höre!" (Mt 11,15; 13,9.43).

Die Sprache Jesu ist Offenbarung für die, die hören und sehen können, und zugleich Verhüllung für die, die verstockten Herzens sind. Die Sprache Jesu ist die eines Liebenden. Das ganze Leben Jesu selbst ist seine Sprache. Insbesondere sein Umgang mit den Sündern und Zöllnern, seine Mahlgemeinschaft mit ihnen, die Krankenheilungen u.a. sind die Lebenssprache Jesu, die eindrucksvoller redet als Worte.

Bei der Untersuchung unseres Themas müssen wir darum nicht nur die bestimmten Vergebungstermini, sondern auch die Vergebungstaten Jesu in verschiedenen sinnbildlichen und zeichenhaften Symbolhandlungen mit heranziehen.

§ 26
Die synoptische Textbasis

26.1 Die Begriffe für Vergebung / vergeben

Das Verb ἀφίημι wird in den synoptischen Evangelien insgesamt 42 mal mit der Sinnbedeutung „vergeben" gebraucht. Bei *Markus* taucht es insgesamt 10 mal (wenn man 11,26a.b mit heranzieht) auf. Das Verb finden wir dabei nur im Munde Jesu (eine einzige Ausnahme ist 2,7, wo das Wort als Gedankenwiedergabe der Schriftgelehrten gebraucht wird). Das Verb wird 4 mal in Verbindung mit ἁμαρτία, 2 mal mit παράπτωμα, 1 mal mit ἁμάρτημα und 3 mal absolut gebraucht. Während die 9 anderen Belege bei Markus sich entweder bei Mt oder Lk wiederfinden lassen, erscheint es in Mk 4,12 als Sondergut. Das Verb taucht dabei in drei folgenden Komplexen auf:

1. Gelähmtenheilung (2,1-12) (Mk)
2. Geisteslästerung (3,28-30) (Mk + Q)
3. Glaube und Gebet (11,20-25) (Mk + Q)

In diesen Komplexen finden wir nur einen Hoheitstitel Jesu, nämlich „Menschensohn" (2,10!).

Bei *Matthäus* ist das Verb ἀφίημι (=vergeben) insgesamt 17 mal bezeugt. Auch bei Mt kommt das Verb nur im Munde Jesu vor (einzige Ausnahme: 18,21). Bei Mt ist ἀφίημι nicht so fest mit dem Begriff ἁμαρτία verbunden wie bei Mk und vor allem wie bei Lk. Bei ihm kommt das Verb in der Verbindung mit verschiedenen Substantiven wie παράπτωμα, ἁμαρτία, ὀφείλημα, ὀφειλή vor. Daraus ergibt sich auch, daß die matthäische Auffassung von Sünde stärker von der alttestamentlich-jüdischen Tradition beeinflußt ist (vgl. Teil B, § 9). Von insgesamt 17 Belegstellen folgt Mt an 11 Stellen Mk. Von den anderen 6 Belegen finden wir drei wieder bei Lk. Damit haben wir bei Mt drei Belegstellen, die nur bei Mt zu finden sind (18,27.32.35; S/Mt).

Die 17 Belege bei Mt kommen in folgenden fünf Komplexen verstreut vor:

1. Vater Unser (6,9-13) (Q)
2. Gelähmtenheilung (9,1-8) (Mk)
3. Geisteslästerung (12,31-32) (Mk + Q)
4. Jüngerrede (6,14-15; 18,21.35) (Mk + Q)
5. Gleichnis vom Schalksknecht (18,23-34) (S/Mt)

Als Hoheitstitel Jesu innerhalb dieser Komplexe finden wir auch bei Mt nur die „Menschensohn"-Bezeichnung und zwar in 9,6 und 12,32 beide Male im Munde Jesu.

Bei *Lukas* kommt ἀφίημι für „vergeben" insgesamt 15 mal vor. Auch bei Lk wird dieses Verbum mit zwei Ausnahmen (5,21 u. 7,49) nur von Jesus selbst benützt. Es kommt dabei meistens in fester Verbindung mit dem Substantiv ἁμαρτία (8 mal) bzw. mit dem Verbum ἁμαρτάνω (17,3.4) vor. Nur einmal wird es in Verbindung mit einem anderen Verb gebraucht (in 11,4 mit ὀφείλω). ἀφίημι erscheint bei Lk in den folgenden sechs Komplexen:

1. Gelähmtenheilung (5,17-26) (Mk)
2. Salbung der Sünderin (7,36-50) (S/Lk)
3. Vater Unser (11,2-4) (Q)
4. Geisteslästerung (12,10) (Mk + Q)

5. Jüngerrede (17,3-4; 6,37) (Mk + Q)
6. Kreuzigung (23,33-34) (S/Lk)

Lukanisches Sondergut sind 7,36-50 und 23,34, während er an den anderen Stellen entweder Mk oder Q-Stoffe aufnimmt. Auch bei ihm kommt in den Vergebungsperikopen nur die Menschensohn-Bezeichnung Jesu als Hoheitstitel vor (5,24; 12,10).

Bei *Johannes* finden wir nur an einer einzigen Stelle das Wort ἀφίημι (20,23), wobei es sich sehr wahrscheinlich um eine Anspielung auf Mt 18,18 handelt.

Das Substantiv ἄφεσις (in der Bedeutung von „Vergebung") erscheint in den synoptischen Evangelien insgesamt 6 mal (Mk 1,4; 3,29; Mt 26,28; Lk 1,77; 3,3; 24,27; bei Johannes überhaupt nicht!). Interessanterweise wird es als fest geformte Wendung (εἰς ἄφεσιν ἁμαρτιῶν) nur im Markusprolog (1,4), in der lukanischen Vor- und Nachgeschichte Jesu (Mk 1,4; Lk 1,77; 3,3 ; 24,47) und in redaktionell bearbeiteten Stellen (Mk 3,29; Mt 26,28) gebraucht. Dieser Sachverhalt weist uns darauf hin, daß wir hier eine bereits fest geprägte urchristliche Gemeindeformel vor Augen haben. Sie ist wahrscheinlich aus der urchristlichen Taufpraxis (vgl. Mk 1,4; Lk 3,3) bzw. aus der Missionssituation (Lk 24,47) heraus entstanden (vgl. aber Lev 16,26 LXX).

Der Textbefund insgesamt erlaubt uns, folgendes festzustellen: Die Begriffe ἀφίημι/ἄφεσις in der Bedeutung von „vergeben"/„Vergebung" werden in den synoptischen Evangelien nicht häufig bezeugt. Sie kommen aber immerhin 48 mal vor und sind damit keine seltenen Begriffe. ἀφίημι allein erscheint 42 mal.

Das Verb ἀφίημι wird bei den Synoptikern besonders in den folgenden Perikopen gebraucht:

1. Gelähmtenheilung (Mk 2,1-12 par.)
2. Geisteslästerung (Mk 3,28-30 par.)
3. Jüngerrede (Mk 11,25; Mt 6,14-15; 18,21; Lk 17,3-4)
4. Vater Unser (Mt 6,9-13; Lk 11,2-4)
5. Gleichnis vom Schalksknecht (Mt 18,23-35)
6. Salbung der Sünderin (Lk 7,36-50)

Die ἀφίημι-Belege lassen sich nach ihrer Quellenschicht in folgende vier Gruppen einteilen:

1. mk. Tradition: Mk 2,5.7.9.10; 3,28; 4,12; 11,25a.b (26a.b); Mt 6,14a.b;
                   15a.b; 9,2.5.6; 12,31a.b; Lk 5,20.21.23.24
2. Q-Material: Mt 6,12a.b; 12,32a.b; 18,21;Lk 11,4a.b; 12,10a.b;
                   17,3.4
3. Sg/Mt: Mt 18,27.32.35
4. Sg/Lk: Lk 7,47a.b.48.49; 23,34

Die ἀφίημι-Stellen kann man nach ihrem Textzusammenhang folgenden
Themen zuordnen:

1. Zuspruch der SV: Mk 2,5.(7.)9.10
                          Mt 9,2.5.6
                          Lk 5,20.(21.)23.24; 7,47a.b.48.(49)
2. Gebet und Vergebung: Mt 6,12a.b.14a.b.15a.b
                          Lk 11,4a.b; 23,34
                          Mk 11,25a.b. (26a.b)
3. Forderung der Verge-   Mt 18,21.27.32.35
   bung: Lk 17,3.4
4. Sünde wider den Geist: Mk 3,28
                          Mt 12,31a.b.32.a.b
                          Lk 12,10a.b

   (AT-Zitat: Mk 4,12)

Es ist noch darauf hinzuweisen, daß wir die Phänomene der Vergebung
in den synoptischen Evangelien nicht hinreichend untersuchen können,
wenn wir unsere Aufmerksamkeit nur auf einen oder zwei bestimmte Begriffe beschränken.

Neben ἀφίημι/ἄφεσις sind bei der synoptischen Untersuchung noch
folgende Verben zu berücksichtigen: θεραπεύω: Das Verb wird in Lk
4,23 und 8,43 für menschlich-medizinisches Heilen gebraucht, sonst aber
für die Beschreibung der Wunderheilungen Jesu wie der der Jünger (vgl.
Mk 1,34; 3,2.10; 6,5.13; Mt 4,23.24; 8,7.16; 9,35; 10,1.8; 12,10.15.22;
14,14; 15,30; 17,16.18; 19,2; 21,14; Lk 5,15; 6,7.18; 7,21; 8,2; 9,1.6;
10,9; 13,14; 14,3).
ἰάομαι: Mk 5,29; Mt 8,8.13; 13,15; 15,28; Lk 5,17; 6,18.19; 7,7; 8,47;
9,2.11.42; 14,4; 17,15; 22,51.
ἱλάσκομαι: Lk 18,13!
ἐλεέω: Mk 5,19(!); 10,47f; Mt 9,27; 15,22; 17,15; 18,33(!); Lk 17,13(!)
σπλαγχνίζομαι: Mk 1,41(!); 6,34; 8,2; Mt 14,14(!); 18,27(!); 20,34(!);
Lk 7,13(!); 15,20(!)
καθαρίζω: Mk 1,40f; Mt 10,8(!), 11,5(!).

Wie aus den alttestamentlichen Traditionen zu erschließen ist (s.o. Teil A, 4.3.3 und 5.1), steht das Phänomen der Heilung auch in den synoptischen Evangelien in engster Beziehung zu unserem Thema.

Das Erbarmen Jesu (σπλαγχνίζομαι, ἐλεέω) mit den Kranken, Sündern und Notleidenden ist oft der Grund seiner Heilungen (sogar der Aussätzigen Mk 1,41f par; Mt 11,5), seiner Wundertaten (Brotvermehrung Mk 8,2 par. wie Totenauferweckung Lk 7,13), seiner Zuwendung zum Volk in der Lehre (Mk 6,34 σπλαγχνίζομαι/διδάσκω) und der Verkündigung der vergebenden Vaterliebe Gottes (Lk 15,20; vgl. O. Betz, Wesen und Wirklichkeit der Wunder Jesu, Frankfurt a.M. 1977).

§ 27

Mk 1,4-8 par. Βάπτισμα μετανοίας εἰς ἄφεσιν ἁμαρτιῶν. Johannes der Täufer und Jesus

Für das Verständnis der synoptischen Aussagen von der Sündenvergebung Jesu ist die neutestamentliche Gestalt Johannes des Täufers und dessen Wirken von Bedeutung. Nicht zufällig steht Johannes am Anfang aller Evangeliendarstellung über Jesus Christus. Nach Mk 1,4 und Lk 3,3 hat er die „Taufe der Umkehr zur Vergebung" verkündet. Heißt es, daß der Täufer durch seine Bußtaufe Vergebung der Sünden gespendet hat?

Nach den synoptischen Darstellungen stand seine ganze Wirksamkeit, sein Ruf und die Spendung der Bußtaufe am Jordanfluß im Zeichen der Erwartung des Kommenden. Wen hat er als den Kommenden angekündigt? Dieser Sachverhalt muß zuerst geklärt werden, weil er für unsere weitere Untersuchung von besonderer Bedeutung ist.

27.1 Text

Im *Text* fügen Sinaiticus (א) und Codex W vor ἐγένετο in V.4a ‚καί' ein (vgl. 1.9). ἐγένετο ohne καί ist aber ursprünglicher und ist in Verbindung mit φωνὴ βοῶντος in V.3a zu verstehen. In A K 565 und anderen Minuskeln fehlt der Artikel vor βαπτίζων. βαπτίζων ist aber wie א B L Δ 33 mit dem Artikel ὁ zu lesen. ὁ βαπτίζων ist ein von Mk bevorzugtes Wort (6,14.26). B. streicht μου nach ὀπίσω in V.7. μου ist aber beibehalten und hier im temporalen Sinn zu übersetzen. Nach P.

Hoffmann war in V.8 anstelle von αὐτός das Partizip ὁ ἐρχόμενος zu lesen.[17]

27.2 Analyse / Interpretation

In der Quellenfrage ist bis heute noch kein Konsens erzielt worden. Man ist sich zwar darüber einig, daß wir neben Mk 1,1-8 in Mt 3,1-12 und Lk 3,1-18 eine Überlieferung aus der Spruchquelle Q vor Augen haben, aber in den weiteren traditions- und redaktionsgeschichtlichen Fragen herrscht Uneinigkeit.[18] In Mk 1,4-8 haben wir wahrscheinlich eine durch Markus bearbeitete vormarkinische Tradition vor uns. Die artikellose βάπτισμα μετανοίας εἰς ἄφεσιν ἁμαρτῶν scheint festgeformte, alte Wendung zu sein. Der Ausdruck ἄφεσις ἁμαρτιῶν kommt bei Mk nur hier vor, während er bei Lk öfter vorkommt (Lk 1,77; 3,3; 24,3; Act 2,38; 5,31; 10,43; 13,38; 26,18). Man kann aber daraus nicht folgern, daß der Ausdruck „Vergebung der Sünden" in Mk 1,4 ein späterer Zusatz aus diesem lukanischen Sprachgebrauch sei.[19]

---

[17] P. HOFFMANN, Studien zur Theologie der Logienquelle, 1972[2], S.25. Vgl. GNILKA, Mk, S.48, Anm. 63.

[18] Vgl. BULTMANN, GST, [7]1967, S.261-263: Er sieht in Mk 1,1-8 und im Q-Stoff (Mt+Lk) überwiegend christliche Redaktion; E. HAENCHEN, Weg, S.47, hält hier Q für älter als Mk, der den Täufer abwertet; E. SCHWEIZER, Markus, NTD, S.13: Das Nacheinander des Auftretens von Johannes und Jesus bei Mk in V.7f ist älter als das Ineinanderschachteln in Q (Mt 3,11 = Lk 3,16); R. PESCH, Markus, S.75-86: Mk 1,1-8 ist überwiegend vormarkinische Überlieferung; H. MERKLEIN, BZ, NF 25, 1981, S.29-46: Mk -Stoff ist hier „christliche Komposition"; J. GNILKA, Markus (EKK II/1), hält 1,2b.7-8 für markinischen Zusatz (S.41), dabei soll der Evangelist VV 7-8 aus Q-Überlieferung bezogen haben (S.47); schließlich soll nach W. SCHMITHALS, Lukas (Zür. Bibelkomm. NT 3,1,49) Lukas seinem Bericht über den Täufer sowohl Mk 1,1-11 als auch Q-Material zugrundegelegt haben. Dann heißt es aber, daß der Q-Bericht „seinerseits von Markus bzw. von dessen Grundschrift" abhänge. Die Erklärung dazu lautet: „Denn die Fassung und Stellung des Zitats (Luk 3,16/Mat 3,11) als Bezeichnung des Gerichts kann nur aus dem Bild von der Taufe mit dem Heiligen Geist, das schon die Grundschrift des Markus bot, entwickelt worden sein", S.49. Vgl. auch S.53. Die Frage ist: Kannte Q das Mk-Evangelium?

[19] Vgl. A. REBEC, das Auftreten und die Predigt Johannes des Täufers, 1969, S.56. Auch nach W. MARXSEN, Der Evangelist Markus, S.20 wurde V.4 ursprünglich selbständig überliefert. Zur Wendung „ἄφεσις ἁμαρτιῶν" in Targum, s. TgJes 6,10 und TgJes 53.

Die Sprache in V.4 ist typisch semitisch. „ἐν τῇ ἐρήμῳ" in V.4 ist historisch zu verstehen.[20] Daß Markus in den Versen 4-8 die ihm vorgegebene Tradition bearbeitend aufgenommen hat, zeigen die Verse 7-8. In V.7a wandelt er das Partizip ἐρχόμενος (Mt 3, 11b Q) um in ἔρχεται (vgl. dann V.9 ἦλθεν Ἰησοῦς), wobei seine Historisierungstendenz zum Ausdruck kommt,[21] und in V.8 läßt er πῦρ weg (vgl. Mt3,11d Q). In Mt 3,11 = Lk 3,16 Q haben wir also originale Form vor uns. Ob der Täufer die Geist- und Feuertaufe[22] angesagt hat, oder ob er nur die Feuer-[23] bzw. nur die Geisttaufe[24] angekündigt hat, ist bis heute umstritten. Auf jeden Fall ist die Hypothese, daß πῦρ ein von πνεῦμα bei Mk entwickelter Zusatz des Redaktors von Q sei, sehr wahrscheinlich.[25]

Bei dieser Diskussion sind meines Erachtens folgende Sachverhalte zu berücksichtigen:

1. πῦρ (Feuer) paßt zur Umkehr- und Gerichtspredigt des Täufers am besten. Die Ansicht, daß die Ankündigung der Feuertaufe als sekundärer Zusatz anzusehen sei, berücksichtigt zu wenig die Singularität des Ausdrucks „Feuertaufe" und den Ernst der Gerichtsankündigung des Täufers.

2. Johannes der Täufer hat keine Berechnung der Endzeit und unterscheidet nicht zwischen Gerechten und Sündern. Von ihm sind alle zur Bußtaufe aufgefordert. Dennoch ist seine Gedankenwelt und seine Sprache der eines frühjüdischen Apokalyptikers sehr ähnlich. Den Rahmen seiner Tauftätigkeit, seines Bußrufes und seiner Ankündigung des Kommenden bildet die auf die alttestamentliche Prophetie zurückgehende frühjüdische Apokalyptik. In dieser wird nicht nur Gott, sondern auch

---

[20] Vgl. VIELHAUER, RGG[3] III, S.805. Anders THYEN, Studien, S.132f: Er spricht von einer Christianisierung der Wüstentypologie „zur Wüstenprediger-Vorstellung" und vom Mißverständnis durch Mt und Lk, die die Wüste „als geographische Angabe" interpretiert haben.

[21] Dazu P. HOFFMANN, Studien zur Theologie der Logienquelle, 1975, S.24f; J. GNILKA, Markus I, S.42.

[22] In diese Richtung F. LANG, Erwägungen zur eschatologischen Verkündigung Johannes des Täufers, FS H. Conzelmann, 1975, S.459-473. Hier S.471f; J. GNILKA, Markus I, S.48; vgl. auch E. SCHWEIZER, Markus, S.14.

[23] Die Mehrheit vertritt diese These: BULTMANN, GST, S.262; HOFFMANN; Studien, S.28-31; Ph. VIELHAUER, RGG[3] III, S.805; J. ERNST, Lukas, 1977, S.145; R. PESCH, Markus I, S.85 u.a.

[24] Vor allem H. SCHÜRMANN, Lukas, 1975, S.177.Nach seiner Auffassung paßt die Taufmetapher des Täufers nicht zu Feuer, sondern nur zum Geist.

[25] Gegen SCHMITHALS, Lukas, S.49 u. S.53. Vgl. auch THEIßEN/VIELHAUER, Erg. Heft zu Bultmanns Syn. Trad., S.41: „Um das Mißverständnis des πνεῦμα als des Geistes, der in der christlichen Taufe gespendet wird (schon bei Mk in dem Zusatz ἅγιον), zu vermeiden, sind in Q πνεῦμα und πῦρ kombiniert und sind als Hendiadyoin zu verstehen".

der „Messias-Menschensohn" (äth Hen 45,3f; 46,3ff; 61,7ff) als der Richter und Herbeiführer des neuen Äons erwartet. Sein Kommen bedeutet in diesem apokalyptischen Kreis nicht nur das Vergeltungs- bzw. Zornesgericht, sondern auch Rettung, Befreiung und Heil für die auserwählten Frommen (äth Hen 62,2; vgl. H Esr 13,9ff; 27ff).

Von diesem Hintergrund her war es nicht möglich, daß der Täufer sowohl von πνεῦμα (im positiven Sinn, vgl. Ez 36,27) als auch von πῦρ (als Gerichtsfeuer) gesprochen hat. Denn auch der Richter, den der Täufer ankündigte, kommt nicht zum totalen Vernichtungsgericht. Nicht jeder Baum wird abgehauen und ins Feuer geworfen, sondern nur der, der keine Früchte bringt (Mt 3,10 = Lk 3,9 Q). Es wird auch zwischen Weizen und Spreu unterschieden (Mt 3,12 = Lk 3,17 Q).[26] Dies entspricht genau der apokalyptischen Anschauung, die Johannes d. T. sich zu eigen machte.[27] Andererseits wird die Antithese „Wasser und Feuer" in Q durch den Zusatz „Heiliger Geist" gestört. Denn durch diese Antithese wurde ausgesagt, daß der, der sich jetzt taufen läßt, noch gerettet werden kann, daß aber bald der Tag kommt, an dem nicht mehr mit dem Vergebung bewirkenden Wasser, sondern mit dem Sünde(r) vernichtenden Feuer getauft wird. Trotzdem ist es durchaus möglich, daß die Metaphern ὕδωρ - πνεῦμα - πῦρ schon ursprünglich zusammen gehörten. Vor allem Wasser und Geist sind in Qumran eng miteinander verbunden und spielen im Zusammenhang mit der Sündenvergebung eine wichtige Rolle (s. oben das Kapitel Qumran; vgl. auch das Wasser- und Geistmotiv in Jes 44,3; Ez 36,25-27; 1 QS 4,21 und das Geist-Feuermotiv in Joel 2,28-30; 1 QS 4,13.21).

Auch die Verbindung von „Feuer" und „Taufe" geht sehr wahrscheinlich auf den Täufer selbst zurück. Die „Feuertaufe" bedeutet nicht ein

---

[26] In den frühjüdischen Texten, wo die gleichen Motive wie Weizen, Fegen, Tenne usw. gebraucht werden, geht es meistens um die Absonderung Israels von der heidnischen Welt, während bei Johannes d.T. die Scheidung quer durch das Volk Israels verläuft. S. dazu BILLERBECK I, S.122; J. ERNST, Lukas, S.145f.

[27] Vgl. 4 Esr 4,30; Midr Hhld 7,3 u.a. Wie bereits erwähnt, ist der Täufer selbst aber kein bloßer Apokalyptiker. Bei ihm treten die prophetischen Züge (eines Unheilspropheten) stärker hervor. Zum Thema Geist- und Feuertaufe s. weiter: C. H. KRAELING, John the Baptist, 1951, S.58ff und S.114ff; E. BEST, Nov Test 4, 1960, S.236-243. Sie beide verstehen πνεῦμα in Verbindung mit πῦρ als den feurigen Hauch des eschatologischen Richters. Vgl. auch GRUNDMANN, Lukas, S.105 und E. SCHWEIZER, ThWNT VI, S.397. Sie sprechen von ‚Sturm und Feuer': „Im Sturmwinde wird geworfelt (Is 41,16; vgl. 27,12; Jer 4,11; Am 9,9) und die Spreu im Feuer verbrannt". SCHWEIZER, S.397. Vgl. auch H. MARSHALL, Luke, 1976, S.147 und O. BETZ, Die Proselytentaufe der Qumrangemeinde und die Taufe im Neuen Testament, in: Jesus. Der Herr der Kirche, Tübingen 1990, S.21-48.

Läuterungsfeuer;[28] sie hat auch mit dem iranischen Feuerstrom wenig zu tun.[29] Mit ihr kündigt der Täufer vielmehr das alle Sünde(r) vernichtende eschatologische Zorngericht an.[30]

Das endzeitliche Weltgericht wird durch den Kommenden vollzogen. Die entscheidende Frage ist nun, wer der Kommende ist, der Stärkere, den Johannes ankündigte. Auch bei dieser Frage ist die Meinung der Exegeten gespalten. Es gibt folgende vier Positionen:

1. Die Gestalt des Kommenden ist der Messias. Nach Bultmann ist „jedenfalls die Weissagung des Messias als dessen, der mit dem Gerichtsfeuer kommt, das Ursprüngliche".[31] Diese klassische Position wird heute vor allem noch von H. Schürmann vertreten.[32] Die Schwierigkeit bei dieser Position ist, daß der Messias in der alttestamentlich-jüdischen Tradition als ein wirklicher Mensch erwartet wird, der Israel von allen feindlichen Mächten befreit. Die Richtergestalt bei Johannes d.T. ist aber eine himmlische Gestalt und richtet sich gegen Israel selbst.

2. Der Kommende ist der Menschensohn. Diese Position wird heute vor allem von J. Becker, F. Lang und R. Pesch vertreten.[33]

3. Es ist Gott selbst, der zum Gericht kommt. Diese Ansicht wird heute z.B. von H. Thyen und P. Fiedler vertreten.[34]

4. Der Kommende ist ein transzendenter Richter. Nach Ph. Vielhauer ist der Angekündigte, „offenbar ein transzendentes Wesen ..., also nicht der davidische Messias, aber auch kaum der Menschensohn"[35]. Auch

---

[28] Vgl. KRAELING, S.58f.

[29] S. E. SCHWEIZER, Markus, S.14.

[30] Der Gerichtsaussage des Täufers ist apodiktisch und durch die unmittelbare Nähe des Gerichts noch radikalisiert. Anders als im damaligen Judentum wird zwischen Frommen und Gottlosen nicht unterschieden. Selbst die Hoffnung auf die Erwählung Gottes wird zunichte gemacht. (Mt 3,9 = Lk 3,8 Q). Vgl. H. MERKLEIN, Die Umkehrpredigt bei Johannes dem Täufer und Jesus von Nazareth, in BZ, NF 25, 1981, S.29-46.

[31] BULTMANN, GST, S.262. S. dort auch seine Kritik an A. Schweitzer, der im Kommenden keinen Messias sehen wollte. S. Anm. 1.

[32] Vgl. auch J. SCHNIEWIND, Matthäus, S.24: Er spricht sowohl von „Messias" als auch von „Weltenrichter".

[33] J. BECKER, Johannes der Täufer und Jesus von Nazareth, BSt 63, 1972, S.34-37; F. LANG, Erwägungen, S.459-473; R. PESCH, Markus I, S.84f.

[34] THYEN, Βάπτισμα μετανοίας εἰς ἄφεσιν ἁμαρτιῶν, in: Zeit und Geschichte, 1964, S.97-125, hier S.100; P. FIEDLER, Jesus,S.261. Vgl. auch W. GRUNDMANN, Markus, S.40: Jahwe selbst oder ein überirdisches Engelwesen soll gemeint sein; E. SCHWEITZER, Markus, S.14 und Matthäus, S.26.

[35] Ph. VIELHAUER, RGG[3] III, S.805.

nach E. Haenchen ist der Kommende kein Mensch, aber auch nicht Gott selbst. Denn nach ihm würden die Worte des Täufers auf beide nicht passen.[36]

Aus folgenden Gründen ist die zweite Position in Verbindung mit der ersten zu befürworten:

1. Der Messias wird vor allem als ein irdischer Befreier und Herrscher erwartet. Als König und Herrscher hat er auch gewisse Richterfunktionen inne. Aber er ist dann keine eschatologisch-himmlische Richtergestalt. Es ist auch unwahrscheinlich, daß der Täufer sich nur als ein Vorläufer des irdisch-politischen Messias verstanden hätte.[37] Seine Bußtaufe zur Vergebung der Sünden und seine Anhängerschaft, die ihn später religiös verehrte, würde dann unverständlich sein.[38] Diese Position ist insofern nur in Verbindung mit der zweiten Position vertretbar.

2. Es gibt auch Schwierigkeiten, Gott als den Kommenden zu verstehen (zum Kommen Gottes im AT vgl. LXX Sach 2,14; Jes 30,27; 36,17 u.a.). Denn Johannes vergleicht ja sich selbst mit dem Kommenden, obwohl er die Überlegenheit des Angekündigten stark hervorhebt. Auch die Aussage über das Auflösen der Schuhriemen wäre unverständlich. Trotz der anthropomorphistischen Redeweise im AT kann man dem Täufer nicht zumuten, daß er von einem mit Sandalen zum Gericht kommenden Richtergott gesprochen hat.[39] Obwohl diese Position gewisse Wahrscheinlichkeit hat (spätere Verehrung des Täufers als Messias und Vorläufer Gottes, vgl. Lk 1,14-17.67-69; vgl. hierzu Thyen, Βάπτισμα, S.105), sind die obengenannten Schwierigkeiten nicht zu übersehen.[40]

3. Ist er dann nur irgendein transzendentales Himmelswesen, eine unbestimmbare, geheimnisvolle Richtergestalt? Hat Johannes dann einen überirdischen Feuertäufer angekündigt, den er nicht näher kannte, so daß er ihn deshalb nur als „ὁ ἐρχόμενος" bezeichnete? Wahrschein-

---

[36] E. HAENCHEN, Weg, S.42/43.

[37] Ich teile die Ansicht BULTMANNS, daß die Aussage über den Kommenden, den Stärkeren, erst von einer christlichen Hand hinzugefügt worden ist (GST, S.262), nicht.

[38] Vgl. dazu THYEN, Βάπτισμα, S.105. Vgl. auch S.100.

[39] Es wäre zu leichtfertig, auch diese Passage als sekundär zu beurteilen, um so aus der Schwierigkeit heraus zu kommen. Gegen FIEDLER, der sich auf Bultmann beruft: „ ... erledigt sich wenn man mit Bultmann ... als einen ‚christliche(n) Zusatz' anerkennt. AaO., S.261.

[40] Vgl. HAENCHEN, Weg, S.42f. Er kommt auch zu ähnlicher Schlußfolgerung.

lich ist, daß er nicht irgendeinen unbekannten, sondern einen bestimmten Feuer-Richter angekündigt hat. Denn, indem er ihn als „ὁ
ἰσχυρότερος" bezeichnet, vergleicht er den Kommenden mit sich
selbst, und dies setzt voraus, daß er die überragende Stärke des
Kommenden kennt. Die bildlich-darstellenden Schilderungen über den
Kommenden, z. B. über seine Sandalen, über die Worfschaufel in der
Hand und über seine einzelnen Gerichtshandlungen wie fegen,
sammeln und verbrennen, weisen eher darauf hin, daß Johannes d.T.
den Kommenden konkret vor Augen hatte.[41]

4. Wir haben am wenigsten Schwierigkeiten, wenn wir davon ausgehen,
daß mit dem Kommenden der Messias-Menschensohn gemeint ist. Als
Endzeitfigur ist nämlich im AT und Frühjudentum zuerst der Messias
und dann der messianische Menschensohn als „ἐρχόμενος" angesehen
worden (vgl. dazu Gen 49,10; Ps 118,2b; Dan 7,13; äth Hen 37-71).
Er wird seit äth Hen als die transzendentale Richter- und
Herrschergestalt erwartet (äth Hen 49,8; 62,1f)[42]. Nach der frühjüdischen Anschauung wird er den neuen Äon herbeiführen und das
Weltgericht halten (äth Hen 49,3; 62,2), und für die Auserwählten
wird in jenen Tagen eine Umwandlung stattfinden (äth Hen 50,1; vgl.
45,3; 48,4; 62,14).

Die Aussage im äth Hen, daß der Menschensohn die Funktion Gottes als
Richter übernimmt, ist singulär (vgl. aber 13,10ff).[43] Sonst heißt es immer, daß es allein Gottes Sache ist, Gericht über die Welt zu halten (4 Esr
5,40; 7,32-36). Der Menschensohn wird auf den Thron Gottes gesetzt,
und somit übernimmt er die Richterfunktion des „Herrn der Geister" (äth
Hen 61,8; 62,2; 69,27).Sein Gericht ist gerecht (äth Hen 39,6; 46,3; 61,9;

---

[41] Vgl. Mt 11,2ff. Gerade diese Anfrage des Täufers an Jesus setzt voraus, daß der
Täufer ein konkretes Bild vom Kommenden hatte. Er sah in Jesus einerseits die Erfüllung
seiner Ankündigung, andererseits zweifelte er auch, daß der Angekündigte wirklich in
Jesus gekommen sei. Vgl. zum Problem: W. G. KÜMMEL, Jesu Antwort an Johannes
den Täufer, in Heilsgeschehen und Geschichte 2,1978, S.177-200. Anders als Kümmel
halten BULTMANN (GST, S.22), KRAELING (John the Baptist, S.128ff), THYEN
(Βάπτισμα, S.105f) u.a. die Perikope Mt 11,2-6 = Lk 7,18.23 für teilweise
sekundär.

[42] Vgl. BECKER, Johannes, S.34ff; F. NEUGEBAUER, Die Davidssohnfrage (Mark
XII, 35-37 par) und der Menschensohn, in: NTSt 21 (1974/75), S.81-108; F. LANG,
Erwägungen, S.470; O. BETZ, Jesus und das Danielbuch, Bd. II, Die Menschensohn-
worte Jesu und die Zukunftserwartung des Paulus (Daniel 7,13-14), Frankfurt a.M.
1985, (ANTI 6), S.101f.

[43] Vgl. LOHSE, Christus als der Weltenrichter, FS Conzelmann, 195, S.475-486, hier
S.475f.

62,2f); er kommt als ein unerbittlicher Richter der Sünder (äth Hen 48,7; 51,2; 53,6; 62,13).[44] Vor diesem Hintergrund zeigt der Kommende des Täufers, wie F. Lang herausstellt, „eine große Verwandtschaft mit dem henochitischen Menschensohn, bei dem bereits eine Verbindung von Dan 7; Jes 11; 42,6; 52,15 vorliegt und zu dem das Motiv des ‚Kommenden‘ (Dan 7,13) gehört"[45]. So können wir schließlich sagen, daß ὁ ἐρχόμενος, den der Täufer ankündigte, mit großer Wahrscheinlichkeit der messianische Menschensohn aus den Bilderreden des äth Hen ist.[46]

H. Thyen hat sich in seinem Aufsatz „Βάπτισμα μετανοίας εἰς ἄφεσιν ἁμαρτιῶν" und in seiner Habilitationsschrift „Studien zur Sündenvergebung" intensiv mit dem Thema ‚Die Taufe Johannes d.T.‘ beschäftigt.[47] Dabei hat er einerseits die Bedeutung der johanneischen Buß-taufe für die christliche Gemeinde und andererseits die enge Verbindung zwischen Taufe und Sündenvergebung herausgestellt. Wie bereits erwähnt, hält Thyen den von Johannes angekündigten „Kommenden" für Gott. Denn nach seiner Auffassung kann nur Gott allein der Weltenrichter sein; zugleich meint er, daß es in diesem Gericht keinen Platz für einen Messias oder den apokalyptischen Menschensohn gäbe.[48] Diese Position wird auch später von Fiedler ausdrücklich unterstützt.[49] Ihre Argumente sind aber aus den oben erwähnten Gründen recht fraglich. Thyen betont (mit Recht), daß die Taufe des Johannes sowohl Buße als auch Sündenvergebung gewährte. An ihn ist dann die kritische Rückfrage zu richten: Wenn selbst Johannes der Täufer, in erster Linie ein Gerichtsprediger und Unheilsprophet, durch seine Taufe Buße und Sünden-vergebung „wirken" (S.98), „gewähren" (S.100) und „spenden" (S.106 u. S.120) konnte, wie Thyen es herausstellt, wieso ist es dann so unwahr-scheinlich, daß Jesus, dessen Botschaft von der bedingungslosen Liebe und vom Heilsangebot Gottes gekennzeichnet war, auf seine eigene Weise Sündenvergebung praktiziert hat? Thyen springt von der Taufe Johannes direkt zur Taufpraxis der christlichen Urgemeinde, ohne die diese Brücke ermöglichende Vergebungsbotschaft und -praxis Jesu in den synoptischen

---

[44] E. SJÖBERG, Der Menschensohn im äthiopischen Henochbuch, 1946, S.61-82, hier S.66f.73 und S.79.

[45] LANG, Erwägungen, S.471.

[46] Vgl. dazu M. HENGEL, Jesus als messianischer Lehrer der Weisheit und die An-fänge der Christologie, in: Sagesse et Religion, 1979, S.147-188, hier S.177-180; P. STUHLMACHER, Die neue Gerechtigkeit, S.44f; J. FRIEDRICH, Gott im Bruder, S.189f.

[47] S. seinen bereits oben erwähnten Aufsatz, Βάπτισμα, S.97-125 und seine Habilitationsschrift, Studien, S.131-145.

[48] THYEN, Βάπτισμα, S.100.

[49] FIEDLER, Jesus, S.261f.

Evangelien hinreichend zu untersuchen. In Bezug auf Texte und Quellen über Johannes d.T. und über sein eventuelles ‚messianisches Bewußtsein' sagt Thyen folgendes: „Die Texte geben das (=Rekonstruktionsmaterial) für ihn (=Johannes den Täufer) so wenig her wie für Jesus".[50] Dies entspricht genau dem Verfahren seiner zu sehr auf die Taufe und die Lebenssituation der Urgemeinde konzentrierte und dabei die synoptischen Texte stark vernachlässigenden Untersuchung über das Thema Sündenvergebung.[51] Aber die Gegenfrage lautet: Können wir wirklich so wenig über den historischen Jesus und sein messianisches Bewußtsein wissen, daß wir darüber nur schweigen müssen?[52]

Bevor wir weiter gehen, muß noch ein Sachverhalt geklärt werden: Hat Johannes der Täufer seiner Bußtaufe sündentilgende Wirkungskraft zugemessen? Die Frage ist aus den folgenden Gründen zu bejahen:

1. In Lk 1,67-79 haben wir einen vorchristlichen Hymnus vor Augen, der wahrscheinlich auf den Täuferkreis zurückgeht (mit christlichen Eingriffen wie z.B. in V.76).[53] In den Versen 77-79 wird der eschatologische Heilsbringer fast mit Johannes dem Täufer identifiziert. Nach V.77 ist er derjenige, der durch Vergebung der Sünden seinem Volk Erkenntnis und Rettung bringt.

   Auch in Mk 1,4 wird die Johannestaufe als βάπτισμα μετανοίας εἰς ἄφεσιν ἁμαρτιῶν bezeichnet. Diese artikellose Wendung muß eine feste Bezeichnung für die Johannestaufe gewesen sein. Da es aber unwahrscheinlich ist, daß die Urgemeinde oder Markus selbst diese Bezeichnung hinzugefügt haben, muß damit gerechnet werden, daß sie

---

[50] THYEN, aaO., S.120. Wie soll man diese Äußerung verstehen?: „Die Johannestaufe steht und fällt mit der mythischen Naherwartung des Täufers", THYEN, aaO., S.107. Spielt Mythos in der Naherwartung des Johannes eine so große Rolle? Kann man ihn überhaupt mit einem „Mythos" in Verbindung bringen?

[51] Es hat fast den Anschein, als ob Thyen mehr von der sündenvergebenden Taufpraxis des Täufers als von der Vergebungspraxis Jesu überzeugt sei, da er nur sehr zurückhaltend von der Sündenvergebung durch den irdischen Jesus spricht.

[52] Vgl. dazu die zu einem ganz anderen Ergebnis führende Untersuchung von R. RIESNER, Jesus als Lehrer, Eine Untersuchung zum Ursprung der Evangelien-Überlieferung, ²1984: DERS., Der Ursprung der Jesus-Überlieferung, Otto Betz zum 65. Geburtstag, in ThZ, 38, 1982, S.493-513.

[53] Dies wurde herausgestellt vor allem durch Ph. VIELHAUER, Das Benediktus des Zacharias, ZThK 49, 1952, S.255-272; DERS. Aufsätze zum Neuen Testament, 1965, S.28-46; Ch. BURGER, Jesus als Davidssohn, 1970, S.127-132; und H. THYEN, Βάπτισμα, S.144ff.
Anders H. BRAUN, ThR 28, S.177f; J. GNILKA, BZ 6, 1962, S.215-238, die mehr oder weniger mit christlichen Eingriffen rechnen.

auf den Täuferkreis und wahrscheinlich auf den Täufer selbst zurückzuführen ist.[54]

2. Die matthäische Gemeinde hatte Schwierigkeiten mit dem Ausdruck „Taufe zur Vergebung der Sünden"[55]. Matthäus unterdrückt ihn darum bewußt (Mt 3,2) und fügt das Stichwort „Sündenvergebung" erst in die Abendmahlsszene ein (Mt 26,28; nicht bei Mk, Lk und Joh). Matthäus glaubt also nicht an die sündenvergebende Wirkung der Johannestaufe. Daraus folgt, daß es diesen Glauben schon vor Mt gegeben haben muß.[56] Diese Auffassung führt uns wieder zu dem historischen Johannes und auf sein Taufverständnis zurück.

3. Die Wassertaufe Johannes des Täufers am Jordanfluß ist weder dem frühjüdischen „Tauchbad"[57], noch den „rituellen Waschungen der Priester des Tempels"[58], noch der etwas später belegbaren Proselytentaufe zu vergleichen.[59] Denn die Johannestaufe trägt einen unwiederholbaren, eschatologischen Charakter, ist verbunden mit der Umkehr und vollzieht sich an einem bestimmten Ort, nämlich im Jordan.[60] Die Jordanwasser haben „ihren eschatologisch-protologischen Sinn" als Abbildung der „Schilfmeerwasser" und Chaoswasser (vgl. Jes 51,9-11); untergetaucht werden in diesem Jordanwasser mit dem Bekenntnis der Sünden, heißt „rituell-symbolisch in den Tod gehen, auftauchend aus dem Wasser aber tritt man in das neue Sein

---

[54] Die christliche Gemeinde hätte keinen Grund gehabt, die Johannestaufe nachträglich als „Taufe zur Sündenvergebung" zu interpretieren! Allein die Tatsache, daß Jesus durch den Täufer getauft worden war, bereitete der christlichen Gemeinde große Schwierigkeiten. Mt fügt einen Wortwechsel zwischen Jesus und Joh. d. T. ein 3,14-15; bei Lukas wird dann die Taufe Jesu nur noch in einem Nebensatz 3,21 erwähnt und in Joh 1,32-33 ist von Jesu Taufe gar keine Rede mehr.

[55] Vgl. W. TRILLING, Die Täufertradition bei Matthäus, in: Das Matthäus-Evangelium, WdF 525, 1980, S.273-295; A. REBEC, Johannes der Täufer, S.57.

[56] Vgl. H. MERKLEIN, Die Umkehrpredigt, S.31.

[57] J. SCHNIEWIND, Matthäus, S.24.

[58] J. GNILKA, Markus I, S.46.

[59] Vgl. auch die verschiedenen Interpretationen: E. SCHWEIZER, Markus, S.14: „Eher hat er Reinigungsriten, wie die von Qumran, die am Jüngsten Tag auch in endgültiger Einmaligkeit erwartet wurden (1 QS 4,21), radikalisiert"; W. GRUNDMANN, Markus, S.37: Er bezeichnet die Johannestaufe als „das eschatologische Sakrament"; ähnlich E. HAENCHEN, Weg, S.45 und Ph VIELHAUER, RGG[3] III, S.805; W. Schmithals, Markus, S.75, nennt die Johannestaufe „die Versiegelung der Buße und damit Schutz der Getauften vor dem kommenden Weltgericht"; für J. ERNST, Lukas, S.139 hat die Johannestaufe „etwas mit der alttestamentlich verheißenen (Ez 36,25-27; Ps 51,4.9-14) und neutestamentlich realisierten (Apg 2,32f) Geistesmitteilung zu tun".

[60] Vgl. dazu H. GESE, Der Johannesprolog, S.198-201.

ein - ein Ritus der Wiedergeburt, ja der Neuschöpfung"[61]. Die Taufe des Johannes war in diesem Sinne ein eschatologisches Sakrament. Falls dies dem Taufverständnis des Täufers entspricht, so ist Sündenvergebung durch dieses Taufgeschehen zweifellos vorausgesetzt. Von hier aus lassen sich die artikellose, vormarkinische Wendung βάπτισμα μετανοίας εἰς ἄφεσιν ἁμαρτιῶν in Mk 1,4 und der auf die Täufergemeinde zurückzuführende Ausdruck ἐν ἀφέσει ἁμαρτιῶν αὐτῶν aus Lk 1,77 besser verstehen.

Aus den bisherigen Beobachtungen ergeben sich folgende Resultate, die für unsere weitere Untersuchung von Bedeutung sein werden:

- Johannes der Täufer erwartete den in Bälde zum Gericht kommenden Messias-Menschensohn, von welchem auch in den Bilderreden des äth. Henochbuches die Rede ist.
- Angesichts des nahenden Gerichts spendete Johannes der Täufer die Bußtaufe zur Vergebung der Sünden als ein „einmaliges Gottesgeschenk der letzten Stunde"[62]. D.h., der bußfertige Täufling empfing, seine Sünden bekennend, die Vergebung Gottes als letzte Rettung (σωτηρία) vor dem kommenden Feuergericht.
- Jesus, der von Johannes getauft wurde und wahrscheinlich auch mit dessen Gerichtsverkündigung vertraut war, muß folglich sowohl von der Messias-Menschensohnankündigung als auch von der Vergebung erwirkenden Taufpraxis des Täufers gewußt haben. Jesus war also von Anfang an mit dem Thema Sündenvergebung konfrontiert. Den Rahmen bildete die Gerichtsankündigung des Täufers. Trotz mancher Gemeinsamkeiten zwischen Jesus und dem Täufer (Auftreten, allgemeiner Hörerkreis, exklusive Orientierung an der Zukunft, Jüngerkreis, Naherwartung, Todesschicksal u.a.) sind die Unterschiede zwischen den beiden nicht zu übersehen. Jesus war der Verkünder des Heils Gottes und der Herbeiführer der Gottesherrschaft. Seine Botschaft war in ihrem Zentrum keine Gerichts- sondern *Heils*predigt![63]

---

[61] H. GESE, aaO, S. 200; vgl. dazu die von ihm angegebenen Stellen: Jos 3f; 2 Kön 2,14; Jes 26,17ff u. 51,9-11.

[62] E. SCHWEIZER, Markus, S.14.

[63] Das Heil muß aber durch den eschatologischen Kampf des Messias heraufgeführt werden. Sündenvergebung durch Jesus im Auftrag Gottes ist in diesem Zusammenhang nur möglich, wenn Jesus die widergöttliche Mächte besiegen konnte. Über den Kampfcharakter der messianischen Tätigkeiten Jesu, siehe O. BETZ, Jesu Heiliger Krieg, in: Jesus, Der Messias Israels, S.86ff. Zum Thema „Heiliger Krieg im Alten Testament",

Das Heil, das Jesus verkündet, ist nicht (rein) zukünftig, sondern bereits in seiner Person gegenwärtig. Jesus ist weder ein Asket, noch ein Umkehrprediger in der Wüste, sondern kommt zu den Menschen, wirkt in ihrem alltäglichen Leben, verkündet die Hochzeitsfreude und lädt die Menschen zu dieser Freude ein. Jesus vertreibt Dämonen, heilt Kranke (derartiges ist von Johannes nicht überliefert) und spricht ihnen unmittelbar die Sündenvergebung Gottes zu (Mk 2,5.10; vgl. Lk 7,48; Mk 5,34). Sein Vergebungszuspruch ist weder an Kult noch an Bußtaufe gebunden. Jesus bezeichnet sich selbst als Menschensohn und ruft die Menschen in seine Nachfolge. Jesus ist zwar ohne Johannes nicht zu verstehen, es gibt aber erhebliche Unterschiede zwischen ihren Botschaften, dem Verhalten und dem gewaltsamen Tod. Dies hängt letztlich mit dem ganz anderen Selbst- und Sendungsbewußtsein Jesu zusammen.[64]

§ 28
Die Vergebungsvollmacht des Menschensohnes:
Mk 2,1-12

Mk 2,1-12, das am Anfang eines größeren Überlieferungskomplexes (2,1-3,6) steht, nimmt in mancher Hinsicht eine Sonderstellung ein. Hier wird auf einzigartige Weise eine Heilungsgeschichte mit der Vergebungsvollmacht des Menschensohnes verbunden. In dieser Form ist dies in den Synoptikern singulär. Daß diese Heilungs- bzw. Vergebungsüberlieferung in der urchristlichen Gemeinde von besonderer Bedeutung gewesen sein muß, zeigt die bevorzugte Stellung in 2,1-3,6. 2,1-12 ist nicht eine Heilungsgeschichte unter anderen. Die Verse und die anschließenden V.13-17 kreisen um das Thema Sünde/Sünder und Vergebung. Im Zentrum der Geschichte steht der Erweis der Vollmacht Jesu zur Sündenvergebung. Dieser Vollmachtsanspruch stößt von Anfang an auf Widerstand (2,7). Bereits Mk 2,1-12 weisen deshalb auf Passion und Tod Jesu hin und sind

---

s. Sa-Moon KANG, Divine War in the Old Testament and in the Ancient Near East, Beih zur ZAW, Bd. 177, Berlin 1989, S.114ff.

[64] O. Betz hat bereits darauf hingewiesen, daß der irdische Jesus sich „im Sinne der Stellen Jes 52,7; 61,1f als ein *mebasser* (Freudenbote)" verstanden hat, O. BETZ, Jesu Evangelium vom Gottesreich, in: Jesus. Der Messias Israels, S.89ff. Vgl. dazu Kümmels Forschungsbericht mit positiver Beurteilung dieses Aufsatzes: W.G. KÜMMEL, Jesusforschung seit 1981, in ThR/N.F. 54, 1989, S.41f. Siehe auch den weiteren Berichte von Kümmel, in: ThR/F.F. 56, S.399f und S.404f.

von diesem Hintergrund her verstehbar. 2,1-12 mit dem Sündennachlaß durch den bevollmächtigten Menschensohn-Jesus ruft den Blasphemie-Vorwurf (=schwerster Vorwurf im Judentum) von 2,7 hervor und führt (zusammen mit anderen Anschuldigungen) zum Todesbeschluß in 3,6. 3,6 wird aus Jesu Anspruch als Menschensohn in 2,10 und 2,28 verständlich.

I.Text
Im Text von V.4 ist die abweichende Lesart προσεγγίσαι (in A C D 090 fl. 13 und Mehrheitstext) „lectio facilior"[65]. Die meisten Hss (P88 א A C D L W 090.0130 fl. 13 𝔐 it sy) bieten in VV 5 und 9 die Perfekt-form (BDR § 97,3) ἀφέωνται (=hier werden/sind ... vergeben), während das „aoristische Präsens" (BDR § 320) ἀφίενται von den gewichtigen Hss (B 28.33.565.1241 pclat) bezeugt ist. Dieses Präsens ἀφίενται ist als die aktuellere Darstellungsform hier vorzuziehen. ἀφέωνται ist wahrscheinlich von Lk 5,20 beeinflußt und erklärt sich als Harmonisierung mit der lukanischen Perfektform.

Bei der *Übersetzung* ist δι᾽ ἡμερῶν in V.1 zu εἰσελθών (vgl. 1,21a) zu ziehen (als er nach einigen Tagen nach Kapernaum kam).[66] Mit ἐν οἴκῳ in V.1b ist wahrscheinlich der Aufenthalt Jesu im Hause Simons gemeint (vom Aufenthalt Jesu „im Hause" ist bei Markus öfter die Rede, so im Hause des Simon 1,29; im Hause des Levi 2,15; „er kommt ins Haus" 3,20 = wahrscheinlich wieder ins Haus des Simon in Kapernaum; das Haus des Synagogenvorstehers 5,38; Absonderung bzw. Jüngerbelehrung im Hause 7,17; 9,28; 10,10; 7,24; 9,33; im Hause Simons des Aussätzigen 14,3). Mit κράβατος in V.4 ist eine einfache Trageliege der armen Leute gemeint (im Gegensatz zu κλίνη).[67]

Das von Mk bevorzugte Adverb εὐθύς in V.8 und 12 bezeichnet den Punkt, an dem das Wunder eintritt,[68] so in V.8 das Wunder des Gedan-kenlesens, in V.12 das Wunder des Hinausgehens des Gelähmten. καὶ εὐ-θύς ist bei Mk auch zur Verbindung von Perikopen üblich. ὁ παραλυτι-κός („der einseitig Gelähmte"?)[69] ist wahrscheinlich der Kranke, der an

---

[65] Vgl. R. PESCH, Mk I, S.252.
[66] Anders beziehen KLAUCK, Sündenvergebung Mk 2,1-12 par, BZ, 25, 1981, S.228 und PESCH, S.252: δι᾽ ἡμερῶν zu ἠκούσθη (im Sinne von „erst nach einigen Tagen wurde bekannt"). Nach Klauck läßt sich auf diese Weise der Widerspruch, der im Zusammenhang mit Mk 1,45 entsteht („ ... so daß er nicht mehr offen in eine Stadt hineingehen konnte"), besser lösen, S.228f.
[67] Vgl. GNILKA, Mk I, S.98.
[68] εὐθύς s. W. PÖHLMANN, EWNT II, Sp.194-196, hier S.196.
[69] S. dazu GNILKA, S.99, Anm. 22; vgl. auch M. RISSI, Art παραλυτικός, EWNT III, S.72-74, hier S. 73.

seiner Lähmung schmerzhaft leidet (vgl. Mt 8,6 „Herr, mein Knecht liegt zu Hause gelähmt und leidet große Qual"). Die Art und Weise, wie der Gelähmte zu Jesu gebracht wird (wie auch die Bitte des Hauptmanns in Mt 8,5ff: beidesmal mit außergewöhnlich großem Vertrauen verbunden), hängt vielleicht mit dem akuten Leiden des Kranken zusammen.

II.*Tradition*:

Hinsichtlich der überlieferungsgeschichtlichen und literarkritischen Probleme unserer Perikope herrscht unter den Exegeten große Meinungsverschiedenheit. Unsere Perikope wird als Musterbeispiel für und gegen die Literarkritik herangezogen.[70] Die Einheitlichkeit von V.1-12 wird heute von den meisten Autoren bezweifelt:[71] Man geht davon aus, daß ein sekundärer Einschub (Streitgespräch) mit V.5b bzw. V.6 beginnt und in V.10 (bzw. 11) endet.[72] Für die Annahme einer sekundären (vor- bzw. markinischen) Eintragung werden u.a. folgende Argumente vorgebracht:[73]

a) λέγει τῷ παραλυτικῷ in V.5b wird in V.10b wiederholt.

b) 5b-10 gehört als Streitgespräch nicht zur Gattung der Heilungsgeschichte

c) πίστις in V.5 schließt bereits den Glauben an Tod und Auferstehung Jesu mit ein.

d) Die Schriftgelehrten in V.6 tauchen plötzlich auf und verschwinden wieder.

e) Die kausale Verbindung zwischen Sünde und Krankheit wird vorausgesetzt.

f) Überirdisches Wissen Jesu um die Gedanken der Gegner.

g) Sonderbare Verbindung von Heilung und Vergebung.

---

[70] Vgl. dazu K. BERGER, Exegese des Neuen Testaments, 1977, S.29 „Ein klassisches Beispiel der Literarkritik ist der sog. Einschub in Mk 2,5b-10".

[71] Vgl. dazu die Äußerung von M. TRAUTMANN, die die heutige Forschungssituation treffend wiedergibt: „Die Uneinheitlichkeit der Perikope wird heute kaum mehr bezweifelt", in: Zeichenhafte Handlungen Jesu, 1980, S.236.

[72] Vgl. I. MAISCH, Die Heilung des Gelähmten, 1971, S.21-32, dort Überblick über die bestehenden Aufteilungsvorschläge. Sowohl FIEDLER, S.107ff als auch LEROY, S.53f, bezweifeln die Einheitlichkeit der Perikope.

[73] Vgl. hierzu HAENCHEN, Weg, S.99ff; PESCH, Mk 150ff; GNILKA, Mk, S.96ff; DERS., Das Elend vor dem Menschensohn, S.196ff, FS Vögtle; W. THISSEN, Erzählung der Befreiung. Eine exegetische Untersuchung zu Mk 2,1-3,6, S.52ff und S.142ff.; MAISCH, S.16ff; TRAUTMANN, S.236ff; KERTELGE, Wunder Jesu im Markusevangelium, S.75f; DERS., Vollmacht des Menschensohnes, S.207; SCHMITTHALS; Mk, ÖTK, S.148ff; KLAUCK, Sündenvergebung, S.225ff.

h) Menschensohnbezeichnung Jesu und sein Anspruch der Vergebungsvollmacht haben keine alttestamentlich-jüdische Voraussetzung.

i) Jesu Heilungsmacht wird nur hier öffentlich demonstriert
   (Schauwunder).

j) Lobpreis in V.12 bezieht sich auf das vollzogene Heilungswunder,
   aber nicht auf den Vergebungszuspruch.

k) Jesus redet den Kranken mit „τέκνον" an.

l) Subjektwechsel in V.5c und 10a u.a.

Es ist zuzugestehen, daß unsere Perikope, rein stilistisch gesehen, einige
Schwierigkeiten bereitet. Wenn wir von V.5a direkt zu V.11 überspringen, haben wir ein typisches Gattungsschema der Heilungsgeschichte, das
uns kein typisches Problem bereitet. Obwohl die oben genannten Argumente zum Teil literarkritisch berechtigt und theologisch begründet sind,
sind sie von folgenden Beobachtungen her zu relativieren: Mk 2,1-12 haben einen inneren Zusammenhang und bilden eine Texteinheit.[74] Teilt
man die Perikope in zwei isolierte Geschichten ein (Heilungswunder einerseits und ein Streitgespräch andererseits) oder führt man sie auf verschiedene Redaktionsstufen zurück, nimmt man der ganzen Erzählung die
Pointe bzw. den „Lebensgeist".[75] Außerdem wird unverständlich, warum
nur diese Heilungsgeschichte mit der Vergebungszusage Jesu verbunden
ist, wenn sie keinen Haftpunkt im Leben Jesu gehabt hätte.[76] Der Perikope
muß von Anfang an eine Sonderstellung unter den Heilungserzählungen
zugewiesen worden sein. Sie steht nicht zufällig am Anfang der älteren
Überlieferungseinheit in 2,1-3,6. Die Verse 5b-10 geben ferner für sich
allein genommen wenig Sinn. Es ist auch unwahrscheinlich, daß eine
christliche Überlieferung bzw. Markus die ganze Szene in 5b-10 samt
dem Vergebungszuspruch ohne historische Rückgebundenheit an Jesus
frei entworfen habe,[77] um damit die Vergebungspraxis der Gemeinde zu

---

[74] Für die Einheitlichkeit trat bereits M. DIBELIUS, Die Formgeschichte des Evangeliums, [3]1959, S.63f, ein. Heute wird sie vertreten von G. KÜMMEL, Theologie, S.40,
vgl. S.72; R. T. MEAD, The Healing of the Paralytic-A Unit?, in: JBL 80, 1961,
S.348ff; K. BERGER, Exegese, S.29ff und S.97; V. HAMPEL, Menschensohn und historischer Jesus, 1990, S.188ff.

[75] BETZ, Wie verstehen wir das NT, S.18.

[76] Ähnlich auch PESCH, Mk I, S.157.

[77] Vgl. PESCH, Mk I, S.157, dort sein Argument gegen I. Maischs Ansicht, daß die
Heilungswundererzählung in unserer Perikope „aus der Gemeindeunterweisung" stamme. Ferner M. TRAUTMANN, S.243. Wie Pesch ist sie auch gegen den Lösungsversuch
von I. MAISCH, S.76 und P. FIEDLER, S.108f.

begründen bzw. zu rechtfertigen.[78] Es ist Trautmann zuzustimmen, wenn sie sagt, daß man hier „viel eher auf die Treue und Verpflichtetheit der ältesten Tradenten gegenüber einem authentischen Vorfall im Leben Jesu schließen (kann), der von der frühen Überlieferung in seiner Relevanz noch nicht reflektiert und noch nicht christologisch weiter interpretiert wurde"[79]. Hinzu kommt, daß auch Markus kein unabhängiger Schriftsteller war, der mit seiner Tradition einfach frei umging, sondern daß er eher ein konservativer, traditionstreuer Sammler und Redaktor der petrinischen Überlieferung war (Pesch). Der innere Zusammenhang unserer Perikope (V.1-12) ist „keineswegs künstlich oder nur assoziativ komponiert"[80]. Der scheinbare literarische Bruch in V.5 und 10 („sagt er dem Gelähmten") macht Quellenscheidung durchaus nicht notwendig.[81] Zu berücksichtigen ist, daß Jesus es hier mit zwei Gruppen von Menschen zu tun hat (einmal mit den vertrauensvollen Trägern des Gelähmten und zum anderen mit den gesetzeskundigen jüdischen Gegnern).[82] Πίστις in V.5 ist nicht einfach mit dem Glaubensbegriff im paulinisch-johanneischen Sinn zu identifizieren. Hier geht es um den kollektiven Vertrauens-Glauben an die δύναμις Jesu. Der Lobpreis nach dem vollzogenen Wunder in V.12 bezieht sich auf Gott, nicht auf Jesus.[83] Wie R. Pesch[84] und M. Trautmann[85] unterstreichen, ist unsere Geschichte von der Gelähmten-Heilung daher keineswegs als spezifisch christliche „Beispiel- und Lehrerzählung" für die Beschaffenheit wahren christlichen „Heilsglaubens" zu verstehen.[86] Die Sprache unserer Heilungserzählung enthält „keine besonderen christologischen Elemente"[87], sondern es wird anschaulich erzählt von vier Trägern, Dach, Aufgraben, Gelähmtem, Matratze, Herablassen vom Dach, Tragen der Matratze und Hinausgehen des Gelähmten. Dies

---

[78] Gegen BULTMANN, GST, S.12f; THYEN, Sündenvergebung, S.242; FIEDLER, Jesus und die Sünder, S.107ff und I. MAISCH, Gelähmtenheilung, S.26f, 41f, 77ff.

[79] AaO., S.246/7. Allerdings geht sie davon aus, daß unsere Perikope uneinheitlich sei. S.242.

[80] K. BERGER, Exegese des NT, S.30.

[81] BERGER ist recht zu geben, wenn er in diesem Zusammenhang betont: „Die Traditionsgeschichte zeigt, daß ein einheitlicher Aufriß zurundeliegen kann, der die *Form* bestimmt", S.30.

[82] Vgl. K. KERTELGE, Die Vollmacht des Menschensohnes zur Sündenvergebung, S.205ff. Ferner KLAUCK, Sündenvergebung, S.243f. Klauck bestreitet, daß die Frontstellung sich auch gegen das Judentum gerichtet haben kann, S.244.

[83] S. dazu M. TRAUTMANN, Zeichenhafte Handlungen Jesu, S.244.

[84] PESCH, aaO., S.157.

[85] TRAUTMANN, aaO., S.244.

[86] Gegen MAISCH, aaO., S.75 und S.76 und FIEDLER, aaO., S.109.

[87] TRAUTMANN, aaO., S.244.

weist eher darauf hin, daß hier ein konkretes Vorkommen aus dem Leben Jesu erinnert und erzählt wird.[88] Wie wir im alttestamentlich-jüdischen Teil gesehen haben, sind die Phänomene Sünde-Krankheit einerseits und Heilung-Sündenvergebung andererseits im altestamentlich-jüdischen Glauben eng miteinander verbunden. In der Heilsschilderung in Jes 33,22-24 wird die Verwirklichung des Rechts und der Gerechtigkeit unter der Königsherrschaft Gottes in Bildern veranschaulicht: Blinde und Lahme (χωλοί LXX) verteilen Beute untereinander. Kein Bewohner sagt: „Ich bin krank". Dem Volk, das in Zion wohnt, ist seine Schuld vergeben נְשֻׂא עָוֹן (ἀφέθη γὰρ αὐτοῖς ἡ ἁμαρτία LXX 33,24b). Hier ist die Heilung der Kranken (Blinde und Lahme) in der Heilszeit mit der Sündenvergebung verbunden. In den Psalmen bittet der Kranke, der sich als Sünder bekennt, um Sündenvergebung und Heilung (Ps 41,5; 32,3ff.20; 107,17-20).

Mk 2,1-12 ist vor allem von Ps 103 her zu verstehen. In diesem Psalm sind Sündenvergebung und Heilung untrennbar verbunden (V.3). Es ist Gott, der alle Schuld vergibt (הַסֹּלֵחַ לְכָל־עֲוֹנֵכִי 3a, vgl. Jes 38,17; 43,25; 44,22; 53,4f.11f; Mich 7,18) und alle Gebrechen (νόσους LXX V.3b) heilt (הָרֹפֵא) (vgl. Ex 15,26; Dtn 7,15; Ps 91,10). Sündenvergebung und Heilung bilden hier eine Einheit. O. Betz hat deutlich gemacht, daß wir in Ps 103 wahrscheinlich den Lieblingspsalm Jesu vor Augen haben.[89] Dieser Psalm, der den Gott der helfenden und vergebenden Liebe und Gerechtigkeit preist, bietet mit den Stichworten Königsherrschaft (V.19 מַלְכוּתוֹ = ἡ βασιλεία αὐτοῦ LXX), Gerechtigkeit Gottes (V.17 צִדְקָתוֹ = ἡ δικαιοσύνη αὐτοῦ LXX; vgl. V.6 צְדָקוֹת יְהוָה und מִשְׁפָּטִים), Wort/Gebot (V.20 דְּבָרוֹ = ὁ λόγος αὐτοῦ LXX; vgl. auch V.18.21 פִּקֻּדָיו = τῶν ἐντολῶν αὐτοῦ und רְצוֹנוֹ = θέλημα LXX) und Bund Gottes (V.18 בְּרִיתוֹ = τὴν διαθήκην αὐτοῦ) „Das Hauptthema von Jesu Theologie"[90]. Dies führt zur Annahme, daß Jesus selbst Heilung und Sündenvergebung als zusammengehörig gedacht hat.

Die enge Verbindung von Heilung und Sündenvergebung ist aus der βασιλεία-Verkündigung Jesu einerseits und aus dem damit verbundenen Selbstbewußtsein Jesu als Menschensohn andererseits zu verstehen. Die Nähe der Königsherrschaft Gottes verbindet Heilung notwendig mit der

---

[88] Vgl. KLAUCK, aaO., S.227.

[89] Zur theologischen Bedeutung dieses Psalms für Jesu Verkündigung und Praxis der Sündenvergebung s. O. BETZ, Jesu Lieblingspsalm, in: Jesus. Der Messias Israels, WUNT 42, Tübingen 1987, S.185-201; DERS., Wie verstehen wir das Neue Testament, S.19f, S.28f und S.32f.

[90] BETZ, Jesu Lieblingspsalm, in: Jesus. Der Messias Israels, S.185.

Sündenvergebung. Jesu Hinwendung zu den Sündern, seine Botschaft von der kommenden Herrschaft Gottes, der als suchend-heilender und sich erbarmender Vatergott verkündet wird, steht mit seinem Zuspruch der Sündenvergebung in Mk 2,10 im direkten Einklang.

Der Anstoß der ganzen Erzählung in Mk 2,1-12 liegt in V.10, d.h., in der Aussage, daß der Menschensohn die Vollmacht hat, auf der Erde Sünden zu vergeben. Hier entzündete sich der Blasphemievorwurf der Gegner Jesu (weniger in V.5b, wo von der Vergebung Gottes die Rede ist), und hier scheiden sich die Geister auch heute wie damals in der markinischen Gemeinde. Hat Jesus Sündenvergebung in eigener Vollmacht gespendet? Hatte der Menschensohn Vollmacht, auf Erden Sünden zu vergeben?

Nach den synoptischen Berichten hat Jesus sich selbst als „Menschensohn" bezeichnet. Wenn wir richtig gesehen haben, hat auch Johannes der Täufer den messianischen Menschensohn als den Kommenden angekündigt. Vom synoptischen Materialbefund (das Wort kommt fast nur in den Evangelien und im Munde Jesu vor) und von den gesamten Verkündigungen und Taten Jesu sowie von seinem Selbstbewußtsein her ist kaum zu bezweifeln, daß Jesus sich selbst als Menschensohn bezeichnet hat.[91] Im Munde Jesu drückt die Bezeichnung „Menschensohn" sowohl seine Niedrigkeit als auch seine Hoheit und zugleich seinen messianischen Auftrag aus (vgl. V.10 und V.28 mit 9,31 und 10,45). In V.10 nimmt er als dieser Menschensohn die ihm gegebene Vollmacht schon irdisch wahr (vgl. auch Mk 11,1ff und 11,15ff). Johannes der Täufer kündigte einen mit Feuer und Geist zum Gericht kommenden Menschensohn an. Jesus, der sich mit dem Kommenden identifiziert, verwirklicht das Recht Gottes (Jes 11,2ff) auf ureigene Weise. Er ruft die Sünder, heilt die Kranken und vergibt ihnen ihre Sündenschuld. Der Subjektswechsel in V.5 und V.10 ist kein Widerspruch, weil hier verschiedene Personen angeredet werden. Jesus, der sich als Menschensohn von Gott gesandt und bevollmächtigt weiß, handelt an Gottes Stelle, spricht in seiner Vollmacht Sün-

---

91 Zum Menschensohnproblem, s. C. COLPE, ThWNT VIII, S.403-481, bes. S.422ff und S.433ff; J. JEREMIAS, Theologie, S.245ff; GOPPELT, Theologie I, S.226ff; H. GESE, Der Messias, in: DERS., Zur biblischen Theologie, S.128-151, hier S.138ff; P. STUHLMACHER, Existenzstellvertretung für die Vielen. Mk 10,45 (Mt 20,28). FS C. Westermann, 1980, S.412-427 = DERS., in: Versöhnung, Gesetz und Gerechtigkeit, 1981, S.27-42; J. THEISOHN, Der auserwählte Richter, 1976; J. FRIEDRICH, Gott im Bruder, 1977, S.188-219. F. HAHN, υἱός, EWNT III, Sp.912-937. S. unten Abs. 9; O. BETZ, Die Frage nach dem messianischen Bewußtsein Jesu, in: Jesus. Der Messias Israels, S.140-168; V. HAMPEL, Menschensohn, S.371ff.

denvergebung Gottes aus.[92] Nach der alttestamentlich-jüdischen Anschauung ist der Messias-Menschensohn der Träger des Geistes (Jes 11,1f; vgl. Mk 1,10) und der Weisheit (äth Hen c.45-49, bes. 49,3), der auch die Gedanken des Herzens zu lesen vermag (V.8). Jesus spricht hier als der messianische Geistträger den unreinen Sünder (=Gelähmten / nach frühjüdischer Anschauung) als „Kind" (τέκνον) (V.5b) des sich erbarmenden Gottes an (Ps 103,13). Den Gott, der in Ps 103 als vergebender und sich erbarmender Vater gepriesen wird, bringt Jesus zu den Menschen, insbesondere zu den Armen und Kranken, die in ihrer Sündennot zu Gott um Hilfe schreien und auf ihre Rettung warten.

Von diesem biblischen Hintergrund her gibt es keinen zwingenden Grund, die Verse 5b-10 bzw. 6-10 als sekundären Einschub abzutun. Die Perikope kann also von den bisherigen traditionsgeschichtlichen Beobachtungen her als Einheit betrachtet werden.

III. *Interpretation.*

V.1. Nach einigen Tagen (wahrscheinlich nach der Zeit der Gebete und der Ruhe draußen an einem einsamen Ort in der Verborgenheit,vgl. 1,35.45) kommt Jesus mit seinen Jüngern „πάλιν"[93] nach Kapernaum (nach Mt 9,1 „in seine eigene Stadt")[94]. Kapernaum ist sein Wohnsitz (Mt 4,13; vgl. Joh 2,12) und Zentrum seiner galliläischen Wirksamkeit (Mk 1,21f; Lk 4,23.31; 10,15; Mt 8,5; 17,24). Es wurde gleich bekannt (Jesu Auftreten muß schon äußerlich auffällig gewesen sein, da er immer von einer Gruppe von Männern begleitet wurde), daß er „im Hause" ist.[95] Bei Markus wird besonders herausgestellt, daß Jesus von Beginn seiner Wirksamkeit an von einer großen Volksmenge umschart, gefolgt und umdrängt wurde, so daß er und seine Jünger kaum Zeit hatten, zu essen, auszuruhen und zu beten (1,33.45; 2,2.13.15; 3,7f.20!; 4,1; 5,24; 6,32f.34; 9,15; 10,1.46; 11,18 u.a.).[96] Vom Aufenthalt Jesu im Hause ist öfter die Rede: Jesus im Haus des Petrus 1,29; im Haus des Levi 2,15; im Haus Simons des Aussätzigen; Jüngerbelehrung im Haus 3,20; 7,17.24; 9,28.33;

---

[92] Vgl. hierzu O. HOFIUS, Vergebungszuspruch und Vollmachtsfrage, Mk 2,1-12 und das Problem priesterlicher Absolution im antiken Judentum, FS. H. J. Kraus, 1983, S.115f und S.125ff.

[93] πάλιν als markinische Einfügung, PESCH, S.153; nach M. TRAUTMANN verweist V.1 redaktionell auf Jesu Wirken in Kapernaum zurück,S.235.

[94] Vgl. dazu BILLERBECK, I, S.493f.

[95] PESCH, S.153, und KLAUCK, S.228, interpretieren den Vers so, daß Jesus einige Tage verborgen in Kapernaum bleiben konnte, bevor es zum Andrang des Volkes kam (s.o. Anm. 66).

[96] Hierin ist Lapide zuzustimmen. P. LAPIDE - U. LUZ, Der Jude Jesus, [3]1979, S.60-87, bes. s.64ff.

10,10.[97] Hier in V.1 heißt es nur, daß Jesus „im Hause" war. Von 1,29 her ist es sehr wahrscheinlich, daß es sich wieder um das Haus der Schwiegermutter des Petrus in Kapernaum handelt. Dieses Haus scheint Hauptwohnsitz Jesu (mit seinen Jüngern) während seiner galiläischen Wirksamkeit gewesen zu sein. Wenn dies zutrifft, ist unsere Perikope in engeren Zusammenhang zur Petrus-Überlieferung zu bringen.[98]

V.2 Die Volksmenge erfährt schnell, daß Jesus im Haus ist, und nach kurzer Zeit ist das Haus voll von Menschen. Jesus vertreibt sie nicht aus dem Haus, sondern er redet bei ihnen das „Wort". Wie er in der Synagoge lehrte (1,21f), so verkündigt er auch im Haus das Evangelium von der Gottesherrschaft. Die Wendung „λαλεῖν τὸν λόγον" kommt in den synoptischen Evangelien nur bei Mk vor und stammt aus der urchristlichen Verkündigungs- und Missionsterminologie (vgl. Act 4,29.31; 8,25; 11,19; 13,46; 14,25; 16,6.32).[99]

V.3. Nun beginnt die eigentliche Heilungserzählung.[100] Es kommen vier Leute mit einem Gelähmten (ein seltenes Wort „παραλυτικός" außer hier noch Mt 4,24 und 8,6, sonst χωλός Mt 11,5 par; 15,30; 31,14; Joh 5,3; Act 3,2; 8,7; 14,8) auf einer Bahre und wollen durch die versammelte Menge zu Jesus. Diese Bemerkung ruft Spannung hervor: Wie wollen sie durch diese Menge zu ihm gelangen?

V.4. Trotz des Scheiterns des ersten Versuches (μὴ δυνάμενοι) „wegen der Menge" geben sie nicht auf, sondern suchen nach einem Ausweg. „διὰ τὸν ὄχλον" sowohl hier als auch in 3,9 und 5,24 ist nicht als markinischer Zusatz zu verstehen.[101] Die umdrängende Volksmenge ist von den

---

[97] Zur Jüngerbelehrung s. R. RIESNER, Jesus als Lehrer, [2]1984, S.476ff.

[98] Nach PESCH, S.153. Anm.5 war es ursprünglich ein unbestimmtes Haus. Erst Markus hat das Haus des Petrus „als festen Wohnsitz Jesu in Kapernaum" betrachtet. Ähnlich auch MAISCH, S.13. Zu οἶκος s. O. MICHEL, ThWNT V, S.122-133; STUHLMACHER, Der Brief an Philemon, EKK, 1975, S.70-75; P. WEIGANDT, EWNT II, Sp.1222-1229. Bei Weigandt ist unverständlich, daß alle οἶκος Stellen bei Mk „redaktionelle Zusätze des Evangelisten" sein sollen. Sp. 1225.

[99] Vgl. H. W. KUHN, Ältere Sammlung, S.133, PESCH, S.154 und KLAUCK, S.229.

[100] Zur Gattung des Heilungswunders s. THEISSEN,Wundergeschichte, S.53-89. Aber seine sozialpsychologische Erklärung zum Phänomen Besessenheit ist nicht überzeugend: „Politische Fremdherrschaft und der damit gegebene sozio-kulturelle Druck kann die im Dämonenglauben zum Ausdruck kommende Erfahrung verschärfen und zu jener massenhaften Verbreitung von Besessenheitsphänomenen führen, die in der Welt des Urchristentums vorauszusetzen ist". G. THEISSEN, Wundergeschichte, S.253; S. auch J. SCHARBERT, Krankheit und Heilung im Glauben Israels, in: TRE 19, Berlin 1990.

[101] So aber KLAUCK, S.229. Nach PESCH dient das Motiv „der Illustration des Glaubens der Hilfesuchenden", S.154..

historischen Wunderheilungen Jesu nicht zu trennen. Die Träger steigen bzw. klettern auf das Flachdach hinauf, decken das Dach ab, graben etwas auf und lassen die Bahre durch die Öffnung hinab. Daß dieser Bericht „innerlich unmöglich" ist[102] oder daß hier eine Doppelung vorliegt (einmal Abdecken und zum anderen Mal Aufgraben),[103] ist zu bezweifeln. Der Vorgang ist so, wie es steht, nicht unrealistisch.

V.5. Jesus sieht ihren alle Hindernisse überwindenden Glauben an ihn und an seine Wunderkraft (πίστις trägt hier einen archaischen Charakter)[104] und vermittelt dem Kranken, der auf Rettung wartet, Sündenvergebung und Kindschaft Gottes (interessant ist die Gelähmtenanrede als τέκνον).[105] Beide beziehen sich auf die πίστις der Träger und des Kranken. Vom Glauben des Gelähmten ist zwar nicht direkt die Rede, aber er ist in die πίστις αὐτῶν einzubeziehen, da auch sonst meistens Glaube bzw. Zutrauen neben der Not des Kranken für die Heilung durch Jesus als wichtige Voraussetzung erwähnt ist (Mk 5,34; 10,52; Mt 8,10; 9,29; Lk 7,9.50; 8,48; 17,19; 18,42).

Das „passivum messianicum"[106] in 5b zeigt, daß hier Jesus das Subjekt, also der Vergebende ist. Anders als die Priester und die Gottesboten im AT (Lev 4,20.26; 5,10.13; Jes 6,7; Sach 3,4; vgl. Jub 41,24 u.a.) handelt er hier in unmittelbar göttlicher Vollmacht.[107] Sein Wort an den Gelähmten ist keine bloße Ansage der von Gott geschenkten Vergebung, sondern „ein wirkmächtiges Wort, mit dem Jesus selbst in unmittelbarer göttlicher Vollmacht und eigener göttlicher Autorität die Vergebung der Sünden gewährt"[108]. Als Messias-Menschensohn hat Jesus diese ἐξουσία von Gott (Dan 7,14). Er spricht als noch verborgen wirkender Menschensohn die Vergebung der Sünden zu, die im Endgericht von Gott bestätigt wird (vgl. Mk 8,38; Lk 9,26). Frei von jeder Gebundenheit an den Kult oder an ein Sakrament (Joh. d. T.) tritt er in den Hoheitsbereich Gottes ein und

---

102 So HAENCHEN, Weg, S.101.
103 So KLAUCK, Sündenvergebung, S.225. Nach ihm ist Abdecken sekundär und Aufgraben und Herunterlassen ursprünglich.
104 Nach PESCH ist πίστις hier „Wunderglaube", S.155.
105 Zu τέκνον (vgl. 1 Kor 4,14.17; Philm 10) s. G. SCHNEIDER EWNT III, Sp.817-820, hier, S.818; STUHLMACHER, Philemon, S.38; I. BLINZLER, Kind, LThK VI, S.148f; DERS., Kind und Königreich Gottes (Mk 10,14f), in: Aus Welt und Umwelt des NT, 1969, S.41-53; G. BRAUMANN, ThBNT II, S.779f.
106 Für das Wort „passivum messianicum" danke ich Prof. O. Betz. Zum „passivum divinum" s. J. JEREMIAS, Theologie, 1971, s.20ff; H. W. KUHN, Ältere Sammlung, S.56f; E. SCHWEIZER, Mk, S.33; KLOSTERMANN, Mk, S.23; J. SCHMID, Mk, S.58.
107 S. dazu O. HOFIUS, Vergebungszuspruch, S.125f.
108 HOFIUS, aaO., S.126.

spricht dem Kranken Sündenvergebung zu wie einer, „der unmittelbaren Einblick hat in Gottes Ratschluß und sich einig weiß mit ihm (=Gott)"[109].

Geht dieser Vergebungszuspruch Jesu auf die älteste Tradition[110] und damit wahrscheinlich auf eine historische Situation im Leben Jesu zurück,[111] so setzt er zweifellos ein außergewöhnlich stark geprägtes Selbstbewußtsein Jesu voraus. Dieses Selbst- bzw. Sendungsbewußtsein Jesu muß auf jeden Fall stärker gewesen sein als das eines Priesters[112] oder Johannes des Täufers.[113]

V.6f. Verständlicherweise reagieren einige Gesetzeskundige unter der Volksmenge auf diesen scheinbar anmaßenden Zuspruch Jesu mit Unmut und machen ihm in ihren Gedanken den Vorwurf der Blasphemie: Wie kann ein Mensch, wie er da sitzt und redet, ein Mann aus Nazareth, sich solche Gottesrechte anmaßen? Der Blasphemievorwurf beruht auf dem Gesetz. Sofern die Schriftgelehrten sich auf das Mosegesetz berufen können, stehen sie auf der Seite Gottes und sind darum irrtumslos. Ihr Vorwurf lautet: Er lästert (βλασφημεῖ). Βλασφημεῖν, absolut gebraucht, heißt „Gott lästern".[114] Gotteslästerung ist eine der schwersten Sünden, die zur Steinigung (Lev 24,14ff; vgl. San 7,4; Sifre Lev zu 24,11ff), zur Ausrottung aus dem Volk (Num 15,30f) und zur Vernichtung durch Jahwe führt (Num 16,30, vgl. Ex 22,27). Nach rabbinischer Anschauung muß der Gotteslästerer gemäß Dtn 22,22f zusätzlich durch „Aufhängen des Leichnams am Kreuz" bestraft werden (Sanh 6,4; Sifre Dtn z. st.).[115]

---

[109] KLAUCK, Sündenvergebung, S.241.

[110] In diese Richtung gehen G. THEISSEN, Wundergeschichte, S.165; PESCH, Mk, S.158; SCHÜRMANN, Lk, S.524; F. HAHN, Hoheitstitel, S.43 Anm. 1 und S.228 Anm. 2; E. SCHWEIZER, Mk, S.29f; H. BRANSCOMB, Mark 2,5, „Son Thy Sins are Forgiven", JBL 53, S.182f; GRUNDMANN, Mk, S.76f; STUHLMACHER, Jesus als Versöhner, in: Versöhnung, Gesetz und Gerechtigkeit, Ges. Aufs., S.1981, S.19.

[111] So urteilen JEREMIAS, Theologie, S.21f; LOHMEYER, Mk, S.52f; KÜMMEL, aaO., S.40 und S.72f; GOPPELT, Theologie, S.182f; GRUNDMANN, Mk, S.76f; STUHLMACHER, Jesus als Versöhner, in: Versöhnung, Gesetz und Gerechtigkeit, Ges. Aufs., 1981, S.19.

[112] Ein Priester ist selbst nur ein Akteur und an die kultische Sühnehandlung gebundener Vermittler der göttlichen Vergebungszusage (vgl. Lev 4,20.26.31; 5,6.10.13.16.26 u.a.). Vgl. dazu HOFIUS, Vergebungszuspruch, S.117ff.

[113] Die Bußtaufe zur Sündenvergebung Johannes des Täufers war auch an die als eschatologisches Sakrament verstandene Wassertaufe gebunden und ist nur im Zusammenhang mit seiner Gerichtspedigt zu verstehen (Mk 1,4ff; Mt 3,17-12 Q). Vgl. GRUNDMANN, Mk, S.76.

[114] Zu βλασφημέω s. O. HOFIUS, Art. βλασφημία EWNT I, Sp.527-532, hier Sp.529f. Vgl. K. BERGER, Die Amenworte Jesu, 1970, S.36ff.

[115] HOFIUS, aaO., Sp. 530. Vgl. BILLERBECK, I, S. 1007-1024. Weitere alttestamentlich frühjüdische Belegstellen zum Thema bei HOFIUS, Sp. 529ff.

Dieser Blasphemievorwurf, hier in V.7 und in 14,64a, führten zu Jesu Tod (vgl. 3,6 und 14,64b).

Die Erwähnung der Schriftgelehrten (6a) muß nicht unbedingt störend bzw. als Indiz für die Unechtheit der Verse 6-10 betrachtet werden. Es ist durchaus möglich, daß einige Schriftgelehrte unter der Volksmenge waren, die (aus welchem Grund auch immer) Jesus sehen und hören wollten (vgl. Mk 2,16; 3,22; 7,1; 9,14). Der schwere Blasphemievorwurf in V.7 setzt voraus, daß Jesus das allein Gott zustehende Recht der Sündenvergebung beansprucht hat.

V.8. Jesus erkennt „ἐυθύς"[116] in seinem Geist den Vorwurf der Gesetzeskundigen. Er ignoriert ihren Gedankenprotest nicht, sondern will das Skandalon aus ihren Herzen nehmen. Belehrend (vgl. 1,21f) spricht er sie an: „Warum denkt ihr das in euren Herzen?". Mit dieser (Gegen-) Frage will Jesus sie nicht verwerfen, sondern belehren (vgl. „damit ihr wißt" in V.10a). Der Gottes Vergebung zusprechende Jesus ist hier einer, der wie Gott im Herzen bzw. den Gedanken des Menschen lesen kann (vgl. 1 Sam 16,7; 1 Kön 8,39; 1 Chr 28,9; Ps 7,10; Jer 11,20; 17,10; Sir 42,18ff; Ps Sal 14,6)[117]

V.9. Zur Belehrung stellt er in jüdischem Stil eine Gegenfrage und lädt sie ein zum Mit- und Nachdenken über den Grund und das Recht der Sündenvergebung. Die Frage ist nicht einfach. Man hört auch (darum) keine (schnelle) Antwort der Schriftgelehrten. Hintergrund dieser Frage ist die kausale Verbindung zwischen Sünde und Krankheit im Judentum[118] und die alttestamentlich-frühjüdische Auffassung, daß Gott allein Sünden vergeben kann. Der Vergebungszuspruch ist scheinbar leichter, weil er unkontrollierbar ist, während die Vollbringung eines Heilungswunders in dem Sinne schwerer ist, daß man die Tat gleich kontrollieren kann.[119] Für die jüdischen gesetzeskundigen Hörer, die den oben genannten Hintergrund der Frage kennen und auch für Jesus selbst ist der Zuspruch der Sündenvergebung schwerer. Diese Frage wiederum setzt voraus, daß Jesus bereits dem Gelähmten Sündenvergebung zugesprochen hat. Sonst wäre die Frage selbst absurd, da der Zuspruch der Sündenvergebung nicht mit der Kategorie leicht-schwer zu beantworten ist.

---

[116] Zur Bedeutung ἐυθύς s. K. BERGER, Exegese, S.23 und dort angegebene Untersuchung von M. Erren. Ferner W. PÖHLMANN, EWNT II, Sp. 194-196.

[117] S. dazu PESCH, Mk, S.159.

[118] Vgl. KLAUCK, Sündenvergebung, S.236.

[119] Vgl. PESCH, Mk, S.159/160.

V.10. Er ist die schwierigste Stelle der ganzen Perikope.[120] Die vorgetragenen Probleme sind bekannt (Schauwunder, ἐξουσία, Menschensohn-Prädikat, ἐπὶ τῆς γῆς, λέγει τῷ παραλυτικῷ). Ob man aus diesem Vers („damit ihr aber wißt ...") nur den Drang nach Legitimation, nach einem Schau- und Demonstrationswunder ersehen kann, ist zu bezweifeln (vgl. die σημεῖα im Johannesevangelium). Es ist ebenso wahrscheinlich, daß das Belehrungsmotiv dahinter steht (vgl. auch Joh 9). Jesus als Lehrer will seine kritischen Hörer nicht in ihrer Unwissenheit lassen, wenn ihnen ihre Unwissenheit zum Verhängnis zu werden droht (V.6f). Es ist möglich, daß Jesus deswegen hier (vgl. Mk 11,1ff und 11,15ff) gegen seine Gewohnheit von seiner Vollmacht als Menschensohn offen redet (ein Blasphemievorwurf wird auch nur hier und in 14,64 gemacht). Die ἐξουσία des Menschensohnes ist vom alttestamentlich-jüdischen Hintergrund her zu verstehen (Dan 7,13f; äth Hen 46,3ff; 61,7ff; 62,2ff; 4 Esr 13,3ff). Weder die Wendung „auf Erden" noch die „sagt er dem Gelähmten" (vgl. V.5b) sind eindeutige Indizien für die Unechtheit des Verses. V.10 steht mit der Aussage Jesu vor dem Hohenpriester (14,62) im Einklang. War dort (14,62) die Ankündigung Jesu von seinem Kommen als Menschensohn-Weltenrichter der eigentliche Grund für die Verurteilung durch das Synhedrium,[121] so beansprucht er hier als derselbe, aber noch verborgen auf Erden wirkende Menschensohn das Recht zur Sündenvergebung, das ihm von Gott mit dem messianischen Auftrag übertragen wurde. Damit sichtbar wird, daß er dieses Recht beanspruchen kann und daß ihm tatsächlich die Vollmacht von Gott gegeben ist, wendet er sich wieder dem Gelähmten zu und spricht:

V.11.„Dir sage ich, steh auf!" Der von seiner Sünde Befreite wird durch dieses Machtwort Jesu (vgl. 5,41d) auch von seiner Krankheit befreit und damit gesund gemacht. Das Machtwort Jesu (ohne irgendeinen Gestus) wird für den Gelähmten zur Vergebung (V.5b) und Heilung. Als biblischer Hintergrund für dieses Vergebungs- und Heilungswunder kann Ps 103,3 und 107,20 genannt werden. Dort stehen das Wort Gottes, Sündenvergebung und Heilung in einem inneren Zusammenhang. Zu dem von seiner Sünde und seinem Leiden befreiten Gelähmten spricht Jesus: „Geh heim in dein Haus!" Trotz dem Risiko des Blasphemievorwurfes vergibt er die Sünden, macht den Gelähmten gesund und schickt ihn in die Le-

---

[120] Aber scheinbar leicht für diejenigen, die hier die deutlichsten Indizien a) für die Uneinheitlichkeit der Perikope und b) für den sekundären Einschub der Verse 6-10 in die Heilungsgeschichte sehen.

[121] S. O. HOFIUS, Art. βλασφημία, EWNT I, Sp. 530. Ferner J. FRIEDRICH, Gott im Bruder, S.202f, 299.

bensgemeinschaft zurück. Er soll zu seiner Familie gehen, d.h. mit ihr zusammen leben und sich freuen.

In V.12 wird die Wirkung des Heilswortes Jesu festgestellt.[122] Zum Erstaunen aller richtet sich der Gelähmte auf, nimmt seine Bahre, geht sofort vor aller Augen (aus Freude springend) hinaus. Die eschatologische Dimension der Gelähmtenheilung wurde dadurch sichtbar.[123] Das messianische Heil geht in Erfüllung (Jes 35,6!). Alle staunen und preisen Gott: d.h., Sündenvergebung wie Heilung durch Jesus werden als Heilstat Gottes verstanden, wie Jesus auch seine Vollmacht als von Gott kommend interpretierte.

Wie wir in der Analyse und in der bisherigen Interpretation gesehen haben, gibt es keinen zwingenden Grund, V.5b-10 als unechte, sekundäre Eintragung zu betrachten.[124] Die Perikope gibt nur als einheitlich Ganzes den vollen Sinn und Inhalt wieder. In der Erzählung von Mk 2,1-12 finden wir keine besonderen christologischen Sprachelemente.[125] In mancher Hinsicht trägt die Erzählung eher altertümliche Züge. Nach den bisherigen Beobachtungen ist davon auszugehen, daß bereits in der ältesten Erzählung die Verbindung Glaube-Sündenvergebung-Heilung vorlag und daß sie mit großer Wahrscheinlichkeit auf die irdische Wirksamkeit Jesu zurückgeht. Der Kontext der Perikope, die synoptischen Berichte von Jesu Verhalten gegenüber den Sündern und die sogenannten Rechtfertigungsgleichnisse sowie andere Logien (z.B. 10,45) Jesu sprechen eindeutig dafür. Es geht um die Dokumentation der Vollmacht Jesu auf archaische Weise. Jesus als Gottes- und Menschensohn in Geist und Vollmacht ist der Überbringer des messianischen Heils. In seiner Gegenwart verwirklicht sich die endzeitliche Heilsverheißung: Das Wort Gottes (=Evangelium V.3) wird verkündet, Sünden werden vergeben (V.5), der Gelähmte geht (V.12a) und alle preisen Gott (V.12b) (vgl. Jes 35; 61,1f; Mt 11,2-5 par).

---

[122] Vgl. I. MAISCH, S.53 und PESCH, S.157.

[123] KLAUCK, Sündenvergebung, S.241f.

[124] Vgl. THEISSEN, Wundergeschichte, S.133f; K. BERGER, Exegese, S.29f, 97.

[125] M. TRAUTMANN, Zeichenhafte Handlungen, S.244, S.246f. Vgl. aber V.2 (Missionssprache).

§ 29
Die Annahme der Sünderin Lk 7,36-50

In den synoptischen Evangelien wird außer in Mk 2,1-12 par nur noch in Lk 7,36-50 von dem wörtlichen Zuspruch der Sündenvergebung durch Jesus berichtet.[126] In den beiden Perikopen sind formale wie inhaltliche Ähnlichkeiten zu beobachten. Dies soll im Einzelnen untersucht werden.

I.*Text*

In V.39 fügen B* Ξ 482 vor προφήτης den Artikel ὁ hinzu und lassen damit an „den" endzeitlichen Propheten denken (vgl. Dt 18,15; Mt 21,11; Joh 4,19; 6,14; 7,40).[127]

In V.45 ist die schwere Form εἰσῆλθον gegenüber εἰσῆλθεν (L*f[13] al sy[p.h.]) vorzuziehen.

V.46: In D W 079 und it fehlt τοὺς πόδας μου. In der übrigen Überlieferung schwankt die Reihenfolge.

In V.47b läßt D (e) den ganzen ὅτι-Satz weg.[128]

In V.47a ist statt αὐτῇ πολλά (D ff[2]) αἱ ἁμαρτίαι αὐτῆς αἱ πολλαί bei B L θ Ξ 079 f[1.13] 𝔐 q zu bevorzugen. Nach J. Jeremias ist αἱ πολλαί „inkludierend" (=„so viele es sind").[129] Bei der *Übersetzung* ist zu beachten, daß ἦν in V.37 nicht mit ἁμαρτωλός, sondern mit ἐν τῇ πόλει zusammengehört. διδάσκαλε in V.40 ist als lukanische Verdolmetschung von Rabbi zu betrachten.[130] Nach Black ist ἠγάπησεν in V.47b ein „stative perfect".[131] Jeremias meint, daß ἠγάπησεν hier „präsentisch" zu übersetzen sei.[132] Ἀλάβαστρον μύρου ist in Mk 14,3 näher beschrieben.

---

[126] Zur Perikope s. H. LEROY, Vergebung und Gemeinde nach Lukas 7,36-50, in FS, K. H. Schelkle, 1973, S.85-94; U. WILCKENS, Vergebung für die Sünderin, in: FS J. Schmid, 1973, S.394-424; G. BRAUMANN, Die Schuldner und die Sündnerin, Luk VII,36-50, in: NTS 10, 1963/64, S.487-493; H. DREXLER, Die große Sünderin, in: ZNW 59, 1968, S.159-173; P. FIEDLER, Jesus u. d. Sünder, S.112-115, auch hier die negative Beurteilung: „Mit der Annahme der Historizität (sofern man nicht - unbegründet - umzuinterpretieren versucht) kann man also gewiß sein, die Situation des irdischen Jesus nicht zu treffen", S.115.

[127] Vgl. Heinz SCHÜRMANN, Lk, [2]1982, S.433, Anm. 17 und B. M. METZGER, A. Textual Commentary, 1975, S.144.

[128] Zu ὅτι in 47b s. SCHÜRMANN, Lk, S.437; H. MARSHALL, Luke, S.313.

[129] J. JEREMIAS, Gleichnis, S.127. Anders SCHÜRMANN, S.437, Anm. 40.

[130] S.dazu SCHÜRMANN, S.431, Anm.6 und S.269, Anm. 47; H. MARSHALL, Luke, S.310.

[131] M. BLACK, An Aramaic Approach, S.254.

[132] JEREMIAS, Gleichnis, S.127; vgl. MARSHALL, Luke, S.313.

Es ist ein Alabastergefäß (voll) Salböl aus kostbarer Pistaziennarde (Mk 14,3b).

II. *Analyse*

Die Analyse der Perikope (S/Lk) ist „schwierig und unsicher".[133] Nach H. Leroy kommt in diesem Sondergut die lukanische Sicht der Vergebung „am deutlichsten zur Sprache"[134]. Mit J. Jeremias ist aber darauf hinzuweisen, daß die Perikope von Lukas „nur zurückhaltend stilistisch überarbeitet worden ist"[135]. In den Versen 36-47 haben wir mit großer Wahrscheinlichkeit eine Lukas vorgegebene Tradition vor uns. Der Stil ist insgesamt etwas rauh und unlukanisch: so z.B. auffallende Parataxen in V.36-38, die „Aufeinanderfolge von vier Partizipien" in V.37f, dreimal τοὺς πόδας αὐτοῦ in V.38 und die ungewöhnlich häufig vorkommenden „Asyndeta" in VV.41a, 42a, 43a, 44b, 45, 46.[136] Schwieriger ist dagegen die Beurteilung der Verse 48-50. Viele Exegeten meinen, daß wir es hier mit einem lukanischen Zusatz zu tun haben.[137] Zu beachten ist aber, daß die ganze Erzählung mit dem Gleichnis in V.41f auf den Vergebungszuspruch in V.48 hin angelegt ist. V.47 ist ein Belehrungsgespräch zwischen Jesus und Simon, das auf den Vergebungszuspruch in V.48 zielt. Es ist unwahrscheinlich, daß die Erzählung von der Sünderin mit ihrem auffälligen Verhalten nur mit dem Gespräch zwischen Jesus und dem Pharisäer (vorbei an der Sünderin) zu Ende ging. Gehörte V.48 zur ursprünglichen Erzählung, ist dann auch V.48 ohne erstaunende Reaktion der Hörer schwer vorzustellen (vgl. 5,20 mit 5,21).[138]

---

[133] BULTMANN, GST, S.19; vgl. auch die Äußerung HIRSCHS, Frühgeschichte II, S.199: „ein widerspruchreiches Ding". S. dazu SCHÜRMANN, Lk, S.430.

[134] H. LEROY, Vergebung und Gemeinde, S.85.

[135] J. JEREMIAS, Die Sprache des Lukasevangeliums, KEK, 1980, S.174.

[136] JEREMIAS, aaO., S.174.

[137] Hier sei nur der Streit zwischen Fiedler und Roloff vorgeführt. Während ROLOFF, Kerygma, S.162, für die Ursprünglichkeit des V.48 plädiert, geht Fiedler davon aus, daß die Verse 48f im Anschluß an Mk 2,5-7 sekundär gebildet seien. FIEDLER, S.115.. In der Anmerkung fügt er dann hinzu: „Wenn Roloff ... gegen eine sekundäre Bildung von Lk 7,48 nach 5,20 einwendet: ,warum sollte das Wort der Sündenvergebung nur einmal überliefert sein?' verkennt er das Problem: Unter den von ihm gemachten Voraussetzungen läßt sich nur fragen: Warum ist es nicht öfter überliefert?", S.329, Anm. 375.

[138] Gegen die Einheitlichkeit und Echtheit des Textes u.a.: H. LEROY, Vergebung und Gemeinde, S.74, nach seiner Ansicht sind die Verse 47-50 lukanischer Überhang, also Redaktionsarbeit; FIEDLER, aaO., S.115; BULTMANN, GST, S.19f; VV 41-43 u. 47 als ursprünglich selbständiges Traditionsstück; G. BRAUMANN, aaO.; S.493, V.47 als sekundär; U. WILCKENS, aaO., S.421f, die Perikope war ursprünglich Bekehrungsgeschichte: Nach Wilckens hat Lk die vorgegebenen Apophtegmata (V.36-43.47) erweitert und dazu das Redestück (V.44-46) und den Vergebungszuspruch in V.48f. eingefügt. Auch nach HAENCHEN sind die Verse 48-50 sekundär, Weg, S.470.

V.50 ist im Zusammenhang mit Mk 2,11 (=Lk 5,24b) zu verstehen. Hier wie dort ist die Zusage der Sündenvergebung Jesu mit der πίστις der Hilfesuchenden (hier der bußfertigen Sünderin, dort des Gelähmten mit seinen Trägern) verbunden.[139] Hier wie dort wird der (die) mit der Sündenvergebung Gottes Begnadete durch Jesus wieder in die Gemeinschaft der Lebenden hineingeschickt:

> Mk 2,11d: ὕπαγε εἰς· τὸν οἶκόν σου
> (=Lk 5,24d: πορεύου εἰς τὸν οἶκόν σου)
> Lk 7,50c: πορεύου εἰς εἰρήνην

Wie Mk 2,11 von der vorangehenden Heilungs- und Vergebungserzählung nicht zu trennen war, so ist auch Lk 7,50 als fester Teil der Erzählung von der bußfertigen, die Vergebung Gottes erfahrenden Sünderin zu betrachten. Andererseits ist jedoch die Möglichkeit nicht auszuschließen, daß Lukas die von ihm gesammelte und übernommene Tradition (S/Lk) redaktorisch bearbeitet hat. Dabei könnte er Mk 2,1-12 als Vorlage verwendet haben. Denn die Berührungspunkte der beiden Erzählungen sind überraschend groß.

Hier die Nebeneinanderstellungen der Tangenten:

	Mk 2,1-12	Lk 7,36-50
V.1a	Kommen Jesu (εἰσελθὼν ... εἰς)	- Kommen Jesu (εἰσελθὼν εἰς), V.36
V.1b	Jesus im Hause (des Simon Petrus)	- Jesus im Hause Simon des Pharisäers, V.36.40
V.2	Jesus redet „das Wort"	- Jesus erzählt das Gleichnis, V.41f
V.3	Auftreten des Gelähmten und der Träger	- Auftreten der Sünderin, V.37
V.4	Auffallende Handlung der Träger	- Auffallende Handlung der Sünderin, V.38
V.5a	Erwähnung des Glaubens der Träger	- Erwähnung des Glaubens der Sünderin, V.50a
V.5b	Erste Zusage der Sündenvergebung (pass. messianicum)	- Erste indirekte Zusage der Sündenvergebung, V.47 (pass. messianicum)

---

[139] Zu πίστις in V.50 s. ROLOFF: „Glaube ist nicht eine menschliche Handlung ..., sondern der grundlegende Vollzug der Umkehr angesichts der von Jesus gewährten Gemeinschaft", S.162.

V.6f	Vorwurf in Gedanken der Schriftgelehrten	-	Unmut im Gedanken des Pharisäers, V.39
V.8	Jesus liest den Gedanken	-	Jesus liest den Gedanken, V.40
V.9f	Belehrung	-	Belehrung, V.41-46
V.11a	Zweites Machtwort	-	Zweite Vergebungszusage (direkt), V.48 (pass. messian.)
V.11b	Heimkehrbefehl („geh hin in dein Haus")	-	Heimkehrbefehl, V.50b („geh hin in Frieden")
V.12	Erstaunen und Preisen der Volksmenge	-	Erstaunen der Anwesenden, V.49

Es ist aber unwahrscheinlich, daß Lukas hier die markinische Erzählung von der Salbung der Sünderin in Bethanien (Mk 14,3-9) derart stark erweiternd umgestaltet hätte. Das Gleichnis von den beiden Schuldnern in Lk 7,41-43 muß von Anfang an ein fester Bestandteil der Erzählung gewesen sein.[140] Es ist eher damit zu rechnen, daß Lukas eine mit der Salbungsgeschichte von Mk 14,3-9 verwandte Erzählungstradition (zusammen mit dem Gleichnis) als Sondergut besaß[141] und dieses Gut im Blick auf Mk 2,1-12 (und unter Heranziehung von Mk 14,3-9) redaktorisch bearbeitet hat (stärkerer Eingriff in 7,48-50).[142] Zu berücksichtigen ist, daß Lukas keine „Todessalbung" berichtet, unsere Perikope aber in Mk 14,3-9 offensichtlich die entscheidende Parallele hat.

III. *Interpretation*:

V.36. Ein Pharisäer (in V.40.43 Simon) bat Jesus, daß er mit ihm esse (ἠρώτα ... ἵνα = Trad.)[143]. Diese Einladung zum Mahl (nach dem Synagogengottesdienst?)[144] setzt voraus, daß das Verhältnis Jesu zu den Pharisäern nicht von Anfang an feindlich war (Jesus folgt der Einladung).[145]

---

[140] Dazu HIRSCH, Frühgeschichte des Evangeliums II, S.199ff; E. KLOSTERMANN, Das Lukasevangelium, z.St. So auch G. EICHHOLZ, Gleichnisse der Evangelien, ³1979, S.56. Etwas anders GRUNDMANN, Lk, S.169f. Er rechnet mit der Möglichkeit, daß durch Lukas bzw. S/Lk „die Geschichte von den Reuetränen einer dankbaren Sünderin mit der Todessalbung von Betanien verbunden worden" sein kann.

[141] Ähnlich EICHHOLZ, aaO., S.58.

[142] Zu V.48-50 vgl. A. SCHLATTER, Lk, ³1975, S.257-267, hier S.264. Zum Verhältnis unserer Perikope zu Mk 14,3-9 s. BULTMANN, GST, S.19f; H. DREXLER, Die große Sünderin, S.159f; H. LEROY, Vergebung und Gemeinde, S.90f; E. SCHWEIZER, Lk, S.90f; W. SCHMITHALS, Lk (Zür. Bib. Komm.), S.99f; H. MARSHALL, Luke, S.304-315, hier S.305ff.

[143] Vgl. J. JEREMIAS, Sprache, S.168; SCHLATTER, Lk, S.265.

[144] Vgl. JEREMIAS, Gleichnis, S.126; vgl. H. MARSHALL, Luke, S.308.

[145] Dazu GRUNDMANN, Lk, S.170; E. SCHWEIZER, Lk, S.154.

Der Pharisäer sah wohl in Jesus einen seinem eigenen Denken nahestehenden Lehrer („διδάσκαλε" V.40 = רַבִּי).[146] Er wollte vielleicht Jesus, von dem er schon vieles gehört haben muß, selbst näher kennenlernen und dabei auch prüfen, ob er wirklich „ein Prophet" ist (vgl. V.39). Der Ort der Erzählung ist (wie in Mk 2,1 und 14,3) das „Haus". Und die Geschichte ereignet sich während des Mahls (!). Zu berücksichtigen ist der voranstehende Vers 34 mit dem Vorwurf gegen Jesus (hier im Munde Jesu): „Seht, ein Fresser und Säufer, ein Freund von Zöllnern und Sündern!".

V.37f. Eine Frau (nach Lukas eine Sünderin: vgl. Mk 14,3a = Mt 26,7a ‚eine Frau'; Joh 12,3a ‚Maria') in der Stadt hört von Jesu Aufenthalt im Hause des Pharisäers (nach Mk 14,3 ist es das Haus Simons des Aussätzigen und nach Joh 12,1 das Haus des Lazarus) und kommt mit einem Alabastergefäß voll kostbaren Salböls (dies setzt voraus, daß die Frau die finanzielle Möglichkeit hatte, das teure Öl zu beschaffen: vgl.die Parallele bei Mk und Joh).[147] Schon daß sie als Sünderin es gewagt hat, in das Haus des Pharisäers (so nach Lk) einzudringen, ist außergewöhnlich und setzt ihre Entschiedenheit voraus. In ihrer leidenschaftlichen, „alles Maß übersteigenden und die Sitte mißachtenden Art"[148] des Verhaltens kommen ihre seelischen Leiden und Not einerseits und ihr von Buße und Liebe gekennzeichneter Glaube an Jesus andererseits deutlich zum Ausdruck. Ihre Leidenschaft der Liebe und Dankbarkeit korrespondiert mit dem Mitleid und der Liebe Jesu. Denn er verwehrt ihr Tun nicht und weist ihre Liebe nicht ab. Er nimmt die Buße und den Glauben der Sünderin an.

V.39f. Ganz anders ist das Verhalten des Pharisäers. Ihn stört es sehr, daß eine stadtbekannte Sünderin in sein Haus eingedrungen ist und sich sittenwidrig verhält. Sein Unmut richtet sich auch gegen Jesus: Soll das ein Prophet (nach B und 482 ‚der Prophet', s.oben) sein, der offensichtlich nicht weiß, wer diese Frau ist? Wenn er es wüßte, hätte er sich nicht in dieser Weise von ihr berühren (ἅπτεται Präsens = andauernd) lassen.[149] Hinter diesem Gedankenunmut steht die frühjüdische Sünden- und Reinheitsauffassung, mit welcher Jesus oft in Konflikt geriet (vgl. Mk 2,16f; 7,1ff; Lk 7,34; 15,1f und dazu die frühjüdischen Stellen wie 1 QSa II 4-9; 1 QS 9,6; Tempelrolle 45,11-18; 48,10-17; mChagiga 1,1).[150] Je-

---

[146] S. dazu R. RIESNER, Jesus als Lehrer, [2]1984, S. 246-276.

[147] War die Frau eine stadtbekannte Dirne? So BILLERBECK, II, S.162; JEREMIAS, Gleichnis, S.126; SCHWEIZER, Lk, S.91; Anders SCHLATTER, Lk, S.259 („weil ihr Mann ‚Sünder' war") Vgl. SCHÜRMANNS Einwand gegen Schlatter, Lk, S.431, Anm.8.

[148] SCHLATTER, Lk, S.259.

[149] Vgl. auch SCHÜRMANN, Lk, S.433.

[150] Vgl. STUHLMACHER, Die neue Gerechtigkeit, S.53f.

sus erkennt, was im Herzen des Pharisäers vorgeht (vgl. Mk 2,8), und will ihn belehren. Der Ton Jesu ist freundlich: „Simon, ich habe dir etwas zu sagen".[151] Der Pharisäer ist trotz seiner Enttäuschung bereit, sich von Jesus belehren zu lassen, und redet ihn mit διδάσκαλε (=ῥαββί) an. φησίν (Präsens historicum) taucht hier erstmalig bei Lk auf und ist, nach Jeremias, lukanische „Meide-Wendung" (wo es trotzdem auftaucht, wie hier, handelt es sich um vorlukanische Tradition).[152]

V.41f. Zur Belehrung erzählt Jesus, wie er es gewohnt war, ein kleines, einprägsames Gleichnis von einem Geldverleiher, der zwei Schuldner hat.[153] Er benutzt die Sprache und den Wortschatz der Hörer (the parable „may well have an Aramaic basis").[154]

Das Bild vom Geldverleiher mit den Schuldnern ist auch im rabbinischen Judentum bekannt: R. Abbahu: „Ich will euch ein Gleichnis sagen. Womit läßt sich das vergleichen? Mit einem Menschen, der an zwei Leute ein Darlehen gegeben hat; der eine war sein Freund und der andere sein Feind. Von seinem Freund zieht er immer ein bißchen ein (ganz allmählich), von seinem Feinde aber treibt er die Schuld auf einmal ein. (So steht auch Gott zu Israel und den Völkern: Israel straft Gott allmählich in dieser Welt, bis die Schuld gesühnt ist, damit ihnen voller Lohn in der zukünftigen Welt werde. Die Völker aber läßt Gott in Sicherheit straflos hingehen in dieser Welt, um dann in der zukünftigen Welt die ganze Strafe mit einem Mal über sie zu bringen)"[155]

Hier kommt der rabbinische Gedanke von Sünde und Vergebung auf charakteristische Weise zum Ausdruck. Die beiden Schuldner sind von Anfang entweder als Freund bzw. als Feind kategorisiert. Das Verhalten des Geldverleihers beiden gegenüber ist auch dementsprechend unterschiedlich. Vom Streichen der Schuldsumme oder vom Nachlaß ist nirgends die Rede. Die Schuldsumme wird von beiden zurückgefordert: Von dem einen (=Israel) allmählich, vom anderen (=den Heidenvölkern) aber

---

[151] Ob der Name Simons hier von Mk 14,3 her eingedrungen ist (so GRUNDMANN, S.171), läßt sich nicht mit Sicherheit beantworten, ist aber möglich. Vgl. dazu H. MARSHALL, Luke, S.310: „This name is so common in the NT (at least eight bearers of the name appear)".

[152] JEREMIAS, Sprache, S.169f.

[153] Zum Schuldner-Gleichnis s. G. EICHHOLZ, Gleichnisse, S.55-64; A. JÜLICHER, Die Gleichnisreden Jesu, 1969, S.290ff; C. H. DODD, The Parables of the Kingdom, S.21f; J. JEREMIAS, Gleichnisse, S.126ff; WILCKENS, Vergebung für die Sünderin, S.396ff, 406ff; SCHLATTER, Lk, S.259ff. Schlatter interpretiert das Gleichnis parallel zu Mt 18,23-35. Anders WILCKENS, der in unserem Gleichnis eine formal ähnliche Struktur wie im Gleichnis von den beiden Söhnen (Mt 21,28-31) findet, S.406.

[154] BLACK, in Marshall, Luke, S.310.

[155] BILLERBECK, II, S.163. Vgl. GRUNDMANN, Lk, S.171.

auf einmal. Wie anders ist aber das Verhalten des Geldverleihers im Gleichnis Jesu! Er fragt nicht danach, wer ihm mehr und wer ihm weniger schuldet. Beide stehen als zahlungsunfähige Schuldner vor ihm. Wunderhaft und unvorstellbar ist es, daß er beiden die Schuld erläßt (ἐχαρίσατο)! Der Pharisäer muß diese Geschichte sehr merkwürdig und unrealistisch zugleich empfunden haben. Jesus bringt aber gerade durch diese kurze metaphorische Erzählung das Grundverhältnis zwischen Gott und den Menschen zur Sprache (vgl. auch Mt 18,23-35)[156]. Die Menschen stehen alle vor Gott als Schuldner. Sie sind nicht in der Lage, ihre Schuld zurückzuzahlen (μὴ ἐχόντων ... ἀποδοῦναι; vgl. Mk 8,37 par und Ps 49,8f!). Erst von diesem Hintergrund her läßt sich das Jesuslogion in Mk 10,45 verstehen (s. S.275-280).

Die beiden, der Pharisäer sowie die Sünderin, können ihre Schuld von sich aus nicht zurückerstatten. Sie sind auf den Schulderlaß und die Vergebung durch Gott (hier = Geldverleiher) angewiesen. Wer meint, seine Schuld zurückzahlen zu können, verkennt seine Schuldsituation und sich selbst. Das Gleichnis Jesu und das ungewöhnliche Verhalten der Sünderin setzen also nach Lukas voraus, daß diese die erbarmende Liebe Gottes durch Jesus bereits erfahren hat.[157] Während der Pharisäer noch unverständig über das Verhalten der Sünderin murrt, hat die Frau die Situation begriffen. Sie hat die schenkende und vergebende Liebe Gottes durch Jesu Gegenwart erfahren. Ihr „Tränenstrom" (Schlatter, S.259) ist Buße und Freude zugleich. Er ist die Buße des heimkehrenden Sohnes (Lk 15,20f; vgl. 18,13f) und die Freude des Schatzfinders (Mt 13,44). Ihre Antwort auf die erfahrene Vergebung Gottes in Buße und Dankbarkeit wird von Jesus als Liebe bezeichnet: „Wer nun von diesen wird ihn mehr lieben (ἀγαπήσει)?"[158] Aus dieser Frage geht hervor, daß Jesus die Liebe des Schuldners zum Geldverleiher (=Gott) mit der Liebe der Sünderin zu ihm in eins setzt. D.h., die Liebe zu Jesus, der die Vergebung Gottes in seiner Person vermittelt, ist zugleich die Liebe zu Gott, der in Jesus wirkt.

---

[156] S. dazu Grundmann, Lk, S.171; Schlatter, Lk, S.259 und EICHHOLZ, Gleichnisse, S.61.

[157] Zum Problem Real- und Erkenntnisgrund vgl. EICHHOLZ, Gleichnisse, S.62: „Die Vergebung ist der Grund der Dankbarkeit - nicht umgekehrt die dankbare Liebe der Grund der Vergebung". Vgl. auch JEREMIAS, aaO., S.126ff; HAENCHEN, Weg, S.471f; KÜMMEL, Theologie, S.49.

[158] ἀγαπήσει („gnomisches Futur in rhetorischen Fragen") ist nach JEREMIAS vorlukanisch, aaO., S.170.

V.43. An Logik mangelt es dem Pharisäer nicht, denn er antwortet auf die Frage Jesu korrekt: ἀποκριθεὶς Σίμων εἶπεν und ὁ δὲ εἶπεν αὐτῷ ist der Tradition zuzurechnen.[159]

V.44ff. Nach der Erzählung des Gleichnisses, welches den Pharisäer zur Erkenntnis und zur Nachahmung der vergebenden Liebe Gottes hinführen sollte, wendet sich Jesus nun wieder der Sünderin zu[160] und rechtfertigt ihr auffälliges Verhalten als „Liebestat"[161]. Der Frau zugewandt (στραφεὶς + πρός τινα Akk.), spricht Jesus also weiter zu Simon[162] und stellt dessen Unterlassungen den Liebeserweisen der Sünderin gegenüber (nur bei Lukas).[163] Entscheidend ist dabei das Verhalten zu Jesus. Wer von den Schuldnern den Gott, der die Schulden erließ, mehr liebt, der wird an der Art und Weise gemessen, wie sich die Schuldner (hier der Pharisäer und die Sünderin) Jesus gegenüber verhielten.[164]

$$εἰσῆλθόν\ σου\ εἰς\ τὴν\ οἰκίαν^{165}$$

Simon		Sünderin
Wasser für die Füße gabst du mir nicht	↔	Diese aber hat mit Tränen meine Füße genetzt und mit ihren Haaren sie abgetrocknet
Einen Kuß gabst du mir nicht	↔	Diese aber hat, seitdem ich (oder sie) eintrat, unablässig meine Füße geküßt
Mit Öl hast du mein Haupt nicht gesalbt	↔	Sie aber hat mit Salböl meine Füße gesalbt

Das hier geschilderte Verhalten des Pharisäers ist ungewöhnlich. Denn das Waschwasser und der Willkommensgruß gehörten damals (wenn je-

---

[159] Dazu JEREMIAS, Sprache, S.171.

[160] H. MARSHALL, Luke, S.131.

[161] Vgl. dazu O. HOFIUS, Fußwaschung als Erweis der Liebe. Sprachliche und sachliche Anmerkungen zu Lk 7,44^b, in: ZNW 81, 1990, S.171-177; ferner G. SCHNEIDER, Lk I, ÖTK, S.178.

[162] Vgl. EICHHOLZ, Gleichnisse, S.63. Er betont, daß der Pharisäer Simon weiter der Adressat der Erzählung Jesu ist.

[163] Zur Fußwaschung als Erweis der Liebe, s. auch Joh 13,1ff; ferner O. HOFIUS, Fußwaschung, s.176; G. SCHNEIDER, Lk, S.178.

[164] Vgl. SCHLATTER, Lk, S.261.

[165] Nach JEREMIAS weisen Asyndeton und vorangestelltes enklitisches σου hier auf die vorlukanische Tradition hin; Sprache, S.171.

mand einen Gast zu Hause einlud) zur Sitte und Höflichkeit. Hier wird aber nicht in erster Linie die Korrektheit des Verhaltens gemessen, sondern die Liebe zu Jesus. Nicht zu vergessen ist, daß der Pharisäer Jesus zum Mahl in sein Haus eingeladen hat und auch der Ton Jesu gegenüber Simon nicht unfreundlich ist. Jesus stellt das Verhalten des Pharisäers und der Sünderin einander gegenüber, um damit die Liebestat der Letzteren als Antwort auf die Vergebung Gottes zu verdeutlichen und zugleich den Pharisäer Simon für ein „Mehr-Lieben" zu gewinnen.

V.47. Jesus spricht noch immer zu Simon, um ihn zur Erkenntnis zu führen, so daß er begreift, worum es jetzt geht: „Darum sage ich dir: Vergeben (ἀφέωνται: passivum messianicum, Perfekt)[166] sind ihre Sünden, die vielen (αἱ ἁμαρτίαι ... αἱ πολλαί), denn (ὅτι) sie hat viel geliebt (ἠγάπησεν πολύ); wem aber wenig vergeben wird (ἀφίεται [passivum messianicum] Präsens), der liebt auch wenig (ὀλίγον ἀγαπᾷ)". ἀφέωνται (Perfekt) in V.47a weist darauf hin (wie auch das Gleichnis in V.42), daß die große Liebe der Sünderin Antwort auf die in der Gegenwart Jesu erfahrene Vergebung Gottes ist. Vom Gleichnis her ist es eindeutig, daß die Vergebung der vielen Sünden der Grund der Liebe der Sünderin ist.[167]

Der viel diskutierte ὅτι-Satz in 47a (ὅτι ἠγάπησεν πολύ)[168] gibt den Erkenntnisgrund an.[169] Von Jesu Gleichnis in V.41f und auch von seinem Verhalten zu den Sündern her ist diese Erkenntnis naheliegend. Es ist dann mit Grundmann der Satz V.47a so zu verstehen: „Ihre vielen Sünden sind ihr vergeben; darum ist sie zu ihrer großen Liebe fähig"[170].

V.48. Nachdem Jesus den Pharisäer Simon ins Gleichnis der vergebenden Liebe Gottes hineingeführt und die Liebe der Frau als Antwort auf die Vergebung Gottes verdeutlicht hat, wendet er sich wieder zu der Frau und spricht ihr die Vergebung Gottes ausdrücklich zu: „ἀφέωνταί σου αἱ ἁμαρτίαι". Das Perf. Pass. messianicum offenbart die Vergebung als

---

[166] Zu ἀφίημι s. LEROY, EWNT I, Sp.436-441; BULTMANN, ThWNT I, S.506-509.

[167] So auch GRUNDMANN, Lk, S.172; SCHWEIZER, Lk, S.92; s. dazu oben Anm. 31.

[168] Vgl. SCHÜRMANN, Lk, S.436ff; auch SCHLATTER, Lk, S.263f; LEROY, Vergebung und Gemeinde, S.86f; MARSHALL, Luke, S.313; JEREMIAS, Gleichnis, S.210f; EICHHOLZ, Gleichnisse, S.62f.

[169] Anders SCHÜRMANN, Lk, s.137f.

[170] GRUNDMANN, Lk, S.172. Zu berücksichtigen ist jedoch der Sachverhalt, auf den SCHLATTER hinweist: „Ein Anstoß an der kausalen Kraft dieses ‚weil' entsteht nur dann, wenn die bewegten, hin und her laufenden Beziehungen des lebendigen Verkehrs in eine Reihe erstarrter Begriffe verwandelt werden"; Lk, S.263.

bereits erfolgt und bestehend und zugleich als Handeln Gottes, das Jesus als der Messias verkündet und vollzieht.[171] Setzen wir diese Zusage Jesu mit Mk 2,10 in Verbindung, so wird deutlich, daß dieser Zuspruch Jesu sich in der Vollmacht des Menschensohnes vollzieht, der bereit ist, sein Leben als Lösegeld (λύτρον) für die vielen (Mk 10,45), die ihre Schuld selbst nicht zurückzahlen können (μὴ ἐχόντων ἀποδοῦναι: V.42), hinzugeben (δοῦναι Mk 10,45). Jesu Vollmacht zur Sündenvergebung ist also in seiner Sendung als der messianische Menschensohn begründet, der nicht als der strafende Sündenrichter gekommen ist, sondern als der stellvertretende Zahler des Lösegeldes durch die Hingabe des eigenen Lebens (ψυχή).

V.49. Ohne den vorangehenden Zuspruch der Sündenvergebung durch Jesus wäre V.49 unverständlich. Ebenso soll das Gleichnis Jesu in V.41f den Hörer darauf hinweisen, daß die Vergebung Gottes sich in Jesu Gegenwart vollzieht. Gott erläßt die Schuld durch Jesus. In seiner Gegenwart wird die von Schuld freisprechende Vergebung Gottes zur Wirklichkeit. Der Zuspruch der Sündenvergebung geschieht aber nicht in V.47a (dort ist der Gesprächspartner Simon der Pharisäer), sondern erst in V.48. Die in der Nähe Jesu von den Sündern erfahrene Vergebung wird in V.48 in der Gegenwart Jesu expressis verbis zugesprochen. Und das ist der Grund des Erstaunens: „Wer ist der, der auch Sünden erläßt?" Diese erstaunte Frage der Tischgenossen setzt voraus, daß Jesus das Recht des Geldverleihers zum Erlaß der Schuld (V.41) für sich selbst in Anspruch genommen hat.

V.50. In diesem Vers wird die Liebe der Frau mit dem „Glauben" gleichgesetzt: Es ist der in Buße und Liebe wirksame Glaube, der ihr zur Rettung (=Vergebung) wurde (vgl. Mk 2,5).[172] Die Gerettete (vgl. σέσω-κεν) ist die zum Leben Geheiligte. Sie kann (wie die von Jesus Geheilten) im Frieden Gottes (1 Sam 1,17) heimkehren (vgl. Mk 5,34; Mt 9,22; Lk 8,48; Mk 10,52; Mt 9,29; Lk 17,19; 18,42).[173]

---

[171] Vgl. GRUNDMANN, Lk, S.173.

[172] G. BRAUMANN, Die Schuldner und die Sünderin, S.490, verweist darauf, daß Sündenvergebung, Glaube und Rettung nach Mk 16,16; 1 Petr 3,21 u.a. Grundmotive der Taufüberlieferung seien. Ähnlich auch U. WILCKENS, Vergebung für die Sünderin, S.411f und S.418f.

[173] Im Vers 50 meldet sich aber Lukas stärker zu Wort. Zum Problem vgl. J. ROLOFF, Kerygma, S.161ff; SCHÜRMANN, Lk, S.438ff; LEROY, Vergebung und Gemeinde, S.85ff; SCHMID, Lk, S.149; SCHNEIDER, Lk, S.178f; WILCKENS, Vergebung, S.411ff, H. DREXLER, Die große Sünderin, ZNW 59, 1968, S.170f; HAENCHEN, Weg, S.470f; G. BRAUMANN, Die Schuldner und die Sünderin, S.489ff.

Lukas will in 7,36-50 unterstreichen, wie Jesus als der „Freund der Zöllner und Sünder" (7,34) zu ihrem Retter und Heiland wurde. Der ferne Richtergott wurde für sie in der Gegenwart Jesu zum nahen Vatergott, der all ihre Schuld vergibt und alle Gebrechen heilt (103,3). Jesus verkündet im lukanischen Sondergut-Gleichnis etwas Unglaubliches. Die Schuldner sind fei, ihre vielen Schulden sind erlassen! (7,41-42). D.h., in der Gegenwart Jesu verwirklicht sich das verheißene messianische Heil: Ein Jahr der Gnade wird ausgerufen (vgl. Jes 61,2 mit Mt 11,5), die Verirrten werden gesammelt (vgl. Jes 56,8; Jer 31,10; Ez 34,16; Ps 147,2 mit Mk 2,17; Lk 15), die Gebeugten werden aufgerichtet (vgl. Ps 145,14; 146,8; 147,6 mit Lk 6,20f; 18,13f; 14,11), Wunden werden geheilt (vgl. Jes 30,26; 53,5; Ps 103,3; 147,3 mit Mk 1,32f; Mt 4,23; 9,35) und Sünden werden vergeben (vgl. Jes 33,24; 43,25; 53,10ff; Jer 31,34; Ez 36,25f mit Mk 2,5.10; Lk 7,47f). Die Letzten begreifen das und werden die Ersten, während die Ersten, die murrend an ihrem ersten Platz stehen bleiben, die Letzten werden (vgl. Mt 20,1-16!). Auch nach Lukas wußte demnach Jesus, daß er für die zahlungsunfähigen Schuldner das Lösegeld zahlen muß (vgl. Ex 21,30; 30,16; Ps 49;8f.16; Jes 43,3 mit dem Gleichnis von den Schuldnern, die ihre Schuld nicht zahlen können Mt 18,23ff; Lk 7,41f [16,5ff] und mit Jesu Aussage in Mk 10,45; 9,31).

§ 30
Sündenvergebung in den Gleichnishandlungen Jesu: Beispiel: Jesu Tischgemeinschaft mit Zöllnern und Sündern

Nach den synoptischen Evangelien vollzieht sich die Vergebung Gottes durch Jesus nicht nur da, wo sie expressis verbis ausgesprochen wird, sondern auch dort, wo Jesus in seinen Gleichnishandlungen[174] einen Zöllner zum Jünger beruft (vgl. Mt 9,9 mit 10,3), wo er mit den Zöllnern

---

[174] Vgl. dazu die prophetischen Zeichen- bzw. Symbolhandlungen im AT: Hos 1-3; Jes 20,3; 8,18; Jer 16,1-13; 18,1-12; Ez 4,1-5,4; 12,1-7; 21,23f; 24,15-24; 37,15f. Vgl. auch Jes 60,15, ferner Ez 18,23. Zu neutestamentlichen Zeichenhandlungen könnten zugerechnet werden: Mk 2,13-17; 3,1-6; 3,14f; 11,1-11; 11,15-19; Lk 19,1-10; Joh 13,4-12 u.a.. Zum Sendungsbewußtsein Jesu s. O. BETZ, Jesu Evangelium vom Gottesreich, in: DERS., Jesus - Der Messias Israels, 1987, S.232-254.

und Sündern Tischgemeinschaft hält,[175] wo er ins Haus eines Ober-
zöllners einkehrt und dessen Heil ausruft (Lk 19). Im folgenden soll
dieser Sachverhalt näher erörtert werden. Dies soll zunächst anhand einer
Exegese von Mk 2,13-17 geschehen.

30.1 Die Mahlgemeinschaft Jesu mit Zöllnern und Sündern – Mk 2,13-17

Unser Abschnitt steht innerhalb 2,1-3,6 zwischen den Heilungs- und
Fastenstreitperikopen in Mk 2,1-12 und 2,18-22. Die ersten beiden Abschnitte (2,1-12 und 2,13-17) sind eng aufeinander bezogen[176] und stellen
das vollmächtige Vergebungshandeln des Menschensohns Jesu[177] als ihr
Zentrum dar. Mk 2,1-17 als innerlich aufeinander bezogene Einheit steht
so vor 2,18-22, wo die Hochzeitsfreude der berufenen Jesus-Jünger neben
dem Ernst der fastenden Pharisäer ein Kontrastbild darstellt, und vor
2,23-3,6, wo das Herrsein Jesu über den Sabbat offenbart wird. Der Menschensohn, der in seiner Vollmacht (=Vollmacht Gottes) die Sünden vergibt (2,5-10), ist Herr auch über den Sabbat (2,28). Wo er als der heilende Arzt (2,17) unter den Menschen wirkt, „hüpft" der Gelähmte (2,12
vgl. Jes 35,6), Zöllner und Sünder nehmen am messianischen Mahl teil
(2,15f vgl. Jes 25,6f; Ps 23,5), neuer Wein wird in neue Schläuche gegos-
sen (2,22 vgl. Jes 25,6; 55,1; Jer 31,12) und die Freude der Hochzeitsgä-
ste ist groß (2,19 vgl. Jes 9,2; 12,3; 35,10; Jer 31,4.13f; Ps 30,12; 126,5).

---

[175] Zur Bedeutung der Tischgemeinschaft Jesu, s. O. HOFIUS, Jesu Tischgemein-
schaft mit den Sündern, Calwer Hefte 86, 1967, S.16-25, bes. S.17f; A. SCHLATTER,
Mt, S.304ff; vgl. JEREMIAS, Gleichnisse, s.124f, 132, 224f; DERS., Abendmahlworte,
S.196f, 224.
  Zum Thema ‚Jesus und Zöllner' vgl. M. VÖLKEL, Freund der Zöllner und Sünder,
ZNW 69, 1978, S.1-10 (allerdings wird bei Völkel die Bedeutung der Mahlgemeinschaft
Jesu mit den Zöllnern und Sündern überhaupt nicht erwähnt). Ferner F. HERRENBRÜCK,
Jesus und die Zöllner. Historische und neutestamentlich-exegetische Untersuchungen.
Diss. Tübingen, 1979, S.233ff, 251ff.
  Zur Gleichnishandlung Jesu G. STÄHLIN, Die Gleichnishandlungen Jesu, FS W.
Stählin, 1953, S.9-22, F. HAHN, Christologische Hoheitstitel, S.381; M. HENGEL,
Nachfolge und Charisma, S.75; M. TRAUTMANN, Zeichenhafte Handlungen Jesu. Ein
Beitrag zur Frage nach dem geschichtlichen Jesus, 1980, S.132-166. Sie hebt die Zei-
chenhaftigkeit der Mahlgemeinschaft Jesu mit den Zöllnern besonders hervor, S.160ff.
[176] Vgl. PESCH, Mk, S.162-169, hier S.169.
[177] Vgl. dazu M. HENGEL, Jesus als messianischer Lehrer der Weisheit und die Anfänge der Christologie, in: Sagesse et Religion, Paris 1979, S.148-188, bes. S.177ff.

Noch während der Hochzeitsfeier werden aber Pläne geschmiedet (3,6), den Bräutigam wegzunehmen (vgl. ἀπαρθῇ 2,20). Vor diesem Kontexthintergrund sollen nun die Verse 13-17 interpretiert werden.

I.*Text*:

In V.14 haben D θ f 13 565 pc it; Tat statt Λευίν den aus 3,18 übernommenen Ἰάκωβον.[178] Damit versuchen sie, den unter den zwölf Jünger-Namen (3,16ff) nicht vorkommenden Levi durch Jakobus, den Sohn des Alphäus (3,18), zu ersetzen.[179] Der Perikopenanfang, Καὶ γίγνεται, in V.15 wird in der Textüberlieferung verschiedentlich verbessert.[180] Die Umstellung in V.16b (Zöllner vor Sündern) sowie der Zusatz καὶ πίνει nach ἐσθίει in V.16d in vielen Handschriften sind sekundäre Glättung bzw. Ergänzung.

II. *Analyse*

In V.13-17 liegt eine Logienkombination vor (V.14 und 15-17). V.13 ist summarische Übergangsbemerkung von Markus.[181] Mit ihr wechselt die Szene, und sie führt die Hörer zugleich auf die nachfolgenden, von Markus (?) kombinierten Geschichten von der Berufung des Zöllners Levi und von der Tischgemeinschaft Jesu mit Zöllnern und Sündern hin. Auffallend ist dabei das Schema und die Terminologie der Berufungsgeschichte in V.14 (vgl. auch 1,16ff), die uns an alttestamentliche Berufungserzählungen, wie z.B. die des Elisa durch Elia, erinnert (1Kön 19,19ff). Der Höhepunkt der Perikope liegt in V.17. Nach Pesch handelt es sich in V.17 um eine markinische „Illustration der Sünderberufung durch Jesus"[182].

Die Geschichte (V.15ff) spielt interessanterweise wieder im Hause (vgl. Mk 2,1 und Lk 7,36). Handelt es sich hier um das Haus der Schwiegermutter des Petrus?[183] Von Lk 5,29 her ist es aber wahrscheinlicher, daß mit „sein Haus" in V.15a das Haus des Zöllners Levi gemeint ist. In den VV.15-17 ist nur 15c („denn viele waren es, die ihm nachfolgten") als erläuternde markinische Ergänzung zu bewerten. Sonst sind die Verse auf die vormarkinische Tradition zurückzuführen. Die mannigfaltig gebote-

---

[178] Vgl. J. GNILKA, Mk, S.105 Anm. 15.
[179] Vgl. dazu R. PESCH, Levi-Matthäus (Mk 2,14/Mt 9,9; 10,3). Ein Beitrag zur Lösung eines alten Problems, in: ZNW 59, 1968, S.40-56, hier S.40ff; S. WIBBING, Das Zöllnergastmahl (Mk 2,13-17; vgl. 9,9-13; Lk 5,27-32), in: H. STOCK - K. WEGENAST - S. WIBBING, Streitgespräche, 1968, S.84ff. Zur Namensangabe „Levi", s. ferner P. FIEDLER, Jesus und die Sünder, S.127ff.
[180] Vgl. PESCH, Mk, S.163, Anm. b.
[181] Vgl. GNILKA, Mk, S.103.
[182] PESCH, Mk, S.162; vgl. dazu GNILKA, Mk, S.104.
[183] So HOFIUS, Jesu Tischgemeinschaft, S.16f und S.29 Anm. 42.

nen literarkritischen und redaktionsgeschichtlichen Hypothesen hinsichtlich unserer Perikope[184] (Bultmann: Die ἦλθον-Sprüche Jesu sind Gemeindebildung, also auch V.17; E. Schweizer: Die ganze Szene ist nachträglich redaktionell; P. Fiedler: Die Erzählung ist in der christlichen Gemeinde entstanden usw.) berücksichtigen meines Erachtens zu wenig, daß Jesus nach den synoptischen Evangelien nicht zufällig von seinen Gegnern als ein „Geselle der Zöllner und Sünder" (Lk 7,34) verunglimpft wurde und daß seine Botschaft von der Königsherrschaft Gottes vor allem von den Außenseitern (Kranken, Armen, Frauen u.a.) gehört worden ist (vgl. Mt 21,31f; Lk 15,1; 18,9ff; 19,1ff). Ohne Jesu auffälliges Verhalten während seines irdischen Lebens gegenüber den als Sünder verachteten gesellschaftlichen Gruppen (vgl. Lk 7,34 par) wären solche synoptischen Berichte kaum verständlich[185] (s. folgenden Abschnitt). Die Skepsis gegenüber den Jesuslogien in den synoptischen Evangelien ist oft vom Text her bedingt und dann auch berechtigt, aber die pauschale Beurteilung der ἦλθον- und ἦλθεν-Sprüche Jesu als „Gemeindebildung" (gemeint ist die palästinische bzw. hellenistische Gemeinde)[186] ist problematisch. Kann man dem irdischen Jesus jedes Sendungsbewußtsein absprechen? Zu berücksichtigen ist auch, daß ἦλθον vom Sprachgebrauch der LXX her eine Botenformulierung ist (vgl. Dan 9,23; 10,14.20; 11,2 LXX; Tob 12,18 LXX) und nach Jeremias zu übersetzen ist: „Ich bin da" (aramäisch אתאן).[187] W. Grimm hat wahrscheinlich gemacht,[188] daß die ἦλθον-Worte Jesu ihre alttestamentliche Wurzel in Jes 61,1 haben. Mit diesen ἦλθον-Worten bringt Jesus sein Gesandtsein als Heilsmessias von Jes

---

[184] Vgl. BULTMANN, GST, S.26f; HAENCHEN, Weg, S.108ff; SCHWEIZER, Mk, S.30f; PESCH, Mk, S.164ff; DERS., Das Zöllnergastmahl Mk 2,15-17, in: Mélanges ... aux R. P. Béda Rigaux, 1970, S.63-87; W. SCHMITHALS, Mk, (ÖTK), S.165ff; P. FIEDLER, Jesus und die Sünder, S.119ff, 127.

[185] Gegen FIEDLER, der auch diese Perikope vom Zöllnermahl für eine Gemeindebildung „zur Verteidigung ihres eigenen Verhaltens" hält, aaO., S.127.

[186] S. dazu BULTMANN, GST, S.161-179, hier S.175f.

[187] Vgl. dazu J. JEREMIAS, Die älteste Schicht der Menschensohn-Logien, in: ZNW 58 (1967), S.159-12, hier S.166f; O. MICHEL, „Ich komme", in: ThZ 24 (1968), S.123f; PESCH, Mk, S.167f; W. GRIMM, Weil ich dich liebe. Die Verkündigung Jesu und Deuterojesajas, 11976, S.83ff.

Zu den ἦλθον-Worten Jesu s. E. ARENS, The HΛΘΟΝ-Sayings in the Synoptic Tradition, OBO 10, 1976, hier S.28-63. „Now, ἦλθον came to mean ‚my God given mission is to ...‘ approaching ἀπεστάλην and alludes to Jesus' divine origin, the source of his authority", S.63; s. ferner T. SCHRAMM, ἔρχομαι, EWNT II, Sp. 138-143.

[188] W. GRIMM, aaO., S.83; vgl. die von ihm angegebene Arbeit von J. A. Bühner über ἦλθον-Sprüche Jesu, S.84, Anm.177. Zum Thema s. ARENS, aaO., S.47ff; J. Schneider, THWNT II, S.662ff; T. SCHRAMM, aaO., S.139.

61,1ff zum Ausdruck. Grimm schreibt: „Die ἦλθον-Worte knüpfen formal unmittelbar an die Selbstaussage des Gesandten von Jes 61,1 an, ohne sich allerdings in ihren Inhalten von Jes 61,1ff begrenzen zu lassen. Jesus bedient sich ihrer zur Beschreibung seiner Sendung und zur Klarstellung seines Auftrages. Er gibt sich damit als der mit dem Geist ausgerüstete Gesalbte Jahwes zu erkennen ...“[189]. In der Tat knüpft der ἦλθον-Spruch Jesu in V.17b formal wie inhaltlich deutlich an Jes 61,1f an. Überhaupt kommt im ganzen Abschnitt (2,1-22) Jesu Sendungsbewußtsein als der heilende und vergebende Freudenmessias, der den Gefangenen und Gefesselten (im metaphorischen Sinne bedeutet dies auch die Gefangenschaft durch Sünde und Krankheit) Befreiung (hier dann = Sündenvergebung) verkündet, unverkennbar zum Ausdruck. Der Menschensohn (=Selbstbezeichnung Jesu), der die Armen selig preist und ihnen das Reich Gottes zuspricht (Lk 6,20; Mt 5,3), der den Kranken Heilung und Vergebung bringt (Mk 2,1-12 par) und der mit den Zöllnern und Sündern hochzeitlich feiert (vgl. Jes 61,3; Mk 2,16.19), muß eine Bibelstelle wie Jes 61,1ff vor sich gehabt haben (vgl. dazu Lk 7,18ff; Mt 11,2-6 und die an Jes 61 orientierten Seligpreisungen)[190]. Auf jeden Fall versucht Jesus mit seinem ἦλθον-Wort in V.17b seine angreifbare Gleichnishandlung der Tischgemeinschaft mit den Zöllnern zu rechtfertigen.[191]

Das Arztwort in V.17a ist auch kein Indiz für die Unechtheit des Verses. Möglich ist, daß Jesus hier ein griechisches Sprichwort zur Belehrung benutzt hat (Stob.flor. III 462,14).[192] Wahrscheinlicher ist aber, daß er das ihm vom AT her bekannte Bild „Jahwe-Arzt“ (vgl. Jes 30,26; 57,17f;

---

[189] W. GRIMM, aaO., S.86. Grimm rechnet damit, daß auch die christliche Gemeinde einige ἦλθον-Sprüche formuliert hat. Gemeindebildungen liegen nach ihm vor, „wo die in einem ἦλθον-Wort beschriebene Sendung dem Geist Dtjes's widerspricht, also etwa in Mt 10,34ff/Lk 12,51f, das sich gut aus der Situation der bedrängten Gemeinde erklären läßt, und in Mt 15,24“, S.86.

[190] Vgl. hierzu H. GESE, Die Weisheit, der Menschensohn und die Ursprünge der Christologie als konsequente Entfaltung der biblischen Theologie, in: SEÅ 39, 1979, S.77-114, hier S.97f; M. HENGEL, Jesus als messianischer Lehrer der Weisheit, S.177ff. Zum Verhältnis Messias-Menschensohn-Gottesknecht im äth Hen schreibt Hengel: „Weiter zeigt sich, daß nicht nur Jes 11,1ff und Prov 8,22 auf das Bild des Menschensohnes eingewirkt haben, sondern auch der Gottesknecht aus Deuterojesaja. Darauf weist bereits der Titel ‚der Auserwählte‘ (Jes 41,8.9; 42,1ff) hin, darüberhinaus erscheint er zwischen den beiden Präexistenzaussagen 48,3 und 48,4 als ‚das Licht der Völker‘ (Jes 42,6; 49,6) und ‚die Hoffnung derer ..., die in ihrem Herzen betrübt sind‘ (Jes 61,1f)“, S.179; STUHLMACHER, Die neue Gerechtigkeit, S.46.

[191] Anders als Pesch, der V.17b für ursprünglicher hält, ist SCHÜRMANN der Meinung, daß V.17a Jesus zuzusprechen ist (V.17b sei späterer Zusatz), aaO., S.110.

[192] Vgl. dazu JÜLICHER, Die Gleichnisrede Jesu II, ²1963, S.176f; PESCH, Mk, S.166.

Jer 30,17; 33,6; Ps 103,3; 147,3 u.a.) von seinem messianischen Sendungsbewußtsein her neu akzentuiert und zur Rechtfertigung seines Umgangs mit den Sündern sprichwortartig verwendet.

III. *Interpretation*:

V.13. Er ist Übergangsvers[193] bzw. summarische Rahmenbemerkung[194] von Markus, der über die häufige Lehrtätigkeit des irdischen Jesus am See Genezareth gut informiert sein muß.

V.14. Dieser Vers ist mit Gnilka[195] gegen Pesch[196] als vormarkinische Tradition anzusehen. Im Vorübergehen (vgl. 1,16)[197] sieht Jesus einen Zöllner[198] und beruft ihn in die Nachfolge: „Folge mir nach!" Damit stellt Jesus die frühjüdische Gerechtigkeits- bzw. Reinheitsauffassung bewußt auf den Kopf (vgl. Sir 9,16; Jub 22,16; 1 Q S II 4-9; Ps Sal 13,11; 15,5-8 u.a.). Denn die Zöllner galten damals als Sünder und Betrüger.[199] Sie waren beim Volk verhaßt und wurden den heidnischen Sklaven gleichgestellt. Sie wurden nicht einmal zu einer Zeugenaussage zugelassen.[200] Wenn Jesus einen dieser verhaßten, unreinen Zöllner in seinen Jüngerkreis aufnimmt, will er mit dieser Gleichnishandlung verkünden, daß das messianische Heil in seiner Person angebrochen ist.[201] Diese Berufung ist zugleich Veranschaulichung der Vergebungsvollmacht Jesu, der die Grenze zwischen rein und unrein zu überschreiten vermag. Mit dieser Vollmacht als Menschensohn will Jesus die Gottesfernen wieder in die Gemeinschaft Gottes zurückbringen. Stilistisch knüpft Mk in V.14 an die alttestamentliche Berufungserzählung (1 Kön 19,19ff) an.

---

[193] Vgl. HAENCHEN, Weg, S.106.

[194] Vgl. W. SCHMITHALS, Mk, S.165.

[195] GNILKA, Mk, S.104.

[196] PESCH, Mk, S.164

[197] Wahrscheinlich auf dem Weg vom Meer nach Kapernaum. So auch GNILKA, Mk, S.105.

[198] Vgl. BILLERBECK, I, S.498; zum Thema Zöllner s. F. HERRENBRÜCK, Wer waren die ‚Zöllner'?, in: ZNW 72, 1981, .S.178-194; O. MICHEL, Art. τελώνης, in ThWNT VIII, S.101-106; M. VÖLKEL, Freund der Zöllner und Sünder, in: ZNW 69, 1978, S.1-10; L. SCHOTTROFF/W. STEGEMANN, Jesus von Nazareth, Hoffnung der Armen, 1981, S.16ff; STUHLMACHER, Neue Gerechtigkeit, S.48f; FIEDLER, aaO., S.119ff und S.127ff; H. MERKEL, Art. τελώνης, EWNT, II, Sp. 835-838.

[199] Über die Zöllner zur Zeit Jesu s. E. SCHÜRER, Geschichte des jüdischen Volkes im Zeitalter Jesu Christi, I, 1964, S.474ff; ferner s. den Aufsatz von HERRENBRÜCK, (s.o. Anm. 198).

[200] Vgl. O. MICHEL, aaO., S.103ff; J. JEREMIAS, Zöllner und Sünder, ZNW 30, 1931, S.293-300, hier S.300.

[201] Vgl. dazu SCHLATTER, Mt, S.302: „Die Aufnahme eines Zöllners in den Kreis der Zwölf schuf für die Judenschaft, in der die Abscheu vor den Zöllnern heftig war, bleibend einen starken Anstoß".

V.15. Jesus ist mit seinen Jüngern und diesmal auch mit den Zöllnern wieder im Hause. Der Ort ist nicht angegeben, wahrscheinlich ist aber Kapernaum anzunehmen, wo die Zöllner ihren Beruf ausübten und wo auch Jesus bzw. Simon sein Haus hatte (vgl. Mt 4,13; Joh 2,12 und Mk 1,21.29; 2,1).[202] Mit „ἐν τῇ οἰκίᾳ αὐτοῦ" ist aber hier wahrscheinlich das Haus des Zöllners Levi gemeint, worin es genug Platz gab, so daß Jesus mit „vielen" Zöllnern zu Tisch liegen konnte (das archäologisch bekannte Haus des Petrus war zu klein für diese Mahlgemeinschaft). Es ist auch wahrscheinlich, daß sich αὐτόν V.15a nicht auf Jesus, sondern auf Levi bezieht.[203] Daß Jesus mit den Zöllnern und Sündern Tischgemeinschaft hält, muß auf die Jesus gegenüber skeptisch gewordenen Pharisäer wie eine Provokation gewirkt haben. Ein Zöllnergesell kann kein Prophet sein (vgl. Sir 9,16; s. nächster Abschnitt)! Jesus handelt aber durch die Gewährung der Tischgemeinschaft an den Zöllnern und Sündern „als der Vergebende"[204]. Als noch verborgen wirkender Menschensohn beansprucht er die göttliche Vollmacht zur Vergebung der Sünden, und darin kommt sein Selbstbewußtsein als messianischer Menschensohn zum Ausdruck, dem die Macht, Herrlichkeit und das Königtum (Dan 7,14) einerseits und die Richterfunktion im Endgericht über die Völker[205] (vgl. äth hen 45,3; 55,4; 61,8f; 62,2ff; 69,27ff u.a.) andererseits übergeben wird. Als dieser messianische König und Menschensohnrichter will Jesus der Vergebende sein. Seine Tischgemeinschaft mit den Sündern ist somit „sichtbares, seine ganze Verkündigung zusammenfassendes Wort: Eine Handlung, in der das Evangelium von der rettenden Liebe Gottes seinen sinnfälligsten Ausdruck fand"[206].

Hinzu kommt, daß der Tisch- und Mahlgemeinschaft Jesu von seiner βασιλεία-Botschaft und von äth Hen 62,14 her die Bedeutung einer „gezielten Vorausdarstellung" der „himmlischen Mahlgemeinschaft des Menschensohnes mit den Seinen" zukommt.[207] Daß Jesus das Motiv der himmlischen Mahlgemeinschaft in seiner Botschaft aufgenommen hat, zeigt sein Logion in Mt 8,11/Lk 13,29f. Den alttestamentlichen Hinter-

---

[202] Vgl. dazu LOHMEYER, Mk, S.55; HOFIUS, aaO., S.29, Anm. 42; JEREMIAS, Gleichnisse, S.225, Anm. 1.

[203] Vgl. aber LOHMEYER, Mk, S.55.

[204] SCHLATTER, Mt, S.304.

[205] Vgl. J. FRIEDRICH, Gott im Bruder, S.188ff, 207ff und S.298ff.

[206] HOFIUS, Tischgemeinschaft, S.20; vgl. JEREMIAS, Zöllner und Sünder, ³RGG, VI, S.1927f.

[207] S. dazu STUHLMACHER, Die neue Gerechtigkeit, S.49f u. HOFIUS, aaO., S.19f: „Die Tischgemeinschaft Jesu mit den Sündern ist die Vorweggabe des eschatologischen Mahles in der Königsherrschaft Gottes".

grund dafür bildete vor allem Jes 25,6 (vgl. Mk 14,25; Mt 22,2-14).
Auch die Juden der Zeit Jesu erwarteten im Anschluß an diese jesajani-
sche Stelle das Freudenmahl der Frommen im Reich Gottes (vgl. Lk
14,15; Apk 19,9). Die Tischgemeinschaft Jesu mit Zöllnern und Sündern
bedeutet vor diesem Hintergrund die demonstrative Vermittlung der Sündenvergebung Gottes, der auch die verirrten und verlorenen Söhne Abrahams zur Vorfeier des himmlischen Mahles einlädt. Jesus verkündet damit
die Grenzen überschreitende Vaterliebe Gottes auf seine ureigene Weise.

V.16. Den Schriftgelehrten aus dem pharisäischen Kreis ist solches
grenzverwischendes Verhalten Jesu anstößig. Sie wagen aber noch nicht,
Jesus direkt zu kritisieren. Die polemische Frage ist an die Jünger Jesu
gerichtet: Wieso ißt er mit den Zöllnern und Sündern? ὅτι in V.16c ist
gleich wie τί oder διὰ τί bei Mt (9,11b) und Lk (5,30c).

V.17. Wie immer, wo Jesus das Unverständnis und den Unmut der
Pharisäer wahrnimmt (vgl. 2,8; Lk 7,39; 15,1ff), wendet er sich belehrend (mit Lehrgespräch oder Gleichnis) und rechtfertigend (hier seine
Gleichnishandlung) an seine Kritiker: Die Gesunden bedurfen des Arztes
nicht so sehr wie vielmehr die Kranken. Ich bin nicht gesandt, Gerechte
zu berufen, als vielmehr Sünder![208] Gesunde-Gerechte einerseits und
Kranke-Sünder andererseits werden gleichgesetzt.

In diesem Doppelspruch identifiziert Jesus sich selbst mit dem Arzt.[209]
Er ist Heiler von Krankheit und Sünde. Wie Kranke hier mit Sündern
identifiziert werden, so auch Heilung mit Sündenvergebung. Denn Heilung der Kranken wie Mahlgemeinschaft Jesu mit den Zöllnern sind
Sinnbild der messianischen Heilszeit, die Jesus als Zeit der Sündenvergebung verkündete. Jesus beanspruchte hier, der endzeitliche Arzt Gottes zu
sein. Und als der Arzt der messianischen Heilszeit will er dort wirken, wo
er am meisten gebraucht wird: Bei den Kranken und Sündern. Nicht weil
sie es eher verdient hätten als die Gerechten und Gesunden, sondern weil
sie ihn nötiger haben. Aus Lk 15 und 19,1-10 wird deutlich, daß die Gesunden und Gerechten zum Mitfreuen mit dem Vater, der sich über die
Heimkehr des verlorenen Sünders freut (bes. Lk 15,31f), aufgerufen sind.
Jesus als der Arzt und der Gesandte Gottes (ἦλθον), ausgerüstet mit Geist

---

[208] Zur Übersetzung vgl. H. KRUSE, Die „dialektische Negation" als semitisches Idi-
om, in: VT4, 1954, S.385-400, hier S.386: „Es handelt sich um die Gegenüberstellung
zweier Aussagen, von denen die eine (meist steht sie an erster Stelle) verneint, die andere
bejaht wird, um dem bejahten Glied einen besonderen Nachdruck zu geben". S. dazu
PESCH, Mk, S.166, Anm.8.
[209] Zum Thema Arzt und Heilungen Jesu, vgl. R. und M. HENGEL, Die Heilungen
Jesu und medizinisches Denken, in: Medicus Viator. Frage und Gedanken am Wege
Richard Siebecks, 1959, S.331ff.

und Vollmacht, ruft die Sünder zu sich (Mk 2,15.17b) und kehrt in das Haus des Obersünders ein (Lk 19,1-10), wo er das Heil Gottes ausruft (vermutlich auch dort Mahlgemeinschaft).[210] Der Kontext (Mk 2,1-22) zeigt eindrucksvoll, wie Sündenvergebung (V.5.10), Heilung (V.11f), Mahlgemeinschaft (V.15) und Hochzeitsfreude (V.19.22) eng miteinander zuammengehören. Es ist der eine, der messianische Menschensohn, der hier in seiner Heils- und Gerichtsvollmacht den Auftrag Gottes erfüllt.[211] Tischgemeinschaft mit den Zöllnern und Sündern war die sinnenfälligste Tat-Verkündigung Jesu, die mit seiner Wortverkündigung in unlösbarer Einheit steht.

30.2 Der Freund von Zöllnern und Sündern: Lk 7,34/Mt 11,19

Lk 7,34:   Der Menschensohn ist gekommen (ἐλήλυθεν; bei Mt ἦλθεν), essend und trinkend, und ihr sagt (bei Mt: sie sagen): ‚Siehe, ein Fresser und Weinsäufer, Freund von Zöllnern und Sündern (φίλος τελωνῶν καὶ ἁμαρτωλῶν)!‘"

I.*Text*
Der Text (Nestle-Aland[26]) ist gut überliefert. Übersetzungsprobleme entstehen keine.

II. *Analyse*
Das Logion ist bei Q zusammen mit der kurzen Gleichniserzählung von den mürrischen Kindern (Lk 7,31-35/Mt 11,16-19) überliefert. Das Thema des Kontextes (Lk 7,18-35/Mt 1,2-19) ist Johannes d.T. und Jesus. Pesch geht davon aus, daß der ursprüngliche Vorwurf der Gegner Jesu mit τελωνῶν φίλος zu Ende ging.[212] Nach S. Schulz ist aber die Verbindung mit ἁμαρτωλοί bereits in Q hergestellt.[213] οἱ τελῶναι καὶ ἁμαρτωλοί scheint eine Art von Formel zu sein.[214] Nach dem Wortlaut ist die mt. Fassung (=Q) wohl ursprünglicher, da Lk φίλος umstellt und

---

210 Dazu s. aber FIEDLER, aaO., S.135: „Da überdies allem nach keine ‚Personallegende' vorliegt, empfiehlt sich große Zurückhaltung gegenüber der Annahme eines historischen ἀρχιτελώνης Zachäus". Zum Problem vgl. HERRENBRÜCK, Jesus und die Zöllner, S.264-269.

211 Vgl. STUHLMACHER, Existenzstellvertretung für die Vielen, S.34f.

212 R. PESCH, Das Zöllnergastmahl (Mk 2,15-17), in: Mélanges Bibliques B.Rigaux, 1970, S.63-87, hier S.79.

213 S. SCHULZ, Q. Die Spruchquelle der Evangelisten, 1972, S.380.

214 Vgl. F. HERRENBRÜCK, Jesus und die Zöllner, S.233ff.

so die Wortfolge korrigiert. Der Vorwurf φάγος καὶ οἰνοπότης ist wohl aus Dtn 21,20 hergeleitet („dieser unserer Sohn da ist störrisch und widerspenstig, will aber unsere Mahnung nicht hören; er ist ein Schlemmer und Weinsäufer"). Einem so Beschuldigten droht die Todesstrafe (=Steinigung, vgl. Spr. 23,19f; TgJer I, z.St.; bSanh 70b).[215] Von diesem Hintergrund her geschen ist der gegnerische Vorwurf gegen Jesus feindselig und gefährlich zugleich.

III *Interpretation*

Das Schimpfwort „τελωνῶν φίλος καὶ ἁμαρτωλῶν" paßt gut zur öffentlichen Wirksamkeit Jesu (vgl. Tischgemeinschaft Jesu mit Zöllnern [!] und Lk 19,1-10). Galten damals die Zöllner (=„hellenistische Kleinpächter"[216]) als notorische Sünder, so ist es wahrscheinlich, daß der Vorwurf der Gegner tatsächlich auch so lautete.

Was bezweckte Jesus mit seinem umstrittenen und provozierenden Umgang mit Zöllnern? Wer waren die „Zöllner" im Auge Jesu? Waren sie die notorischen Sünder? Waren sie die νήπιοι also עַמֵּי הָאָרֶץ? Für Jesus waren auf jeden Fall auch sie Söhne Abrahams (Lk 19,9). *Auch denen* wird das Heil Gottes verkündet. Ja, mehr noch: *Gerade an ihnen* wird die vergebende Liebe Gottes praktiziert, weil sie als die Exponenten der Unreinen galten, weil sie νήπιοι/עַמֵּי הָאָרֶץ waren. Nach Jesu Gleichnissen waren sie die Letzten, die Erste werden (Mt 20,16), und die verlorenen Söhne, die heimkehren (Lk 15,11ff). Jesu Umgang mit den Zöllnern war seine sinnenfälligste Gleichnishandlung vom Reich Gottes. Da wird sichtbar, was Gottes Reich ist (Brot zu essen, Wein zu trinken und mit Jesus an einemTisch zu liegen, haben symbolische Bedeutung).

Ganz Israel ist zum messianischen Mahl eingeladen, wenn Jesus *auch* mit den Zöllnern ißt und trinkt. Jesu Verhalten gegenüber Zöllnern ist also eng mit seiner Sendung zu ganz Israel,[217] d.h. zu Gerechten sowie Sündern, zu Reinen wie Unreinen verbunden. Für Jesus sind alle Schuldner vor Gott (vgl. Lk 7,41f), und für alle ist die Stunde da: die Stunde des messianischen Heils.

---

[215] Vgl. dazu W. GRUNDMANN, Lk-Kommentar, S.167f.
[216] So HERENBRÜCK, Wer waren die Zöllner?, S.194.
[217] Vgl. HERRENBRÜCK, Jesus und die Zöllner, S.272.

§ 31
Sündenvergebung in den Gleichnisreden Jesu: Beispiel: Lk 18,9-14 und 15,11-32

Zuspruch der Sündenvergebung Gottes durch Jesus rief den Blasphemievorwurf der Gegner hervor. Die Mahlgemeinschaft Jesu mit den Sündern und Unreinen wirkte für die gesetzestreuen Pharisäer anstößig und provozierend zugleich (Mk 2,16; Mt 11,19; Lk 15,1f). Zur Rechtfertigung seines sündenvergebenden Handelns und zur Belehrung erzählte Jesus seinen Zuhörern mehrere Gleichnisse. Jesu Gleichnisreden sind allerdings nicht nur Rechtfertigungsreden; man kann daraus auch Jesu Verhalten und seine Lehre entnehmen.[218]

Im Folgenden wollen wir zwei dieser Gleichnisse auswählen und auslegen; die anderen in Betracht kommenden Erzählungen werden bei der Interpretation mit herangezogen.

31.1 Lk 18,9-14

I. *Text*

Die knappe Lesart παρ' ἐκεῖνον in V.14a wird vielfach korrigiert.[219] Die Koinegruppe liest dort ἢ γὰρ ἐκεῖνος, während D syᵖ die längere Lesart μᾶλλον παρ' ἐκεῖνον τὸν Φαρισαῖον hat. Am Text ist aber keine Änderung vorzunehmen. Παρ' ἐκεῖνον hat nicht komparativischen, sondern exklusiven Sinn[220]

II. *Analyse*

Die Perikope gehört zum Sondergut des Lukas.[221] Die beiden Gleichnisse in 18,1-8 und 18,9-14 kreisen um das Thema „Gebet", „Gebetserhöhung" und „Rechtfertigung". Mit unserer Perikope endet der

---

[218] Vgl. dazu E. FUCHS, Zur Frage nach dem historischen Jesus, 1965 und DERS., Jesus, Wort und Tat, 1971.

[219] Vgl. GRUNDMANN, Lk, 1981, S.352.

[220] Vgl. JEREMIAS, Gleichnisse, S.139f.

[221] Zu der Perikope s. JÜLICHER, Gleichnisreden II, S.598ff; DIBELIUS, Formgeschichte, S.251ff; JEREMIAS, Gleichnisse, S.139ff; E. LINNEMANN, Gleichnisse Jesu, 1969, S.64ff, 148ff; L. SCHOTTROFF, Die Erzählung vom Pharisäer und Zöllner, FS H. Braun, S.439-461; H. ZIMMERMANN, Jesus Christus, 1973, S.105ff; FIEDLER, aaO., S.228-233.

„Reisebericht". In V.15 nimmt Lk den Faden des Mk wieder auf.[222] Lk hat das Gleichnis (18,10-14a) ein- und ausgeleitet (V.9 und 14b).[223] In V.9 nennt er die Adressaten des Gleichnisses[224] und in V.14b interpretiert er das Logion Jesu in V.14a.[225] Das Urteil Jesu über Pharisäer und Zöllner in V.14a steht in scharfem Gegensatz zur damaligen pharisäischen Gerechtigkeitsauffassung.[226] Das Denken und Handeln der Frommen war damals sehr stark von der Gesetzesfrömmigkeit und von der weisheitlichen Tradition des Tat-Vergeltungs-Zusammenhangs bestimmt (vgl. Sir 27,25-29; Ps Sal 2,18; 9,2).[227] Der Gott der Gerechtigkeit war ein Gott der Vergeltung, ein gerechter Richter, der die Frommen belohnt (Ez 18,5ff; Ps Sal 12,6; 3,11f; 14,1ff) und die Sünder bestraft (Ez 18,10ff; Ps Sal 2,34f; 3,10ff; 15,7ff).[228] Der gesetzesgehorsame Pharisäer im Gleichnis ist seines Heils sicher, da er sich in seiner Gerechtigkeit auf eine Tradition wie Ps 26,1-12 und Hi 31,1-37 beruft.[229]

Der Zöllner in Jesu Gleichnis hingegen hat keine religiösen Leistungen und keine Verdienste vorzuweisen außer seinen Verschuldungen.[230] Bußfertig bekennt er seine Sünden (worin seine Sünde besteht, wird hier nicht erzählt). Er kann nur zu Gott um Gnade flehen. Damit steht er in der alttestamentlich-frühjüdischen Bußgebetstradition, die sich allein auf die sündenvergebende Barmherzigkeit Gottes gründet (bes. Ps 32,5; 38,5; 51,3ff; 79,9; 130,1ff; 143,1f.11; Esr 9,6-15; Neh 9,9-37; Dan 9,4-18; 4 Esr 8,36; Gebet des Manasse 9; 1 QS 10,9-11, 22 u.a.).[231] Sowohl das Zöllnerbekenntnis in V.13b als auch Jesu Urteil in V.14a stehen außerdem in der Tradition von Ps 103, einem Psalm von der sündenvergebenden Barmherzigkeit Gottes (vgl. bes. 8-14 u. V.13).[232]

---

[222] Dazu G. SCHNEIDER, Lk II, S.363.
[223] Vgl. GRUNDMANN, Lk, S.349; STUHLMACHER, Gerechtigkeit, S.244; H. ZIMMERMANN, Jesus Christus, 1973, S.105f; FIEDLER, aaO., S.229.
[224] Vgl. LINNEMANN, aaO., S.70; JÜLICHER, aaO., S.600; JEREMIAS, aaO., S.92; CONZELMANN, Mitte der Zeit, 1964; S.59.
[225] Vgl. JERMIAS, Gleichnisse, S.143; Fiedler, aaO., S.229.
[226] Vgl. BILLERBECK II, S.247f; SCHLATTER, Lk, S.398f; STUHLMACHER, Die neue Gerechtigkeit, S.48f.
[227] Vgl. dazu SJÖBERG, Gott und die Sünder, S.197ff.
[228] Dazu SJÖBERG, aaO., S.207:
[229] S. STUHLMACHER, aaO., S.48.
[230] Vgl. SCHLATTER, aaO., S.398.
[231] Vgl. dazu STUHLMACHER, aaO., S.48f; BILLERBECK II, S.239ff.
[232] S. dazu BETZ, Jesu Lieblingspsalm, aaO., S.185ff.

III. *Tradition*

V.9. Die Angabe der Adressaten fehlt. Aus 17,20 und von der Erzählung selbst her ist es wahrscheinlich, daß es sich auch hier um eine ähnliche Situation wie in 5,29ff oder in 15,1f handelt, d.h., die Pharisäer sind in der Nähe und nehmen an dem Verhalten Jesu Anstoß. Daß Lk hier die strengen Gemeindeglieder dazu mahnt, die bußwilligen ehemaligen Gemeindeglieder (=„Verleugner") wiederaufzunehmen, ist aus dem Text nicht zu erschließen.[233] Dazu könnte man eventuell Mt 18,15ff heranziehen (vgl. ἐκκλησία in V.17). D. Lührmann konstatiert eine eigentümliche Form von Halacha, die (nach ihm) bei Mt oft zu beobachten ist.[234] Mt 18,21f/Lk 17,4 dürfte allerdings ein altes Logion sein, dessen Kern wohl auf den irdischen Jesus zurückgeht (Semitismen).[235] Jesus fordert von seinen Jüngern die Versöhnlichkeit: „Nicht sage ich dir, bis siebenmal, vielmehr bis siebzigmal!" (Mt 18,22; vgl. Gen 4,15.20). Das Logion ist im Zusammenhang mit anderen Jesus-Logien zu verstehen (vgl. Mt 5,43f; 7,1ff; 18,23ff). Wie in Lk 15,3 erzählt Jesus auch hier seinen kritischen Zuhörern ein Gleichnis. Aus der nachfolgenden Erzählung geht hervor, daß es sich um Zuhörer handelt, die sich selbst für gerecht halten und die Zöllner verachten.

V.10. Der Ausgangspunkt ist gleich. Zwei Menschen (nicht unterschieden) gehen hinauf in den Tempel, um zu beten. Es ist ein typisch palästinisches Bild.[236] Der eine ist ein Pharisäer und der andere ein Zöllner. Den Zuhörern wird deutlich, daß es sich hier um zwei grundverschiedene Menschen handelt.[237] Die Zuhörer sind direkt angesprochen.

V.11. Der Pharisäer betet, wie üblich, stehend.[238] Er dankt Gott, daß er anders ist als die Sünder, zu denen auch der nebenstehende Zöllner gehört. Er vergleicht sich selbst mit anderen. Charakteristisch ist sein Selbstbewußtsein als „Gerechter", der sich von den übrigen Menschen ab-

---

[233] Gegen SCHMITHALS, Lukas, Zürich 1980, S.180.

[234] D. LÜHRMANN, Logienquelle, S.113ff; ähnlich vor ihm W. TRILLING, Das wahre Israel, 1964, S.117.

[235] Man geht davon aus, daß hier kein Wort des irdischen Jesus, sondern eine Kirchenzuchtregel der judenchristlichen Gemeinde vorliegt. Anders L. BRUN, Segen und Fluch, S.92ff; V. CAMPENHAUSEN, Kirchliches Amt, S.138f; H. BRAUN, Radikalismus II, S.26, Anm. 4 und W. PESCH, R B 7, 1963, S.220ff.

[236] „Hinaufgehen" (V.10) und „Hinabgehen" (V.14a) sind die üblichen Formeln für den Gang in den Tempel und aus dem Tempel. S. dazu SCHLATTER, Lk, S.401.

[237] Vgl. GRUNDMANN, Lk, S.350; SCHNEIDER, Lk II, S.364.

[238] Dazu SCHLATTER, Lk, S.401; vgl. aber SCHOTTROFF: Sie spricht von einem karikierenden Charakter in V.11f, aaO., S.449. Ähnlich auch FIEDLER, aaO., S.229.

setzt.[239] Mit Jeremias ist allerdings darauf hinzuweisen, daß das Gleichnis hier nicht karikiert.[240]

V.12. Nach dem Dank für seinen Gerechtstatus zählt der Pharisäer seine Leistungen auf: jede Woche faste er zweimal und gebe auch den Zehnten von allen seinen Einkünften! Die Pharisäer fasteten freiwillig, um für die eigenen und die Sünden des Volkes zu sühnen. Dabei spielte auch die Erwartung der Gottesherrschaft eine Rolle.[241] Die Verzehntung geht über das in Dt 14,22ff Gebotene hinaus.[242] Der Pharisäer ist kein Heuchler wie die in Mt 6,5f. Eigentlich ist er auch nicht hochmütig, denn er dankt Gott für seine unbestreitbare, die Forderungen des Gesetzes übersteigende Frömmigkeit.[243] Der Pharisäer gleicht in mancher Hinsicht dem älteren Sohn in Lk 15,11-32. Der ältere Sohn bekundet auch, wie der Pharisäer hier, vor seinem Vater seinen unbestreitbaren Verdienst: „Siehe soviele Jahre diene ich dir und habe nie dein Gebot übertreten" (15,29a). Hier wie dort stehen ein nach dem Gesetz untadeliger Gerechter einem angesichts des Gesetzes schuldigen Sünder gegenüber.

V.13. Während sich der Pharisäer im Tempel Gottes wohlfühlt und sich nach den Sündern umschaut, wagt der Zöllner nicht einmal, in die Nähe des Pharisäers zu kommen und seine Augen zum Himmel zu erheben. Der Zöllner weiß, daß er nur von Schuld beladen vor Gott dasteht. Seine Lage im Tempel ist aussichtslos. Denn es heißt, daß die Gebete der Sünder und der Übeltäter von Gott nicht erhört werden: Stellen wie Jes 1,15f („Und wenn ihr eure Hände ausbreitet, dann verhülle ich meine Augen vor euch. Mögt ihr noch so viel beten, ich höre nicht hin. Eure Hände sind voll Blut. Waschet und reinigt euch") oder Sir 34,19 („Kein Gefallen hat der Höchste an den Gaben der Frevler, auch bei einer Fülle von Opfern verzeiht er die Sünden nicht") dürfte der Zöllner im Gleichnis als kultfähiger Jude gekannt haben und mit ihm die Hörer des Gleichnisses. Der Zöllner schlägt sich an seine Brust; das ist „kein Gebetsgestus mehr, sondern ein Verzweiflungsausbruch"[244], denn er weiß (ebenso wie Jesus und seine Zuhörer), daß ihm keine Vergebung zuteil wird, wenn er nicht vorher all sein Unrecht und seine Verschuldungen wiedergutgemacht hat, was ihm unmöglich ist.[245] So fleht er Gott um Erbarmen an.

---

[239] SCHNEIDER, Lk II, S.364.
[240] JEREMIAS, Gleichnisse, S.139ff.
[241] Vgl. GRUNDMANN, Lk, S.351; BILLERBECK II, S.241ff.
[242] Dazu BILLERBECK, II, S.244f.
[243] Vgl. SCHMITHALS, Lk, S.179.
[244] GRUNDMANN, Lk, S.351.
[245] BILLERBECK II, S.375; vgl. SCHWEIZER, Lk, S.187.

Er nimmt dabei die Anfangsworte von Ps 51 auf:[246] „Gott, sei mir gnädig" (51,3a). Der Zöllner gleicht hier in mancher Hinsicht dem jüngeren
Sohn in Lk 15,11-32, der bußfertig heimkehrt und seine Sünden bekennt:
„Vater, ich habe gesündigt gegen den Himmel und vor dir. Ich bin nicht
wert, dein Sohn zu heißen" (15,21).[247] Beim Zöllner wie beim jüngeren
Sohn führt die Sünden- und Selbsterkenntnis zum völligen Sündenbekenntnis vor Gott. Mit dem Sündenbekenntnis aus Ps 51 tritt der Zöllner
„unter die Verheißung"[248] dieses Psalmes wie der anderen Bußpsalmen
und Bußgebete (bes. Ps 130 u. 143, vgl. Ps 103,3f. 8ff): Ich erkenne
meine bösen Taten, meine Sünde steht mir immer vor Augen (Ps 51,5).
Ein zerknirschter Geist, ein zerschlagenes Herz verschmäht Gott aber
nicht (Ps 51,59). Beim Herrn, unserem Gott, ist Erbarmen (Dan 9,9) und
Vergebung (Ps 130,4). Indem der Zöllner mit leeren Händen und zer-
schlagenem Herzen vor Gott steht und seine Sünden bekennend um Gottes
Gnade fleht, steht diese Verheißung der Bußtradition auf seiner Seite.

V.14. Dies geht aber nicht aus dem Gebetsverhalten des Zöllners hervor (denn er wagt nicht einmal, die Augen zum Himmel zu erheben),
sondern erst aus dem Urteil Jesu. Erst jetzt weiß der Hörer, daß das Bußgebet des Zöllners von Gott angenommen ist, das Gebet des Pharisäers
aber nicht. Für die Ohren der Pharisäer muß dieses Urteil Jesu provozierend und anstößig zugleich gewirkt haben. Das Urteil Jesu wird mit
„λέγω ὑμῖν" (vgl. Mt 5,22.28.32.34.39.44) eingeführt: „Ich sage euch:
Dieser ging gerechtfertigt in sein Haus hinab, nicht aber jener (παρ᾽
ἐκεῖνον)". Παρ᾽ ἐκεῖνον muß hier, wie bereits erwähnt, im exkludieren-
den Sinn übersetzt werden (aram מִן).[249] Es heißt nicht, daß der Zöllner
mehr und der Pharisäer weniger gerechtfertigt wurde, sondern daß nur
der Zöllner von Gott gerechtfertigt wurde, der Pharisäer aber nicht.[250]
Hier ist es also Jesus, der wie der Vater in Lk 15,22ff das Urteil über den
Zöllner fällt.[251] Damit tritt er bewußt an die Stelle Gotte (das eigentliche
Subjekt ist aber auch hier Gott: s. δεδικαιωμένος Perf. Pass.). Wie in den
Antithesen der Bergpredigt handelt und spricht Jesus hier in der Voll-
macht Gottes.[252]

---

246 Vgl. dazu BETZ, Jesu Lieblingspsalm, S.195 und GRUNDMANN, Lk, S.352.
247 Schon SCHLATTER weist auf diese Verbindung hin, Lk, S.400.
248 GRUNDMANN, Lk, S.352.
249 Vgl. JEREMIAS, Gleichnisse, S.141; SCHNEIDER, Lk II, S.365.
250 Vgl. BAUER, Wörterbuch, παρά, S.1211f.
251 GRUNDMANN, Lk, S.352.
252 Gegen die Behauptung von SCHOTTROFF, aaO., S.439ff und FIEDLER, aaO.,
S.228ff, daß die Gleichniserzählung vom Pharisäer und Zöllner sekundär sei. Zur
Perikope schreibt Fiedler: „Um das Ergebnis vorwegzunehmen: Aus Lk 18,10-14a läßt

Der gerechte Pharisäer erfährt keine Rechtfertigung durch Gott, sondern der Zöllner, der notorische Sünder! Darin kommt Neues bei Jesus
zur Sprache. Gottes Maßstab ist anders als der des Pharisäers. Jesus verkündet einen Gott, den die Pharisäer nicht mehr kennen, einen Gott, der
die Sünder rechtfertigt.

31.2 Lk 15,11-32

I. *Text*

Statt τὴν οὐσίαν αὐτοῦ hat D ἑαυτοῦ τὸν βίον. Βίος (=Lebensgut;
vgl. V.30) ist aber hier gleichbedeutend mit οὐσία (=Besitz; im NT nur
hier). Die Texte der hesychianischen Textgruppe lesen in V.16 das kor-
rekte χορτασθῆναι (=sättigen), während A θ ψ 𝔐 lat unter anderem
den starken Ausdruck γεμίσαι τὴν κοιλίαν αὐτοῦ (=sich den Bauch
vollschlagen) haben. Einige der ältesten griechischen Handschriften א B
D ergänzen den Schlußsatz aus V.19: ποίησόν με ὡς ἕνα τῶν μισ-
θίων σου. Das ist nach Zahn „ein lehrreicher Beweis für die beschränkte
Bedeutung der ältesten griechischen Handschriften"[253].

II. *Analyse und Interpretation*

Einige Exegeten versuchen V.25-32 als sekundären Anhang auszuschei-
den, da sie meinen, in V.25-32 fehlten Semitismen.[254] Nach E. Schweizer
ist nur V.11-16 semitisierend.[255] Wie J. Jeremias gezeigt hat, ist aber die
ganze Parabel voll von Semitismen.[256] Der Ton der Parabel liegt auf der
zweiten Hälfte.[257]

---

sich nichts über Jesu Einstellung in der genannten Frage des (ausschließlichen) Vorzugs
der ‚Sünder‘ vor den ‚Gerechten‘ gewinnen, da die Erzählung nicht von Jesus stammt",
S.229. Hervorhebungen von ihm.

[253] ZAHN, Das Evangelium des Lukas, z.St.; vgl. GRUNDMANN, Lukas, S.313.

[254] So z.B. I. T. SANDERS, NTS 15, 1968/9, S.433ff; vgl. THEISSEN-VIELHAUER,
GST, Erg. H., S.69.

[255] E. SCHWEIZER, Zur Frage der Lukasquellen, ThZ 4, 1948, S.469-471.

[256] J. JEREMIAS, Zum Gleichnis vom verlorenen Sohn, ThZ 5, 1949, S.228-231.

[257] Vgl. JEREMIAS, Gleichnisse[4], S.115f. Zur Herkunft und zum Hintergrund der
Parabel s. K. H. RENGSTORF, Die Re-Investitur des Verlorenen Sohnes in der Gleichniserzählung Jesu Lk 15,11-32. (Arb-Gem. für die Forschung des Landes NRW, Geisteswiss. H. 137), Köln-Oplanden 1967; dazu W. PÖHLMANN, Der Verlorene Sohn,
Traditions- und vorstellungsgeschichtliche Studien zur Parabel Lk 15,11-32 im Horizont
der antiken Lehre vom Haus, von der Erziehung und vom Ackerbau, Hab. Tübingen,
1982 , (Masch.) S.6ff, 78ff, 133ff und S.192ff.

Mit dem redaktionellen εἶπεν δέ wird die neue Erzählung eingeleitet und der Übergang vom Einschub zur Fortsetzung von V.1-3 geschaffen.[258] Ἄνθρωπός τις[259] ist hier wohl ein Bauer, denn er hat viele Tagelöhner und Sklaven, die für ihn (auf seinem Hof) arbeiten und Überfluß an Brot haben (V.17.19.22). Nach W. Pöhlmann verweist der Einsatz der Parabel in V.11: „ein Mann hatte zwei Söhne" (vgl. Mt 21,28) auf jenen rabbinischen Gleichnistyp zurück, der mit „ein Mann (König) hatte zwei Söhne" beginnt.[260]

Die Wendung καὶ εἶπεν in v.12 und das häufige καί consecutivum in der Erzählung sind unlukanisch und kommen auch im zweiten Teil der Parabel vor. Während ἐνώπιον in V.18.21 von Lk bevorzugtes Wort ist, ist εἰς τὸν οὐρανόν in V.18.21 nach Jeremias und Pöhlmann unlukanische Wendung.[261] Neben καὶ ἐσπλαγχνίσθη in V.20 ist auch „und er lief, fiel um seinen Hals und küßte ihn" der vorlukanischen Tra-dition zuzurechnen (vgl. Gen 45,14f LXX und 33,4 LXX).[262] L. Schott-roff hat die These vertreten, daß die Parabel als ganze ein Lehrstück lukanischer Soteriologie sei.[263] Jeremias, Hofius und Pöhlmann haben aber gezeigt, daß die Parabel im wesentlichen vorlukanisch formuliert ist, insofern ist die These Schottroffs unhaltbar. Die Erzählung ist von ihrem Kern her auf den irdischen Jesus zurückzuführen. Das Kernstück des ersten Teils der Erzählung ist die Heimkehr- und Wiederannahmeszene.[264]

Der Protest des älteren Bruders im zweiten Teil der Erzählung hat nach Pöhlmann ein doppeltes Anliegen: „Er richtet sich gegen die bedingungslose Wiederaufnahme desjenigen, der sich von der Lebensordnung der Weisheit losgesagt, sich ihr gegenüber als unzugänglich und unbelehrbar erwiesen hat. Damit soll die Ordnung des Hauses geschützt und erhalten werden. Sie könnte nicht bestehen, wenn das Verhalten des jüngeren Sohnes folgenlos bliebe. Mit diesem Eintreten für die Ordnung des Hauses wird nun im zweiten Teil der Parabel der ältere Bruder zugleich

---

[258] Vgl. GRUNDMANN, Lukas, S.311. εἶπεν δέ und εἶπαν δέ finden sich 59 mal im Evangelium.

[259] S. hierzu PÖHLMANN, Der verlorene Sohn, S.265ff.

[260] PÖHLMANN, aaO., S.246, S.268f.

[261] JEREMIAS, Tradition und Redaktion in Lukas 15, ZNW 62, 1971, S.172-189, hier S.177; PÖHLMANN, S.277.

[262] Vgl. dazu O. HOFIUS, Alttestamentliche Motive im Gleichnis vom verlorenen Sohn, NTS 24, 1978, S.240-248, hier S.242 und PÖHLMANN, aaO., S.279.

[263] L. SCHOTTROFF, Das Gleichnis vom verlorenen Sohn, ZThK 68, 1971, S.27ff.

[264] PÖHLMANN, aaO., S.279.

der eigentliche Repräsentant dieser Ordnung"[265]. Der ältere Sohn kann die Freude seines Vater nicht nachempfinden.

Auch die Arbeiter im Weinberg in der Gleichniserzählung Jesu fühlen sich von ihrem Arbeitgeber unrecht behandelt (Mt 20,11f).[266] Jeder Zuhörer kann ihren Unmut verstehen: „Diese letzten da haben nur eine Stunde gearbeitet, doch du hast sie uns gleichgestellt, die wir die Last des Tages getragen haben und die Hitze!"[267] Unrecht hat der Weinbergbesitzer nicht getan, aber mit seinem Verhalten den Unmut der Ersten hervorgerufen. Hierin sehen wir den Grundkonflikt der Verkündigung Jesu für seine jüdischen Hörer: Er verkündet und verwirklicht durch sein Verhalten und seine Predigt gegenüber Zöllnern und Sündern die bessere Gerechtigkeit Gottes, die „mehr als ein bloß Lohn und Strafe zumessendes richterliches Verhalten"[268] ist, und die Pharisäer nehmen Anstoß an der Verwirklichung gerade dieser besseren Gerechtigkeit. Daran muß Jesus die Unvermeidbarkeit seines Todes gesehen haben, der die Versöhnung der beiden Söhne, der beiden Beter im Tempel und der Weinbergarbeiter untereinander bewirken soll. Sein Sühnetod soll alle Trennungen zwischen Gott und den Menschen und zwischen den Menschen untereinander aufheben und die Versöhnung stiften (vgl. Mk 9,31; 10,45; 14,22ff; Röm 5,1f; 2 Kor 5,14ff). „Versöhnung" spielt auch in der Vergebungsbotschaft Jesu eine wichtige Rolle (s. unten).

Im Urteil Jesu über die beiden Beter im Tempel (Lk 18,14), in der Antwort des Vaters im Gleichnis von den beiden Söhnen (Lk 15,31f), sowie in der Antwort des Weinbergbesitzers (Mt 20,13ff) begegnen wir dem Gott des Deuterojesaja[269] (Jes 40,1f.11.29f; 41,10.13f; 42,6f; 43,3f; 24f; 44,22; 49,8ff; 51,14f; 52,7; 53; 54,7f; 55,1ff.6ff; vgl. auch 56,1; 61,1ff; 63,16; 65,17ff; 66,2), des Jeremia (Jer 23,3ff; 31), des Ezechiel (Ez 34,15f; 36-37) und der Psalmen (Ps 51; 65,3f; 72; 103; 130; 143,1f.11; 145,18f; 146; 147,2-6), dem Rechtshelfer der Armen und der Bedrängten (Ps 145,14; 146,7f), der das Verlorene sucht und das Versprengte zurückführt (Ez 34,16; Jer 23,3), der die Hilfeschreie der Armen und der Elenden erhört (Ex 3,7f; Sir 35,14ff; vgl. Jes 66,2), der den Hungernden das Mahl bereitet (Jes 55,1ff; 25,6f), der den Sündern vergibt und Kranke heilt (Ps 103,13) und Erlöser (Jes 63,16) des neuen

---

[265] PÖHLMANN, aaO., S.294.

[266] Vgl. hierzu EICHHOLZ, Gleichnisse, S.85ff;

[267] Zum Lohn der Arbeiter vgl. BILLERBECK, I, S.832; vgl. ferner J. B. BAUER, Gnadenlohn oder Tageslohn, in: Biblica 1961, S.224ff.

[268] STUHLMACHER, Die neue Gerechtigkeit, S.49.

[269] Zum Verhältnis Deuterojesaja-Jesus s. W. GRIMM, Weil ich dich liebe. Die Verkündigung Jesu und Deuterojesaja, 1976, S.68ff, 135ff, 199ff und S.301ff.

Gottesvolkes werden will (vgl. Dan 7,13ff; Jes 65,17ff; Ez 36,25ff). Jesus als der Verkünder und der Herbeiführer des neuen Äons, der Königsherrschaft Gottes, ist zugleich auch der Verkünder (Bergpredigt) und Verwirklicher (Mahlgemeinschaft, Sündenvergebung, Heilung) der neuen Gerechtigkeit Gottes, die alle vorhandenen Maßstäbe, Autoritäten und Prinzipien außer Kraft setzt.[270] Mit Jesus bricht die Zeit des messianischen Heils, die Zeit des neuen Weins an (Mk 2,22; Mt 5,3ff). Wer die Zeichen der Zeit nicht begreift (Mt 16,3; Lk 12,56) und nicht mitfeiert (Mk 2,19), sondern Anstoß an Jesu Worten und Taten nimmt (Mt 11,5f), dem werden alle Verhältnisse umgekehrt (Mt 19,30; 20,16; Lk 13,30). Insofern bringt das Kommen des Gottesreiches „eine echte Revolution, die Umkehrung der bestehenden Verhältnisse"[271]. Als die zwei Menschen in den Tempel hinaufgingen, um zu beten, hatten beide die Chance, Gottes Vergebung zu erfahren. Gerechtfertigt durch Gott ging aber nur einer nach Hause, der Zöllner.

Der Sinn der Gleichnisreden Jesu liegt nicht darin, die Pharisäer mit ihrer echten Frömmigkeit (vgl. Lk 18,11f) oder den treuen, aber sich nicht mitfreuenden älteren Sohn (Lk 15,25ff) zu verurteilen. Jesus will sie als der messianische Lehrer der Weisheit belehren und in die wahre Frömmigkeit einführen. Er führt mit seinem Gleichnis „den Hörer durch die Identifikation, durch Protest und Widerspruch und schließlich in einem Einvernehmen auf einer höheren Ebene zur Begegnung mit der neuen, von der Parabelerzählung intendierten Welt, der βασιλεία τοῦ θεοῦ"[272]. Als der Freudenbote von Jes 52,7 und 61,1f verkündet Jesus die Königsherrschaft Gottes als Heil für *ganz* Israel. Von diesem Heilsangebot ist niemand ausgeschlossen. Auch die Verlorenen und die Gottesfernen sind zum messianischen Fest eingeladen (vgl. Jes 25,6ff). Denn sie sind auch Kinder Abrahams (Lk 19,9), Söhne des barmherzigen Vaters (Lk 15,11ff). Alle sollen sich freuen auf das bereits angebrochene messianische Heil.

---

[270] Vgl. STUHLMACHER, Die neue Gerechtigkeit, S.48ff.
[271] O. BETZ, Vaterunser, S.32; vgl. auch GRUNDMANN, Lk, S.352.
[272] W. PÖHLMANN, Der verlorene Sohn, S.296.

§ 32
# Das Vaterunser und die Vergebungsbotschaft Jesu
Mt 6,9-13 (Lk 11,2-4) (besonders die Vergebungsbitte)

32.1 Das Vaterunser

Das Vaterunser nimmt nicht nur in der matthäischen Bergpredigt,[273] sondern auch in der gesamten Verkündigung Jesu die zentrale Stellung ein. Es ist die Summe der Verkündigungen Jesu und zugleich die Zusammenfassung seiner Vergebungsbotschaft. Das Vaterunser ist, wie Lohmeyer kommentiert, „überall verständlich und verlangt nach immer neuem Verständnis, es erschließt sich mit immer neuem Sinn und wohnt doch über allen Erklärungen wie in dem Geheimnis seiner Allverständlichkeit"[274]. Wir werden dieses Gebet des Herrn niemals voll ausschöpfen können. Unter Berücksichtigung dieses Sachverhalts wollen wir uns im Folgenden dem „Vaterunser" zuwenden.[275] Für die Exegese legen wir die Mt-Fassung des Vaterunsers zugrunde. Der Länge nach hat zwar die Lk-Fassung „die älteste Form" erhalten, dem gemeinsamen Wortlaut nach ist jedoch der Mt-Text „ursprünglicher"[276]. Bei der Auslegung werden wir uns auch mit diesem Problem näher beschäftigen.

I. *Text*

Τοῖς οὐρανοῖς in V.9b und τὰ ὀφειλήματα in V.12a werden in der Didache jeweils durch Singular ersetzt. ὀφειλή (Sg.) kennt aber auch Matthäus (s. 18,32). Da er hier trotzdem die abweichende Plural-Form

---

[273] Zur neueren Diskussion s. J. MOLTMANN (ed), Nachfolge und Bergpredigt. Mit Beiträgen von W. H. SCHMIDT, U. LUZ, R. HEINRICH, H. GOLLWITZER, 1981. M. HENGEL, Die Bergpredigt im Streit, in: Theol. Beiträge 14, 1983, S.68-79; DERS., Das Ende aller Politik. Die Bergpredigt in der aktuellen Diskussion, Ev. Komm. 14, 1981 (Heft 12), S.686-690 (vgl. auch Heft 9, S.518ff); vgl. aber auch Hengels Aufsatz, in: Theol. Beiträge, 14, 1983, S.53ff und seine Abhandlung: Zur matthäischen Bergpredigt und ihrem jüdischen Hintergrund, ThR 52, 1987, S.327-400; P. STUHLMACHER, Jesu vollkommenes Gesetz der Freiheit, ZThK 79, 1982, S.283-322; G. BARTH, Bergpredigt im Neuen Testament, TRE V, S.603-618.
Zur Bibliographie des Vaterunsers M. DORNEICH (ed) Vater-Unser. Bibliographie, Jubiläumsausgabe der Stiftung Oratio Dominica, Freiburg 1982.
[274] E. LOHMEYER, Das Vaterunser, ⁵1962, S.5.
[275] Zum Problemkomplex Bergpredigt-Vaterunser-Sündenvergebung s. P. STUHLMACHER, Jesu vollkommenes Gesetz der Freiheit, S.311ff und U. LUZ, Das Evangelium nach Matthäus, I², S.185ff.
[276] J. JEREMIAS, Das Vater-Unser im Lichte der neueren Forschung, in: Jesus und seine Botschaft, 1976, S.20-40, hier S.28.

hat, muß sie ursprünglich sein.[277] Lukas hat statt des etwas schwerfälligen ὀφειλήματα die geläufige Wendung ἁμαρτίας gesetzt. Im Blick auf ἀφήκαμεν (Aor, bzw. aram. Perf. Präs.)[278] bei Mt und ἀφίομεν (Präs.)[279] bei Lk ist die eher etwas mißverständliche schwierige Fassung bei Mt ursprünglich. Die Schlußdoxologie in vielen Handschriften geht auf 1 Chr 29,11-13 zurück und gehört nicht zum ursprünglichen Text. Sie taucht zum ersten Mal in Didache 8,2 auf. Bei der *Übersetzung* bereiten ἐπιούσιος und ἀφήκαμεν etwas Schwierigkeiten. Für ἐπιούσιος[280] gibt es verschiedene Ableitungsmöglichkeiten. Es kann aus ἐπί - οὐσία (zum Leben nötig), oder aus ἐπὶ τὴν οὖσαν (ἡμέραν) (für den betreffenden Tag) oder aus ἡ ἐπιοῦσα ἡμέρα (für den kommenden Tag = morgen) abgeleitet werden. Die letzte Lösung scheint am besten zur matthäischen Fassung zu passen (vgl. Hieronymus Notiz über Heb-Ev; Act 7,26; 16,11; 20,15). V.11 ist dann zu übersetzen: „Unser (Lebens-) Brot für morgen gib uns heute schon" („Lebensbrot" im Sinne des „Himmelsbrotes" vgl. dazu Lk 14,15).[281] Dem ἀφήκαμεν[282] (V.12) lag nach J. Jeremias[283] ursprünglich ein perfectum präsens zugrunde (im Aramäischen der Mt-Fassung). Dann wäre V.12b zu übersetzen: „Wie auch wir hiermit unseren Schuldnern vergeben"[284]. Wichtig ist die Bedeutung von ὀφείλημα und ὀφειλέτης in V.12.[285] Ὀφείλημα ist ein rechtlicher Verfehlungsbegriff und bezeichnet die Schuld=Sünde (vgl. Mt 18,28.30.32; Lk 7,41; Did 8,2), die von Gott im Endgericht rechtlich erlassen werden soll. Das Wort entspricht dem aramäischen חוֹבָא (Schuld: abgeleitet von חוֹב „Geldschuld") in der rabbinischen Literatur (vgl. Targum Onkelos zu Gen 13,33; 42,21; Ex

---

277 Vgl. LOHMEYER, Vaterunser, S.111.

278 Vgl. JEREMIAS, Vater-Unser, S.27f. Er meint, daß der Vergangenheitsform bei Mt (im Aramäischen) „ein sogenanntes perfectum praesens" zugrundeliege. Vgl. auch LOHMEYER: „So bleibt die Entscheidung zwischen Präsens und Aorist, aber beide Tempora weisen auf die aramäische Form šebaknan, welche selbst der Zeit nach unbestimmt ist und darum durch ein Präsens wie einen Aorist wiedergegeben werden kann", S.111.

279 Vgl. auch B. M. METZGER, Textual Commentary, S.16; ferner BL.-DEBR.-REHKOPF, Grammatik, [15]1979, 94,3; 97,3.

280 Vgl. dazu W. BAUER, Wörterbuch, S.587f; FOERSTER, ThWNT II, S.587ff; LOHMEYER, aaO., S.92ff; JEREMIAS, Theologie, S.193f; A. VÖGTLE, Der „eschatologische" Bezug der Wir-Bitten des Vaterunsers, in: FS Kümmel, S.344ff; Ch. MÜLLER, EWNT II, S.79f.

281 Vgl. dazu JEREMIAS, Vater-Unser, S.34f; andere Übersetzung z.B. bei FOERSTER: „Das Brot, das wir brauchen, gib uns heute (Tag für Tag)", aaO., S.595.

282 Vgl. H. LEROY, EWNT I, S.436-441; BULTMANN, ThWNT I, S.506-509; W. BAUER, Wörterbuch, S.249f.

283 S. JEREMIAS, Vater-Unser, S.27f.

284 JEREMIAS, S.28; vgl. auch LOHMEYER, Vaterunser, S.126ff.

285 Vgl. M. WOLTER, EWNT II, Sp.1344-1350; F. HAUCK, ThWNT V, S.564f.

10,17; ferner Ps 103,10 Tg)[286] Ὀφειλέτης (vgl. Mt 18,24!; Plat leg V.736d; Test Iob 11,12) bezeichnet dementsprechend den Schuldner im rechtlichen Sinne und ist mit ἁμαρτωλός gleichbedeutend (vgl. Lk 13,2.4; gr Hen 6,3; Polyd 6,1).[287] Ἀφίημι kann darum sowohl mit ὀφεί-λημα als auch mit ἁμαρτία verbunden werden und bedeutet erlassen (von Schuld) sowie vergeben (von Sünde) (vgl. Lk 11,4 mit Mt 6,12). Mt 6,9b-13 kann dann so übersetzt werden:

9b	Vater Unser in den Himmeln
9c	Geheiligt werde dein Name
10a	Es komme dein Reich
10b	Es geschehe dein Wille
10c	wie im Himmel so auch auf Erden
11	Unser Lebensbrot für morgen gib uns heute
12a	Und vergib uns unsere Schulden[288]
12b	wie auch wir (hiermit) vergeben unseren Schuld-nern[289]
13a	Und laß uns nicht in Versuchung geraten
13b	sondern erlöse uns von dem Bösen

II. *Analyse*

Das Vaterunser in Mt 6,9b-13 besteht formal aus Anrede (V.9b,3) parallel konstruierten Du-Bitten (9c, 10a, 10b + Zusatz in 10c: 10b.c. fehlt bei Lk: jeweils σου) und aus 4 Wir-Bitten (11,12,13a und 13b jeweils mit ἡμῖν bzw. ἡμᾶς und mit καί verbunden)[290]. Die ersten drei Bitten beziehen sich auf Gott und heben uns „hinauf zur Schaffenssphäre

---

[286] S. dazu O. BETZ, Das Vaterunser, 1979, S.61.

[287] S. WOLTER, aaO., Sp.1345.

[288] Vgl. dazu die Vergebungsbitte in Ex 34,9d: „Vergib uns unsere Schuld und Sünde".

[289] Wichtiger Paralleltext hierzu ist Sir 28,2: „Vergib deinem Mitmenschen das Unrecht, dann werden auf dein Gebet hin auch deine Sünden erlassen"; vgl. noch Sir 3,3.14f.30; 45,23.

[290] Vgl. dazu A. VÖGTLE, Der „eschatologische" Bezug der Wir-Bitten des Vaterunsers, in: Jesus und Paulus, FS W.G. Kümmel, 1975, S.344-362; O. Kuss, Das Vaterunser, in: Auslegung und Verkündigung II, 1967, S.277-333; G. EICHHOLZ, Auslegung der Bergpredigt, 41978, S.112ff. Zu den ersten drei Bitten s. die Äußerung von E. GRÄSSER: „Es geht in allen drei Bitten nur um die eine: Es komme deine Herrschaft!", in: DERS., Das Problem der Parusieverzögerung in den synoptischen Evangelien und in der Apostelgeschichte, 1957, S.97.

des göttlichen ‚Du' ", während die folgenden Bitten uns „in die Interessengemeinschaft des ‚Wir' " führen.[291]

Obwohl das Vaterunser bei Mt und Lk in verschiedener Fassung überliefert ist, entsprechen sich Aufbau und Inhalt der beiden Formen weitgehend. Im matthäischen Vaterunser ist die kürzere lukanische Fassung vollständig enthalten. Die Frage ist nun, welche Fassung die ursprünglichere ist, die kürzere Lk- oder die uns besser vertraute Mt-Fassung? Auf die am Anfang unseres Abschnittes gestellte Frage ist hier näher einzugehen. Zu berücksichtigen ist der Kontext, in den die beiden Evangelisten das Vaterunser einordnen. Jeremias weist darauf hin, daß bei Mt (6,1-18) eine „Auseinandersetzung mit der Frömmigkeitsübung der pharisäischen Laienkreise" stattfindet.[292] Jesus gibt seinen Jüngern Anweisungen: Im Verborgenen zu beten, nicht zu plappern. Es ist daher anzunehmen, daß sich Mt an eine Gemeinde wendet, der das Gebet Routine ist, an Menschen, die von Kind an zu beten gelernt haben, d.h., an Judenchristen. Bei Lukas ist dagegen viel mehr ein Schüler-Lehrer-Verhältnis berücksichtigt.[293] Vorangestellt ist „das Bild des betenden Herrn als Vorbild allen christlichen Betens" und die Bitte der Jünger: „Herr, lehre uns beten!" (11,1).[294] Darin könnte Lk historisch recht haben, daß Jesus seine Jünger in Entsprechung zu den Taufjüngern beten gelehrt hat.

Innerhalb einer judenchristlichen Gemeinde mit viel Gebetstradition (Schema Jisrael, Sch^emone Esre, Qaddisch) ist es nun denkbar, daß liturgische Texte erweitert werden, da der Lobpreis zu jedem jüdischen Gebet gehört.[295] So könnten V.10b und 13b als Erweiterung der matthäisch-judenchristlichen Gemeinde erklärt werden. Somit würde die kürzere Fassung von Lk mit den 5 Bitten als die ursprünglichere anzusehen sein. Nun enthält aber auch der Wortlaut der beiden Fassungen Differenzen, die bei genauer Betrachtung zeigen, daß sich Matthäus streng an dem aramäischen Ursprungstext orientiert hat, während Lk sich bemühte, das Vaterunser in gutem alltäglichem Griechisch zu überliefern (vgl. ὀφειλήματα bei Mt und ἀμαρτίας bei Lk; ἀφήκαμεν Mt - ἀφίομεν Lk; δὸς ἡμῖν

---

[291] O. BETZ, Vaterunser, S.7; vgl. A. SCHABERT, Die Bergpredigt, [1]1966, S.113-148, zur Vergebungsbitte s. S. 135ff.

[292] JEREMIAS, Vaterunser, S.23; vgl. EICHHOLZ, Bergpredigt, S.113f.

[293] Zum Lehrer-Schüler-Verhältnis im Mt s. G. BORNKAMM, Enderwartung und Kirche im Matthäusevangelium, in: Überlieferung und Auslegung im Matthäusevangelium, [7]1975, S.13-47, hier S.37f; ferner R. RIESNER, Jesus als Lehrer, [2]1984, S.246ff.

[294] S. dazu JEREMIAS, aaO., S.24.

[295] Vgl. JEREMIAS, S.26; vgl. E. SCHWEIZER, Die Bergpredigt, 1982, S.70ff: „Daß die Gemeinde Jesu Worte nicht sklavisch bewahrt, sondern mit Zusätzen gegen Mißverständnisse geschützt hat, war notwendig", S.72.

σήμερον - δίδου ἡμῖν καθ' ἡμεραν u.a.). Wir können also davon ausgehen, daß hinsichtlich der Länge die lukanische Fassung, aber in Bezug auf den Wortlaut die matthäische Fassung ursprünglich ist.

J. Jeremias rekonstruiert aus den beiden Fassungen den folgenden, vermutlich ältesten Wortlaut:

> „Lieber Vater,
> Geheiligt werde Dein Name.
> Dein Reich komme.
> Unser Brot für morgen gib uns heute.
> Und vergib uns unsere Schulden,
> wie auch wir hiermit unseren Schuldnern vergeben.
> Und laß uns nicht der Anfechtung erliegen."[296]

Jeremias hält das Vaterunser für die klarste und inhaltsreichste Zusammenfassung der Verkündigung Jesu, die wir besitzen. Er gliedert es folgendermaßen: a) Anrede, b) zwei Du-Bitten, c) zwei Wir-Bitten, d) Schlußbitte.[297]

Zur Grundlage unserer weiteren Auslegung wählen wir aber weiterhin die Mt-Fassung. Hinsichtlich der traditionsgeschichtlichen Frage des Vaterunsers kommen dem Ps 103, dem Achtzehnbittengebet und dem Qaddisch-Gebet besondere Bedeutung zu.[298]

Im Folgenden sollen „Vaterunser - Ps 103" einerseits und „Vaterunser - Sch^emone Esre - Qaddisch" andererseits nebeneinandergestellt und nach ihren sachlichen und formalen Berührungspunkten wie nach ihren Unterschieden befragt werden. *(Zur Gegenüberstellung von Vaterunser und Ps 103 siehe Schema auf Seite 256)*

Es ist deutlich ein großer Einfluß im „Vaterunser" von Ps 103 her zu spüren. Wie das Sch^emone Esre, das Hauptgebet der Juden damals, von diesem Psalm stark beeinflußt war (s.o. S.146), so ist auch das Hauptgebet der Christen, das Jesus seine Jünger lehrte, von Ps 103 her geprägt.[299]

---

[296] JEREMIAS, Vater-Unser, S.29.
[297] S. JEREMIAS, S.29f.
[298] Zum Verhältnis Vaterunser-Sch^emone Esre s. neben KUHN (Achtzehngebet u. Vaterunser) und Jeremias noch EICHHOLZ, Bergpredigt, S.117ff und O. BETZ, Vaterunser, S.31f; DERS., Jesu Lieblingspsalm, aaO., S.186f, 190f.
[299] Weiteres s. bei O. BETZ, Jesu Lieblingspsalm, S.185ff.

Vaterunser (Mt-Fassung)		Ps 103[300]	
9b	Vater[301] unser in den Himmeln	13a	Wie ein *Vater* sich sich seiner Kinder erbarmt. אָב
9c	Geheiligt werde dein *Name*.[302] ὄνομα	1b	Alles in mir preise seinen *heiligen Namen* שֵׁם קָדְשׁוֹ
10a	Es komme dein *Reich/Herrschaft* βασιλεία	19b	Seine *Königsherrschaft* erstreckt sich über alles מַלְכוּתוֹ
10b	Es geschehe dein *Wille* θέλημα wie im Himmel so auf Erden.	21	Die seinen *Willen* vollziehen רְצוֹנוֹ ... alle himmlischen Scharen. („Himmel-Erde" V.11a)
11	Unser *(Lebens-)Brot* für morgen gib uns heute ἄρτον	5a	Der dich dein Leben lang mit seinen Gaben *sättigt* עֶדְיֵךְ
12a	Und *vergib* uns unsere *Schulden*, ἄφες	3a	Er *vergibt* dir all deine *Schuld*. עֲוֹנֵכִי
12b	wie auch wir		
13a	Und laß uns nicht in *Versuchung* geraten,	14a	(Denn er weiß, was wir für Gebilde sind)
13b	sondern *erlöse* uns von dem Bösen ῥῦσαι	4a	Aus der Grube *erlöst* er dein Leben גּוֹאֵל

---

300 Zur Bedeutung des Ps 103 für das „Vaterunser", s. O. BETZ, Jesu Lieblingspsalm, aaO., S.185ff.

301 Vgl. Jes 63,16; Sir 23,1.4; Mal 1,6; Tob 13,4.

302 Der „Name" Gottes (Mt 6,9c: ὄνομα) ist in der Sündenvergebungstradition fest verankert. Um des „Namens" Gottes willen werden die Sünden Israels vergeben und auch um des „Namens" Gottes willen wird Gott um Vergebung der Sünden angefleht. Auch im Zusammenhang mit dem Sündenbekenntnis des Einzelnen und des Volkes spielt der „Name" Gottes eine wichtige Rolle. S. dazu oben Anm. 3 und A. STROBEL, Erkenntnis und Bekenntnis der Sünden, S.30.

Zwischen den Sch^emone Esre / Qaddisch und dem Vaterunser bestehen aber sowohl Übereinstimmung als auch Unterschiede.
Zuerst der Vergleich

Vaterunser			Sch^emone Esre[303]
Anrede	----	6. Ben.	Unser *Vater*
1. Bitte	----	3. Ben.	Heilig bist du und furchtbar dein *Name*
2. Bitte	----	11. Ben.	Sei *König* über uns du allein
3. Bitte	----	13. Ben.	Gib uns guten Lohn mit denen, die deinen *Willen* tun
4. Bitte	----	9. Ben.	*Sättige* die Welt aus den Schätzen deines Gutes (deiner Güter)
5. Bitte	----	6. Ben.	*Vergib* uns, unser Vater, denn wir haben gesündigt gegen dich
6. Bitte	----	7. Ben.	*Führe* unsere Sache
7. Bitte	----	7. Ben.	Und *erlöse* uns um deines Namens willen.

Qaddisch (nach Jeremias)[304]		Vaterunser
„*Verherrlicht* und *geheiligt* werde sein großer *Name*	----	1. Bitte
in der Welt, die er nach seinem *Willen* schuf	----	(3. Bitte)
Es herrsche seine *Königsherrschaft*	----	2. Bitte
zu euren Lebzeiten und in euren Tagen		
und zu Lebzeiten des ganzen Hauses Israels		
in Eile und Bälde		
Und darauf sagt: Amen."		

Die ersten zwei bzw. drei Du-Bitten des Vaterunsers berühren sich eng mit dem Qaddisch, „mit dem der Synagogengottesdienst schloß und das Jesus wahrscheinlich seit Kindestagen geläufig war"[305]. Es handelt sich in beiden Gebeten um ein Erflehen des Kommens und der Offenbarung der endzeitlichen Königsherrschaft Gottes. Nach der 3. Ben. der Sch^emone Esre ist Jahwe ein furchterregender Gott. Nach der 13. Ben. ist der

---

[303] Text nach G. DALMAN in Billerbeck, IV/1, S.211-214.
[304] „Die mutmaßlich älteste Fassung" des später erweiterten Qaddisch-Gebetes. JEREMIAS, Vater-Unser, S.32.
[305] JEREMIAS, aaO., S.32.

Fromme einer, der den Willen Gottes tut und zugleich mit dem Lohn Gottes rechnet. Gott ist hier die Zuversicht der Gerechten, die den Willen Jahwes tun. Die Jünger und Anhänger Jesu, die das Vaterunser beteten, waren keine Gerechten im pharisäischen Sinne. Es waren einfache Leute (אַמֵּי הָאָרֶץ, darunter auch Fischer und Zöllner). Unterschiede bestehen auch zwischen eschatologischem Gehalt und nationalpolitischer Bezogenheit des Sch^emone Esre (10., 11., 12. und 14. Ben.). Für die fünfte Bitte des Vaterunsers (also Mt 6,12b) gibt es keine direkte Parallele in jüdischen Gebeten.

III. *Interpretation*:

Anrede: „Vater unser in den Himmeln!"

Jesus lehrt, wer der Gott ist, zu dem die Jünger beten. Es gab schon vor Jesus viele Metaphern für Gott (s.o.). Jesus faßt sie zusammen in einem Gottesbild:[306] Gott als „Vater"! Jesus vermittelt damit seinen Jüngern und den Betern dieses Gebetes die Kindschaft Gottes! Jesus selbst redet Gott mit „אַבָּא" an (Mk 14,36; Mt 11,25; vgl. Röm 8,15; Gal 4,6). In dieser „ipsissima vox Jesu"[307] kommt sein Sendungs- und Hoheitsbewußtsein am deutlichsten und klarsten zur Sprache. Er ist der Sohn Gottes,[308] der von dem liebenden Vater gesandt ist.[309] Seine Botschaft ist darum eine frohe Botschaft. „Gott", „Vater", „Himmel" und „Kindschaft" sind in der Botschaft Jesu mit „Himmelreich", „Gottesherrschaft", „Sündenvergebung" und „himmlischer Mahlgemeinschaft" aufs engste verbunden.

Die Kinder (bzw. die, die wie Kinder sind) gehen in das Himmelsreich ein (Mk 10,14f)! Die Armen, Kranken und Sünder, die mit kindlichem Zutrauen zu Jesus kommen, werden von ihm durch Heilung und Sündenvergebung in die Gemeinschaft Gottes aufgenommen. Es sind auch die Menschen, die mit kindlichem Glauben zu Jesus kommen (Mk 2,5; 5,34; Mt 8,10; Lk 7,50) und durch ihn dem liebenden Gott begegnen. Es sind auch solche Kleinen und Geringen, die von Osten und Westen kommen und am himmlischen Freudenmahl teilnehmen werden (Mt 8,11; Lk

---

306 Vgl. dazu O. MICHEL, EWNT III, Sp. 125-135; G. SCHRENK, ThWNT V, S.946-959. Er spricht von „Vater-Theologie" bei Matthäus, S.986; s. auch EICHHOLZ, aaO., S.118f; O. HOFIUS, ThBNT II, S.1241f; H. W. KUHN, EWNT I, S.1-3.

307 Jeremias, aaO., S.32; zum Problem Jesusüberlieferung s. P. STUHLMACHER, Zum Thema: Das Evangelium und die Evangelien, in: Das Evangelium und die Evangelien, Tübingen 1983, S.1-12; ferner O. HOFIUS, Unbekannte Jesusworte, in: Das Evangelium und die Evangelien, S.355-382.

308 Vgl. dazu L. GOPPELT, Theologie I, 1978, S.207-253, hier S.247; M. HENGEL, Der Sohn Gottes, 1977, S.18ff, 90ff und S.137ff.

309 Zur Liebe Gottes s. J. MOLTMANN, Der gekreuzigte Gott. Das Kreuz Christi als Grund und Kritik christlicher Theologie, ³1976, S.222-236, bes. S.228ff.

13,29; vgl. Jes 25,6; äth Hen 62,13ff). Die Ergänzung „in den Himmeln" drückt die Fülle der Gottheit Gottes, „des ganz Anderen und Unvergleichlichen"[310] aus. Der Himmel ist auch Macht- und Herrschaftsbereich Gottes (vgl. Ps 103,19: „Jahwe hat seinen Thron im Himmel errichtet" mit Mt 5,34f). Jesus, der das Vorrecht hatte, Gott mit „Abba" anzureden, ermächtigt seine Jünger, den himmlischen Gott ebenfalls in kindlichem Zutrauen als „Vater" anzurufen.[311]

1. Bitte: „Geheiligt werde dein Name"

Der heilige Gott (Jes 6,3; 40,25)[312] ist kein Verborgener. Er hat Israel seinen Namen (=Wesen) offenbart[313] und auch seinen durch die Sünde des Menschen entweihten Namen geheiligt (pass. div.: Vgl. auch Qaddisch). Durch Israel sollte der Name Gottes unter den Völkern geehrt werden. Das Volk hat aber durch Sünde und Unreinheit (Mt 1,6f) den Namen seines Gottes unter den Völkern entweiht (vgl. Ez 36,20; 39,7; Jes 48,11; 29,23; 52,5). Jahwe hat darum durch die Propheten angekündigt, seinen entweihten Namen wieder zu heiligen (Ez 36,23ff) und seine Heiligkeit durch Gerechtigkeit zu erweisen (Jes 5,16; 1,26f). Die Bitte um Heiligung des Namens Gottes durch Gott (Subjekt) ist darum eine Bitte um die eschatologische Offenbarung der Gerechtigkeit Gottes, der um seines Namens willen die Sünde des Menschen vergibt und das Leben der Geheiligten in die neue Gottesgemeinschaft hineinstellt.

2. und 3. Bitte: „Es komme dein Reich" - „Es geschehe dein Wille"

Wie die erste, so entstanden auch die zweite und dritte Bitte des Vaterunsers inhaltlich aus dem alten aramäischen Qaddisch-Gebet,[314] das Jesus gekannt haben muß. Sie beziehen sich auf die Erwartung der endzeit-

---

310 O. Betz, Jesu Lieblingspsalm, S.188f; s. auch LOHMEYER, Vaterunser, S.19f. Nach Lohmeyer will Matthäus mit dem Zusatz „in den Himmeln" ein Doppeltes betonen: „Die Nähe Gottes und die ‚Ferne' seiner den Menschen unendlich verschlossenen Welt", S.20; vgl. die Singular-Form in 6,10c.

311 Zur Vater-Anrede s. noch M. LUTHER, Auslegung des Vaterunsers (1519), GTB 1977, S.16ff; A. SCHABERT, Bergpredigt,s.115ff; E. SCHWEIZER, Bergpredigt, S.61f; SCHLATTER, Mt, S.208f.

312 Zu ἀγιάζω s. H. BALZ, EWNT I, Sp. 38-48; K. G. KUHN, ThWNT I, S.97-101; zur Heiligkeit Gottes im AT: H. P. MÜLLER, THAT II, Sp. 589-609; H. GESE, Das Gesetz, in: Zur biblischen Theologie, S.66f.

313 S. dazu GESE, Erwägungen zur Einheit der biblischen Theologie, in: Vom Sinai zum Zion, S.21: „Den Kern alttestamentlicher Tradition finden wir in der Geschichte von der Offenbarung des Jahwe-Namens an eine Gruppe verschiedener Stämme, die sich in Bezug auf diesen Gott als Israel zusammenschließen", S.21; DERS., Bemerkungen zur Sinaitradition, in: AaO., S.34ff.

314 Text bei M. BROCKE u.a. (Hrg.), Das Vaterunser, Gemeinsames im Beten von Juden und Christen, S.43f; kurze Fassung bei JEREMIAS, aaO., S.32.

lichen Königsherrschaft Gottes.[315] Durch das Kommen der βασιλεία Gottes wird der entweihte Name Gottes unter den Völkern wieder geheiligt und sein Wille auch auf der Erde vollzogen.[316] Zu berücksichtigen ist die Dialektik der Vaterunser-Bitten von der Künftigkeit und Gegenwärtigkeit.[317] Jesus lehrt seine Jünger, um das Kommen der Gottesherrschaft zu beten. Jesus macht aber seinen Gegnern auch deutlich, daß das Reich Gottes schon gekommen ist („mitten unter euch" Lk 17,21), wenn er durch den Finger Gottes die Dämonen austreibt (Lk 11,20; vgl. Ex 8,15). Jesus lehrt seine Jünger, um Vergebung der Schuld zu beten. Er hat aber auch wiederum in der Kraft und Vollmacht Gottes die Kranken (=Sünder) geheilt, Sündenvergebung Gottes zugesprochen (Mk 2,5-10; Lk 7,4f) und mit den Zöllnern und Sündern an einem Tisch gegessen (Mk 2,15f). Dieser Zusammenhang ist besonders wichtig für das Verständnis dieses Gebetes.

Bedeutungsvoll ist auch der innere Zusammenhang der Vaterunser-Bitten. Sie sind aufeinander bezogen, und jede Bitte weist auf die andere hin. Die erste Bitte deutet auf die zweite hin. Die dritte Bitte ist ohne die erste und zweite Bitte unvorstellbar.[318] Die vierte und die fünfte Bitte beziehen sich eng auf die zweite und die erste Bitte. Die fünfte, sechste und siebte Bitte blicken auf die vierte.

Im Zentrum dieser inneren Dynamik steht ein Wort: „Vater"! Es faßt sowohl die drei ersten Du-Bitten, als auch die folgenden vier Wir-Bitten zusammen. Die „Vater"-Anrede der Jünger wird erst durch das „Abba"-Verhältnis Jesu zu Gott ermöglicht.[319] Jesus, der Gott mit „Abba" anredet, verkündet die Nähe des Reiches Gottes. Andererseits bricht mit ihm die Königsherrschaft Gottes bereits an. Dieser personale Wesenszug des Gottesreiches wird auch durch die Bilder, „mit denen Jesus die Heilszeit verdeutlichte", bestätigt: „Das große Gastmahl (Lk 14,15-24), die Hochzeit des Königssohnes (Mt 22,1-10) und das Kommen des Bräutigams (Mt

---

[315] Vgl. BETZ, Vaterunser, S.31.

[316] Möglich ist, daß die dritte Bitte von Mt 26,42 beeinflußt ist.

[317] Vgl. auch LOHMEYER, Vaterunser, S.110; BETZ, Vaterunser, S.33.

[318] Nach Eichholz hat bereits Calvin die Einheitlichkeit der drei ersten Bitten erkannt: „Die drei Bitten stehen untereinander in einem engen Zusammenhang: Denn die Heiligung des Namens Gottes und das Kommen seines Reiches sind immer miteinander verbunden, und zu seiner Herrschaft gehört vor allem dies, daß sein Wille geschehe". So in seiner Evangelienharmonie. Zitiert nach EICHHOLZ, aaO., S.123.

[319] Daß Jesus die zum Tode geweihten Menschen als Geschöpfe in die Herrlichkeit der Kinder Gottes hineinversetzen wollte, dürfte als Hauptintention für das gesamte Wirken Jesu bezeichnet werden (vgl. neben der ‚Vaterunser'-Anrede der Jünger die Seligpreisungen Jesu und seine Logien wie Mt 5,44-45 par; Lk 6,35; Mt 7,7-11 par; Lk 11,9-13; Mt 13,43 u.a.).

25,1-13), der schon jetzt die Freude von Hochzeitsgästen schenkt (Mk 2,19)"[320]. Von Bedeutung ist auch die enge Verbindung des Kommens der βασιλεία mit der Gerechtigkeit Gottes, von der in Jes 11,2ff; 61,1ff; Jer 23,5f; Ps 72 u.a. die Rede war.[321] Wenn Jesus als Sohn Gottes die Dämonen austreibt, Kranke heilt, Sünden vergibt, mit den Zöllnern und Sündern das (Lebens-)Brot teilt und den Armen die frohe Botschaft verkündet, setzt er die Gerechtigkeit Gottes durch, die in Jes 56,1 als Heil Gottes verheißen war.

Die dritte Bitte, die bei Lk fehlt, wird von verschiedenen Exegeten als von der matthäischen Gemeinde bzw. von Matthäus selbst hinzugefügt bezeichnet.[322] Die Einführung der dritten Bitte bei Matthäus habe literarischen Charakter zur Herstellung des Parallelismus membrorum. Es heißt, daß die dritte als Zusammenfassung der ersten beiden Bitten den sehnlichen Wunsch der nachösterlichen Gemeinde zeige: Die eschatologische Vollendung des Heilsgeschehens möge bald eintreten und den Kampf von Sünde und Hoffnung in der Welt beenden.[323] Möglich ist, daß die dritte Bitte in der Tat von Matthäus stammt (das θέλημα Gottes wird von Mt stark hervorgehoben: Mt 7,21; 12,50; 18,14; 26,42; der Aor. Imp. γενηθήτω ist auch ein typisch matthäischer Terminus: 8,13; 8,29; 15,28; 26,42). Es ist dennoch nicht auszuschließen (so auch Lohmeyer), daß bereits der ursprüngliche Text die dritte Bitte enthalten hat (vgl. Mt 6,7f!).[324] Man darf vermuten, daß das Vaterunser von Anfang an in mehreren Fassungen überliefert wurde.[325] Das Vaterunser ist, wie wir sahen, stark an Ps 103 orientiert.[326] Die zweite und dritte Bitte des Vaterunsers knüpfen eng an Ps 103,19-21 an, wo in gleicher Reihenfolge auch von der Königsherrschaft und vom Willen Gottes die Rede ist. Wie Betz gezeigt

---

[320] O. BETZ, aaO., S.32; s. dazu auch JEREMIAS, Theologie, S.117. Auch nach ihm sind z.B. Jesu Mahlzeiten mit den Zöllnern und Sündern „Vorfeiern des Heilsmahls der Endzeit (Mt 8,11 par)", S.117.

[321] Vgl. dazu STUHLMACHER, Existenzstellvertretung für die Vielen, in: Versöhnung, Gesetz und Gerechtigkeit, 1981, S27-42 u. DERS., Die neue Gerechtigkeit, S.43ff.

[322] Vgl. zum Problem LOHMEYER, aaO., S.75ff; ferner A. SCHABERT, Bergpredigt, S.127ff.

[323] Vgl. LOHMEYER, S.90f.

[324] LOHMEYER, aaO., S.91.

[325] Mit LOHMEYER, S.91f: „Der Schluß, daß das, was bei Matthäus über Lukas im Vater-unser überschießt, von Matthäus später eingeschoben sein müsse, ist anfechtbar; die Urgemeinde hat sichtlich verschiedene Formen des Herrengebetes gebraucht, vielleicht haben schon die ersten Jünger Jesu das Gebet ihres Meisters in verschiedenen Formen gebetet", S.92. Darauf hinzuweisen ist, daß wir dennoch nur von Lk 11,2ff als dem ältesten uns erhaltenen Text ausgehen können.

[326] S. BETZ, Vaterunser, S.39ff und die Strukturtabelle oben.

hat, bildet außerdem die 3.Bitte, „in welcher die menschliche Mitverant-
wortung für Gottes Sache zum Ausdruck kommt, eine Brücke zu den
Bitten 4-7, in denen unsere Nöte im Vordergrund stehen"[327].

Himmel und Erde drücken die Gesamtheit des Kosmos aus (Gen 1,1;
21, 14,19; Dtn 30,19; Ps 50,4; 96,11; Ps 103,11.19; 135,6; 148,13; Jes
1,2; Jer 23,24; Hos 2,23; vgl. Mt 5,18; 11,25; 24,35; 28,18). Der Himmel
ist der Bereich Gottes (vgl. Dtn 33,26; 2 Chr 20,6; Neh 2,20; Ps 11,4;
14,2; 103,19ff; 123,1; 139,8; Dan 2,28; Pred 5,1). Der Gegensatz bzw.
die Trennung zwischen Himmel und Erde ist nach jüdischer Auffassung
als auf die Folge der Sünde zurückzuführen (der Himmel mit seinen
Bewohnern steht in einem anderen Verhältnis zu Gott als die Erde). Der
Wille Gottes, der schon im Himmel geschieht (Ps 103,21!), soll auch auf
der Gott ferneren Erde geschehen. Jesus, der als Gottes- und
Menschensohn seine Jünger beten lehrt, hat diesen Willen Gottes als
Vorwegnahme der endzeitlichen Offenbarung verwirklicht (vgl. Mk 2,1-
17; Mt 11,4f; 18,14!; Lk 15; 19,1-10).

In der dritten Bitte des Vaterunsers kommt eine durch Jesus ermöglichte neue Bezogenheit von Himmel und Erde zum Ausdruck. Himmel ist
der Bereich, in dem der Wille Gottes geschieht, um dessen Geschehen auf
Erden die Jünger noch beten müssen. Das Geschehen im Himmel ist be-
stimmend für das Geschehen auf der Erde (vgl. Sündenvergebung, Tischgemeinschaft). Durch ὡς ἐν - καὶ ἐπί[328] wird eine neue Beziehung des
Himmels zur Erde hin zur Sprache gebracht.

4. Bitte: „Unser Lebensbrot für morgen gib uns heute"

Auch die 9. Benediktion des Schemone Esre bittet Gott um Nahrung
(„Sättige uns mit Gutem") und knüpft an Ps 103,5 („Der dich dein Leben
lang mit seinen Gaben sättigt"). Die Brot-Bitte[329] im Vaterunser hat aber
einen doppelten Sinn. Es ist eine Bitte um Brot zum Leben, „Leben" heißt
im Judentum der Jesus-Zeit nicht nur „Leben" in dieser Welt, sondern
auch das „Leben" in der künftigen Welt. Gerade die Worte wie „Brot"
und „Leben" haben im Frühjudentum die eschatologische Bedeutung (so
erhoffte man „eine der Mannaspeisung entsprechende, wunderbare Ver-
sorgung Israels, das Brot vom Himmel"[330]). Wie das Manna vom Himmel

---

[327] BETZ, aaO., S.42.

[328] Vgl. LOHMEYER, S.77f.

[329] Zur Brot-Bitte vgl. EICHHOLZ, aaO., S.125ff; SCHWEIZER, Bergpredigt, S66f;
SCHABERT, aaO., S.130ff; JEREMIAS, Vaterunser, S.34f: Dort auch über
ἐπιούσιος.

[330] BETZ, Jesu Lieblingspsalm, S.190f; DERS., Vaterunser, S.50ff, hier S. 54; vgl.
die dort angegebene Stelle: Midrash Qohelet 1,9; 9b; vgl. Joh 6,31.

in der Mosezeit konkretes Nahrungsmittel zum Überleben des Volkes war, so bedeutet auch das Brot in der 4. Bitte Nahrung für das Leben der Armen hier und heute. Den Hunger und das Elend des Volkes hat Jesus sehr ernst genommen (Mk 6,36f; 8,1f; Mt 14,16; 15,32; 25,35ff; Lk 9,13; Joh 6,5).

Wie das Speisungswunder selbst hat aber die Bitte um das „Brot" im Vaterunser auch eschatologische Bedeutung. Nach Lohmeyer ist die 4.Bitte „Mitte und Kern des Vaterunsers"[331]. Auch nach Jeremias bilden die 4. und 5. Wir-Bitte „das Kernstück des Vaterunsers"[332]. Jeremias unterstreicht den eschatologischen Sinn der Brotbitte.[333] Es wird also in der 4. Bitte das Brot für morgen erfleht, das heißt das Lebensbrot, die Fülle aller leiblichen und geistlichen Gaben. Dieses Lebensbrot schließt das irdische Brot nicht aus, sondern ein. Das irdische Nahrungsbrot soll aber nicht isoliert vom himmlischen Lebensbrot und von der eschatologischen Heilserwartung betrachtet werden. Damit kann auch der Gegensatz ‚Heute-Morgen' erst richtig verstanden werden.

Jesus lehrt seine Jünger, zu Gott, ihrem „Vater", zu beten, so daß sie schon jetzt, heute, an dem Lebensbrot für morgen teilhaben. Jesus hat bereits die himmlische Mahlgemeinschaft mit seinen Jüngern (Mk 14,22-25), mit Zöllnern und Sündern (Mk 2,15-17) antizipatorisch und zeichenhaft gefeiert.[334] Nicht die Gerechten, sondern die Verachteten, Geringen, und die mit kindlichem Vertrauen zu Jesus Kommenden, nehmen an der messianischen Mahlgemeinschaft Jesu teil, und sie bitten den Vater um das Brot für das Leben hier und drüben. In der 4. Bitte geht es also um das „Leben", das Gott schenkt. (Zur 5. Bitte s.u.).

6. und 7. Bitte: „Und laß uns nicht in Versuchung geraten, sondern erlöse uns von dem Bösen"

Die beiden Schlußbitten (bei Lk nur eine) blicken auf die endzeitliche Heimsuchung und Versuchung der ganzen Menschheit (vgl. Dan 12,7-12; Joh 17,15; Apk 3,10; 2 Petr 2,9; 2 Thess 1,5-10).[335] Hier geht es um die

---

Zur Brot-Frage vgl. auch P. POKORNÝ, Der Kern der Bergpredigt, Auslegung, Hamburg-Bergstedt, 1969, S.43-46, hier S.44f. Nach Pokorný bittet man mit der Brotbitte „um das Notwendige für den Körper und gleichzeitig um die Freiheit von der Sorge um das Essen", S.44/45. Die eschatologische Bedeutung der Brotbitte fehlt bei ihm ganz.

[331] LOHMEYER, Vaterunser, S.110.

[332] JEREMIAS, Vater-Unser, S.34.

[333] JEREMIAS, aaO., S.34f.

[334] JEREMIAS, Theologie, S.117, bezeichnet die Tischgemeinschaft Jesu, kurzgefaßt, als „Lebensgemeinschaft".

[335] Dazu vgl. LOHMEYER, Vaterunser, S.134ff und S.147ff; GRUNDMANN, Mt, S.203f; SCHABERT, Bergpredigt, S.139ff und S.144f; FIEDLER, aaO., S.255ff. Zur

Versuchung von eschatologischer Drangsal, von welcher auch in Mk 13 die Rede ist.

Die 6. Bitte hat keine direkte Parallele in Ps 103 und in den jüdischen Gebeten: Das Stichwort „Versuchung" weist auf die Phase hin, die dem Ausbruch der βασιλεία und des Endgerichts vorausgeht und es ankündigt. Die Bewahrung vor der versucherischen Macht des Bösen ist angesichts der nahen Gottesherrschaft und des Gerichts „schlechterdings heilsnotwendig"[336]. Unter „Versuchung" ist also die große Endversuchung vor dem Gericht Gottes zu verstehen. Daher heißt es auch im Anschluß daran (in der erweiterten Mt-Fassung): „Und erlöse uns von dem Bösen". Keiner von uns ist von dieser Versuchung verschont. Gott soll den Jüngern helfen, daß sie diese Versuchung überwinden können.

Die 7. Bitte hat ihre Parallele im Sch[e]mone Esre und in Qumran. So heißt es in der 7. Benediktion des Achtzehngebets: „Sieh an unser Elend und führe unsere Sache und erlöse uns um deines Namens willen!". Die Reihenfolge der 6. und 7. Benediktion des Sch[e]mone Esre entspricht der Reihenfolge der 5., 6. und 7. Bitte des Vaterunsers (Bitte um Sündenvergebung, Bitte um Bewahrung und Erlösung).[337] Alle vier Wir-Bitten im Vaterunser sind auf das kommende Endgericht und auf den endgültigen Ausbruch der Gottesherrschaft ausgerichtet.

5.Bitte: Und vergib uns unsere Schulden wie auch wir (hiermit)
vergeben unseren Schuldnern (vgl. Mk 11,25 par; Mt 5,23f).

Die Vergebungsbitte nimmt innerhalb der 6. und 7. Bitte des Vaterunsers in mancher Hinsicht eine Sonderstellung ein.[338] Nur die 5. Bitte wird bei Matthäus anschließend erläutert und kommentiert. Während Lk die endzeitliche Perspektive der Vergebungsbitte verändert und ὀφειλήματα[339] durch ἁμαρτίας[340] ersetzt, bewahrt Mt den ursprünglichen Wortlaut, verdeutlicht aber den Sinn der 5. Bitte, indem er V.14-15 direkt an das Vaterunsergebet anschließt.

---

letzten Bitte des Vaterunsers s. W. POPKES, Die letzte Bitte des Vaterunsers. Formgeschichtliche Beobachtungen zum Gebet Jesu, ZNW 81, 1990, S.1-20.

[336] BETZ, Jesu Lieblingspsalm, S.191f; vgl. SCHLATTER, Mt, S.215.

[337] Zur siebten Bitte vgl. SCHLATTER, Mt, S.216f; E. SCHWEIZER, Bergpredigt, s.68f; ders, Komm. 98; vgl. auch J. SCHNIEWIND, Mt, S.87ff.

[338] Zur Vergebungsbitte vgl. FIEDLER, aaO., S.204ff; H. SCHÜRMANN, Das Gebet des Herrn. Aus der Verkündigung Jesu erläutert, 1958, S.84f; H. LEROY, EWNT I, Sp. 436ff; BULTMANN, ThWNT I, S.506ff; LOHMEYER, Vaterunser, S.111ff; EICHHOLZ, Bergpredigt, S. 130f; BETZ, Vaterunser, S. 61ff; STUHLMACHER, Jesu vollkommenes Gesetz der Freiheit, S.311ff; SCHABERT, Bergpredigt, S.135ff.

[339] Dazu s. M. WOLTER EWNT II, Sp. 1344-1350, hier Sp.1345f. Die Termini ,Schuldner' - ,Sündner' sind in den Evangelien austauschbar. Vgl. Mt 6,12 mit Lk 11,4.

[340] S. hierzu FIEDLER, EWNT I, hamartia, Sp.157-165, hier Sp. 159f.

Als Vorlage für V.14-15 dürfte *Mk 11,25* gedient haben. Dort heißt es: „Und wenn ihr hintretet zum Beten, vergebt, wenn ihr etwas gegen jemand habt, damit auch euer Vater in den Himmeln euch eure Verfehlungen vergibt".[341] Es ist also nicht nur Mt, dem die zwischenmenschliche Vergebung bzw. Versöhnung besonders am Herzen liegt (vgl. Sir 28,2). Der Mensch, der als Sünder und Schuldner vor Gott tritt, um ihn um Vergebung seiner Sünden zu bitten, muß seinerseits vergeben können und auch vergeben haben. Wichtige alttestamentlich-jüdische Stellen zu Mt 6,12.14f; Mt 5,23f; Mk 11,25 und Mt 18,23ff sind Am 5,21ff; Hos 6,6; Spr 21,13; Sir 28,1-7; Joma 8,8f u.a.. „Wer sein Ohr verstopft vor dem Bittruf des Geringen, auch er wird einst rufen, ohne erhört zu werden" (Spr 21,13; vgl. Jak 2,13).[342] Jesus selbst hat unmißverständlich deutlich gemacht, daß der zur Vergebung und Versöhnung (durch Wiedergutmachung) unwillige Mensch auch keine Vergebung von Gott erlangt (Mt 5,23-24; 18,23-25). Mt 11,25f entspricht also genau der Vergebungsbotschaft Jesu, der unter den Menschen den Geist der Versöhnung und Liebe stiften wollte. Nicht jedem, der mit Opfern vor Gott tritt, wird vergeben, wenn er nicht seinerseits der Pflicht der Vergebung nachgekommen ist.

Dies wird auch aus der kurzen Gleichniserzählung Jesu in *Mt 5,23f* deutlich.[343] Den Rahmen dieses Lehrspruches bildet die frühjüdische Kultfrömmigkeit. Δῶρον ist hier das Schuldopfer (vgl. Lev 5,14ff; 7,1ff), das der Schuldige darbringt, um Sühnung/Vergebung von Gott zu erbitten.[344] Jesus übernimmt den frühjüdischen Grundsatz, daß zwischenmenschlich begangene Schuld und Verfehlungen eines Menschen erst dann von Gott vergeben werden (z.B. am Versöhnungstag), wenn der Schuldige seinerseits den Schaden ersetzt bzw. den Fehler wiedergutgemacht hat (vgl. Billerbeck I, S.248f, 424f und oben B § 15 und 21).[345] Mt 5,23f korrespondiert eng mit der 5. Bitte des Vaterunsers und mit 6,14f. Hier wird die zwischenmenschliche Vergebung bzw. Versöhnung als

---

[341] V. 26, der in vielen alten Handschriften fehlt, ist als sekundäre Einfügung nach Mt 6,14-15 zu betrachten.Vgl. PESCH, Mk II, S.203.

[342] Vgl. STUHLMACHER, aaO., S. 312f.

[343] Zu Mt 5,23-24 s. J. JEREMIAS, „Laß deine Gabe allda", ZNW 36, 1938, S.150ff; A. BÜCHLER, Studies in Sin and Atonement in the Rabbinic Literature of the First Century, New York 1967, S.410ff, Dort und bei Billerbeck rabbinische Parallele, BILLERBECK I, S.282-288. Der rabbinische Grundsatz lautet: „Ohne die vorangegangene Versöhnung des Beleidigten hat der Schuldige keinen Teil an der Kraft des Versöhnungstages!", S.287; vgl. dazu pJoma 8,45c, 19; Slv 16,30 (324a) u.a.. Es galt also als Pflicht, den Beleidigten vor den Kulthandlungen zu versöhnen.

[344] Vgl. SCHLATTER, Mt, S.172f; BILLERBECK I, S.282f.

[345] S. dazu BÜCHLER, Sin and Atonement, S.410; BILLERBECK I, S.284ff.

Voraussetzung der göttlichen Sündenvergebung deutlich gemacht. In Mt 5,23f ist „das ‚erst-dann' ... unüberhörbar"[346]. Nehmen wir Mt 5,25-27 hinzu, die sachlich hierher gehören, wird deutlich, daß „aller Akzent auf der gebotenen Versöhnung mit dem Nächsten" liegt.[347] Es geht aber weder in Mt 5,23f noch in Mk 11,25 primär um die Androhung des Gerichts, sondern um den unermüdlichen Aufruf Jesu zur zwischenmenschlichen Versöhnung, da die βασιλεία Gottes und der Tag der großen Abrechnung nahe gekommen sind.[348]

Auf diesem Hintergrund wird die 5. Bitte des Vaterunsers so, wie sie dasteht, verstehbar. Die Vergangenheitsform in der zweiten Hälfte der Vergebungsbitte unterstreicht also die Pflicht zur brüderlichen Versöhnung und Vergebung unter den Jüngern Jesu. Wichtig ist der Sachverhalt, daß die Beter des Vaterunsers (seien es Jünger Jesu oder die nachösterlichen Christen) diejenigen sind, die bereits Vergebung Gottes empfangen haben. Sie sind die Begnadeten Gottes, die von ihren Schulden Befreiten, genau wie der Knecht in *Mt 18,23-35* [349]. Wir wollen uns die Perikope kurz vor Augen führen.

32.2 Mt 18,23-35

I. Text

Am Text (Nestle-Aland[26]) ist keine Änderung vorzunehmen. Es entstehen auch keine besonderen Übersetzungsprobleme.

II. und III. Analyse und Interpretation

Es handelt sich hier um eine geschlossene Einheit (S/Mt). Der Kontext der Erzählung ist die sogenannte „Gemeinderegel" (18,1-35). Bereits V.15-18 und 21-22 kreisen um das Thema „brüderliche Vergebung" und

---

[346] G. EICHHOLZ,Bergpredigt, S.75; vgl. GRUNDMANN, Mt, S.157.

[347] EICHHOLZ, aaO., S.77. Zur Exegese s. R. A. GUELICH, The Antitheses of Matthew V.21-48. Tradition and/or Redactional?, in: NTS 22, 1976, S.457-464; Ch. DIETZFELBINGER, Die Antithesen der Bergpredigt im Verständnis des Matthäus, ZNW 70, 1979, s.1-15; E. LOHSE, „Ich aber sage euch", in: DERS., Die Einheit des Neuen Testaments, 1973, S.73ff; P. HOFFMANN, Auslegung der Bergpredigt III, BiLe.10, 1969, S.175189, hier S.184ff. Nach Hoffmann ist in Mt 5,21-26 die aus der Botschaft Jesu abgeleitete gesetzlich-ethische Forderung mit der Gerichtsdrohung verbunden, S.186.

[348] Nach Grundmann ist der Jesus-Spruch „aus seiner Verbindung der beiden Gebote der Gottesliebe und der Nächstenliebe heraus" bestimmt. GRUNDMANN, Doppelgebot der Liebe, ZdZ II, 1957, S.449-455 u. DERS., Mt, S.157.

[349] Vgl. BETZ, Jesu Lieblingspsalm, S. 194f.

„Versöhnlichkeit". Dem Text liegt eine in sich einheitliche Parabel zugrunde, die durch Mt nur leicht redaktionell bearbeitet wurde. V.35 enthält matthäische Spracheigentümlichkeiten, was dafür spricht, daß dieser Vers von Matthäus stammt. Die Parabel besteht aus drei Szenen, von denen 2 parallel gestaltet sind:

1. Szene: Der Schuldner wird in jeder Hinsicht frei, d.h. die große Schuld ist ihm erlassen.

2. Szene: (Als formale Parallele:) Die Eintreibung einer kleinen Schuld mit rechtlichen Mitteln.

3. Szene: Die Rückgängigmachung des Schulderlasses und Übergabe des großen Schuldners an das Strafgericht.

Jesus will mit diesem Gleichnis die Hörer zum Urteil nötigen, so daß sie selbst einsehen und begreifen können, worum es geht. Die Parabel Jesu will den Menschen im Innersten treffen. Wenn E. Linnemann den Skopus der Parabel darin sieht, daß der Hörer sich auf die Ordnung der Barmherzigkeit einlassen soll, so ist dies zu wenig.[350] Es geht nicht um eine allgemeine Ordnung, sondern um die persönlich erfahrene Barmherzigkeit, die auf andere ausgeweitet werden muß. So schreibt O. Betz in seiner Auslegung von Ps 103, wo er auch auf das Problem von Mt 18,23-35 eingeht: „Wie Gottes helfende Gerechtigkeit uns zum Tun der Gerechtigkeit verpflichtet und ermächtigt (Jes 56,1; Mt 6,1-33), so macht uns seine Vergebung zu Mitarbeitern der Gnade"[351]. Jesus spricht auf die Barmherzigkeit des eschatologisch handelnden Gottes an. Von der Barmherzigkeit Gottes, die das Gleichnis meint, weiß man nicht schon immer, sondern erst durch Jesus.

Der Höhepunkt liegt hier in V.27. Der König erbarmt sich jenes hoffnungslos verschuldeten Knechtes und erläßt ihm die ganze Schuld! Das ist die Botschaft Jesu von der Sündenvergebung Gottes. Der Mensch wird hier wie in Lk 7,41f durch Jesus als vor Gott zahlungsunfähiger Schuldner dargestellt. Die Vergebung Gottes geht also voraus. Dies gilt sowohl für die Gleichnisse Jesu (Mt 18,23ff; Lk 7,41f; 15) als auch für das Vaterunsergebet und wird vor allem durch Jesu unerwartete Praxis der Annahme von Sündern dokumentiert. Der Beter hat das große Erbarmen Gottes erfahren (Mt 6,9b = Vateranrede). Seine Schulden sind bereits erlassen (Mt 18,27).

In der 5. Bitte des Vaterunsers geht es also nicht mehr um die Situation, wie sie in Mt 18,26 dargestellt wird, sondern um die der Verse 28-30. Denn zwischen den Versen 26 und 28ff steht der entscheidende Vers

---

[350] E. LINNEMANN, Gleichnisse Jesu, S.111ff.
[351] O. BETZ, Jesu Lieblingspsalm, S.193.

27 von Gottes Erbarmen (σπλαγχνισθείς) gegenüber dem Schuldner und von dessen Freilassung (ἀπέλυσεν Aor.), sowie dem völligen Erlaß der Schulden (ἀφῆκεν Aor.). Von diesem Knecht, der nur aus der vergebenden Güte Gottes heraus sein Leben erhalten hat, erwartet Jesus die Entsprechung im Umgang mit seinen Mitmenschen, die auch Schuldner und genauso wie er vorher auf die Vergebung und auf den Schulderlaß angewiesen sind.[352] *Darum* geht es in Mt 6,12b, in 6,14-15, in 5,23ff, in Mk 11,25f und auch in diesem Gleichnis Jesu vom unbarmherzigen Schuldner. Nicht erst Matthäus oder seine Gemeinde, sondern schon Jesus selbst hat seinen Hörern vor Augen geführt, was die Folge dieser Unbarmherzigkeit sein wird: Anklage, Widerruf des Schulderlasses, Schuldspruch und die endgültige Übergabe an die Folterknechte. Jesus führt hier seinen Jüngern das Forum des Endgerichts unmißverständlich vor Augen, damit sie lernen, einander zu vergeben und zu lieben, wie Jesus es selbst unter ihnen praktiziert hat. Weil dieses Anliegen Jesus besonders wichtig war, hat er es in die Mitte seiner Gebetsdidache (Vaterunser) hineingestellt und belehrend erläutert (Mk 11,25; vgl. Mt 6,14f). Die Jünger Jesu haben selbst erfahren, was Vergebung ist und daß jeder auf die Vergebung des Anderen angewiesen ist (Mt 18,21f; Lk 17,3f).

32.3 Mt 5,44 (Lk 6,27)

Das Gebot der Vergebung ist letztlich mit dem Gebot der Liebenden identisch. Dies macht vor allem die Bergpredigt in Mt 5-7 deutlich. Die Summe der Lehrsprüche in Mt 5,23-26, der Erläuterung in 6,14-15 und der Mahnrede in 7,1-3 stellt *Mt 5,44 (=Lk 6,27)* dar. „Vergeben" heißt bei Jesus nicht passives „Entschuldigen", sondern aktives „Versöhnen" und „Lieben": „Ich aber sage euch: Liebet eure Feinde und betet für die, die euch verfolgen, damit ihr Söhne eures Vaters im Himmel werdet". Dieses Liebesgebot bis zur Feindesliebe ist die *Summe* der Vergebungsbotschaft Jesu und zugleich die Mitte der „Bergpredigt".[353] Hier werden

---

352 Vgl. STUHLMACHER, Jesu vollkommenes Gesetz der Freiheit, S.311f; GRUNDMANN, Mt, S.424f; vgl. dazu Sir 28,2ff.

353 Vgl. D. LÜHRMANN, Liebet eure Feinde (Lk 6,27-36/Mt 5,39-48), ZThK 69, 1972, S.412-438; L. SCHOTTROFF, Gewaltverzicht und Feindesliebe in der urchristlichen Jesustradition, in: FS H. Conzelmann, 1975, S.197-221; EICHHOLZ, Bergpredigt, S.99ff: „Mindestens läuft die Antithesenreihe auf das Gebot der Liebe zu, wobei präzisierend zu sagen ist: Auf das Gebot der grenzenlosen Liebe, die auch noch

alle Grenzen und Trennungen überwunden: Die Grenze und Trennung zwischen wahrem Willen Gottes und der pharisäischen Gesetzeslehre (vgl. Röm 10,4), zwischen Feinden und Freunden, zwischen Himmel und Erde und zwischen Menschen als Geschöpf und unnahbarem Gott. Jesus als Offenbarer und Durchsetzer des wahren Willens Gottes (vgl. das einzigartige emphatische ἐγώ in den Antithesen)[354] verkündet, die neue Tora der Liebe, welche die Trennung unter den Menschen und die Trennung zwischen Gott und Menschen überwindet und sie alle mit dem Band der Liebe verbindet. Der unnahbare Gott wird so zum Vater und alle Menschen zu Kindern Gottes. Nur die Liebe kann die Trennung überwinden, die Feindschaft beenden, und Versöhnung ist nur eine andere Form des Vergebungsgebotes in Mt 6,12b.[355]

32.4 Ergebnis

Die 5. Bitte des Vaterunsers blickt auf das Forum des Jüngsten Gerichts, auf den Tag der großen Abrechnung.[356] „Erlaß uns unsere Schuld, wie auch wir erlassen haben unsern Schuldnern". Jesus läßt seine Jünger, die bereits die Vergebung Gottes in der Nachfolge persönlich erfahren haben, noch um die eschatologische Vergebung bitten und weist sie auf ihre Verpflichtung zur Vergebung hin. Die erfahrene Vergebung muß also in der täglichen Vergebung bewährt und noch vom endzeitlichen Forum bestätigt werden. Daß der zugesprochene Schulderlaß durch den Richter widerrufen werden kann, hat Jesus in seinem Gleichnis vom Schalksknecht deutlich gezeigt. Im Nachsatz der 5. Bitte hören wir die unvermeidliche Aufforderung Jesu, einander zu versöhnen und zu lieben, so daß wir als Kinder Gottes an dem Freudenmahl im Reich Gottes teilnehmen können (vgl. Mt 5,45; 8,11; Lk 14,15), das Jesus ausdrücklich als „mein Mahl" bezeichnet (Lk 14,24; vgl. Mk 14,25). Das Vaterunser, das Jesus seine Jünger lehrte, ist ein eschatologisches Gebet, das die Gegenwart mit einschließt. Es ist eine Gegenwart auf dem Weg zur βασιλεία, die durch Helle und Freudenklang der Gottesherrschaft bestimmt ist. Die

---

den Feind und Verfolger umfaßt", S.103. So sieht Eichholz im Liebesgebot den „heimlichen Leitfaden" der Antithesen, S.103.

[354] Vgl. dazu JEREMIAS, Theologie, S.206f; L. GOPPELT, Theologie I, S.160, 169f.

[355] Vgl. H. KAHLEFELD, Die Gestalt Jesu in den synoptischen Evangelien, 1981, S.149ff, 153ff.

[356] Vgl. KAHLEFELD, aaO., s.155ff.

Eschatologie des Vaterunsers schließt die Ethik nicht aus, sondern ein.[357] Denn der Weg zum βασιλεία-Mahl führt zunächst vor das Forum des Endgerichts. Die 5. Bitte des Vaterunsers blickt darauf hin. Nicht jeder „Kyrie-Kyrie-Anrufer" wird automatisch Vergebung empfangen und die Sperre passieren, „sondern nur wer den Willen meines Vaters tut, der im Himmel ist" (Mt 7,21!).[358]

Daß Matthäus damit die ipsissima intentio Jesu wiederzugeben versucht, zeigen nicht nur das direkt daran angeschlossene Gleichnis vom Haus auf dem Felsen (Mt 7,24-27/Lk 6,47-49), sondern auch Mk 11,25; Mt 5,23ff; 18,23-35. Das Vergebungsgebot Jesu ist bei Matthäus mit dem Versöhnungs- und Liebesgebot Jesu identisch.

§ 33
Die Sünde wider den Heiligen Geist Mk 3,28-30

Das Logion von der Sünde wider den Heiligen Geist gilt von alters her als eines der dunkelsten Jesus-Worte der synoptischen Tradition. Jesus spricht nur hier ausdrücklich von der Sünde, die nicht vergebbar ist. Im Folgenden wollen wir uns mit diesem Problem beschäftigen.

I. Text

Varianten in V.29: ἁμαρτήματος in V.29c wird in einigen Handschriften sinngemäß durch κρίσεως (Koinegruppe) oder κολάσεως (min 348) ersetzt. Statt ἁμαρτήματος lesen D W f[13] u.a. ἁμαρτίας. Daraus ergeben sich die folgenden drei *Übersetzungs*varianten: a) ist schuldig ewiger Verschuldung; b) ist schuldig ewigen Gerichts bzw. Gerichtsvollzugs; c) ist schuldig ewiger Züchtigung bzw. Strafe.

II. Analyse

Wir haben das Logion insgesamt in sechs verschiedenen Fassungen: Zuerst die Mk-Fassung, dann die Q-Fassung in Lk und die Mt-Fassung, die Mk- und Q-Traditionen miteinander kombiniert.

Wir haben außer diesen synoptischen Texten noch 3 andere urchristliche Schriften, die das Logion überliefern: Didache 11,17: „Und jeden Propheten, der im Geist redet, stellt nicht auf die Probe und verurteilt

---

[357] Das Thema „Sündenvergebung" spielt bei Jesus sowohl in der Eschatologie (z.B. Vaterunser) als auch in der Theologie (z.B. Lk 15) und auch in der Ethik (Bergpredigt) eine wichtige Rolle.

[358] Vgl. dazu STUHLMACHER, Jesu vollkommenes Gesetz der Freiheit, S.311ff; H. MERKLEIN, Die Umkehrpredigt bei Johannes dem Täufer und Jesus von Nazareth, BZ 25, 1981, S.29-46, bes. S.43ff.

nicht: Denn jede Sünde wird vergeben werden, diese Sünde aber wird nicht vergeben werden"; dann Thomas-Ev (Log. 44): „Jesus sprach: Wer den *Vater* lästert, dem wird man vergeben; und wer den *Sohn* lästert, dem wird man vergeben. Wer aber den Heiligen *Geist* lästert, dem wird man nicht vergeben, weder auf Erden noch im Himmel". Hier wird das Logion trinitarisch interpretiert und der in der Gemeinde wirkende Geist verabsolutiert; schließlich das Bartholomäus-Ev (V.1ff): „*Bartholomäus* sprach zu ihm: Belehre uns Herr, welche Sünde schwerer ist als alle anderen Sünden. Da antwortete Jesus: Wahrlich ich sage dir, daß schwerer als alle Sünden die Heuchelei ist und die Verleumdung. Denn um solcher willen sprach der Prophet im Psalm (1,5): Nicht werden bestehen die Gottlosen im Gericht noch die Sünder in der Versammlung der Gerechten. Ebensowenig die Gottlosen im Gericht meines Vaters. Wahrlich, wahrlich, ich sage euch, daß jede Sünde jedem Menschen wird vergeben werden, aber die Sünde wider den Heiligen Geist wird nicht vergeben werden (Mt 12,31). Darauf Bartholomäus: Worin besteht die Sünde wider den Heiligen Geist? Jesus antwortete: Jeder, der eine Verordnung erläßt gegen jeden Menschen, der meinem Vater dient, hat den Heiligen Geist gelästert. Denn jeder Mensch, der Gott ehrfürchtig dient, ist des Heiligen Geistes würdig, und wer etwas Böses gegen ihn sagt, dem wird nicht vergeben werden". Hier geht es vor allem um die Würde des Menschen in der Gott dienenden Gemeinde.

Einige Exegeten wie Colpe[359] und Gnilka[360] versuchen, aus den älteren Fassungen die vermeintliche Urfassung gewinnen zu können. Nach Colpe lautete die älteste Form des Logions folgendermaßen: „Alle Schulden und Lästerungen - Gott kann sie dem Menschen vergeben. Nur wer ein Wort gegen den Heiligen Geist sagt, der kann auf ewig keine Vergebung erlangen, sondern verdient (–hat verschuldet) Verschuldung (=Verdammnis) für immer"; und nach Gnilka: „Alle Sünden werden den Menschenkindern vergeben werden. Wer aber ein Wort gegen den Heiligen Geist sagt, findet keine Vergebung in Ewigkeit, sondern ist ewiger Sünde schuldig"[361]. Diese Versuche bleiben problematisch, und wir werden kaum mit Sicherheit davon ausgehen können, daß wir die älteste Urfassung gewonnen haben.

Wir gehen von den synoptischen Texten aus und stellen die Frage, welches Evangelium die ursprünglichere Fassung des Logions darbietet.

---

[359] C. COLPE, Der Spruch von der Lästerung des Geistes, in: Der Ruf Jesu und die Antwort der Gemeinde, FS J. Jeremias, 1970, S.63-79, hier S.67f.

[360] GNILKA, Markus I, S.151ff.

[361] GNILKA, Markus I, S.152.

Umstritten ist heute, welche von beiden, d.h. die Mk- oder die Q-Fassung (Lk 12,10), die ursprünglichere ist. Berger[362], Tödt[363], Schmithals[364] u.a. treten für die Priorität der Q-Fassung ein. Schmithals begründet seine Position so: „Indem Mk für Menschen den singulären aramaisierenden Begriff ‚Söhne der Menschen‘ (=Menschenkinder) wählt, verrät er, daß er in Q ‚Sohn des Menschen‘ gelesen hat und daß ihm die Doppeldeutigkeit dieser Formulierung bewußt ist"[365]. Nach Berger ist die Mk-Fassung nicht ursprünglich, weil sie mit der ‚Amen-Einleitung‘ beginnt, die „häufig literarisch sekundär" sein soll.[366] Die Mt-Fassung kombiniert eindeutig die Mk- und Q-Fassung miteinander (so interpretieren auch Colpe, Lövestam u.a.). Sie kann also nicht ursprünglich sein. Mit Pesch und Gnilka gehen wir davon aus, daß wir in Mk 3,28f die ursprünglichere Form des Logions vor uns haben.[367] Die Mk-Fassung ist mit wenigen Schwierigkeiten ins Aramäische zurückübersetzbar und kennt noch keine Periodisierung der Zeit, wie es in der Lk-Fassung der Fall ist.

Zuerst wollen wir aber kurz auf das Problem der Amen-Worte eingehen. Nach K. Berger hat die Amen-Einleitung „die Funktion, die Einsicht des Sprechers in die geltenden Maßstäbe des Gerichtes als sicher zu bezeugen"[368]. Der Sprecher der nachfolgenden weisheitlich - apokalyptischen Sätze beansprucht für sich Offenbarung, Einsicht in Gottes Willen und dessen gerichtliches Handeln.[369] Nach Berger sind die Amen-Worte Schwuraussagen der Apokalyptik, die ein Produkt des Synkretismus sind. Berger hält daher die Amen-Einleitung in Mk 3,28 für sekundär.[370] Nach J. Jeremias hingegen gilt das nicht responsorische Amen als „Kennzeichen der ipsissima vox Jesu"[371]. Es meint „einen den Gottesnamen meidenden Ersatz der prophetischen Vollmachtsformel ‚so spricht der Herr‘ "[372]. R. Pesch nimmt in seinem Kommentar beide Positionen auf und vertritt die Meinung, daß die Amen-Einleitung in V.28a ursprünglich sein dürfte,

---

[362] K. BERGER, Die Amen-Worte Jesu, 1970, S.35-41.

[363] H. E. TÖDT, Menschensohn; S.109ff, 182ff.

[364] W. SCHMITHALS, Markus, S.225.

[365] SCHMITHALS, aaO., S.225.

[366] BERGER, Amen-Worte, S.36.

[367] PESCH, Markus I, S.217; GNILKA, Markus I, S.147.

[368] BERGER, Amenworte, S.41 und S.32f.

[369] BERGER, Amenworte, S.32f; vgl. PESCH, Markus I, S.216.

[370] BERGER, aaO., S.36

[371] JEREMIAS, Synoptische Studien, in: FS Wikenhauser, 1953, S.86ff; vgl. PESCH, Markus I, S.216.

[372] JEREMIAS, aaO., S.86ff; vgl. GRUNDMANN: „Sie sind Offenbarungsworte verbindlicher Art", Markus, S. 114/5. Nach Grundmann (S.114) sind die Amenworte Jesu ferner von seinen Jüngern als Lehrzusammenfassung eingeprägt worden.

„zumal sie hier in ihrer ursprünglich-angestammten Funktion (Beteuerung von apokalyptischer Einsicht, von Offenbarung) begegnet"[373]. An anderer Stelle schreibt er: „Die für Jesus charakteristische nicht-responsorische Amen-Einleitung ist Ausdruck seines Offenbareranspruchs, der zugleich Beanspruchung von Besitz göttlichen Geistes, prophetischer Geistsalbung ist. Der Spruch von der Lästerung des Geistes ist ein wichtiges Dokument, das Jesu ‚messianisches' Selbstbewußtsein bezeugt"[374]. Hier ist Pesch rechtzugeben. Wir gehen gegen Berger mit Jeremias, Pesch und Grundmann davon aus, daß die Amen-Einleitung in Mk 3,28 mit nachfolgendem relativischen Konditionalsatz ein „Offenbarungswort verbindlicher Art" ist.[375] Die Amen-Einleitung in Mk 3,28 ist also kein Indiz dafür, daß die Mk-Fassung sekundär sei.

Zu fragen ist nun: Handelt es sich hier um ein echtes Jesus-Logion oder um eine nachösterliche Gemeindebildung? Die meisten Exegeten halten das Wort für eine urchristliche Gemeindebildung. So schreibt z.B. E. Schweizer: „Da der Heilige Geist sonst in Jesusworten kaum eine Rolle spielt, dürfte das Wort erst in der Zeit nach Pfingsten entstanden sein"[376]. Gewichtig ist auch das Argument von E. Käsemann: „Die urchristliche Mission stößt auf Widerstand, den sie gerade, weil sie sich durch den Geist bestimmt weiß, gegen diesen gerichtet sieht und nur als Zeichen der Böswilligkeit und Verstocktheit verstehen kann ... In der Prophetie vollzieht sich göttliche Epiphanie auf Erden, und zwar mit einer eschatologischen Herrlichkeit, welche die dem irdischen Jesus eignende überstrahlt. Dessen Leben stand ja noch, wie man von der Ostererfahrung her urteilt, im Schatten einer Verborgenheit, welche Unverstand, Zweifel und Unglauben begreiflich werden und vergebbar sein ließ. Sich jedoch der unverhüllten Epiphanie Gottes im prophetischen Geist zu widersetzen, ist die eine schlechthin unvergebbare Sünde"[377]. Mit Pesch und Lövestam gehen wir dennoch davon aus, daß der Spruch in Mk 3,28f auf den irdischen Jesus zurückzuführen ist. Der Kontext des Logions ist die Beelzebulgeschichte (bei Mk und Mt, anders bei Lk). Vielleicht war das Logion ursprünglich Verteidigungsrede Jesu gegenüber einer Anklage der Art,

---

[373] PESCH, Markus I, S.217.
[374] PESCH, Markus I, S.219.
[375] GRUNDMANN, Markus, S.114.
[376] E. SCHWEIZER, Markus, S.41.
[377] E. KÄSEMANN, Die Anfänge christlicher Theologie, EVB 2, S.82-104, hier S.100f.

wie sie in der Beelzebulgeschichte vorgebracht wird.[378] Wie Lövestam zeigt, weist das Logion in Mk 3,28f in gerader Linie zurück zu den Verhältnissen beim ersten Exodus (vgl. Ex 8,15; 17,2.7; Neh 9,18; Num 11,1; 20,3.13; Dtn. 34,10-12; Num 14,1ff).[379] Es hat eine Parallele in der Widerspenstigkeit des Wüstengeschlechts und in der Widerrede gegen Gott und Mose bei dem Auszug aus Ägypten. In diesem Zusammenhang bezeichnet Tritojesaja die Widerspenstigkeit des Volkes als Widerspenstigkeit gegen den Heiligen Geist (Jes 63,7ff; vgl. Ps 78,40; 106,33). Der Geist Gottes war bei dem ersten Exodus gegenwärtig und wirksam (vgl. auch die Bedeutung vom Heiligen Geist in der Qumrangemeinde). Er wirkte vor allem in und durch den ersten Erlöser ‚Mose‘ (vgl. Dtn. 18,15.18; Num 14,1ff).[380] Im Frühjudentum galt die messianische Zeit als Zeit des Heiligen Geistes (vgl. Jes 11,2). Auch bei der Taufe Jesu spielt nach den synoptischen Berichten der Heilige Geist eine wichtige Rolle (zum Herabkommen des Geistes vgl. Jes 42,1; 63,7-64,11). Mk 3,28f entspricht, wie Lövestam herausstellt, „einem Pattern, das betont in der Unglaubensreaktion beim ersten Exodus hervortritt"[381]. In Mk 3,28f handelt es sich also um eine Anspielung auf die Aussage von der Kränkung des Heiligen Geistes Gottes durch das Wüstengeschlecht (vgl. Jes 63,10 u. Ps 106,33; mSanh 11 (10), 3).

Der Geist-Begriff ist in Mk 3,28f alttestamentlich orientiert und geprägt. Mit dem Ausdruck ‚der Heilige Geist‘ ist hier Gottes eschatologisches Eingreifen und seine Heilsaktivität in den Blickpunkt gestellt.[382] Die Lästerung wider den Heiligen Geist bedeutet darum nach Lövestam „Opposition gegenüber Gott in seiner eschatologischen Heilstätigkeit (=Dämonenaustreibung), dem göttlichen Handeln, in dem die Gabe der Sündenvergebung ihre Grundlage und Voraussetzung hat"[383].

Zu beachten ist, daß das Logion in Mk 3,28f auf einer Ebene mit anderen Gerichtsworten Jesu liegt (vgl. Mt 12,38ff; Lk11,16.29ff; Mk 8,13; Mt 16,4b; Mt 11,20-24; 10,13-15 u.a.). Hier wird der Maßstab proklamiert, nach dem das göttliche Gericht über die Menschen mit Rücksicht

---

[378] Vgl. E. LÖVESTAM, Spiritus Blasphemia. Eine Studie zu Mk 3,28f par; Mt 12,31f; Lk 12,10, Lund 1968, S.8f; zu dieser Beelzebulgeschichte s. jetzt O. BETZ, Jesu Heiliger Krieg, aaO., S.90f.

[379] LÖVESTAM, aaO., S.9ff, 16, 23.

[380] Vgl. LÖVESTAM, aaO., S.23.

[381] LÖVESTAM, aaO., S.34.

[382] Zur Vorstellung der Gotteslästerung vgl. Lev 24,11-23; Num 15,30f u.a.. Auf Gotteslästerung stand die Todesstrafe (Lev 24,15; vgl. Jos Ant IV, S.202)

[383] LÖVESTAM, aaO., S.62. Zur Lästerung Gottes vgl. O. HOFIUS, EWNT I, βλασφημία.

auf ihr Verhalten auf Erden ausfallen wird (vgl. Lk 12,8f; Mt 10,32; Mk 8,38; Lk 9,26).[384] Das Logion ist also nicht nur Warnung, sondern verkündet die unwiderruflichen Kriterien des eschatologischen Gerichts. Jesus stellt damit die Menschen schon hier auf Erden antizipatorisch in die Situation des eschatologischen Gerichts:[385] Wer das letzte göttliche Angebot der Vergebung durch den messianischen Menschensohn, in dem der Heilige Geist wirkt, mit der erhobenen Hand ablehnt, dessen Sünde ist nun von keinem mehr vergebbar.[386]

§ 34
Mk 10,45 / Mk 14,24 Die stellvertretende Lebenshingabe des Menschensohnes

Wir haben bis jetzt gesehen, daß Jesus in seiner Vollmacht als messianischer Menschensohn Gottes Sündenvergebung vorwegnehmend praktiziert und in seiner Lehrautorität die zwischenmenschliche Vergebung und Versöhnung pointiert gefordert hat (vgl. Mt 5,44). Nun ist schließlich zu fragen: In welchem Verhältnis steht der Tod Jesu zu seiner Botschaft und Praxis der Sündenvergebung? Wieso konnte Jesus dieses Gott allein zustehende Recht zur Sündenvergebung für sich beanspruchen? Woher nimmt er das Recht, seine Lehre über das Mosegesetz und über die pharisäische Gesetzeslehre zu stellen und seine Zuhörer (=Juden) aufzufordern, ihre Feinde (=Heiden, Unterdrücker, Zöllner, Sünder) zu lieben, d.h. deren Schulden und Missetaten zu vergeben? Ist der Tod Jesu eine tragische Folge seiner radikalen Verkündigung in Worten und Taten oder Ziel und Höhepunkt seiner Sendung und seines Auftrages? Anhand der zwei zentralen Stellen Mk 10,45 und 14,24 soll diesen Fragen nachgegangen werden. Da die beiden Stellen bereits vielfach untersucht worden sind,[387] be-

---

[384] Vgl. LÖVESTAM, aaO., S.67.

[385] Vgl. LÖVESTAM, aaO., S.67.

[386] Zum Thema Unvergebbare Sünde wider den Heiligen Geist im Judentum vgl. 1 S 2,5ff; Mischna Sanhedrin 10,1ff.

[387] Zum Thema s. F. HAHN, υἱός, EWNT III, S.913-937, dort neuere Literatur: zur Menschensohn-Frage bes. S.927ff. Siehe dazu auch die Untersuchung von S. KIM, „The Son of Man" as the Son of God, 1983, dort weitere Literatur. Speziell zu Mk 10,45 s. P. STUHLMACHER, Existenzstellvertretung für die Vielen (Mk 10,45; Mt 20,28), in: Versöhnung, Gesetz und Gerechtigkeit, S.27-42; W. GRIMM, Die Verkündigung Jesu und Deuterojesaja, Frankfurt a. M., ²1981, S.135-151 und S.231-280; M. HENGEL, Der stellvertretende Sühnetod Jesu. Ein Beitrag zur Entstehung des urchristlichen Kerygmas,

schränke ich mich dabei auf das Wesentliche, das im Hinblick auf unser Thema von Bedeutung ist.

Die Echtheitsfrage des Menschensohn-Wortes in *Mk 10,45* ist immer noch heftig umstritten.[388] Viele Exegeten halten diesen Menschensohnspruch für Gemeindebildung.[389] Von der Gesamtverkündigung Jesu und von der alttestamentlichen Sühne- und Lösegeldtradition her ist es aber eher wahrscheinlich, daß wir es hier mit einem echten Jesus-Logion zu tun haben.[390] Das Motiv „Schuldner", „Gläubiger", „Schuldsein", „Abrechnung", „Zahlungsunfähigkeit der Schuldner", „Schulderlaß" spielt in den Gleichnissen Jesu eine wichtige Rolle. Das Lösegeld-Logion[391] Jesu ist meines Erachtens eng mit diesen Schuldnergleichnissen zu verknüpfen. Vor allem die beiden Gleichnisse von den Schuldnern in Mt 18,23-35 und Lk 7,41-43 sind von besonderer Bedeutung (vgl. auch Lk 16,1-8). Die Menschen stehen nach Jesu Gleichnissen hoffnungslos verschuldet vor Gott. Wir können uns heute die menschenunwürdige Situation der Schuldner im damaligen Palästina kaum real vorstellen. Die Schuldner, die ihre Schulden und Schuldzinsen nicht zahlen konnten, verloren jeden Rechtsschutz und wurden wie Sklaven behandelt bzw. verkauft (vgl. Neh 5,1-12; Mt 18,25). Die Zuhörer Jesu (unter ihnen viele Arme, Kranke, Besitzlose, Tagelöhner, also Leute, die wahrscheinlich selbst einmal Schuldner waren oder sind) verstehen diese Situation besser als alle anderen. Darum erzählt Jesus ihnen gerade durch solche Schuldnergleichnisse von der angebrochenen messianischen Heilszeit, von der übergroßen Barmherzigkeit und Güte Gottes, der alle Schulden der Armen und der Verschuldeten erläßt (Mt 18,27; Lk 7,42). Unser Vers Mk 10,45 ist der Erkenntnisgrund dieser Gleichniserzählungen Jesu. Jesus erzählt zu den vor Gott schuldig dastehenden Menschen vom unbegreiflich großzügigen

---

in: Communion 9, 1980, S.1-25, S.135-147; J. ROLOFF, Anfänge der soteriologischen Dichtung des Todes Jesu (Mk X.45 und Lk XXII.27), NTS 19, 1972/73, S.38-64; W. J. MOULDER, The Old Testament. Background and the Interpretation of Mark X.45, NTS 24, 1977/78,S.120-127; K. KERTELGE, Der dienende Menschensohn (Mk 10,45), in: FS A. Vögtle, 1975, s.225-239; J. THEISON, Der auserwählte Richter, StUNT 12, 1975, S15ff u.a.

[388] Vgl. G. THEISSEN/PH. VIELHAUER, Ergänzungsheft zu Bultmann, GST, [4]1971, S.61ff; W. O. WALKER, Jr. The Son of Man. Question and the Synoptic Problem, NTS 28, 1982, S.374-388; R.PESCH, Mk II, S.162ff.

[389] So z.B. Ph. VIELHAUER, Aufsätze zum Neuen Testament, 1965, S.55-91; H. E. TÖDT, Der Menschensohn in der synoptischen Tradition, [4]1978, S.131ff; C. COLPE, ThWNT VIII, S.451f; PESCH, Mk II, S.164f u.a..

[390] S. dazu STUHLMACHER, Existenzstellvertretung, S.28ff, S.37; W. GRIMM, Weil ich dich liebe. Die Verkündigung Jesu und Deuterojesajas, 1976, s.231-258.

[391] Dazu K. KERTELGE, lytron. EWNT II, Sp. 901-905.

Schulderlaß Gottes, da er selbst entschlossen ist, sein Leben als Lösegeld für die zahlungsunfähigen Schuldner zu bezahlen: „Ich, der Menschensohn, bin dazu da, mein Leben als Lösegeld für viele hinzugeben".

Damit hat Jesus zwei alttestamentlich-frühjüdische Traditionen miteinander verknüpft, neu interpretiert und auf sich angewandt: Einmal die Stellvertretungstradition, zum anderen Mal die messianische Menschensohntradition. Als der messianische Menschensohn aus Jes 9,1-6; 11,1-9; Dan 7,9-14 und äth Hen 45; 61-62 wollte Jesus kein anderer sein als der demütige und gehorsame, sein Leben für die Vielen stellvertretend aufopfernde Gottesknecht aus Jes 53.[392] Als der mit dem Geist Gottes ausgerüstete Messias, in dem die Gerechtigkeit Gottes wohnt, wollte er dadurch die vergebende Vaterliebe Gottes (Ps 103,13; Lk 15,20ff) offenbaren, daß er als das von Gott bestimmte Lösegeld (Jes 43,3ff) für Viele (Jes 53,12) an die Stelle der Menschen und der Völker trat (Jes 43,4).[393] Der Grund für diesen Einsatz ist nach Jes 43,4 und nach der Botschaft Jesu (z.B. Lk 15,20; Mt 5,45) die Liebe des Vaters und des Schöpfers (vgl. Ps 103!). Denn die Menschen sind nicht in der Lage, das Lösegeld zu zahlen (Ps 49,8f; Lk 7,41f; Mt 18,25). Und Gott will nicht, daß die Menschen der Sündenmacht für immer als Sklaven verkauft werden, sondern daß sie leben (Ez 37,5f; Lk 15,32) in der Freiheit (Jes 61,1; Mt 11,5) und im Geist Gottes (Ez 36,25ff). Darum ist Jesus von Gott gesandt (Mk 10,45 ἦλθεν),[394] die Schuldner durch seine stellvertretende Lebenshingabe von der knechtenden Sündenmacht loszukaufen (vgl. Mk 3,27; Lk 10,18; 1 Kor 6,20)[395] und sie so in die freie Kinderschaft Gottes einzusetzen („Vater"-Anrede in Mt 6,9 par; vgl. Röm 8,14ff).

---

[392] Vgl. dazu: „Den messianischen Menschensohn als leidenden Gerechten und Gottesknecht zu interpretieren, ist sein (=Jesu) persönliches Werk", STUHLMACHER, Existenzstellvertretung, S.40; O. Betz, Wie verstehen wir das Neue Testament, 1981, S.34ff; vgl dazu noch: „Jesus wußte sich jedoch auch als endzeitlichen Priester und als Ebed Gottes, daher kam es, daß er sein Leben nicht nur bis zum Äußersten in Gefahr brachte, sondern es auch als Opfer und Sühne darreichte bzw. in stellvertretendem Leiden dahingab. Die Überhöhung des messianischen heiligen Kriegs durch den priesterlichen heiligen Dienst hat bewirkt, daß Jesus mehr war als ein Theudas, der in den Glauben seiner Jünger auferstanden ist", O. BETZ, Jesu Heiliger Krieg, S.97.

[393] Vgl. GRIMM, Weil ich dich liebe, S.253f; ferner O. BETZ, Jesu Evangelium vom Gottesreich, in: Jesus. Der Messias Israels, S.253f.

[394] Die ἦλθεν-Worte sind keine urchristlich gebildeten Jesus-Logien, die auf die abgeschlossene Sendung des Menschensohnes zurückblickten. Gegen Pesch, der zwischen den ἦλθον- u. ἦλθεν-Worten unterscheidet und nur die ἦλθον-Worte für ursprünglich hält. PESCH, Mk II, S.163 und I, S.167; vgl. auch BULTMANN, GST, S.167.

[395] Vgl. auch 1 Kor 7,23; Gal 4,5; 2 Petr 2,1; Offenb 5,9.

Wie Jesus seinen bevorstehenden Tod verstanden und gedeutet hat, geht aus *Mk 14,24* [396] sehr deutlich hervor:

καὶ εἶπεν αὐτοῖς· τοῦτό ἐστιν τὸ αἷμά μου τῆς διαθήκης[397] τὸ ἐκχυννόμενον ὑπὲρ πολλῶν[398]

„Und er sprach zu ihnen: Dies ist mein Blut des Bundes, das vergossen wird für viele"[399]. Das Becherwort steht parallel zu Mk 10,45 und ist semitisierend formuliert.[400] Αἷμα entspricht dem hebräischen דָּם und aramäischen דְּמָא, es kann aber auch נֶפֶשׁ damit gemeint sein.[401] Διαθή-κη[402] entspricht בְּרִית[403]; damit wird auf Ex 24,8 angespielt. Πολλοί bedeutet auf hebräisch רַבִּים und weist, verbunden mit ὑπέρ, auf Jes 53,12 hin.[404] Aus diesem, sehr dicht und konzentriert formulierten Jesus-Wort können wir folgendes schließen:

- Mit „Ausgießen des Blutes" weist Jesus die Jünger auf seinen bevorstehenden, von ihm bereits angekündigten, gewaltsamen Tod hin.
- Mit der Wendung „Blut des Bundes" nimmt Jesus die Bundestradition vom Sinai auf (Ex 24,8; vgl. Sach 9,11). Im typologischen Sinne deutet er sein Blut als das Blut zur Stiftung des neuen (s. „mein Bun-

---

[396] Zu Mk 14,24 s. bes. J. JEREMIAS, Abendmahlsworte, [4]1967, S.170ff; R.PESCH, Das Abendmahl und Jesu Todesverständnis, 1978, S.22ff und seinen Mk-Kommentar II, S.354ff; J. GNILKA, Wie urteilte Jesus über seinen Tod?, in: K. Kertelge, Der Tod Jesu. Deutungen im Nt, 1976 Qd74, S.13-50 und seinen Mk-Kommentar II, S.240ff; H. GESE, Theologie, S.107-127, hier S.114ff, 122ff; M. HENGEL, Der stellvertretende Sühnetod Jesu. Ein Beitrag zur Entstehung des urchristlichen Kerygmas I und II, in: IKZC 9, 1980, S.1-25 u. S.135-147; W. G. KÜMMEL, Theologie, 1976, S.81f; H., MERKLEIN, Erwägungen zur Überlieferung der neutestamentlichen Abendmahlstradition, BZ 21, 1977, S.88ff und S.235ff.

[397] Viele Handschriften (A f[1.13] 𝔐 lat sy sa [mss] bo[pt]) haben vor διαθήκης noch καινῆς; καινῆς ist aber wahrscheinlich von Lk 22,10 und 1 Kor 11,25 her sekundär in den Text eingedrungen.

[398] W f[13]pc a fügen dem Vers εἰς ἄφεσιν ἁμαρτιῶν hinzu. Der Zusatz kommt von Mt 26,28 (vgl. Mk 1,4) und ist eindeutig sekundär.

[399] Mit Pesch und Jeremias gehen wir hier davon aus, daß der Mk-Text (lectio difficillior)/Mt gegenüber den lukanisch-paulinischen Abendmahlstexten ursprünglich ist. Dies gilt auch hinsichtlich unseres Becherwortes.

[400] Vgl. JEREMIAS, Abendmahlsworte, 1967, S.170ff.

[401] Dazu O. BÖCHER, EWNT I, Sp.88-93; G. GERLEMANN, דָּם, THAT I, Sp. 448-451; PESCH, Mk II, S.358.

[402] S dazu H. HEGERMANN, EWNT I, Sp 718-725, hier Sp. 721f.

[403] Dazu K. KUTSCH, THAT I, S.339-352 u. F. LANG, Abendmahl und Bundesgedanke im Nt, EvTh 35, S.175, 524ff.

[404] Zum Verhältnis zu Jes 53 s. HENGEL, Sühnetod, S.136ff; W. GRIMM, Weil ich dich liebe, S.64ff.

desblut") Bundes, der den alten Bund vom Sinai in eine neue eschatologische Dimension hebt.

- Das Blut hat nach Lev 17,11 durch das in ihm enthaltene Leben Sünden sühnende Kraft.[405] Jesus will durch sein *Blut* (=Leben) und seine
Lebenshingabe die Sünden der Anderen sühnen. D.h., durch seine
stellvertretende Lebenshingabe sollen Menschen die Vergebung der
Sünden erlangen.

- Durch ὑπὲρ πολλῶν knüpft Jesus dabei bewußt an Jes 53[406] an. Wie
der Knecht Jahwes will Jesus die Sünden und Verschuldungen der
Vielen (53,12) auf sich nehmen und stellvertretend den Tod erleiden,
damit die Vielen (=zuerst die Juden, dann auch Heiden) Vergebung
der Sünden erlangen (53,11=gerechtfertigt werden) können. D.h., daß
Jesus selbst seinen Tod als Sühnetod zur Vergebung der Sünden
verstanden und gedeutet hat.

- Jesus deutet damit an, daß die alttestamentliche Verheißung vom
neuen Bund[407] (Jer 31,31-34) durch seinen stellvertretenden Sühnetod
in Erfüllung geht. Bereits in den eschatologischen Verheißungen Jer
31,31 und Ez 36,25ff ist die Stiftung des neuen Bundes mit der
Vergebung der Sünden (Jer 31,34) und der Reinigung von aller Unreinheit verbunden (Ez 36,25; in V.26 ist dann von der Verleihung
eines neuen Herzens und eines neuen Geistes die Rede).

- Trotz der Todeshinweise war das Abschiedspassamahl Jesu kein
Trauermahl (vgl. Lobgesang nach dem Mahl in V.26 und dazu Jer
51,3), sondern ein Mahl der Hoffnung, welche auf die neue Gemeinschaft im Gottesreich ausgerichtet war (vgl. Mk 14,25b). Mit seinem
Brot- und Becherwort, sowie dem anschließenden Amen-Wort versi-
chert Jesus den Mahlgenossen, daß sie durch den bevorstehenden Tod
hindurch Anteil an der βασιλεία-Gemeinschaft haben werden (vgl. Mt
26,29b: „Bis zu jenem Tage, wenn ich es trinke mit euch neu im Reich
meines Vaters"). Der neue Bund (Jer 31,31ff; Ez 3625ff), den Jesus
durch sein Blut und die stellvertretende Lebenshingabe für die Vielen
stiftet, ist ein Bund der βασιλεία, d.h. ein Bund von der βασιλεία her

---

[405] Vgl. GESE, Sühne, S.97, 101ff; B. JANOWSKI, Sühne als Heilsgeschehen, 1982,
S.232ff, 359ff.

[406] Dazu vgl. JEREMIAS, Theologie, S.273: „Schon die älteste, im semitischen
Sprachbereich lebende Kirche war also davon überzeugt, daß Jesus sein Leiden in Jes 53
vorgezeichnet gefunden und damit seinem Tode sühnende Kraft zugeschrieben habe",
S.273.

[407] Zum Verhältnis „Bund" und „Sündenvergebung" s. H. LEROY, Zur Vergebung
der Sünden, 1974, S.19ff, 33ff.

und auf die βασιλεία hin.[408] Jesus will die Seinigen, die Vielen, durch Vergebung und Gericht hindurch in das Reich Gottes führen, wo er mit den Seinigen die himmlische Mahlgemeinschaft halten wird (vgl. Mk 14,25b/Mt 26,29b mit Mt 8,11 u. Lk 14,15), bei der Leben und Freude in Fülle ist (Mt 19,28f; Lk 15,10.22f; vgl. Mt 13,44f). Dann werden sie leuchten wie die Sonne (Mt 13,43).

In Mk 10,45 und 14,24 kommt der Wille Jesu am klarsten zum Ausdruck, sein Leben als Lösegeld (Jes 43,3) und Schuldopfer (Jes 53,10) für die Vielen hinzugeben. Seinen bevorstehenden, gewaltsamen Tod verstand und deutete Jesus im Lichte der deuterojesajanischen Ebed-Jahwe-Prophetie und somit als Sühnetod zur Vergebung und Rechtfertigung der Vielen (Jes 53,11f).

§ 35
Zusammenfassung (NT)

Die Skepsis gegenüber den synoptischen Berichten von den Worten und Taten der Sündenvergebung Jesu ist heute weit verbreitet. Die Behauptung, alle Texte in den synoptischen Evangelien, die vom sündenvergebenden Jesus berichten, seien unecht und sekundär, ist unbegründet und läßt sich auch mit den Grundaussagen des Neuen Testaments nicht vereinbaren (vgl. nur Röm 3,24f; 4,25; 1 Kor 11,23ff; 15,3ff; 2 Kor 5,17ff; diese Stellen sind ohne Rückbezug auf die vergebende Tätigkeit des irdischen Jesus, auf sein Leiden und seinen Sühnetod kaum verständlich).

Bereits Johannes der Täufer hat angesichts des nahen Gerichtes Gottes die Bußtaufe als eschatologisches Sakrament vollzogen und sie ausdrücklich als Taufe „zur Vergebung der Sünden" interpretiert. Es ist historisch unbestreitbar, daß Jesus selbst von Johannes dem Täufer am Jordan getauft wurde. Jesus war also vom Anfang seines öffentlichen Auftretens an vom Thema „Sündenvergebung" bewegt. Rückblickend können wir sagen, daß Jesus gerade die Sündenvergebung als den wesentlichen Bestandteil seines gesamten irdischen Wirkens angesehen hat.

Es ist vom Verhältnis zu Johannes dem Täufer her auch sehr naheliegend, daß Jesus sich selbst als den Menschensohn bezeichnet und die Menschensohn-Tradition von seinem Sendungsbewußtsein her entscheidend

---

[408] Zum Zusammenhang von Bund und Königsherrschaft Gottes vgl. M. WEINFELD, ThWAT I, S.804; J. GNILKA, Mk II, S.246.

umgeformt hat. Wie wir in unserer Untersuchung gesehen haben, bildete die βασιλεία-Verkündigung Jesu den Gesamtrahmen seiner Botschaft und Praxis der Sündenvergebung. Von Johannes dem Täufer ausgehend, aber ganz anders als dieser, trat Jesus von Anfang an als Evangelist der Königsherrschaft Gottes (Jes 52,7) und als Befreier-Messias der Armen und Unterjochten (Jes 61,1ff; vgl. Ex 3,7ff) auf und offenbarte die Gerechtigkeit Gottes als Heil (Jes 56,1) und Rettung der Gottesfernen (Jes 9,1ff; Ps 103,6; 143,2).

In der Vollmacht des noch verborgen wirkenden Menschensohnes (Dan 7,13f; äth Hen 61-62; Johannes der Täufer) vergab er die Sünden der Unreinen (Mk 2,5.10), heilte die Kranken (Mk 3,10f; Mt 4,23), nahm die Sünder(in) an (Lk 7,47ff; Mk 21,3f) und vollbrachte messianische Taten (Mt 11,5; Lk 7,22).

Die sinnenfälligste Gleichnishandlung Jesu von der sündenvergebenden Güte Gottes ist seine Tischgemeinschaft mit den Zöllnern und Sündern (Mk 2,15f). Als der Menschensohn (äth Hen; Täufer) richtete er die Sünder nicht, sondern hatte Erbarmen mit ihnen, nahm sie auf in seine Tischgemeinschaft und verkündete durch diese Gleichnishandlung die Freuden- und Heilszeit der in Jesu Person nahegekommenen Königsherrschaft Gottes (Mk 2,19.21f; Mt 18,13; Lk 10,20; 15,32).

In seinen Vergebungsgleichnissen vom Pharisäer und Zöllner (Lk 18,9-14) und von den Weinbergarbeitern (Mt 20,1-16) machte Jesus deutlich, daß das Kommen der Gottesherrschaft alle vorhandenen Maßstäbe und Gerechtigkeitsprinzipien außer Kraft setzt und für die Vielen die Umkehrung der bestehenden Verhältnisse bedeutet (vgl. Mt 20,16; Lk 13,30). So werden die Armen, die Hungernden und die Kleinen selig gesprochen (Mt 5,3ff; Lk 6,20f) und wird ihnen das Reich Gottes (Mk 10,14) und das himmlische Mahl zugesprochen (Lk 6,21; Mt 8,11).

Jesus hat in seiner Vergebungsbotschaft unmißverständlich herausgestellt, daß der Mensch, der nur aus der Vergebung Gottes leben kann, auch seinerseits zur Vergebung der Mitmenschen verpflichtet ist (Mt 6,12; 18,27ff; Mk 11,25; Mt 5,23f). Die Lieblosigkeit und die Unversöhnlichkeit gegenüber den Mitmenschen machen auch die bereits zugesprochene Vergebung rückgängig; sie fallen der erbarmungslosen Strenge des Endgerichts anheim (Mt 5,26; 18,32ff). Das Vergebungsgebot Jesu ist darum mit dem Liebesgebot identisch. Sie beide fordern die Menschen dazu auf, sich miteinander zu versöhnen und da Frieden zu stiften, wo Haß und Feindschaft die Liebe zu ersticken und das Gerichtsunheil herbeizuführen drohen.

Daß Jesus als der messianische Gottes- und Menschensohn kein anderer sein wollte als der leidende, sein Leben als Lösegeld (Jes 43,3) und Schuldopfer (Jes 53,10) hingebende deuterojesajanische Ebed-Jahwe, geht am klarsten und deutlichsten aus Mk 10,45 und 14,24 hervor. Jesus selbst verstand seinen herannahenden, gewaltsamen Tod als Existenzstellvertretung der Vielen und als Sühnetod zur Vergebung und Rechtfertigung der Gottlosen. Die Jünger und die Gefolgschaft Jesu haben dies im Lichte der Osterereignisse begriffen und zur Mitte ihrer Christusverkündigung gemacht (Röm 3,21ff; 1 Kor 15,3ff; 2 Kor 5,17ff).

Ergebnis

Zum Schluß unserer Untersuchung stellen wir, rückblickend, noch einmal die zwei entscheidenden Fragen: Hat der irdische Jesus tatsächlich in der Vollmacht Gottes Sünden vergeben, wie das die Synoptiker berichten? Wer war dieser Jesus von Nazareth, wie hat er seinen Auftrag verstanden?

Die erste Frage, ob Jesus Sünden vergeben habe, ist aufgrund folgender Beobachtungen zu bejahen:

a) Vom messianischen Sendungsbewußtsein her: Jesus hat sich während der Auseinandersetzung mit seinen Gegnern und bei der Belehrung der Jünger öfters über den endzeitlichen Sinn und Zweck seines Kommens geäußert (ἦλθον- und ἦλθεν-Sprüche). Auch in vielen bildhaften Worten und zeichenhaften Handlungen hat er deutlich zum Ausdruck gebracht, daß sein Auftreten eine entscheidende Wende in der Heilsgeschichte Gottes bedeutet und seine Sendung von Anfang an auf das Ziel der Rettung des Gottesvolkes (vgl. Mt 1,21) ausgerichtet war.

b) Von der Einzigartigkeit der Verkündigung Jesu her: Seine Botschaft ist in mancher Hinsicht einzigartig in der Geschichte Israels. Er beanspruchte die Vollmacht Gottes. Er redete und handelte wie Gott (die Antithesen in der Bergpredigt, der Heilszuspruch in eigener Autorität), holte die Sünder und Ausgestoßenen in die Lebensgemeinschaft des Volkes zurück und rechtfertigte sein Handeln in einzigartiger Weise (Gleichnisse).

c) Von den ungewöhnlichen Taten Jesu her: „Blinde sehen, Lahme gehen, Aussätzige werden rein, Taube hören, Tote werden auferweckt und den Armen wird die Frohe Botschaft verkündet" (Mt 11,5). Diese Taten Jesu sind Proklamation, Offenbarung, Zeichen und Hinweis auf die angebrochene Heilszeit des Messias. Als Gabe dieser Heilszeit gilt auch die Vergebung der Sünde, welche überall dort vollzogen wird, wo Jesus sich in der Vollmacht Gottes den Sündern zuwendet. Dazu gehört auch der synoptische Bericht Mk 2,1-12 par, wo berichtet wird, daß Jesus expressis verbis die Vergebung der Sünden ausgesprochen hat. Die Sündenvergebung Jesu gehört untrennbar zu seinem Sendungsbewußtsein und ist der Kern seines gesamten Wirkens.

d) Vom Kreuz her: Passion und Tod Jesu sind in seiner Sendung vorbestimmt; das kommt in vielen Aussagen und Verhaltensweisen deutlich zum Ausdruck. Jesus hat nicht nur von seinem Leiden und Tod gewußt, sondern gemäß seines Sendungsbewußtseins sein Leben auf dieses Ziel ausgerichtet (Mk 10,45; Leidensankündigung, Jonaszeichen u.a.). Als Jude seiner Zeit dürfte Jesus vom Schicksal der Propheten als Märtyrer gewußt haben. Vor allem der gewaltsame Tod Johannes des Täufers, kurz nach dem Auftreten Jesu, mußte diesen noch einmal auf das Schicksal der Propheten in aller Deutlichkeit hingewiesen haben (vgl. Lk 13,32). Trotz dieser schmerzlichen Vergegenwärtigung hat Jesus wie keiner zuvor in Israel solche Autorität und Vollmacht Gottes beansprucht und konsequent damit gelebt. Sollte er dennoch mit seinem gewaltsamen Tod nicht gerechnet haben? Jesu Tod war, wie seine Worte, Taten und Lebensgeschick es verdeutlichen, eine Lebenshingabe zur Vergebung der Sünden, ein stellvertretender Sühnetod für Viele (=für Alle!).

e) Vom Zeugnis der Jünger Jesu her: „Christus ist für unsere Sünden gestorben nach der Schrift" (1 Kor 15,3); „Ihn (Jesus) hat Gott als Sühnmal hingestellt" (Röm 3,25). Die urchristlichen Bekenntnisformeln, die auf die Augenzeugen der Taten und des Wirkens Jesu zurückgehen, stellen dessen Leben und Tod in einen engen Zusammenhang mit unserem Thema der Sündenvergebung. Im Lichte des Osterereignisses werden Jesu gesamtes Leben und Sterben als rettende Heilstat Gottes und als göttliche Bestätigung seines irdischen Wirkens verstanden: „Der (Jesus) um unserer Übertretungen willen hingeopfert und zu unserer Rechtfertigung auferweckt wurde" (Röm 4,25).

Aus diesen Beobachtungen ist die Schlußfolgerung zu ziehen: *Jesus hat während seines öffentlichen Wirkens nicht nur einmal (Mk 2,5) Sünden vergeben. Vielmehr bildete die Sündenvergebung den Kern seines gesamten Wirkens, sowohl in seinem Leben in der Vollmacht Gottes als auch in seinem sühnenden Stellvertretertod.*

Die zweite Frage ist in diesem Zusammenhang: Wer war Jesus, der in der Vollmacht Gottes auch Sünden vergeben konnte? Diese Frage nach dem historischen Jesus ist und bleibt ein Grundproblem christlicher Theologie. Denn rechte Theologie muß sich letztlich immer als Christologie erweisen, und die rechte Christologie ist allein im Heilsgeschehen am Kreuz begründet. Das Kreuzesgeschehen führt uns aber unumgänglich zum Gekreuzigten, zur historischen Person Jesu von Nazareth. Wenn wir diese personale Einheit des Gekreuzigten und des Auferstandenen (auch als traditionsbildendes Element) nicht leugnen können und wollen, ist die Frage nach dem irdischen Jesus nicht nur berechtigt, sondern auch notwendig. Wer war Jesus von Nazareth?

Aus den bisherigen Untersuchungen können wir nun sagen: Er war *Gottessohn* und *Menschensohn*. Als der *Sohn Gottes* redete er Gott mit ‚Abba' (Mk 14,36) an, und als der messianische *Menschensohn* vergab er Sünden vorwegnehmend bereits auf Erden (Mk 2,1-12), da er selbst der zum Weltgericht kommende Menschensohn ist. Als Sohn Gottes in der Kraft des Geistes machte er Menschen aufgrund seines irdischen Wirkens zu Kindern Gottes, die nun Gott anrufen können: „Abba, lieber Vater!" (Röm 8,15; Gal 4,6).

Sündenvergebung durch Jesus bedeutet von diesem Zusammenhang her die Rettung der zum Tode geweihten Menschen zu Kindern Gottes. Sündenvergebung und ihre Neuschöpfung durch Jesus bedeutet ferner das Geschenk des Lebensbrotes von Gott, dem Abba, der seinem Wesen nach *Liebe* ist, der aus der Fülle seiner Lebenskraft das Leben schafft und bewahrt und aus Liebe zu den Lebenden Menschen gerecht macht. Sündenvergebung ist also die Gabe und Aufgabe von Gott, dem Schöpfer und Vater, für die Menschenkinder, die zur Entsprechung Gottes und zur Freude des Liebens bestimmt sind.

§ 36

Tabellen und Epilog

36.1 Tabellen

36.1.1 ἀφίημι - ἄφεσις Vorkommen in den synoptischen Perikopen

Perikopen	Mt	Mk	Lk	Joh
1. Vorgeschichte		-	1,77 (N)	-
2. Johannes der Täufer	-	1,4 (N)	3,3 (N)	-
3. Heilung des Gelähmten	9,2.5.6	2,5.7.9.10	5,20.21. 23.24	-
4. Geisteslästerung	12,31a.b 32a.b	3,28.29 N	12,10a.b	-
5. Warum Gleichnisse?	-	(4,12) (Z)	-	-
6. Beten/Vergeben	6,14a.b 15a.b	11,25a.b (26a.b)	-	-
7. Vater-Unser	6,12a.b	-	11,4a.b	-
8. Brüderl. Vergebung	18,21	-	17,3.4	-
9. Gln. v. Schalksknecht	18,27.32.35	-	-	-
10. Salbung d. Sünderin	-	-	7,47a.b 48.49	-
11. Abendmahlsworte	26,28 (N)	-	-	-
12. Kreuzeswort	-	-	[23,34]	-
13. Jesu letzte Weisung	-	-	24,47 (N)	-
14. Jesu Erscheinung	-	-	-	20.23a.b

(N) = Nomen; sonst immer Verb

(Z) = AT-Zitat

36.1.2 Tabellen der Vergebungstermini im NT

36.1.2.1 ἀφίημι

Wortverbindung	Bibelstellen
1. ἀφίημι + ἁμαρτία (Pl.)	Mt 9,6; 12,31; Mk 2,7.10; Lk 5,20.21.23.24; 7,47.49; 11,4; Joh 20,23ᵃ; 1 Joh 1,9; 2,12 Pass.: Mt 9,2.5; Mk 2,5.9; Lk 7,47
2. ἀφίημι + ἁμάρτημα (Pl.)	Mk 3,28
3. ἀφίημι + παράπτωμα (Pl.)	Mt 6,14.15; Mk 11,25ᵇ.26ᵇ
4. ἀφίημι + ὀφείλημα (Pl.)	Mt 6,12
5. ἀφίημι + ὀφειλή (Sg.)	Mt 18,27.32
6. ἀφίημι + ἀνομία (Pl.)	Röm 4,7
7. ἀφίημι mit Dat. d. Pers.	Mt 18,21.35; Lk 17,3.4; 23,34; Joh 20,23ᵇ Pass.: Lk 12,10; Jak 5,15
8. ἀφίημι absolut	Mk 11,25ᵃ.26ᵃ; Mk 4,12

36.1.2.2 ἄφεσις

Wortverbindung	Bibelstellen
1. ἄφεσις τῶν ἁμαρτιῶν	Mt 26,28; Mk 1,4; Lk 1,77; 3,3; 24,27; Act 2,38; 5,31; 10,43; 13,38; 26,18; Kol 1,14
2. ἄφεσις τῶν παραπτωμάτων	Eph 1,7
3. ἄφεσις absolut	Mk 3,29; Heb 9,22; 10,18

36.1.2.3 Andere synonyme Wortverbindungen

Wortverbindung	Bedeutung	Stellen
1. πάρεσις τῶν ἁμαρτημάτων	Hingehenlassen der Sünden	Röm 3,25
2. καθαρισμὸς τῶν ἁμαρτιῶν	Reinigung von den Sünden	Heb 1,3
3. ἱλασμός (=J.X.)	Sühne für unsere Sünden	1 Joh 2,2

36.1.2.4 Mit ἀφίημι semantisch verwandte Verben im NT

Synonyme Verben	Bedeutung	Stellen (Auswahl)
1. θεραπεύω	heilen	Mk 1,34; Mt 4,23; Lk 5,15
2. ἰάομαι (Pass.)	geheilt werden (+ ἀφίημι)	Mk 5,29; Jak 5,15f; 1 Petr 2,24
3. ἱλάσκομαι	(jmd) gnädig sein	Lk 18,13
4. ἐλεέω	sich erbarmen	Mt 18,33; Mk 5,19; Lk 17,
5. σπλαγχνίζο μαι	sich erbarmen (+ ἀφίημι)	Mt 18,27; 20,34; Mk 1,41; Lk 7,13
6. καθαρίζω	reinigen (ἀδικία)	1 Joh 1,9
7. σῳζω	retten (ἁμαρτία)	Mt 1,21
8. μὴ λογίζομαι	nicht anrechnen (παράπτωμα)	2 Kor 5,19
9. μὴ μιμνήσκω	nicht gedenken (ἁμαρτία)	Heb 10,17
10. χαρίζομαι	verzeihen, vergeben	Eph 4,32
11. ἀποκαταλλά σσω	versöhnen	Kol 1,20
12. λύω	erlösen (ἁμαρτία)	Apok 1,5
13. ἀπολύω	verzeihen, erlassen	Lk 6,37
14. δικαιόω (Pass.)	gerechtfertigt werden	Lk 18,14
15. αἴρω	wegtragen (ἁμαρτία)	Joh 1,29
16. ἀγαπάω	lieben	Joh 3,16; Lk 7,47
17. ἀπολούομαι	abwaschen	1 Kor 6,11
18. ἐξαγοράζω	loskaufen	Gal 3,13
19. καλύπτω	zudecken	1 Petr 4,8
20. λευκαίνω	weiß machen	Apok 7,14

36.1.3 Sündenvergebung Gottes durch Jesus Christus - Tabellarische Belegübersicht

Die Empfänger der SV	Der Vergebende	Termini für Sünde(n)	Grund bzw. Voraussetzung der SV	Bibelstellen	Termini für vergeben
1. Sein Volk (=Volk Jesu)	Jesus	ἁμαρτία (von seinen Sünden)	„damit das Wort Gottes in Erfüllung gehe"	Mt 1,21-22	σώζω
2. Ihr (=Jünger Jesu)	Himml. Vater	παραπτώματα (Verfehlungen)	„wenn ihr vergebt"	Mt 6,14-15; Mk 11,25	ἀφίημι
3. Der Gelähmte	Jesus = Gott (Passivum Divinum)	ἁμαρτία	als Jesus ihren Glauben sah	Mk 2,5; Mt 9,2; Lk 5,20	ἀφίημι
Der Gelähmte	Menschensohn	ἁμαρτία	"	Mk 2,10; Mt 9,6; Lk 5,24	ἀφίημι
4. Jünger + Viele	Gott bzw. Jesus	ἁμαρτία	Hingabe des Leibes u. des Blutes Jesu	Mt 26,26-28	ἄφεσις ἁμαρτιῶν
5. Die Sünderin	Jesus	αἱ ἁμαρτίαι	Glaube u. Liebe der Frau	Lk 7,36-50	ἀφίημι
6. Die Jesus Kreuzigenden	Gott (Vater)	-	Fürbitte Jesu am Kreuz	Lk 23,34	ἀφίημι
7. Alle Völker	Gott bzw. Jesus	ἁμαρτία	Tod u. Auferstehung Jesu	Lk 24,47	ἄφεσις ἁμαρτιῶν
8. Die Ehebrecherin	Jesus	-	Erbarmen (Liebe) Jesu	Joh 7,53-8,11	πορεύου, μηκέτι ἁμάρτανε
9. Diejenigen, denen die Jünger vergeben	Gott bzw. Jesus	ἁμαρτία	Tod u. Auferstehung Jesu	Joh 20,22-23	ἀφίημι - ἁμαρτία
10. Die sich Bekehrenden	Gott bzw. Jesus	ἁμαρτία	Bekehrung u. Taufe	Act 2,38 (5,31-32) (10,43)	ἄφεσις ἁμαρτιῶν
11. Die gläubigen Heiden	Jesus bzw. Gott	ἁμαρτία	Glaube an Jesus	Act 26,18	ἄφεσις ἁμαρτιῶν
12. Die an Jesus Glaubenden	Gott	ἁμάρτημα	Glaube an den Gekreuzigten	Röm 3,24-26	πάρεσις τῶν ἁμαρτημάτων

	Die Empfänger der SV	Der Vergebende	Termini für Sünde(n)	Grund bzw. Voraussetzung der SV	Bibelstellen	Termini für vergeben
13.	Die an Jesus Glaubenden	Gott	παραπτώματα / ἁμαρτία	Sühnetod Jesu	2 Kor 5,17-21	μὴ λογίζομαι (nicht mehr rechnen)
14.	Die an Jesus Glaubenden	Gott bzw. Jesus	παραπτώματα	„durch sein Blut"	Eph 1,7	ἄφεσις τῶν παραπτωμάτων
15.	Die an Jesus Glaubenden	Gott in Christus	-	„vergebt einander, wie auch Gott euch vergeben hat in Christus"	Eph 4,32	χαρίζομαι
16.	Alle, die glauben	Gott	-	„durch das Blut seines Kreuzes"	Kol 1,20	ἀποκαταλλάσσω
17.	Die Christen	Herr (=J. X.)	-	„wie der Herr euch vergeben hat"	Kol 1,20	χαρίζομαι
18.	Die Christen	Gott bzw. Jesus	ἁμαρτία	Der Sühnetod Jesu	Heb 1,3	καθαρισμὸς τῶν ἁμαρτιῶν
19.	Die an Jesus Glaubenden	Gott	ἁμαρτία / ἀνομία	Opfer Christi	Heb 10,17-18	μὴ μιμνῄσκω / ἄφεσις
20.	Ihre Sünden bekennende Christen	Gott bzw. Christus	ἁμαρτία	Sündenbekenntnis + Gebet	Jak 5,14-16	ἀφίημι + ἰάομαι
21.	Die Christen	Gott bzw. Christus	ἁμαρτία	Das stellv. Leiden Christi	1 Petr 2,24-25	ἰάομαι
22.	Die Christen	Gott	ἁμαρτία / ἀδικία	Sündenbekenntnis der Gläubigen	1 Joh 1,9	ἀφίημι + καθαρίζω
23.	Christen + alle Menschen	Gott bzw. Christus	ἁμαρτία	weil Christus unser Fürsprecher und Sühne ist	1 Joh 2,1-21	ἱλασμός
24.	Die Christen	Gott	ἁμαρτία	„um seines Namens willen"	1 Joh 2,12	ἀφίημι (διὰ τὸ ὄνομα αὐτοῦ)
25.	Die Christen	Gott	ἁμαρτία	„seinen Sohn als Sühne für unsere Sünden gesandt"	1 Joh 4,10	ἱλασμός
26.	Die Christen	Jesus Christus	ἁμαρτία	„uns erlöst durch sein Blut"	Apok 1,5	λύω (ἐν τῷ αἵματι αὐτοῦ)

36.1.4 Sündenvergebung im Kontext - Belegübersicht

Bibelstellen	Kontext / Gattung	Inhalt	Termini / Sonstiges
1. Mt 6,12 (Lk 11,4)	Vaterunsergebet	Bitte um SV / Praxis der SV	vergeben (ἀφίημι)
2. Mt 12,6	Sabbatstreit	Jesus ist mehr als der Tempel	(Der Tempel war der Ort der SV)
3. Mt 12,22-28	Beelzebulvorwurf	Das Reich Gottes kommt mit Heilung u. SV	(Kommen des Reichs Gottes im Kontext
4. Mt 18,15-18	Brüderliche Zurechtweisung	Die Gemeinde hat die Macht zu binden und lösen	(Binden u. Lösen = Vergebungstermini)
5. Mt 18,21-22 (Lk 17,3-4)	Vergebungspraxis	Zwischenmenschliche Vergebung	vergeben (ἀφίημι)
6. Mt 18,23-35	Schalksknechtsgleichnis	Indikativ u. Imperativ der Vergebungsgnade	Schuld erlassen
7. Mt 21,21-22 (7,7-11)	Glaube u. Gebet	alles, was ihr voll Glauben erbittet, werdet ihr empfangen	Glaube - Gebet - Vergebung
8. Mt 25,31-46	Endgericht u. SV	Endgericht nach den Taten	ewiges Leben (=SV), ewige Pein (= keine SV)
9. Mk 1,4 (Lk 3,3)	Johannes der Täufer	Taufe der Umkehr zur Vergebung der Sünden	Vergebung der Sünde (ἄφεσις ἁμαρτιῶν)
10. Mk 2,15-17 (Mt 9,10-13; Lk 5,29-32)	Tischgemeinschaft Jesu mit den Zöllnern	gekommen, die Sünder zu rufen (justificatio impiorum)	Sünder zu rufen (καλέσαι ἁμαρτωλούς)
11. Mk 3,28-30 (Mt 12,32; Lk 12,10)	Lästerung des Heiligen Geistes	unvergebbare Sünde	keine Vergebung (οὐκ ἔχει ἄφεσιν)
12. Mk 4,12 (Mt 13,15)	Zweck der Gleichnisse	AT - Zitat	ἀφίημι bei Mk ἰάομαι bei Mt
13. Mk 10,45	Dienen des Menschensohnes	Hingabe des Lebens als Lösegeld für viele	Stellvertretende Lebenshingabe u. Sündenvergebung

Bibelstellen	Kontext / Gattung	Inhalt	Termini / Sonstiges
14. Mk 14,22-24 (Mt 26,26-28 Lk 22,19-20)	Abendmahlsworte	Blut, für viele vergossen	Blutvergießen u. Sündenvergebung
15. Lk 1,77	Das Benediktus	Ankündigung des Wirkens Joh. d. T. für SV	$\overset{\text{v}}{\alpha}\phi\epsilon\sigma\iota\varsigma$ $\overset{\prime}{\alpha}\mu\alpha\rho\tau\iota\tilde{\omega}\nu$
16. Lk 4,18-19	Antrittspredigt	Ein Gnadenjahr des Herrn	Vergebungswille Gottes
17. Lk 6,37	Feldrede	Zwischenmenschliche Vergebung	$\overset{\prime}{\alpha}\pi o\lambda\acute{u}\omega$
18. Lk 15,1-2	Vorwurf der Gegner	Jesu Tischgemeinschaft mit Zöllnern und Sündern	$\overset{\prime}{\alpha}\mu\alpha\rho\tau\omega\lambda o\acute{\iota}$
19. Lk 18,9-14	Gebet	Gerechtfertigung (=SV) der bußfertigen Zöllner	$\delta\iota\kappa\alpha\iota\acute{o}\omega$
20. Lk 19,1-10	Umkehr u. SV	Vergebung des Oberzöllners	$\sigma\omega\tau\eta\rho\acute{\iota}\alpha$
21. Lk 23,43	Umkehr u. SV	Vergebung eines Übeltäters	Paradiesverheissung
22. Joh 1,29	Zeugnis des Joh. des Täufers	Das Lamm Gottes, das die Sünde der Welt wegnimmt	$\overset{\prime}{o}$ $\overset{\text{v}}{\alpha}\rho\omega\nu$ $\tau\grave{\eta}\nu$ $\overset{\prime}{\alpha}\mu\alpha\rho\tau\acute{\iota}\alpha\nu$
23. Joh 3,16-18	Liebe Gottes	Die Hingabe des Sohnes u. vergebende Liebe Gottes	$\overset{\prime}{\alpha}\gamma\alpha\pi\acute{\alpha}\omega$
24. Joh 5,24	Glaube u. Leben	Wer glaubt, der hat schon ewiges Lebens, also SV	$\zeta\omega\acute{\eta}$
25. Act 7,60	Martyrium des Stephanus	Fürbitte des Gerechten	Sünde nicht rechnen
26. Röm 4,25	Bekenntnisformel	Jesu Tod wegen unserer Sünden	um unserer Sünden ($\pi\alpha\rho\alpha\pi\tau\acute{\omega}\mu\alpha\tau\alpha$) willen
27. Röm 5,10-11	Versöhnungsbotschaft	Wir haben Versöhnung (=SV) empfangen	$\kappa\alpha\tau\alpha\lambda\lambda\alpha\gamma\acute{\eta}$
28. Röm 8,31-39	Hymnus	Die vergebende Liebe Gottes	$\overset{\prime}{\alpha}\gamma\acute{\alpha}\pi\eta$
29. 1 Kor 6,11	Heilsgewißheit	reingewaschen, geheiligt, gerechtfertigt	$\overset{\prime}{\alpha}\pi o\lambda o\acute{u}\mu\alpha\iota$

Bibelstellen	Kontext / Gattung	Inhalt	Termini / Sonstiges
30. 1 Kor 15,3	Urchristliche Paradosis	gestorben für unsere Sünden	ὑπὲρ τῶν ἁμαρτιῶν ἔπαθεν
31. Gal 3,13	Glaubensbekenntnis	uns vom Fluch losgekauft (=SV)	ἐξαγοράζω
32. Heb 9,11-12	Christus als Hoherpriester	durch Blut Christi Erlösung erworben	λύτρωσις
33. Heb 9,22	Der neue Bund	„ohne Blutvergießen gibt es keine Vergebung"	οὐ γίνεται ἄφεσις
34. 1 Petr 3,18	Sühnetod Christi	„um der Sünden willen gestorben"	περὶ ἁμαρτιῶν ἔπαθεν
35. 1 Petr 4,8	Paränese	„die Liebe deckt eine Menge Sünden zu"	καλύπτω (zudecken = vergeben)
36. 1 Joh 1,7	Sühnetod Jesu	Blut Jesu reinigt uns von aller Sünde	ἁμαρτία - καθαρίζω (reinigen)
37. Apok 7,14	Heilsankündigung	„gewaschen und weiß gemacht im Blute des Lammes"	λευκαίνω (weiß machen = SV)

36.1.5 Krankenheilung und Sündenvergebung - Stellenauswahl

	Der (die) Geheilte(n)	Der Heilende	Art der Krankheit	Grund der Heilung	Bibelstellen
1.	Hauptmanns Knecht	Jesus	Lähmung	Glaube des Hauptmanns	Mt 8,1-13
2.	Besessene u. Kranke	Jesus	aller Art	Erfüllung der Weissagung von Jes 53	Mt 8,16-17
3.	Zwei Blinde	Jesus	Blindheit	Glaube der Blinden	Mt 9,27-31
4.	Die Tochter der Kanaanäerin	Jesus	Besessenheit	Glaube der Frau	Mt 15, 21-28
5.	Die blutflüssige Frau	Jesus	Blutung	Glaube der Frau	Mk 5,34 (Mt 9,22; Lk 8,48)

	Der (die) Geheilte(n)	Der Heilende	Art der Krankheit	Grund der Heilung	Bibelstellen
6.	Der Blinde von Jericho	Jesus	Blindheit	Glaube des Blinden	Mk 10,46-52 (Mt 20, 29-34; Lk 18,35-43)
7.	Die gekrümmte Frau	Jesus	Verkrümmung	Erbarmen Jesu	Lk 13, 10-19
8.	Der Aussätzige	Jesus	Aussatz	Erbarmen Jesu	Lk 17, 11-19
9.	Die Christen	Gott	allgemeine Krankheit	Sündenbekenntnis + Gebet	Heb 5,16

Zu den Tabellen *36.1.6 Die Empfänger der Sündenvergebung im Alten und Neuen Testament - eine Auswahl* und *36.1.7 Traditionsgeschichtlicher Hintergrund der Sündenvergebung Jesu* siehe Seite 294 bzw. S.295.

36.2 Epilog

36.2.1 Die Vergebungsbotschaft der Urgemeinde

Das Thema Sündenvergebung in der Radikalität, wie es in den Evangelien beschrieben wird, ist genuin jesuanisch. Es kann weder vom Judentum noch von der Urgemeinde hergeleitet werden. Die Urgemeinde selbst brauchte lange Zeit, bis sie diesen jesuanischen Geist der Vergebung richtig verstehen und praktizieren konnte (s. etwa Gal 2,11-14).

Dieser genuin jesuanische Geist, der in seinen Worten und Taten weht, wurde in der Lebenszeit Jesu von seinen Jüngern nicht ganz begriffen. Erst das Osterereignis öffnete ihre Augen und Herzen, so daß sie die bereits erfahrene Vergebung richtig wahrnehmen konnten.

Nur eine Gemeinde, die die Vergebung Gottes selbst erfahren hat, kann die Vergebung der Sünden als den zentralen Inhalt des Evangeliums verkündigen. Die Ostergemeinde war die erste Gemeinde, die von Gott durch die Vergebung der Sünden ins Leben gerufen worden ist.

Das Kreuz war für sie ein Geschehen, das in völligem Einklang mit dem Leben des Gekreuzigten stand. Das Leben des gekreuzigten Herrn war gerade deswegen so angefeindet und umstritten, weil es ein Leben für die Armen (Jes 61,1f) und mit Sündern und Zöllnern war. Jesu Hinwendung zu den Menschen, die die Vergebung Gottes besonders nötig hatten,

36.1.6 Die Empfänger der Sündenvergebung im Alten und Neuen Testament - eine Auswahl

Die Empfänger der SV		einzelner / Gemeinschaft	Art der Sünde(n)	Grund der Sündenvergebung	Bibelstellen
AT	David	einzelner	Ehebruch / Mord (Blutvergießen)	Sündenbekenntnis	2 Sam 12,13
	Israel	Volk (Gottes)	Götzendienst / Bundesbruch	1. Schuld ist gesühnt 2. Liebe Gottes zu Israel	Jes 40,1-2 Jes 43,1-4
	Ninive	Volk (Heiden)	Götzendienst / Bosheit (1,2)	Umkehr Ninives	Jon 3,10; 4,10-11
NT	Petrus	einzelner	Verleugnung Jesu	1. Reue des Petrus 2. Liebe Jesu	Mk 14,66-72 Joh 21,15-17
	Paulus	einzelner	Verfolgung der Kirche	Gnadenwahl Gottes	Gal 1,15-16
	Heiden	Völker	Götzendienst, Mord, Ehebruch (allerlei Sünden)	Liebe Gottes	Joh 3,16-17

36.1.7 Traditionsgeschichtlicher Hintergrund der Sündenvergebung Jesu

Biblische Traditionen	כפר Sühnetradition	תורה Toratradition	חכמה Weish. Trad.	צבע / לַמֵּד Stellvertr. Trad.	צדקה / צדק Messias/MS-Trad.	רחמים / חסד Bußgebettradition
Theol. Themen	„Heiligkeit"	„Tora"	„Weisheit"	„Fürbitte"	„Gerechtigkeit"	„Barmherzigkeit"
Altes Testament	Sinaioffenbarung; Sühnekult (1. Tempel)	Mosetora; (Zionstora)	Tun-Ergehen-Zusammenhang; Krise der Weisheit	Abraham; Mose; Propheten (Amos/Jeremia); Gottesknecht (Jes 53)	Davidsbund; Die Propheten; Verheißungen (Messias / Neuer Bund); Sach. Dan 7	Exoduserfahrung; Sündenvergebung in den Metaphern; Sündenbekenntnis; Bußgebete Psalmen (103); Jona-Buch
Frühjudentum	(2. Tempel); Nichtkultische Sühnetradition; Qumran (Geistiger Tempel)	Mosetora = Weisheit (Jesus Sirach); Qumran; Rabbinisch-Pharisäisches Judentum	Personifizierung der Weisheit	Märtyrertradition; Hi 42,9f LXX; (Jes 53-Targ.)	Apokalyptik; Messias=M. Sohn äth Hen 45; 61; 4 Esr; Qumran; Ps Sal; *Joh. d. Täufer*	Bußgebete; Sch^emone Esre
Jesus Selbstbewußtsein		Jesus als Lehrer der Tora = Weisheit		Jesus als der leid. Gottesknecht; Mk 10,45; Lk 23,34	Jesus als der mess. Menschensohn; Praxis der SV (Mk 2,1ff; Lk 7,36ff)	
Praxis u. Botschaft	Mt 5,23f; Mk 11,15-20	Botschaft der Sündenvergebung (Mt 6,12; 5,43ff; 18,21-35)				Lk 15,11ff; Lk 18,9-14
Passion		Sühnetod Jesu = Erfüllung u. Vollendung der Sündenvergebung Jesu				

Ostererfahrung der Jünger
Urchristliches Kerygma
Rechtfertigungslehre bei Paulus (Röm 3,24-26; 4,25; 8,3; Gal 2,15-21)

und seine Botschaft der Feindesliebe, welche die Vergebung mit einschließt, stehen in direkter Verbindung mit seinem Tod.

Dieser Kreuzestod wurde von der Urgemeinde aufgrund der Lehre Jesu (Mk 10,45 par; 14,22-24 par) als stellvertretender Sühnetod für die Sündenvergebung der vielen verstanden (Röm 3,25-26; 4,25); und das Thema „Sündenvergebung" bildete deshalb die Mitte der urchristlichen Christusverkündigung.

36.2.2 Sündenvergebung und Rechtfertigung bei Paulus

Paulus konnte die Botschaft der Urgemeinde von der Sündenvergebung durch das Wirken und den Tod Jesu deswegen so gut verstehen, weil er selbst die vergebende Liebe Gottes durch die Damaskus-Christophanie an Leib und Seel erfahren hat.

Der Christus, dem er auf dem Weg nach Damaskus begegnete, war kein anderer als der vergebende Herr, der am Kreuz den Sühnetod für die vielen erlitten hat (Jes 53; 2 Kor 5,14-21). Dieser Gekreuzigte und Auferstandene offenbarte sich ihm als der messianische Sohn des Gottes, der die Sünder aus freiem Erbarmen gerecht macht (Röm 5,1-11).

Die Rechtfertigungslehre des Paulus wurde schon durch diese Begegnung mit der vergebenden Liebe Gottes *geboren,* in der Verkündigungssituation des Heidenapostels *ausgeformt,* in der Auseinandersetzung mit jüdischen und judenchristlichen Gegnern als zentrales Thema des Evangeliums *herausgestellt* (Galaterbrief), und in den späteren Jahren seines Apostolats zur theologischen *Reife* geführt (Römerbrief).

36.2.3 Der Gott der Liebe

Sünde ist die negative Folge der Freiheit, die Gott seinem Ebenbild, dem Menschen, aus Liebe geschenkt hat. Wer aus Liebe schenkt, schenkt nicht nur etwas, sondern auch sein Herz. Die Liebe Gottes zu seinem Ebenbild ist so das Grundmotiv allen nachfolgenden Vergebungshandelns Gottes. Aus Liebe hat Gott die Sünde des Menschen zu seiner Sache gemacht. Der Schöpfergott tritt zugunsten seiner Menschenkinder ein.

Da die Heiligkeit Gottes keine Sünde zuläßt, muß die menschliche Sünde gesühnt werden. Der Weg der Sühne ist der Weg des Leidens, der mit der Tötung des Sünders endet.

Weil der Mensch diesen Weg nicht von sich aus gehen kann, ist ihn Gott selbst stellvertretend in der Gestalt seines leidenden Knechtes gegangen. Der Gottesknecht, der stellvertretend für die Sünder eintrat, ist der

Messias und Gottessohn Jesus. Sein irdischer Weg wurde so der Weg ans Kreuz, der Weg des stellvertretenden Leidens.

Der Mensch erkennt nur kraft der Gabe des Heiligen Geistes, daß der Gekreuzigte der Gottesknecht und damit zugleich der Vergebende ist. So wurde die Stunde der Pfingsten (Act 2,1-4) zur Geburtsstunde der christlichen Vergebungsbotschaft: Jeder, der sich bekehrt und auf den Namen Jesu Christi taufen läßt, empfängt die göttliche Vergebung der Sünden (Act 2,38). Er wird zum neuen Geschöpf (2 Kor 5,17), zum neu geborenen Kind Gottes, das da ruft: Abba, Vater (Gal 4,6)! Als Kind Gottes lebt er durch die Vergebung des Vatergottes, dessen Wille mit der Liebe Gottes identisch ist (Röm 8,31-39).

Bibliographie

1. Quellen (Textausgaben und Übersetzungen)

1.1 Bibeltexte

Biblia Hebraica, ed. R. Kittel, Stuttgart 14/1966
Biblia Hebraica Stuttgartensia, ed. K. Elliger, et W. Rudolph, Stuttgart 1976.1987.
Septuaginta, ed. A. Rahlfs, Stuttgart 71962.
Nestle-Aland, Novum Testamentum Graece, ed. K. Aland, M. Black, C. M. Martini, B. M. Metzger, A. Witgren, Stuttgart 261983.
The Greek New Testament, ed. by K. Aland, M. Black, C. M. Martini, B. M. Metzger, and Y.Wikgren, New York, London 1975.
Synopse der drei ersten Evangelien mit Beigabe der johanneischen Parallelstellen, hrsg. v. A. Huck, völlig neu bearb. von H. Greeven, Tübingen 131981.
Synopsis Quattuor Evangeliorum locis parallelis evangeliorum apocryphorum et patrum adhibitis, ed K. Aland, Stuttgart 101978.
Die Bibel. Die Heilige Schrift des Alten und Neuen Bundes. Deutsche Ausgabe mit den Erläuterungen der Jerusalemer Bibel, hrsg. v. D. Arenhoevel, A. Deissler, A. Vögtle, Freiburg (‚Jerusalemer Bibel'), 1968.
Die Bibel. Oder die ganze Heilige Schrift des Alten und Neuen Testaments nach der Übersetzung Martin Luthers, mit Apokryphen, Revidierter Text, Stuttgart 1978.
Die Heilige Schrift. Einheitsübersetzung, Stuttgart 1981.
Die Heilige Schrift des Alten und des Neuen Testaments, Zürich 1971.

1.2 Außerbiblische Quellen

Altjüdische liturgische Gebete, ausgewählt und mit Einleitungen, hrsg. v. W. Staerk (KIT 58), Berlin 21930.
Altjüdisches Schrifttum außerhalb der Bibel, übers. v. P. Rießler, Hildesheim 1966.
Die Apokryphen und Pseudepigraphen des Alten Testaments I/II, übers. v. E. Kautsch, Tübingen 1921.
The Apokrypha and Pseudepigrapha of the Old Testament in English I/II, ed. R. H. Carles, Oxford, 21963.
Jüdische Schriften aus hellenistisch-römischer Zeit, hrsg. v. W. G. Kümmel, Gütersloh 1973ff.
Jonge, M. d (Hrsg.), Studies on the Testaments of the twelve Patriarchs: Text and Interpretation, Leiden 1975.

M. A. Knibb, The Ethiopic Book of Enoch. Bd. II: Introduction, Translation and Commentary, Oxford 1978.

Philo von Alexandria, Die Werke in deutscher Übersetzung, ed. L. Cohn, I. Heinemann, M. Adler, W. Theiler, Bde 1-7 (1909ff), Nachdruck Berlin 1962-64.

Philo, In Ten Volumes (And Two Supplementary Volumes) I-X, With an English Translation by F. H. Colson, M. A. and The Rev. G. H. Whitaker, M. A., Cambridge, Harvard University Press, London William Heinemann LTD, 1981.

Josephus in Nine Volumes. With an English Translation by H. S. J. Thackeray (u.a.) Vol I (ap.), Vol. IV-IX (Ant.), London und Cambridge (Mass.), 1962-1965.

Flavius Josephus, De Bello Judaico/Der jüdische Krieg. Griechisch und Deutsch, ed. O. Michel, O. Bauernfeind, Bde I-III, Darmstadt 1959-1969.

E. Lohse, Die Texte aus Qumran, Hebräisch und Deutsch, München 1964.

K. G. Kuhn, Konkordanz zu den Qumrantexten, Göttingen 1960.

I. Maier/K. Schubert, Die Qumran-Essener. Texte der Schriftrollen und Lebensbild der Gemeinde, München/Basel, 1973 (UTB 224).

I. Maier, Die Tempelrolle vom Toten Meer, München/Basel 1978 (UTB 829).

B. Jongeling/C. J. Labuschagne/A. S. v. d. Woude, Aramaic Texts from Qumran, Vol I, Leiden 1976.

(H. L. Strack-) P. Billerbeck, Kommentar zum Neuen Testament aus Talmud und Midrasch I-IV, 1, München 1922-1928; V-VI, hrsg. v. J. Jeremias, München, 1956/61.

Der Babylonische Talmud. Ausgewählt, übers. u. erkl. v. R. Mayer (Goldmanns Gelbe Taschenbücher 1330-1332), München 1963.

Die Mischna, hrsg. V. G. Beer - O. Holtzmann, fortgeführt v. K. H. Rengstorf - L. Rost, Gießen 1912ff, Berlin 1956ff.

Die Didache, hrsg. v. H. Lietzmann (KlT 6), Berlin [6]1962.

Neutestamentliche Apokryphen in deutscher Übersetzung, hrsg. v. E. Hennecke, 3. völlig neu bearb.Aufl., hrsg. v. W. Schneemelcher, I-II, Tübingen 1959/64.

Die Apostolischen Väter, eingel., hrsg., übertr. u. erkl. v. J. A. Fischer, München [4]1964.

2. Literatur

2.1 Allgemeine Hilfsmittel (in Auswahl)

2.1.1 Wörterbücher und Konkordanzen

Bauer, W., Griechisch-Deutsches Wörterbuch zu den Schriften des Neuen Testaments und der frühchristlichen Literatur, völlig neu bearb. v. K. Aland, Berlin [6]1988.

Gesenius, W./Buhl, F., Hebräisches und Aramäisches Handwörterbuch über das Alte Testament, Berlin/Göttingen/Heidelberg [17]1962.

Liddell, H. G./Scott, A Greek-English Lexikon, Rev. H. S. Jones, Oxford [9]1940.

Levy, J., Wörterbuch über die Talmudin und Midraschim I-IV, Berlin-Wien [2]1924.

Aland, K. (Ed.), Vollständige Konkordanz zum griechischen Neuen Testament. Bd. II, Spezialübersichten, Berlin/New York 1980.

Computer-Konkordanz zum Novum Testamentum Graece von Nestle-Aland, 26. Aufl. und zum Greek New Testament, 3. ed. Berlin/New York 1980.

Hatch, E./Redpath A., Concordance to the Septuagint and the Other Greek Versions of the Old Testament. Bde I-III (1897), Nachdruck Graz 1975.

Kuhn, K. G., Konkordanz zu den Qumrantexten, Göttingen 1960.

Moulton, W. F. - Geden, A. S., A Concordance to the Greek Testament, Edinburgh ³1926 (=1957).

Große Konkordanz zur Luther Bibel, Stuttgart 1979.

2.1.2 Grammatiken und Nachschlagwerke

Blass, F. - Debrunner, A., Grammatik des ntl. Griechisch, mit einem Ergänzungsheft v. D. Tabachovitz, Göttingen ¹²1965.

Dalmann, G., Grammatik des Jüdisch-Palästinischen Aramäisch, Darmstadt 1960.

Balz, H./Schneider G. (Hrsg.), Exegetisches Wörterbuch zum Neuen Testament I-III, 1980.1981.1984.

Botterweck, G. I./Ringren, H. (Hrsg.), Theologisches Wörterbuch zum Alten Testament, I-III, 190-1980.

Encyclopaedia Judaica, I-XVI, Jerusalem 1971-1972.

Jenni, E./Westermann, C.(Hrsg.), Theologisches Handwörterbuch zum Alten Testament I/II, 1971, 1976.

Die Religion in Geschichte und Gegenwart, hrsg. v. K. Galing, I-VI, ³1957-1962.

Theologisches Wörterbuch zum Neuen Testament, begr. v. G. Kittel, hrsg. v. G. Friedrich, I-X 1933-1979.

Theologische Realenzyklopädie (TRE), hrsg. v. G. Krause und G. Müller, Bd I-XXI, Berlin 1977-1991.

2.2 Sekundärliteratur (in Auswahl)

AALEN, S., Die Begriffe ‚Licht' und ‚Finsternis' im Alten Testament, im Spätjudentum und im Rabbinismus, Oslo 1951.

ABRAMOSKI, R., Zum literarischen Problem des Tritojesaja, ThStKr 96/97, 1925, S.90-143.

ALTHAUS, P., Der Brief an die Römer, Göttingen ¹¹1970 (NTD 6).

ASSMANN, J., Das Bild des Vaters im Alten Ägypten, in: Das Vaterbild in Mythos und Geschichte, hrsg. v. G. Tellenbach, 1976, S.12-49.

BAECK, L., Die Pharisäer, Berlin 1934.

BALTZER, D., Ezechiel und Deuterojesaja. Berührungen in der Heilserwartung der beiden großen Exilspropheten, Berlin 1971 (BZAW 121).

BALTZER, K., Das Bundesformular, Neukirchen ²1964 (WMANT 4).

BAMMEL, E., Das Gleichnis von den bösen Winzern (Mk 12,1-9) und das jüdische Erbrecht, RIDA 6,1959, S.11-17.

BANK, R., Matthew's Understanding of the Law: Authenticity and Interpretation in Matthew 5,17-20, IVL 93, 1974, S.226-242.

BARDTKE, H., Das Ich des Meisters in den Hodayoth von Qumran, WZ(L) 6, 1956/7, S.93-104.

BARTA, J., Das Achtzehngebet - eine Betrachtung, in: VU, S.77-89.

BARTH, Ch., Die Errettung vom Tod in den individuellen Klage- und Danklieder des Alten Testaments, hrsg. v. B. Janowski, Zürich 1987.

BARTH, G., Der Tod Jesu Christi im Verständnis des Neuen Testaments, Neukirchen-Vluyn 1992.

BAUER; J. B., Gnadenlohn oder Tageslohn (Mt 20,8-16)?: Bib 42, 1961, S.224-228.

BAUMBACH, G., Das Verständnis des Bösen in den synoptischen Evangelien (ThA XIX), Berlin 1963.

‒   Die Stellung Jesu im Judentum seiner Zeit: FZPhTh 20, 1073, S.285-305.

BAUER, W., Jesus der Galliläer, in: Aufsätze und kleine Schriften, Hrsg. G. Strecker, Berlin 1967, S.91-108.

BECKER, J., Gottesfurcht im Alten Testament (AnBib 25), Rom, 1965.

‒   Das Heil Gottes, Heils- und Sündenbegriffe in den Qumrantexten und im Neuen Testament (StUNT 3), Göttingen 1964.

‒   Untersuchungen zur Entstehungsgeschichte der Testamente der zwölf Patriarchen (AGSSZ 8), Leiden 1970.

‒   Johannes der Täufer und Jesus von Nazareth (VSt 63), Neukirchen 1972.

‒   Die Testamente der zwölf Patriarchen (JSHRZ III,1), Gütersloh 1974.

‒   Messiaserwartung im Alten Testament (SB 583), Stuttgart 1977.

BECKER, U., Jesus und die Ehebrecherin (BZNW 28), Berlin 1963.

BEGRICH, J., Berit. Ein Beitrag und Erfassung einer alttestamentlichen Denkform, ZAW 60, 1944, S.1-19.

‒   Studien zu Deuterojesaja, ed. W. Zimmerli, München 2 1969 (TB 20)

BEISSER, F./PETERS, A., Sünde und Sündenvergebung. Der Schlüssel zu Luthers Theologie, Hannover 1983.

BENNEWITZ, F., Die Sünde im alten Israel, Leipzig 1907.

BERGER, K., Die Gesetzesauslegung Jesu I (WMANT 40), Neukirchen-Vluyn 1972.

‒   Die Amen-Worte Jesu. Eine Untersuchung zum Problem der Legitimation in apokalyptischer Rede (BZNW 39), Berlin 1970.

‒   Zur Geschichte der Einleitungsformel „Amen, ich sage euch" (ZNW 63), 1972, S.45-75.

‒   Exegese des Neuen Testaments. Neue Wege vom Text zur Auslegung (UTB 658), Heidelberg 1977.

‒   Gleichnisse als Texte. Zum lukanischen Gleichnis vom „verlorenen Sohn" (Lk 15,11-32), in: Imago Lingwae. FS K. H. Paepcke, 1977, S.61-74.

BETZ, O., Offenbarung und Schriftforschung in der Qumransekte (WUNT 6), Tübingen 1960.

‒   Jesu Evangelium vom Gottesreich, in: Jesus. Der Messias Israels, (WUNT 42), Tübingen 1987, S.232-256.

‒   Die Frage nach dem messianischen Bewußtsein Jesu, in: Jesus. Der Messias Israels, (WUNT 42), Tübingen 1987, S.140-168.

‒   Die Proselytentaufe der Qumrangemeinde und die Taufe im Neuen Testament, in: Jesus. Der Herr der Kirche, Tübingen 1990, (WUNT 52), S.21-48.

‒   Der heilige Dienst in der Qumrangemeinde und die Taufe im Neuen Testament, in: Jesus. Der Herr der Kirche, Tübingen 1990, (WUNT 52), S.3-20.

‒   Jesus in Nazareth. Bemerkungen zu Mk 6,1-6, in: G. Müller, Israel hat dennoch Gott zum Trost, FS für S. Ben-Chorin, Trier 1978, S.44-60.

‒   Was wissen wir von Jesus?, Erw. Neuauflage, Wuppertal 1991.

‒   Probleme des Prozesses Jesu (ANRW II 25,1) 1981.

‒   Wie verstehen wir das Neue Testament?, Wuppertal 1981.

BETZ, O., Jesus und das Danielbuch, Bd. II, Die Menschensohnworte Jesu und die Zukunftserwartung des Paulus (Daniel 7,13-14), (ANTI 6), Frankfurt a.M. 1985.

– Das Vaterunser (Abr. H. z. Bibelw.), Gladbeck/Westfalen 1979.

– /GRIMM, W., Wesen und Wirklichkeit der Wunder Jesu. Heilungen-Rettungen-Zeichen-Aufleuchtungen (ANTI 2), Frankfurt a.M. 1977.

– Die Übersetzungen von Jes 53 (LXX, Targum) u. die Theologia Crucis des Paulus, in: Jesus. Der Herr der Kirche (WUNT 52), Tübingen 1990, s.197-216.

– Rechtfertigung im Qumran, in: Jesus. Der Messias Israels, (WUNT 42), Tübingen 1987, S.39-58.

– Jesu Lieblingspsalm. Die Bedeutung von Psalm 103 für das Werk Jesu, in: Jesus. Der Messias Israels, (WUNT 42), Tübingen 1987, S.185-201.

– Das Alte Testament: Jesu Bibel, unsere Bibel, in: Lutherische Kirche in der Welt, Erlangen 1991, S.13-26.

– Der Leib als sichtbare Seele, Stuttgart 1991.

BEYERLIN, W., ed. Religionsgeschichtliches Textbuch zum Alten Testament, Göttingen 1975 (GAT 1).

– Herkunft und Geschichte der ältesten Sinaitraditon, Tübingen 1961.

BLACK, M., An Aramaic Approach to the Gospels and Acts, Oxford [3]1967.

BLANK, J., Jesus von Nazareth, Freiburg 1972.

BISER, E., Die Gleichnisse Jesu. Versuch einer Deutung, 1965.

BILLERBECK, P., Ein Synagogengottesdienst in Jesu Tagen (ZNW 55), 1964, S.143-161.

BLINZLER, J., Johannes und die Synoptiker. Ein Forschungsbericht (SBS 5), Stuttgart 1965.

BORNHÄUSER, K., Die Bergpredigt. Versuch einer zeitgenössischen Auslegung (BFChTh II/7), Gütersloh [2]1927.

BORNKAMM, G., Jesus von Nazareth, (UTB 19), Stuttgart [12]1980.

BRANDENBURGER, E., Adam und Christus (WMANT 7), Neukirchen 1962.

BRAUMANN, G. Die Schuldner und die Sünderin Lk VII,36-50 (NTS 10), 1963/4, S.487-493.

BRAUN, H., Qumran und das Neue Testament I/II, Tübingen 1966. Spätjüdisch-häretischer und frühchristlicher Radikalismus I/II, Tübingen [2]1969.

– Jesus. Der Mann aus Nazareth und seine Zeit (ThTh1), Stuttgart/Berlin [2]1969.

BREUKELMANN, F. H., Eine Erklärung des Gleichnisses vom Schalksknecht. Matthäus 18,23-35, in: Parrhesia, FS K. Barth, Zürich 1966.

BROER, I., Das Gleichnis vom verlorenen Sohn und die Theologie des Lukas (NTS 20) 1973/4, S.453-462.

BÜCHLER, A., Studies in Sin and Atonement in the Rabbinic Literature of the first Century, New York [2]1967.

– Ben Sira's Conception of Sin and Atonement (JQR 13) 1922/23, S.303-335; 14 (1923/24), S.53-83.

BULTMANN, R., Die Geschichte der synoptischen Tradition, Göttingen [7]1967 (FRLANT 29)

– Ergänzungsheft. Bearb. v. G. Theißen und Ph. Vielhauer, Göttingen [4]1971.

– Jesus (Siebenstern - Tb 17), München/Hamburg 1965.

– Theologie des Neuen Testaments, Tübingen [3]1958.

– Glauben und Verstehen I-IV, Tübingen 1952-1865.

CANCIK, H. (Hrsg.), Markus Philologie, (WUNT 33), Tübingen 1984.

CHRIST, F., Jesus Sophia. Die Sophia-Christologie bei den Synoptikern (AThANT 57), Zürich 1970.

COLLINS, J. J., The Son of Man and the Saints of the Most High in the Book of Daniel, in: JB 93, 1973, S.50-66.

COLPE, C., Der Spruch von der Lästerung der Geistes, in: Der Ruf Jesu und die Antwort der Gemeinde, FS J. Jeremias, Göttingen 1970, S.63-79.

– ὁ υἱὸς τοῦ ἀνθρώπου, ThWNT VIII,1969, S.403-481.

CONZELMANN, H., Die Mitte der Zeit. Studien zur Theologie des Lukas (BHTh 17), Tübingen 51964.

– Grundriß der Theologie des Neuen Testaments, München 21968.

– /Lindemann, A., Arbeitsbuch zum Neuen Testament (VTB 52), Tübingen 1975.

CULLMANN, O., Die Christologie des Neuen Testaments, Tübingen 51975.

– Petrus. Jünger, Apostel, Märtyrer. Das historische und das theologische Petrusproblem (STB 90/1), München-Hamburg 1967.

CHARLESWORTH, J. H., A History of Pseudepigrapha Research: The Reemerging Importance of the Pseudepigrapha, ANRW II 19/1, Berlin-New York 1979, S.54-88.

– The Pseudepigrapha and Modern Research, Missoula (Montana), 1976 (SBL Septuagint and Cognate Studies 7).

DAUBE, D., Sin Ignorance and Forgiveness in the Bible, London 1961.

DAVIES, W. D., The Setting on the Sermon on the Mount, Cambridge 1964.

– Die Bergpredigt, München 1970.

DEE, H., Vergebung der Sünden (EvTh26), 1966, S.540-551.

DEISSLER, A., Die Grundbotschaft des Alten Testaments. Ein theologischer Durchblick, Freiburg 1972.

DIBELIUS, M., Die Formgeschichte des Evangeliums, Tübingen 51966.

DIETRICH, E. K., Die Umkehr (Bekehrung und Buße) im Alten Testament und im Judentum bei besonderer Berücksichtigung der neutestamentlichen Zeit, Stuttgart 1936.

DIETZFELBINGER, Chr., Das Gleichnis von der erlassenen Schuld. Eine theologische Untersuchung von Mt 18,23-35 (EvTh 32), 1972, S.437-451.

– Die Antithesen der Bergpredigt (TEH 186), München 1975.

DODD, Ch., The Parables of the Kingdom, London 2/1936.

DONAHUE, J. R., Tax Collectors and Sinners. An Attempt at Identification: CBQ 33 (1971), S.39-61.

DSCHULNIGG, P., Sprache, Redaktion und Intention des Markusevangeliums, (SBB 11), Stuttgart 21986.

EICHHOLZ, G., Gleichnisse der Evangelien, Neukirchen-Vluyn 1971.

EICHRODT, W., Theologie des Alten Testaments I 7/1962; II/III Stuttgart/Göttingen 41961.

– Bund und Gesetz, in: Gottes Wort und Gottes Land (FS H.-W. Hertzberg), Göttingen 1965, s.30-49.

EISSFELDT, O., Kleine Schriften IV, hrsg. v. R. Sellheim und F. Maass, Tübingen 1968.

ELLIGER, K. Leviticus (HAT 4), Tübingen 1966.

– Jesaja II (Bk), Neukirchen-Vluyn 1970ff.

ERLEMANN, K., Das Bild Gottes in den synoptischen Gleichnissen, Stuttgart 1988.

FIEBIG, P., Das Vaterunser. Ursprung, Sinn und Bedeutung des christlichen Hauptgebets (BFChrTh), Gütersloh 1927.

FIEDLER, P., Jesus und die Sünder (BET 3), Frankfurt a.M./Bern 1976.

– Sünde und Vergebung im Christentum, Conc(D) 10, 1974. S.568-571.

FLUSSER, D., Jesus (rororo Bildmonographien 140) Hamburg 1968.

FOHRER, G., Studien zur alttestamentlichen Prophetie (BZAW 99),Berlin 1967.

– (u.a.), Exegese des alten Testaments (UTB 267), Heidelberg 1973.

FORD, J. M., The Forgiveness Clause in the Matthaean Form of the Our Father (ZNW 59), 1968, S.127-131.

FRIEDRICH, J., Gott im Bruder. Eine methodenkritische Untersuchung von Redaktion, Überlieferung und Tradition in Mt 25,31-36 (CThM7), Stuttgart 1977.

FRIEDRICH, M., Tabellen zu markinischen Vorzugsvokabeln (ETL), Leuven 1986.

FUCHS, A., Sprachliche Untersuchungen zu Matthäus und Lukas, Rom 1971.

FUCHS, E., Zur Frage nach dem historischen Jesus, Gesammelte Aufsätze II, Tübingen 1960.

GARNET, P. Salvation and Atonement in the Qumran Scrolls, (WUNT 2 R.3), Tübingen 1977.

GESE, H., Lehre und Wirklichkeit in der alten Weisheit. Studien zu den Sprüchen Salomos und zu dem Buche Hiob, Tübingen 1958.

– Vom Sinai zum Zion. Alttestamentliche Beiträge zur biblischen Theologie, München 1974 (BEvTh 64).

– Zur biblischen Theologie. Alttestamentliche Vorträge, München 1977 (BEvTh 78)

– Psalm 50 und das alttestamentliche Gesetzesverständnis, in: Rechtfertigung, FS E. Käsemann, Tübingen 1976, S.57-78; jetzt in: Alttestamentliche Studien, Tübingen 1991, S.149-169.

– Die Weisheit, der Menschensohn und die Ursprünge der Christologie als konsequente Entfaltung der biblischen Theologie (SEA 44), 1979, S.77-114; jetzt in: Alttestamentliche Studien, S.218-248.

– Tradition und biblische Theologie, in: O. H. Steck, ed.: Zu Tradition und Theologie im Alten Testament, Neukirchen-Vluyn 1978 (BThSt 2), S.87-111.

– Die Bedeutung der Krise unter Antiochus IV, Epiphanes für die Apokalyptik des Danielbuches, in: ZThK 1983, S.373-388; jetzt in: Alttestamentliche Studien, Tübingen, 1991, S.202-217.

GNILKA, J., Das Matthäusevangelium I, (Herder TK 1), Freiburg 1986.

– Martyriumsparänese und Sühnetod in synoptischen und jüdischen Traditionen, in: Die Kirche des Anfangs, hrsg. v. R. Schnackenburg u.a., 1978, S.223-246.

GOLLWITZER, H., Das Gleichnis vom barmherzigen Samariter (BSt 34), Neukirchen 1962.

GOLLWITZER, G., Zu Helmut Dee ,Vergebung von Sünden' (EvTh 26), 1966, S.652-662.

GOPPELT, L., Theologie des Neuen Testaments 1. Jesu Wirken in seiner theologischen Bedeutung (hrsg. v. J. Roloff), Göttingen 1975.

– Christologie und Ethik. Aufsätze zum Neuen Testament, Göttingen 1968.

GRADWOHL, Sünde und Vergebung im Judentum (Conc(D)10), 1974, S.563-567.

GRÄSSER, E., Zum Verständnis der Gottesherrschaft (ZNW 65) 1974, S.3-26.

GRIMM, W., Weil ich dich liebe. Die Verkündigung Jesu und Deuterojesaja, Bern/Frankfurt 1976, (ANTI 1).

– Die Verkündigung Jesu und Deuterojesaja, Bern/Frankfurt, [2]1981.

– Die Heimkehr der Jakobskinder (Jes 43,1-7), Frankfurt a.M., 1985.

GRUNDMANN, W., Das Evangelium nach Matthäus (ThHK I), Berlin [3]1972.

GRUNDMANN, W., Das Evangelium nach Markus (ThHK II), [6]1972.

– Das Evangelium nach Lukas (Th HK III), [6]1971.

– Der Lehrer der Gerechtigkeit von Qumran und die Frage nach der Glaubensgerechtigkeit in der Theologie des Apostels Paulus (RdQ 2), 1959/60, S.237-259.

GUNNEWEG, A. H. J., Geschichte Israels bis Bar Kochbar, Stuttgart 1972.

HAAS, J., Die Stellung Jesu zu Sünde und Sünder nach den vier Evangelien (SFNF 7), Fribourg 1953.

HAENCHEN, E., Der Weg Jesu, Berlin 1968.

– Das Gleichnis vom großen Mahl, in: Die Bibel und wir (Ges. Aufs. II), Tübingen 1968, S.135-155.

HÄRING, B., Sünde im Zeitalter der Säkularisation, Köln 1974.

HAFEMANN, S., Suffering and the Spirit, (WUNT 2 R.19), Tübingen 1986.

HAHN, F., Christologische Hoheitstitel (FRLANT 83), Göttingen [3]1966.

– Das Gleichnis von der Einladung zum Festmahl, in: Verborum Veritas (FS G. Stählin), Wuppertal 1970.

– Methodologische Überlegungen zur Rückfrage nach Jesus, in: Rückfrage nach Jesus, S.11-17.

HAMP, V., Sprüche. Das Buch Sirach oder Ecclesiasticus, in: EB (AT), Band IV, Würzburg 1959, S.425-504, 573-717.

HAMPEL, V., Menschensohn und historischer Jesus, Neukirchen 1990.

HARNISCH, W., Verhängnis und Verheißung der Geschichte. Untersuchungen zum Zeit- und Geschichtsverständnis im 4. Buch Esra und in der syr. Baruchapokalypse (FRLANT 97), Göttingen 1969.

– Die Sprachkraft der Analogie. Zur These vom ‚argumentativen Charakter' der Gleichnisse Jesu: StTh 28 (1974), S.1-20.

HASPECKER, J., Gottesfurcht bei Jesus Sirach (AnBib 30), Rom 1967.

HAUFE, G., Gott in der ältesten Jesustradition: ZdZ 24 (1970), S.201-206.

HENGEL, M., Judentum und Hellenismus (WUNT 10), Tübingen [3]1988.

– Gewalt und Gewaltlosigkeit. Zur ‚politischen Theologie' in neutestamentlicher Zeit (CwH 118), Stuttgart 1971.

– ‚Was ist der Mensch?', in: FS v. Rad, S.116-135.

– Probleme des Markusevangeliums, in: Das Evangelium und die Evangelien, (WUNT 28), Tübingen 1983, S.221-266.

– Zur matthäischen Bergpredigt und ihrem jüdischen Hintergrund, TR 52, 1987, S.327-400.

– /SCHWEMER, A. M. (Hg.), Königsherrschaft Gottes und himmlischer Kult im Judentum, im Urchristentum und in der hellenistischen Welt, (WUNT 55), Tübingen 1991.

– Nachfolge und Charisma. Eine exegetisch-religionsgeschichtliche Studie zu Mt 8,21f und Jesu Ruf in die Nachfolge (BZNW 34), Berlin 1968.

– War Jesus Revolutionär? (CwH 110), Stuttgart 1970.

– Leiden in der Nachfolge, in: H. Schulze (ed.), Der leidende Mensch, Beiträge zu einem unbewältigten Thema, Neukirchen-Vluyn 1974, S.85-94.

– Der Sohn Gottes. Die Entstehung der Christologie und die jüdisch-hellenistische Religionsgeschichte, Tübingen [2]1977.

– Zur urchristlichen Geschichtsschreibung, Stuttgart 1979, S.147-188.

HENGEL, M., Jesus als messianischer Lehrer der Weisheit und die Anfänge der Christologie, in: Sagesse et religion, Paris 1979, S.147-188.

– Der stellvertretende Sühnetod Jesu. Ein Beitrag zur Entstehung des urchristlichen Kerygmas, IKZ 9, 1980, S. 1-25, 135-147.

– The Atonement. A. Study of the Origins of the Doctrine in the New Testament, London 1981.

HERMISSON, H.-J., Weisheit und Geschichte, in: FS v. Rad, S. 136-154.

– Sprache und Ritus im altisraelitischen Kult, Neukirchen-Vluyn 1965.

– Studien zur israelitischen Spruchweisheit (WMANT 28), Neukirchen-Vluyn 1968.

– /LOHSE, E., Glauben, Stuttgart [1]1978.

HERRENBRÜCK, F., Jesus und die Zöllner, Historische und neutestamentlich-exegetische Untersuchungen, Diss. Tübingen, 1979; jetzt (WUNT 2 R.41), Tübingen 1990.

– Wer waren die ‚Zöllner‘?, in: ZNW 72, 1981, S.178-194.

HERRMANN, S., Die prophetischen Heilserwartungen im Alten Testament (BWANT Folge 5, Heft 5), Stuttgart 1966.

HIRSCH, E., Frühgeschichte des Evangeliums 1, [2]1951, 2, 1941 Tübingen.

HOFIUS,O., Jesu Tischgemeinschaft mit den Sündern (CwH 86), Stuttgart 1967.

– Kennt der Targum zu Jes 53 einen sündenvergebenden Messias?, in: Freundesgabe zum 50. Geburtstag von P. Stuhlmacher, S.215-254.

– Unbekannte Jesusworte, in: Das Evangelium und die Evangelien, Tübingen 1983, (WUNT 28), S.355-382.

– Erwägungen zur Gestalt und Herkunft des paulinischen Versöhnungsgedankens, ZThK 77, 1980, S.186-199.

– Der Vorhang vor dem Thron Gottes, (WUNT 14), Tübingen 1972.

– Vergebungszuspruch und Vollmachtsfrage. Mk 2,1-12 und das Problem priesterlicher Absolution im antiken Judentum, in: Wenn nicht jetzt, wann dann?.FS für H.-J. Kraus, Neukirchen 1983.

– Fußwaschung als Erweis der Liebe. Sprachliche und sachliche Anmerkungen zu Lk 7,44b, in: ZNW 81, 1990, S.171-177.

– Paulusstudien, (WUNT 51), Tübingen 1989.

– Herrenmahl und Herrenmahlsparadosis. Erwägungen zu 1 Kor 11,23b-25, ZThK 85, 1988, S.371-408.

HOFFMANN, P., Studien zur Theologie der Logienquelle (NTANF 8), Münster 1972.

– Auslegung der Bergpredigt I-IV, BiLe 10 (1969), S.57-65, 111-122, 175-189 und S.264-275.

HORST, F., Recht und Religion im Bereich des Alten Testaments: EvTh 16 (1956), S.49-75.

HÜBNER, H., Das Gesetz in der synoptischen Tradition, Witten 193.

HUPPENBAUER, H. W., Der Mensch zwischen zwei Welten (AThANT 34) Zürich 1959.

JANOWSKI, B., Sühne als Heilsgeschehen. Studien zur Sühnetheologie der Priesterschrift und zur Wurzel KPT im Alten Orient und im Alten Testament, Neukirchen 1982 (WMANT 55).

– Auslösung des verwirkten Lebens. Zur Geschichte und Struktur der biblischen Lösegeldvorstellung, ZThK 79, 1982, S.25-59.

– (mit LICHTENBERGER, H.), Enderwartung und Reinheitsidee, JSJ, 1983, S.31-62.

JEPSEN, A., Israel und das Gesetz: ThLZ 93 (1968), S.85-94.

– Gnade und Barmherzigkeit im Alten Testament: KuD 7 (1961), S.261-271.

– Berith - Ein Beitrag zur Theologie der Exilszeit, in: Verbannung und Heimkehr (FS W. Rudolph), Tübingen 1961, S.161-179.

– Sädäq und Sedaqa im Alten Testament, in: FS H.W. Hertzberg, Göttingen 1965, S.78-89.

JEREMIAS, G., Der Lehrer der Gerechtigkeit (StUNT 2), Göttingen 1963.

JEREMIAS, Joachim, Neutestamentliche Theologie I: Die Verkündigung Jesu, Gütersloh 1970.

– Die Gleichnisse Jesu, Göttingen [8]1970.

– Abba. Studien zur neutestamentlichen Theologie und Zeitgeschichte, Göttingen 1966.

– Jesu Verheißung für die Völker, Stuttgart 1956.

– Zöllner und Sünder: ZNW 30 (1931), S. 293-300.

– Die Sprache des Lukasevangeliums, Göttingen 1980.

– Zum Gleichnis vom verlorenen Sohn: ThZ 5 (1949), S.228-231.

– Die älteste Schicht der Menschensohn-Logien: ZNW 58 (1967), S.159-172.

– Tradition und Redaktion in Lukas 15: ZNW 62 (1971), S.172-189.

JEREMIAS, Jörg, Die Reue Gottes (BSt 65), Neukirchen-Vluyn 1975

JÜNGEL, E., Paulus und Jesus (HUTh 2), Tübingen [3]1967.

JÜLICHER, A., Die Gleichnisreden Jesu (2 Teile in 1 Band), Darmstadt 1969 (=Tübingen 1910).

KÄSEMANN, E., An die Römer (HNT 8a), Tübingen [3]1974.

– Exegetische Versuche und Besinnungen I/II, Göttingen [6,3]1970 (= EVB I, EVB II).

KAHLEFELD, H., Gleichnisse und Lehrstücke im Evangelium I/II, Frankfurt 1963.

KAISER, O., Die Begründung der Sittlichkeit im Buche Jesus Sirach: ZThK 55 (1958), S.51-63.

– Einleitung in das Alte Testament, Gütersloh 1969.

KANG, S. M., Divine War in the Old Testament and in the Ancient Near East, (Beiheft zur ZAW/177), Berlin 1989.

KARRER, M., Der lehrende Jesus. Neutestamentliche Erwägungen, ZNW 83, 1992, S.1-20.

KELLERMANN, U., Messias und Gesetz (BSt 61), Neukirchen-Vluyn 1971.

KERTELGE, K., Die Wunder Jesu im Markusevangelium (StANT 23), München 1970.

– Die Vollmacht des Menschensohnes zur Sündenvergebung, in: Orientierung an Jesus, S.205-213.

– Die nahegekommene Gottesherrschaft; Markusevangelium, Stuttgart 1987.

KIM, S., The Origin of Pauls' Gospel, (WUNT 2 R.4), Tübingen, [2]1984.

– ‚The Son of Man‘ as the Son of God, (WUNT 30),Tübingen 1983.

KIRCHGÄSSNER, A., Erlösung und Sünde im Neuen Testament, Freiburg 1950.

KLAUCK, H.-J., Neue Beiträge zur Gleichnisforschung: BiLe 13 (1972), S.214-230.

KLEIN, K., ‚Reich Gottes‘ als biblischer Zentralbegriff EvTh 30 (1970), S.642-670.

KLEINKNECHT, K. T., Der Leidende Gerechtfertigte. Untersuchungen zur alttestament-lich-jüdischen Tradition vom ‚Leidenden Gerechten‘ und ihrer Rezeption bei Paulus, Diss. Tübingen, 1981; (WUNT 2 R.13), Tübingen 1984.

KLOSTERMANN, E., Das Markus-Evangelium (HNT 3), Tübingen [3]1936.

– Das Matthäus-Evangelium (HNT 4), [2]1927.

KLOSTERMANN, E., Das Lukas-Evangelium (HNT 5), [2]1929.

KNIERIM, R., Die Hauptbegriffe für Sünde im Alten Testament, Gütersloh [2]1967.

KOCH, K., Sühne und Sündenvergebung um die Wende von der exilischen zur nachexilischen Zeit: EvTh 26 (1966), S.217-239.

– Die Entstehung der sozialen Kritik bei den Propheten (FS v. Rad 1971), S.236-
257.

– Um das Prinzip der Vergeltung (WdF), Darmstadt 1973.

– Messias und Sündenvergebung in Jesaja 53-Targum: JSJ 3 (1972), S.117-148.

KÖBERLE, J., Sünde und Gnade im religiösen Leben des Volkes Israel bis auf
Christum, München 1905.

– Die geistige Kultur der semitischen Völker, Leipzig 1901.

– Das Rätsel des Leidens. Eine Einführung in das Buch Hiob, Berlin 1905.

KÖHLER, L., Theologie des Alten Testaments, Tübingen [3]1953.

KRAUS, H.-J., Psalmen (BK) (2 Bände), Neukirchen-Vluyn [4]1972.

– Zum Gesetzesverständnis der nachprophetischen Zeit: Kairos (NF) 11 (1969),
S.122-133.

KÜCHLER, M., Frühjüdische Weisheitstradtionen, Göttingen 1979.

KÜMMEL, W.G., Verheißung und Erfüllung. Untersuchungen zur eschatologischen
Verkündigung Jesu (AThANT 6), Zürich 1953.

– Die Theologie des Neuen Testaments nach seinen Hauptsetzungen Jesus - Paulus
- Johannes (GNT 3), Göttingen 1969.

– Einleitung in das Neue Testament, Heidelberg (17) 1973.

– Heilsgeschehen und Geschichte. Ges. Aufs. 1933-1964 (MTh St3), Marburg
1965, darin:

– Die Gottesverkündigung Jesu und der Gottesgedanke des Spätjudentums, S.107-
125, hier zitiert nach der Veröffentlichung in: Jud 1 (1945), S.40-68.

– Jesu Antwort an Johannes den Täufer. Ein Beispiel zum Methodenproblem in der
Jesusforschung (Sb Frankfurt XI, 4), Wiesbaden 1974.

– Äußere und innere Reinheit des Menschen bei Jesus, in: Das Wort und die Wörter
(FS G. Friedrich), Stuttgart 1973, S.35-46.

– Jesusforschung seit 1981, in: ThR/N.F. 53, 1988, 56, 1991.

KUHN, H.W., Enderwartung und gegenwärtiges Heil. Untersuchungen zu den Gemein-
degliedern von Qumran (StUNT 4), Göttingen 1966.

– Achtzehngebet und Vaterunser und der Reim (WUNT 1), Tübingen 1950.

– Peirasmos - hamartia - sarx im Neuen Testament und damit zusammenhängende
Vorstellungen ZThK 49 (1952), S.200-222.

KUTSCH, E., Verheißung und Gesetz. Untersuchungen zum sog. ‚Bund' im Alten Testament (BZAW 131), Berlin 1973 (hier die Hinweise auf frühere
Erscheinungsorte der einzelnen Aufsätze)

– ‚Ich will euer Gott sein'. b[e]rît in der Priesterschrift: ZThK 71 (1974), S.361-388.

– Gottes Zuspruch und Anspruch. B[e]rît in der alttestamentlichen Theologie, in:
Questions disputées d' Ancien Testament. Méthode et Théologie (BEThL
XXXIII), Gembloux/Löwen 1974, S.71-90.

LAMPE, P., Die stadtröm. Christen in den ersten beiden Jahrhunderten, (WUNT
2.R.18), Tübingen 1989.

LEHMANN, M., Synoptische Quellenanalyse und die Frage nach dem historischen Jesus
(BZNW 38), Berlin 1970.

LENTZEN-DEIS, F., Kriterien für die historische Beurteilung der Jesus-Überlieferung in den Evangelien, in: Rückfrage nach Jesus, S.78-117.

LEROY, H., Vergebung und Gemeinde nach dem Zeugnis der Evangelien (Habil-Schrift), Tübingen 1972.

LEROY, H., Zur Vergebung der Sünden. Die Botschaft der Evangelien (Habil-Schrift), Tübingen 1972.

LICHTENBERGER, H., Studien zum Menschenbild in Texten der Qumrangemeinde,Göttingen 1980 (StUNT 15).

– Atonement and Sacrifce in the Qumran Community, in: W. S. Green (ed.), Approaches to Ancient Judaism. Vol. II, Ann Arbor, Michigan 1980, S.159-171.

LIMBECK, M., Die Ordnung des Heils. Untersuchungen zum Gesetzesverständnis des Frühjudentums, Düsseldorf 1971.

– Satan und das Böse im Neuen Testament, in: F. Haag,Teufelsglaube, Tübingen 1974, S.273-388.

- Markusevangelium, (SKK/NT 2), Stuttgart [4]1989.

LINNEMANN, E., Die Gleichnisse Jesu, Göttingen [5]1969.

– Jesus und der Täufer, in: FS E. Fuchs, Tübingen 1973, S.219-236.

LÖNING, K., Ein Platz für die Verlorenen. Zur Formkritik zweier neutestamentlicher Legenden (Lk 7,36-50; 19,1-10): BiLe 12 (1971), S.198-208.

LOHFINK, N., Botschaft vom Bund. Das Deuteronomium, in: Wort und Botschaft, S.163-177.

LOHMEYER, E., Das Vater-Unser, Göttingen [2]1947.

– Das Evangelium des Markus (mit Erg.-Heft v. G. Saß) KEK 1,2,16. Aufl.), Göttingen 1963.

LOHSE, E., Umwelt des Neuen Testaments (GNT 1), Göttingen 1971.

– Grundriß der neutestamentlichen Theologie, Stuttgart 1974.

– Märtyrer und Gottesknecht (FRLANT 46), Göttingen [2]1963.

LÜHRMANN, D., Die Redaktion der Logienquelle (WMANT 33), Neukirchen 1969.

– Das Markusevangelium, (HNT 3), Tübingen 1987.

MAASS, F., ,Tritojesaja'?, in: FS L. Rost (BZAW 105), Berlin 1967, S.153-163.

MAIER, G., Mensch und freier Wille. Nach den jüdischen Religionsparteien zwischen Ben Sira und Paulus (WUNT 12), Tübingen 1971.

MAIER, J., Geschichte der jüdischen Religion, Berlin 1972.

– Tempel und Tempelkult, in: Literatur u. Religion des Frühjudentums, hrsg. v. J. Maier und J. Schreiner, Würzburg/Gütersloh 1973, S.371-390.

– /SCHUBERT, K., Die Qumran Essener (UTB 224), München 1973.

MAISCH, I., Die Heilung des Gelähmten (SBS 52), Stuttgart 1971.

- Die Botschaft Jesu von der Gottesherrschaft, in: Fiedler/Zeller, Gegenwart, S.27-41

MARBÖCK, J., Weisheit im Wandel. Untersuchungen zur Weisheitstheologie bei Ben Sira (BBB 37), Bonn 1971.

MARSHALL, I. H., Luke and his Gospel, in: Das Evangelium und die Evangelien, (WUNT 28), Tübingen 1983, S.289-308.

MERKEL, H., Markus 7,15 - das Jesuswort über die innere Verunreinigung: ZRGG 20 (1968), S.340-363.

– Jesus und die Pharisäer: NTS 14 (1967/68), S. 194-208.

– Das Gleichnis von den ,ungleichen Söhnen' (Matth XXI.28-32), NTS 20 (1973/74), S.254-264.

MERKLEIN, H., Studien zu Jesus und Paulus, (WUNT 43), Tübingen 1987.
– Die Umkehrpredigt bei Johannes dem Täufer und Jesus von Nazareth, BZ, NF25, 1981, S.29-46.
MEYER, R., Der Prophet aus Galiläa. Mit einer Vorbemerkung zum Neudruck, Darmstadt 1970 (=Leipzig 1940)
– Der 'Am hā- 'Ares. Ein Beitrag zur Religionssoziologie Palästinas im 1. und 2. nachchristlichen Jahrhundert: Uud. 3 (1947), S.169-199.
– Tradition und Neuschöpfung im Antiken Judentum. Dargestellt an der Geschichte des Pharisäismus (SSAW. PH 110,2), Berlin 1965, S.9-88.
MICHEL, O., Prophet und Märtyrer (BFChTh 37/2), Gütersloh 1932.
– Der Brief an die Römer (KEK 4), Göttingen [4]1966.
MICHL, J., Sündenvergebung in Christus nach dem Glauben der frühen Kirche: MThZ 24 (1973), S.25-35.
– Sündenbekenntnis und Sündenvergebung in der Kirche des Neuen Testaments: ebd. S.189-207.
MITTMANN, S., Aufbau und Einheitlichkeit des Danklieds Ps 23, ZThK 77, 1980, S.1-23.
MOLTMANN, J., Der Gekreuzigte Gott. Das Kreuz Christi als Grund und Kritik christl. Theologie, München [4]1981.
– Trinität und Reich Gottes. Zur Gotteslehre, München 1980.
MOORE, G. F., Judaism in the first centuries of the Christian era. The age of the Tannaim, I-III, Cambridge/Mass., 1927-1930.
– S. Beginnings (Zum 'am ha-ares)
MÜLLER, K., Die Ansätze der Apokalyptik, in: Frühjudentum, S.31-42.
– Geschichte, Heilsgeschichte und Gesetz, ebd. S.73-105.
MUSSNER, F., Methodologie der Frage nach dem historischen Jesus (mit e. Angang), in: Rückfrage nach Jesus, S.118-147, 1974.
NEUGEBAUER, Jesus, der Menschensohn (AzTh I,50), Stuttgart 1972.
NEUHÄUSLER, E., Anspruch und Antwort Gottes. Zur Lehre von den Weisungen innerhalb der synoptischen Jesusverkündigung, Düsseldorf 1962.
NEUSNER, J., The Rabbinic traditions about the Pharisees before 70, t.I-III, Leiden 1971.
– Die pharisäischen rechtlichen Überlieferungen, in: Frühjudentum, S.64-772.
NISSEN, A., Tora und Geschichte im Spätjudentum: NT 9 (1967), S.241-227.
NÖTSCHER, F., Heiligkeit in den Qumranschriften: RdQ 2 (1959/60), S.163-181, 315-344.
NOTH, M., Die Gesetze im Pentateuch, in: Gesammelte Studien zum Alten Testament (TB 6), München 1957, S.9-141.
– Geschichte Israels, Göttingen [3]1956.
OSTEN-SACKEN, P. v., Gott und Belial (StUNT 6), Göttingen 1969.
PASCHEN, W., Rein und Unrein (StANT 24), München 1970.
PATSCH, H., Abendmahl und historischer Jesus (CThM A, 1), Stuttgart 1972.
PAX, E., ‚Essen und Trinken‘: BiLe 10 (1969), S.275-291.
PERCY, E., Die Botschaft Jesu, Lund 1953.
Perlitt, L., Bundestheologie im Alten Testament (WMANT 36), Neukirchen-Vluyn 1969.
PERRIN, N., The Kingdom of God in the Teaching of Jesus, London 1963.
– Was lehrte Jesus wirklich; Rekonstruktion und Deutung, Göttingen 1972.

PESCH, R., Levi - Matthäus (Mc 2,14/Mt 9,9; 10,3). Ein Beitrag zur Lösung eines alten Problems: ZNW 59 (1968), S.40-56.
- Das Markusevangelium Bd. I, [2]1977; Bd II. Freiburg 1977 (HThK II).
- Das Abendmahl und Jesu Todesverständnis, Freiburg 1978 (QD 80).
- Der Lohngedanke in der Lehre Jesu. Verglichen mit der religiösen Lohnlehre des Spätjudentums (MThSt 1,7), München 1955.
PLÖGER, O., Das Buch Daniel (HAT 18), Gütersloh 1965.
PÖHLMANN, W., Der verlorene Sohn, Traditions- und vorstellungsgeschichtliche Studien zur Parabel Lk 15,11-32 im Horizont der antiken Lehre vom Haus, von der Erziehung und vom Ackerbau, Habil. theol. Tübingen (Masch.), 1982.
POLAG, A., Die Christologie der Logienquelle, Neukirchen 1977.
POPKES, W., Die letzte Bitte des Vater-Unsers, Formgeschichtliche Beobachtungen zum Gebet Jesu, ZNW 81, 1990, S.1-20.
QUAST, A., Analyse des Sündenbewußtseins Israels nach dem Heiligkeitsgesetz, Diss. theol. Göttingen 1955.
RAD, G. v., Das erste Buch Mose (Kap 1-12,9) (ATD 2), Göttingen [9]1972.
- Das fünfte Buch Mose. Deuteronomium (ATD 8), [2]1968.
- Gesammelte Studien zum Alten Testament (TB 8), München 1958.
- Theologie des Alten Testaments I/II, München [3,2]1961.
- Weisheit in Israel, Neukirchen-Vluyn 1970.
- Das Vaterunser, Gemeinsames im Beten von Juden und Christen, Freiburg 1974.
REHKOPF, F., Die lukanische Sonderquelle (WUNT 5), Tübingen 1959.
RENGSTORF, K. H., Die Re-Investitur des Verlorenen Sohnes in der Gleichniserzählung Jesu Luk. 15,11-32 (Arb.-Gem. für Forschung des Landes NRW, Geisteswiss. H. 137), Köln/Opladen 1967.
REVENTLOW, H. Graf, Rechtfertigung im Horizont des Alten Testaments (BEvTh 58), München 1971.
RIESNER, R., Jesus als Lehrer. Eine Untersuchung zum Ursprung der Evangelien-Überlieferung (WUNT 2 R.7), Tübingen [3]1988.
- Der Ursprung der Jesus-Überlieferung (ThZ 38), 1982, S.493-513.
RÖHSER, G., Metaphorik und Personifikation der Sünde (WUNT 2 R.35), Tübingen 1987.
RÖSSLER, D., Gesetz und Geschichte (WMANT 3), Neukirchen 1960.
ROLOFF, J., Das Kerygma und der irdische Jesus, Göttingen 1970.
- Die Anfänge der soteriologischen Deutung des Todes Jesu: NTS 19 (1972/73), S.38-64.
RORDORF, W., ,Wie auch wir vergeben *haben* unseren Schuldnern' (Matth. VI,12b), in: Studia Patristica X,1 (ed. F. L. Cross) (TU 107), Berlin 1970, S.236-241.
ROST, L., Einleitung in die alttestamentlichen Apokryphen und Pseudepigraphen einschließlich der großen Qumran-Handschriften, Heidelberg 1971.
RÜGER, H. P., Text und Textform im hebräischen Sirach, 1970.
- Hieronymus, die Rabbinen und Paulus Zur Vorgeschichte des Begriffspaars „innerer und äußerer Mensch", ZNW 68, 1977, S.132-137.
RUF, A. K., Sünde - was ist das?, München 1972.
RUPPERT, L., Der leidende Gerechte (fzb 5), Würzburg 1972.
- Rückfrage nach Jesus, hrsg. v. K. Kertelge (QD 63), Freiburg 1974.
SANDERS, J. T., Tradition and Redaction in Luke XV.11-32, NTS 15 (1968/69), S.433-438.

SAUER, G., Die Umkehrforderung in der Verkündigung Jesajas, in: FS W. Eichrodt, S.227-295.

SCHÄFER, P., Der verborgene und offenbare Gott; Hauptthemen der frühen jüdischen Mystik, Tübingen 1991.

– Der synagogale Gottesdienst, in: Frühjudentum, S.391-413.

SCHÄFER, R., Jesus und der Gottesglaube, Tübingen [2]1972.

SCHELKLE, K. H., Die Passion Jesu, Heidelberg 1949.

– Theologie des Neuen Testaments 1-4/1, Düsseldorf 1968/74.

SCHILLERBEECK, E., Jesus. Die Geschichte von einem Lebenden, Freiburg 1975.

SCHLATTER, A., Der Evangelist Matthäus, Stuttgart [7]1983.

– Das Evangelium des Lukas, Stuttgart [3]1975.

– Die Geschichte der ersten Christenheit, Stuttgart [6]1983.

– Gottesgerechtigkeit (Römerbrief), Stuttgart [6]1991.

– Geschichte Israels, Stuttgart [3]1925.

SCHMID, H. H., Gerechtigkeit als Weltordnung (BHTh 40), Tübingen 1968.

– Schöpfung, Gerechtigkeit und Heil: ZThK 70 (1973), S. 1-19.

SCHMID, J., Das Evangelium nach Matthäus (RNT 1), Regensburg [4]1959.

– Das Evangelium nach Markus (RNT 2), [4]1958.

– Das Evangelium nach Lukas (RNT 3), [4]1960.

SCHMIDT, J. M. , Die jüdische Apokalyptik. Die Geschichte ihrer Erforschung von den Anfängen bis zu den Textfunden von Qumran, Neukirchen [2]1976.

SCHMIDT, K. L., Alttestamentlicher Glaube in seiner Umwelt (Neukirchener Studienbücher 6), Neukirchen-Vluyn [2]1975.

SCHNACKENBURG, R., Die sittliche Botschaft des Neuen Testaments, München [2]1962.

– Gottes Herrschaft und Reich, Freiburg [4]1965 (mit Nachtrag).

SCHNIEWIND, J., Das Evangelium nach Markus (NTD 1), Göttingen 1959.

– Die Freude der Buße (KVR 32), Göttingen [2]1960.

SCHOTTROFF, L., Die Erzählung vom Pharisäer und Zöllner als Beispiel für die theologische Kunst des Überredens, in: FS H. Braun (s.o. zu Th. Lorenzmeier), S.439-461.

SCHUBERT, K., Die jüdischen Religionsparteien in neutestamentlicher Zeit (SBS 43), Stuttgart 1970.

– Jesus im Lichte der Religionsgeschichte des Judentums, Wient 193.

SCHÜRMANN, H., Das Gebet des Herrn. Aus der Verkündigung Jesu erläutert, Freiburg 1958.

– Jesu ureigener Tod, Freiburg, 1975; der erste der darin enthaltenen Aufsätze:

– Wie hat Jesus seinen Tod bestanden und verstanden?, erschien zuerst in: Orientierung an Jesus, S.325-363.

– Die Symbolhandlungen Jesu als eschatologische Erfüllungszeichen: BiLe 11 (1970), S.29-41, 73-78.

SCHULZ, S., Q. Die Spruchquelle der Evangelisten, Zürich 1972.

SCHULZ, S., Zur Rechtfertigung aus Gnaden in Qumran und bei Paulus, ZThK 56 (1959), S.155-185.

SCHWARZ, G., ‚Und Jesus sprach‘, Untersuchungen zur aramäischen Urgestalt der Worte Jesu, (BWANT 118), Stuttgart 1985.

– Matthäus VI.9-13/Lukas XI,2-4. Emendation und Rückübersetzung, NTS 15 (1968/9), S.233-247.

SCHWEIZER, E., Das Evangelium nach Mk (NTD 1), Göttingen 1968.

– Das Evangelium nach Matthäus (NTD 2), Göttingen 1973.

– Der Menschensohn, ZNW 50 (1959), S.185-209.

– Zur Frage der Lukasquellen, THZ 4 (19438), S.469-471, 5 (1949), S.231-233.

SELLIN, G., Lukas als Gleichniserzähler, ZNW 65 (194), S.166-189.

SJÖBERG, E., Gott und die Sünder im palästinischen Judentum (BWANT 4.F.27), Stuttgart 1939.

– Der Menschensohn im äthiopischen Henochbuch, Lund 1946.

SMEND, B., Die Weisheit des Jesus Sirach, erklärt, Berlin 1906.

SMITH, C. R., The Bible Doctrine of Sin, London 1953.

SNAITH, J. G., Ecclesiasticus or the Wisdom of Jesus Son of Sirach, Cambridge 1974.

– Biblical Quotations in the Hebrew of Ecclesiasticus, JTS 18, 1967.

STADELMANN, H., Ben Sirach als Schriftgelehrter. Eine Untersuchung zum Berufsbild des vormakkabäischen Söfer unter Berücksichtigung seines Verhältnisses zu Priester-, Propheten- und Weisheitslehrertum, (WUNT 2 R.6), Tübingen 1980.

STÄHLIN, G., Die Gleichnishandlungen Jesu, in Kosmos und Ekklesia (FS W. Stählin), Kassel 1953, S.9-22.

STAMM, J. J., Erlösen und Vergeben im Alten Testament, Bern 1940.

– Der Dekalog im Lichte der neueren Forschung, Bern 1962.

STECK, O. H., Israel und das gewaltsame Geschick der Propheten (WMANT 23), Neukirchen-Vluyn 1967.

STEGEMANN, H., Die Entstehung der Qumrangemeinde, Diss. theol. Bonn 1971.

STOEBE, H. J., Die Bedeutung des Wortes *häsäd* im Alten Testament: VT 2 (1952), S.244-254.

– ‚Gott, sei mir Sünder gnädig‘. Eine Auslegung des 51. Psalms (BSt 20), Neukirchen 1958.

STRECKER, G., Der Weg der Gerechtigkeit (FGLANT 82), Göttingen [2]1968.

– Die Bergpredigt, Göttingen 1984.

STROBEL, A., Erkenntnis und Bekenntnis der Sünde in neutestamentlicher Zeit (AzTh I,37),Stuttgart 1968.

STUHLMACHER, P., Zum Thema: Das Evangelium und die Evangelien, in: Das Evangelium und die Evangelien, (WUNT 28), Tübingen 1983, S.1-26.

– Erwägungen zum ontologischen Charakter der kaine ktisis bei Paulus: EvTh 27 (1967), S.1-35.

– Gerechtigkeit Gottes bei Paulus (FRLANT 87), Göttingen 1965.

– Das paulinische Evangelium I. Vorgeschichte (FRLANT 95). Göttingen 1968.

– Versöhnung, Gesetz und Gerechtigkeit. Aufsätze zur biblischen Theologie, Göttingen 1981.

– Schriftauslegung auf dem Wege zur biblischen Theologie, Göttingen 1975.

– Das Evangelium von der Versöhnung in Christus (Calwer Paperback), Stuttgart 1979.

– Jesus von Nazareth - Christus des Glaubens (Calwer Paperback), Stuttgart 1988.

– Vom Verstehen des Neuen Testaments. Eine Hermeneutik (GNT 6), Göttingen 1979.

– Das neutestamentliche Zeugnis vom Herrenmahl, ZThK 84, 1987, S.1-35.

– Der Brief an Philemon. Zürich/Einsiedeln/Köln/Neukirchen 1975 (EKK XVIII), jetzt in: Jesus von Nazareth, S.65-105.

– „...in verrosteten Angeln“, ZThK 77, 1980, S.22-238.

– Der Brief an die Römer, NTD 6, Göttingen [14]1989.

TAYLOR, V., Forgiveness and reconciliation. A study in New Testament Theology, London 1952.

THEISOHN, J., Der auserwählte Richter. Untersuchungen zum traditionsgeschichtlichen Ort der Menschensohngestalt der Bilderreden des Äthiopischen Hennoch (StUNT 12), Göttingen 1975.

THEISSEN, G., Urchristl. Wundergeschichten. Ein Beitrag zur formgeschichtlichen Erforschung der synoptischen Evangelien, (StNT 8), Gütersloh 1974.

– Soziologie der Jesusbewegung. Ein Beitrag zur Entstehungsgeschichte des Urchristentums, München [6]1991.

– Der Schatten des Galiläers. Historische Jesusforschung in erzählender Form, München [3]1987.

THORNTON, C. J., Der Zeuge des Zeugen. Lukas als Historiker der Paulusreisen, (WUNT 56), Tübingen 1991.

THYEN, H., Der auserwählte Richter. Untersuchungen zum traditionsgeschichtlichen Ort der Menschensohngestalt der Bilderreden des Äthiopischen Henoch (StUNT 12), Göttingen 1975.

– ΒΑΠΤΙΣΜΑ ΜΕΤΑΝΟΙΑΣ ΕΙΣ ΑΦΕΣΙΝ ΗΑΜΑΡΤΙΩΝ, in: Zeit und Geschichte (FS R. Bultmann), Tübingen 1964, S.97-125.

TÖDT, H. E., Der Menschensohn in der synoptischen Überlieferung, Gütersloh 1959.

TRILLING, W., Das wahre Israel (StANT 10), 3. Aufl., München 1964.

VIELHAUER, Ph, Aufsätze zum Neuen Testament (TB 31), München 1965.

VÖGTLE, A., Das Evangelium und die Evangelien. Beiträge zur Evangelienforschung, Düsseldorf 1971.

– ,Theo-logie' und ,Eschato-logie' in der Verkündigung Jesu? in: Neues Testament und Kirche (FS R. Schnackenburg), Freiburg 1974, S.371-398.

– Der ,,eschatologische'' Bezug der Wir-Bitten des Vaterunser, in: Jesus und Paulus (FS W. G. Kümmel), Göttingen 1975, S.344-362.

VOLZ, P., Die Eschatologie der jüdischen Gemeinde im neutestamentlichen Zeitalter, Tübingen 1934.

WEDER, H., Die Gleichnisse Jesu als Metaphern, Göttingen [11]1990.

WEISER, Alfons, Die Knechtsgleichnisse der synoptischen Evangelien (StANT 29), München 1971.

WEISER, Arthur, Das Buch des Propheten Jeremia (ATD 20/21), Göttingen 1952/55.

WEISS, H.-F., Untersuchungen zur Kosmologie des hellenistischen und palästinischen Judentums (TU 97), Berlin 1966.

WEISS, W., Eine neue Lehre in Vollmacht, Streit- und Schulgespräche im Markusevangelium (Beiheft zu ZNW 52), Berlin 1989.

WELTEN, P., Leiden und Leideserfahrung im Buch Jeremia, ZThK 74, 1977, S.123-150.

- Vernichtung des Todes und ihr traditionsgeschichtlicher Ort. Studie zu Jes 25,6-8; 24,21-23 und Ex 24,9-11, in FS F. Lang, Tübingen 1978 (masch.), S.778-798.

WENDLAND, H.-D., Ethik des Neuen Testaments (GNT 4), Göttingen 1970.

WESTERMANN, C., Grundformenen prophetischer Rede (BEvTH 31), München 1960.

– Das Buch Jesaja. Kapitel 40-66 (ATD 19), Göttingen 1966.

– Der Psalter, Stuttgart [2]1969.

WILCKENS, U., Vergebung für die Sünderin (Lk 7,36-50), in: Orientierung an Jesus, S.394-424.

WILDBERGER, H., Jesaja (BK), Neukirchen-Vluyn 1965ff.

– Die Neuinterpretation des Erwählungsglaubens Israels in der Krise der Exilszeit, in: FS Eichrodt, S.307-324.

WOLF, P., Liegt in den Logien von der Todestaufe Mk 10,38f; Lk 12,49f eine Spur des Todesverständnisses Jesu vor? Diss. theol. Freiburg 1973.

WOLFF, H. W., Volksgemeinde und Glaubensgemeinde im Alten Bund: EvTh 9 (1949/50), S.65f-82.

– Dodekapropheton 1./2. (BK), Neukirchen 1961-1969, zu Hosea: 2. verb. u. erg. Aufl. 1965.

– Gesammelte Studien zum Alten Testament (TB 22), München 1964.

WREGE, H.-T., Die Überlieferungsgeschichte der Bergpredigt (WUNT 9), Tübingen 1968.

– Das Sondergut des Matthäus Evangeliums, Zürich 1991.

ZIMMERLI, W., Ezechiel, Gestalt und Botschaft (BSt 62), Neukirchen-Vluyn 1972.

– Die Weltlichkeit des Alten Testaments (KVR 327 S), Göttingen 1971.

– Das Gesetz und die Propheten (KVR 166-168), Göttingen 1969.

– Erwägungen zum ,Bund', in: FS Eichrodt 1970, S.171-190.

– Zur Sprache Tritojesajas, in: W. Z.: Gottesoffenbarung, Ges. Aufs. zum AT, München ²1969 (TB 19), S.217-233.

ZIMMERMANN, H., Neutestamentliche Methodenlehre, Stuttgart 1967.

– Jesus Christus, Geschichte und Verkündigung, Stuttgart 1973.

Stellenregister

I. Altes Testament

Genesis			(Exodus)			(Leviticus)	
			15,22-27	45		4,1-5.13	156
1,1	262		15,26	213		4,20.26.	77.171.
2	74		20	32.33			173.217.
2,7	8		20,5	36			218
4,7	123		20,5f	87		4,31.35	77.171.
4,13	173		22.9.10	74			173.217.
4,15	11		22,27	218			218
6,1	122		24,3-8	32		5,1-6	79
14,19	262		24,9f	107		5,5	73
17,14	79		24,15bff	14.35		5,6	71.173.
18,16ff	5.7.56		24,16	78			218
18,22f	13		29,33	173		5,10	71.77.173.
18,26	173		29,36f	172.175			217f
20,7	79.78		29,42-43	78		5,11-13	78
21	262		29,42-46	32.34.35		5,13	77.171.
24,11	48		30,10	172.175			173.217f
26,30	48		30,15	78		5,16.18	77.171.
31,46.54	48		32,11-14	3.56.178			173.218
32,21	2.18.31		32,12	79		5,20-26	157
35,2	175		32,30	31.56.64.		5,26	77.171.
49,10	203			79			173.218
50,17	72f.		32,30f	178		6,8f	118
50,21	72		32,32	79.173		6,19	48
			34,6f	78.11.87		8,15	175
Exodus			34,7f	3.36.57.		9,22	77
				139		10,17	48
3-4	32		34,9	64.77.		11,15	78
3,7f	249			79.171		11,44	35
3,7-10	179		40,34-35	35.78		12,7.8	175
9,27	79					15,25.28	173
10,16	79		Leviticus			16,8-10	158
12,15	79					16,10	51
14,25	123		4-5	16		16,14	67

Joel			*(Jona)*		*Haggai*	
		4,10f	294			
2,28-30	200				2,23	63
		Micha				
Amos					*Sacharja*	
		2,13	63			
5,21	90	4,7	63		2,14 LXX	202
5,21-28	63	4,14	109		3,4 LXX	217
7,2	3.79.171.	6,6-8	92		3,8-10	61
	178	7,18	213		9,9f	61.179
9,9	200				13,1	62
		Zephania			13,7	63.180
Jona					14,9	63
		3,15	63			
3,10	294					

II. Apokryphen, Pseudepigraphen und sonstige frühjüdische Literatur

Baruch		*(Baruch)*	
		48,3.6	104
3,2	55	48,42	122
3,9	96	49,2	104
3,9-4,4	99	51,7	100
3,12	101f	54,15	122
3,15	102	85,10	104
3,15f	100f	94,5	102
3,29	101	2Bar 23,4	105
3,32	101	48,42	105
3,37f	101		
4,1	100	*4. Esra*	
4,1f	101		
4,12	100	3,1-26	122
24,1	121	3,20	122
26,31	104	3,21f 122	
32,6	104	3,26	122
39,3	104	4,4	122
46,4	101	4,30	200

(Psalmen Salomos)	
18,6f	140

Äthiopischer Henoch	
1,9	121
4	105
5,4.7	113
9,39	104
10,4f	105.122
13	106
13,1	111
25,4	142
37-71	111.144.203
37,71	124
38,2	143
39,6	203
40,9	113
41,9	142
42,2	102
45	106
45,3	142.180
45,3f	111.113.200.203
45,4f	104
45,61	295
45,61-62	277
46,1	113
46,1f	111.112
46,3	111.113.180
46,3f	200.203.220
47,1	143
47,2	180
47,3	143
48,2	144
48,2-10	111
48,4	111.113.180.202
48,7	141.204
48-49	102
48,10	113.144
49,2	180

(Äthiopischer Henoch)	
49,3	111.180.202.215
49,8f	202.203
50,1	113.202.203
50,3	113
51,2	142.204
51,4	144
52,4	111.144
53,6	143.204
55,24	142
58-69	111
61-62	106
61,7	180
61,7f	200.220
61,8f	111.142.180
61,9	203
62,1f	202.203
62,2	180.200.203. 204.208.220
62,3f	142
62,5.7.9	111
62,13	204
62,14	111
62,13-16	112
63,2	101
63,3	121
63,11	111
64,1	105
64,1f	122
69,26.29	111
69,27	142.203
81	105
81,4	121
84,2	101
84,3	101
89,61f	106
89,62f	121
90,17.20	106
90,37	111.144
91,5f	142

III. Neues Testament

(Lukas)

5,23	196
5,24	195f.223.286
5,29	234.287
5,29-32	290
5,30c	238
6,20	236
6,21	281
6,27	260
6,37	195.287.291
6,47-49	270
7,9	217
7,13	196f.287
7,18.23	203
7,22	281
7,31-35	240
7,34	190.232.235.240
7,36-47	223.287
7,36-50	40.188.194f. 222.228.295
7,41f	267
7,41-43	225
7,42	276
7,47ab	196
7,47f	281.286
7,48	196.208
7,49	196
7,50	217.223.258
8,47	196
8,48	217.293
9,2.11	196
9,13	263
9,26	217
9,42	196
10,15	215
11,2	40
11,2-4	194f.251
11,4	196.296
11,20	260
11,31	102

(Lukas)

12,10	194-196.272
12,56	250
13,10-19	293
13,29	259
13,29f	238
13,30	250.281
14,4	196
14,15-24	260
14,24	268
15,1-2	291
15,2	40
15,3	244
15,10.22f	280
15,11	295
15,11-32	242.245.247
15,20	196f
15,25f	250
15,31	249
17,3f	194ff
17,4	244
17,11-19	293
17,15	196
17,19	217
18,9-14	242.281.287. 291.295
18,13	55.196
18,14	249
18,42	217
19,1-10	239
19,8	84
19,9	241.250
22,15-20	184
22,51	196
23,24	196
23,33-34	195
23,34	195.288.295
23,43	291
24,3	198
24,17	184

(Lukas)	
24,27	286
24,47	195.288

Johannes

1,29	59.287
1,29	291
1,32-33	206
2,12	215
3,16	287
3,16-17	194
3,16-18	291
5,3	216
5,24	291
6,5	263
7,53-8,11	288
20,22-23	288
20,23b	286
21,15-17	294

Apostelgeschichte

1,5	184
2,1-4	297
2,32f	206
2,38	184
3,2	216
4,29.31	216
5,31	198
7,60	291
8,7.25	216
10,48	198
13,38	198
14,8	216
26,18	298.288
31,14	216

Römerbrief

3,21f	282
3,24f	185
3,24-26	288.295
3,25	283.286
3,25-26	296
4,7	286
4,25	185.283.291.295.296
5,1-11	296
5,10-11	291
5,20	4.41
6,3f	184
8,3f	185.295
8,15	284
8,31-39	291.297

1. Korintherbrief

4,14.17	217
6,11	287.292
11,27	185
15,3f	185.282.283.292

2. Korintherbrief

5,11-21	289
5,17f	282.297
5,19	287

Galaterbrief

1,15-16	294
2,15-21	295
3,13	185.287.292
4,6	284.297

Sachregister

Namenregister

Wissenschaftliche Untersuchungen zum Neuen Testament

*Alphabetisches Verzeichnis
der ersten und zweiten Reihe*

Appold, Mark L.: The Oneness Motif in the Fourth Gospel. 1976. *Band II/1.*
Bachmann, Michael: Sünder oder Übertreter.1991. *Band 59.*
Bammel, Ernst: Judaica. 1986. *Band 37.*
Bauernfeind, Otto: Kommentar und Studien zur Apostelgeschichte. 1980. *Band 22.*
Bayer, Hans Friedrich: Jesus' Predictions of Vindication and Resurrection. 1986. *Band II/20.*
Betz, Otto: Jesus, der Messias Israels. 1987. *Band 42.*
– Jesus, der Herr der Kirche. 1990. *Band 52.*
Beyschlag, Karlmann: Simon Magnus und die christliche Gnosis. 1974. *Band 16.*
Bittner, Wolfgang J.: Jesu Zeichen im Johannesevangelium. 1987. *Band II/26.*
Bjerkelund, Carl J.: Tauta Egeneto. 1987. *Band 40.*
Blackburn, Barry Lee: 'Theios Anēr' and the Markan Miracle Traditions. 1991. *Band II/40.*
Bockmuehl, Markus N. A.: Revelation and Mystery in Ancient Judaism and Pauline Christianity. 1990.
    Band II/36.
Böhlig, Alexander: Gnosis und Synkretismus. Teil 1 1989. *Band 47* – Teil 2 1989. *Band 48.*
Böttrich, Christfried: Weltweisheit – Menschheitsethik – Urkult. 1992. *Band II/50.*
Büchli, Jörg: Der Poimandres – ein paganisiertes Evangelium. 1987. *Band II/27.*
Bühner, Jan A.: Der Gesandte und sein Weg im 4. Evangelium. 1977. *Band II/2.*
Burchard, Christoph: Untersuchungen zu Joseph und Aseneth. 1965. *Band 8.*
Cancik, Hubert (Hrsg.): Markus-Philologie. 1984. *Band 33.*
Capes, David B.: Old Testament Yaweh Texts in Paul's Christology. 1992. *Band II/47.*
Caragounis, Chrys C.: The Son of Man. 1986. *Band 38.*
Crump, David: Jesus the Intercessor. 1992. *Band II/49.*
Deines, Roland: Jüdische Steingefäße und pharisäische Frömmigkeit. 1993. *Band II/52.*
Dobbeler, Axel von: Glaube als Teilhabe. 1987. *Band II/22.*
Dunn, James D. G. (Hrsg.): Jews and Christians. 1992. *Band 66.*
Ebertz, Michael N.: Das Charisma des Gekreuzigten. 1987. *Band 45.*
Eckstein, Hans-Joachim: Der Begriff der Syneidesis bei Paulus. 1983. *Band II/10.*
Ego, Beate: Im Himmel wie auf Erden. 1989. *Band II/34.*
Ellis, E. Earle: Prophecy and Hermeneutic in Early Christianity. 1978. *Band 18.*
– The Old Testament in Early Christianity. 1991. *Band 54.*
Feldmeier, Reinhard: Die Krisis des Gottessohnes. 1987. *Band II/21.*
– Die Christen als Fremde. 1992. *Band 64.*
Feldmeier, Reinhard und *Ulrich Heckel* (Hrsg.): Die Heiden. 1993. *Band 70.*
Fossum, Jarl E.: The Name of God and the Angel of the Lord. 1985. *Band 36.*
Garlington, Don B.: The Obedience of Faith. 1991. *Band II/38.*
Garnet, Paul: Salvation and Atonement in the Qumran Scrolls. 1977. *Band II/3.*
Gräßer, Erich: Der Alte Bund im Neuen. 1985. *Band 35.*
Green, Joel B.: The Death of Jesus. 1988. *Band II/33.*
Gundry Volf, Judith M.: Paul and Perseverance. 1990. *Band II/37.*
Hafemann, Scott J.: Suffering and the Spirit. 1986. *Band II/19.*
Heckel, Theo K.: Der Innere Mensch. 1993. *Band II/53.*
Heckel, Ulrich: Kraft in Schwachheit. 1993. *Band II/56.*
    – siehe *Feldmeier.*
    – siehe *Hengel.*
Heiligenthal, Roman: Werke als Zeichen. 1983. *Band II/9.*
Hemer, Colin J.: The Book of Acts in the Setting of Hellenistic History. 1989. *Band 49.*
Hengel, Martin: Judentum und Hellenismus. 1969, [3]1988. *Band 10.*
– Die johanneische Frage. 1993. *Band 67.*
Hengel, Martin und *Ulrich Heckel* (Hrsg.): Paulus und das antike Judentum. 1991. *Band 58.*

Hengel, Martin und *Anna Maria Schwemer* (Hrsg.): Königsherrschaft Gottes und himmlischer Kult. 1991. *Band 55.*

Herrenbrück, Fritz: Jesus und die Zöllner. 1990. *Band II/41.*

Hofius, Otfried: Katapausis. 1970. *Band 11.*

– Der Vorhang vor dem Thron Gottes. 1972. *Band 14.*

– Der Christushymnus Philipper 2,6 – 11. 1976, [2]1991. *Band 17.*

– Paulusstudien. 1989. *Band 51.*

Holtz, Traugott: Geschichte und Theologie des Urchristentums. Hrsg. von Eckart Reinmuth und Christian Wolff. 1991. *Band 57.*

Hommel, Hildebrecht: Sebasmata. Band 1. 1983. *Band 31.* – Band 2. 1984. *Band 32.*

Kamlah, Ehrhard: Die Form der katalogischen Paränese im Neuen Testament. 1964. *Band 7.*

Kim, Seyoon: The Origin of Paul's Gospel. 1981, [2]1984. *Band II/4.*

– »The ›Son of Man‹« as the Son of God. 1983. *Band 30.*

Kleinknecht, Karl Th.: Der leidende Gerechtfertigte. 1984, [2]1988. *Band II/13.*

Klinghardt, Matthias: Gesetz und Volk Gottes. 1988. *Band II/32.*

Köhler, Wolf-Dietrich: Rezeption des Matthäusevangeliums in der Zeit vor Irenäus. 1987. *Band II/24.*

Korn, Manfred: Die Geschichte Jesu in veränderter Zeit. 1993. *Band II/51.*

Kuhn, Karl G.: Achtzehngebet und Vaterunser und der Reim. 1950. *Band 1.*

Lampe, Peter: Die stadtrömischen Christen in den ersten beiden Jahrhunderten. 1987, [2]1989. *Band II/18.*

Lieu, Samuel N. C.: Manichaeism in the Later Roman Empire and Medieval China. 1992. *Band 63.*

Maier, Gerhard: Mensch und freier Wille. 1971. *Band 12.*

– Die Johannesoffenbarung und die Kirche. 1981. *Band 25.*

Markschies, Christoph: Valentinus Gnosticus? 1992. *Band 65.*

Marshall, Peter: Enmity in Corinth: Social Conventions in Paul's Relations with the Corinthians. 1987. *Band II/23.*

Meade, David G.: Pseudonymity and Canon. 1986. *Band 39.*

Mengel, Berthold: Studien zum Philipperbrief. 1982. *Band II/8.*

Merkel, Helmut: Die Widersprüche zwischen den Evangelien. 1971. *Band 13.*

Merklein, Helmut: Studien zu Jesus und Paulus. 1987. *Band 43.*

Metzler, Karin: Der griechische Begriff des Verzeihens. 1991. *Band II/44.*

Niebuhr, Karl-Wilhelm: Gesetz und Paränese. 1987. *Band II/28.*

– Heidenapostel aus Israel. 1992. *Band 63.*

Nissen, Andreas: Gott und der Nächste im antiken Judentum. 1974. *Band 15.*

Okure, Teresa: The Johannine Approach to Mission. 1988. *Band II/31.*

Philonenko, Marc (Hrsg.): Le Trône de Dieu. 1993. *Band 69.*

Pilhofer, Peter: Presbyteron Kreitton. 1990. *Band II/39.*

Pöhlmann, Wolfgang: Der Verlorene Sohn und das Haus. 1993. *Band 68.*

Probst, Hermann: Paulus und der Brief. 1991. *Band II/45.*

Räisänen, Heikki: Paul and the Law 1983, [2]1987. *Band 29.*

Rehkopf, Friedrich: Die lukanische Sonderquelle. 1959. *Band 5.*

Reinmuth, Eckhardt: siehe *Holtz.*

Reiser, Marius: Syntax und Stil des Markusevangeliums. 1984. *Band II/11.*

Richards, E. Randolph: The Secretary in the Letters of Paul. 1991. *Band II/42.*

Riesner, Rainer: Jesus als Lehrer. 1981, [3]1988. *Band II/7.*

– Die Frühzeit des Apostels Paulus. 1993. *Band 71.*

Rissi, Mathias: Die Theologie des Hebräerbriefs. 1987. *Band 41.*

Röhser, Günter: Metaphorik und Personifikation der Sünde. 1987. *Band II/25.*

Rüger, Hans Peter: Die Weisheitsschrift aus der Kairoer Geniza. 1991. *Band 53.*

Sänger, Dieter: Antikes Judentum und die Mysterien. 1980. *Band II/5.*

Sandnes, Karl Olav: Paul – One of the Prophets? 1991. *Band II/43.*

Sato, Migaku: Q und Prophetie. 1988. *Band II/29.*

Schimanowski, Gottfried: Weisheit und Messias. 1985. *Band II/17.*

Schlichting, Günter: Ein jüdisches Leben Jesu. 1982. *Band 24.*

Schnabel, Eckhard J.: Law and Wisdom from Ben Sira to Paul. 1985. *Band II/16.*

Schutter, William L.: Hermeneutic and Composition in I Peter. 1989. *Band II/30.*

Schwartz, Daniel R.: Studies in the Jewish Background of Christianity. 1992. *Band 60.*

Schwemer, A. M.: siehe *Hengel.*

Scott, James M.: Adoption as Sons of God. 1992. *Band II/48.*

Siegert, Folker: Drei hellenistisch-jüdische Predigten. Teil 1 1980. *Band 20.* – Teil 2 1992. *Band 61.*

– Nag-Hammadi-Register. 1982. *Band 26.*

– Argumentation bei Paulus. 1985. *Band 34.*

– Philon von Alexandrien. 1988. *Band 46.*

Simon, Marcel: Le christianisme antique et son contexte religieux I/II. 1981. *Band 23.*

Snodgrass, Klyne: The Parable of the Wicked Tenants. 1983. *Band 27.*

Spangenberg, Volker: Herrlichkeit des Neuen Bundes. 1993. *Band II/55.*

Speyer, Wolfgang: Frühes Christentum im antiken Strahlungsfeld. 1989. *Band 50.*

Stadelmann, Helge: Ben Sira als Schriftgelehrter. 1980. *Band II/6.*

Strobel, August: Die Studie der Wahrheit. 1980. *Band 21.*

Stuhlmacher, Peter (Hrsg.): Das Evangelium und die Evangelien. 1983. *Band 28.*

Sung, Chong-Hyon: Vergebung der Sünden. 1993. *Band II/57.*

Tajra, Harry W.: The Trial of St. Paul. 1989. *Band II/35.*

Theißen, Gerd: Studien zur Soziologie des Urchristentums. 1979, [3]1989. *Band 19.*

Thornton, Claus-Jürgen: Der Zeuge des Zeugen. 1991. *Band 56.*

Twelftree, Graham: Jesus the Exorcist. 1993. *Band II/54.*

Wedderburn, A. J. M.: Baptism and Resurrection. 1987. *Band 44.*

Wegner, Uwe: Der Hauptmann von Kafarnaum. 1985. *Band II/14.*

Wilson, Walter T.: Love without Pretense. 1991. *Band II/46.*

Wolff, Christian: siehe *Holtz.*

Zimmermann, Alfred E.: Die urchristlichen Lehrer. 1984, [2]1988. *Band II/12.*

Den Gesamtkatalog erhalten Sie gern vom Verlag
J. C. B. Mohr (Paul Siebeck), Postfach 2040, D-72010 Tübingen